DE LOS NOMBRES DE CRISTO

FRAY LUIS DE LEÓN

SSEL

ÍNDICE

TOMO PRIMERO

Dedicatoria del Maestro	3
Introducción	8
De los nombres en general	11
Pimpollo	21
Faces de Dios	33
Camino	43
Pastor	52
Monte	64
Padre del siglo futuro	78

TOMO SEGUNDO

Dedicatoria del Maestro	109
Introducción	113
Brazo de Dios	115
Brazo de Dios (II)	126
Rey de Dios	138
Rey de Dios (II)	153
Principe de paz	169
Principe de paz (II)	185
Esposo	198
Esposo (II)	213

TOMO TERCERO

Dedicatoria del Maestro	229
Introducción	233
Hijo de Dios	237
Hijo de Dios (II)	250
Hijo de Dios (III)	263
Cordero	277
Amado	292
Amado (II)	301

Jesús	310
Jesús (II)	327

TOMO PRIMERO

DEDICATORIA DEL MAESTRO

A Don Pedro Portocarrero, del Consejo de S. M. y de la Santa y general Inquisición

De las calamidades de nuestros tiempos, que, como vemos, son muchas y muy graves, una es, y no la menor de todas, muy ilustre señor, el haber venido los hombres a disposición que les sea ponzoña lo que les solía ser medicina y remedio, que es también claro indicio de que se les acerca su fin, y de que el mundo está vecino a la muerte, pues la halla en la vida.

Notoria cosa es que las Escrituras que llamamos sagradas las inspiró Dios a los profetas, que las escribieron para que nos fuesen, en los trabajos de esta vida, consuelo, y en las tinieblas y errores de ella, clara y fiel luz; y para que en las llagas que hacen en nuestras almas la pasión y el pecado, allí, como en oficina general, tuviésemos para cada una propio y saludable remedio. Y porque las escribió para este fin, que es universal, también es manifiesto que pretendió que el uso de ellas fuese común a todos, y así, cuanto es de su parte, lo hizo; porque las compuso con palabras llanísimas y en lengua que era vulgar a aquellos a quienes las dio primero.

Y después, cuando de aquéllos, juntamente con el verdadero conocimiento de Jesucristo, se comunicó y traspasó también este tesoro a las gentes, hizo que se pusiesen en muchas lenguas, y casi en todas aquellas que entonces eran más generales y más comunes, porque fuesen gozadas comúnmente de todos. Y así fue, que, en los primeros tiempos de la Iglesia, y en no pocos años después, era gran culpa en cualquiera de los fieles no ocuparse mucho en el estudio y lección de los Libros divinos. Y los eclesiásticos y los que llamamos seglares, así los doctos como los que carecían de letras, por esta causa trataban tanto de este conocimiento, que el cuidado de los vulgares despertaba el estudio de los que por su oficio son maestros, quiero decir, de los prelados y obispos; los cuales de ordinario en sus iglesias, casi todos los días declaraban las santas Escrituras al pueblo, para que la lección particular que cada uno tenía de ellas en su casa, alumbrada con la luz de aquella doctrina pública, y como recogida con la voz del maestro, careciese de error y fuese causa de más señalado provecho. El cual, a la verdad, fue tan grande cuanto aquel gobierno era bueno; y respondió el fruto a la sementera, como lo saben los que tienen alguna noticia de la historia de aquellos tiempos.

Pero, como decía, esto que de suyo es tan bueno, y que fue tan útil en aquel tiempo, la condición triste de nuestros siglos y la experiencia de nuestra grande desventura, nos enseñan que nos es ocasión ahora de muchos daños. Y así, los que gobiernan la Iglesia, con maduro consejo y como forzados de la misma necesidad, han puesto una cierta y debida tasa en este negocio, ordenando que los libros de la sagrada Escritura no anden en lenguas vulgares, de manera que los ignorantes los puedan leer; y como a gente animal y tosca, que, o no conocen estas riquezas, o, si las conocen, no usan bien de ellas, se las han quitado al vulgo de entre las manos.

Y si alguno se maravilla, como a la verdad es cosa que hace maravillar, que, en gentes que profesan una misma religión, haya podido acontecer que lo que antes les aprovechaba les dañe ahora, y mayormente en cosas tan sustanciales, y si desea penetrar al origen de este mal, conociendo sus fuentes, digo que, a lo que yo alcanzo, las causas de esto son dos: ignorancia y soberbia, y más soberbia que ignorancia; en los cuales males ha venido a dar poco a poco el pueblo cristiano, decayendo de su primera virtud.

La ignorancia ha estado de parte de aquellos a quien incumbe el saber y el declarar estos libros; y la soberbia, de parte de los mismos y de los demás todos, aunque en diferente manera; porque en éstos la soberbia y el pundonor de su presunción, y el título de maestros, que se arrogaban sin merecerlo, les cegaba los ojos para que ni conociesen sus faltas, ni se persuadiesen a que les estaba bien poner estudio y cuidado en aprender lo que no sabían y se prometían saber; y a los otros este humor mismo, no sólo les quitaba la voluntad de ser enseñados en estos libros y letras, mas les persuadía también que ellos las podían saber y entender por sí mismos. Y así, presumiendo el pueblo de ser maestro, y no pudiendo, como convenía, serlo los que lo eran o debían de ser, convertíase la luz en tinieblas; y leer las Escrituras el vulgo le era ocasión de concebir muchos y muy perniciosos errores, que brotaban y se iban descubriendo por horas.

Mas si como los prelados eclesiásticos pudieron quitar a los indoctos las Escrituras, pudieran también ponerlas y asentarlas en el deseo y en el entendimiento y en la noticia de los que las han de enseñar, fuera menos de llorar esta miseria; porque estando éstos, que son como cielos llenos y ricos con la virtud de este tesoro, derivárase de ellos necesariamente gran bien en los menores, que son el suelo sobre quien ellos influyen. Pero en muchos es esto tan al revés, que no sólo no saben estas letras, pero desprecian, o, a lo menos, muestran preciarse poco y no juzgar bien de los que las saben. Y con un pequeño gusto de ciertas cuestiones contentos e hinchados, tienen título de maestros teólogos, y no tienen la Teología; de la cual, como se entiende, el principio son las cuestiones de la Escuela, y el crecimiento de la doctrina que escriben los santos, y el colmo y perfección y lo más alto de ella, las letras sagradas, a cuyo entendimiento todo lo de antes, como a fin necesario, se ordena.

Mas dejando éstos y tomando a los comunes del vulgo, a este daño, de que por su culpa y soberbia se hicieron inútiles para la lección de la Escritura divina, háseles seguido otro daño, no sé si diga peor: que se han entregado sin rienda a la lección de mil libros, no solamente vanos, sino señaladamente dañosos, los cuales, como por arte del demonio, como faltaron los buenos, en nuestra edad, más que en otra, han crecido. Y nos ha acontecido lo que acontece a la tierra, que cuando no produce trigo da espinas. Y digo que este segundo daño en parte vence al primero, porque en aquél pierden los hombres un grande instrumento para ser buenos, mas en éste le tienen para ser malos; allí quítasele a la virtud algún gobierno, aquí dase cebo a los vicios. Porque si, como alega San Pablo, «las malas conversaciones corrompen las buenas costumbres», el libro torpe y dañado, que conversa con el que le lee a todas horas y a todos tiempos, ¿qué no hará? o ¿cómo será posible que no críe viciosa y mala sangre el que se mantiene de malezas y de ponzoñas?

Y, a la verdad, si queremos mirar en ello con atención y ser justos jueces, no podemos dejar de juzgar sino que de estos libros perdidos y desconcertados, y de su lección, nace gran parte de los reveses y perdición que se descubren continuamente en nuestras costumbres. Y de un sabor de gentilidad y de infidelidad, que los celosos del servicio de Dios sienten en ellas -que no sé yo si en edad alguna del pueblo cristiano se ha sentido mayor-, a mi juicio, el principio y la raíz y la causa toda son estos libros. Y es caso de gran compasión, que muchas personas simples y puras se pierden en este mal paso, antes que se adviertan de él; y como sin saber de dónde o de qué, se hallan emponzoñadas, y quiebran simple y lastimosamente en esta roca encubierta. Porque muchos de estos malos escritos ordinariamente andan en las manos de mujeres doncellas y mozas, y no se recatan de ello sus padres; por donde las más de las veces les sale vano y sin fruto todo el demás recato que tienen.

Por lo cual, como quiera que siempre haya sido provechoso y loable el escribir sanas doctrinas, que despierten las almas o las encaminen a la virtud, en este tiempo es así necesario, que, a mi juicio, todos los buenos ingenios en quien puso Dios partes y facultad para semejante negocio, tienen obligación a ocuparse en él, componiendo en nuestra lengua, para el uso común de todos, algunas cosas que, o como nacidas de las Sagradas Letras, o como allegadas y conformes a ellas, suplan por ellas, cuanto es posible, con el común menester de los hombres, y juntamente les quiten de las manos, sucediendo en su lugar de ellos, los libros dañosos y de vanidad.

Y aunque es verdad que algunas personas doctas y muy religiosas han trabajado en esto bien felizmente en muchas escrituras que nos han dado, llenas de utilidad y pureza; mas no por eso los demás que pueden emplearse en lo mismo se deben tener por desobligados, ni deben por eso alanzar de las manos la pluma; pues en caso que todos los que pueden escribir escribiesen, todo ello sería mucho menos, no sólo de lo que se puede escribir en semejantes materias, sino de aquello que, conforme a nuestra necesidad, es menester que se escriba, así por ser los gustos de los hombres y sus inclinaciones tan diferentes, como por ser tantas ya y tan recibidas las escrituras malas, contra quien se ordenan las buenas. Y lo que en las baterías y cercos de los lugares fuertes se hace en la guerra, que los tientan por todas las partes, y con todos los ingenios que nos enseña la facultad militar, eso mismo es necesario que hagan todos los buenos y doctos ingenios ahora, sin que uno se descuide con otro, en un mal uso tan torreado y fortificado como es éste de que vamos hablando.

Yo así lo juzgo y juzgué siempre. Y aunque me conozco por el menor de todos los que, en esto que digo, pueden servir a la Iglesia, siempre la deseé servir en ello como pudiese; y por mi poca salud y muchas ocupaciones no lo he hecho hasta ahora.

Mas, ya que la vida pasada ocupada y trabajosa me fue estorbo para que no pusiese este mi deseo y juicio en ejecución, no me parece que debo perder la ocasión de este ocio, en que la injuria y mala voluntad de algunas personas me han puesto. Porque, aunque son muchos los trabajos que me tienen cercado, pero el favor largo del cielo que Dios, padre verdadero de los agraviados, sin merecerlo me da, y el testimonio de la conciencia en medio de todos ellos, han serenado mi alma con tanta paz, que no sólo en la enmienda de mis costumbres, sino también en el negocio y conocimiento de la verdad, veo ahora y puedo hacer lo que antes no hacía. Y hame convertido este trabajo el Señor en mi luz y salud, y con las manos de los que me pretendían dañar ha sacado mi bien. A cuya excelente y divina merced en alguna manera no respondería yo con el agradecimiento debido, si, ahora que puedo, en la forma que puedo y según la flaqueza de mi ingenio y mis fuerzas, no pusiese cuidado en esto, que, a lo que yo juzgo, es tan necesario para bien de sus fieles.

Pues a este propósito me vinieron a la memoria unos razonamientos que, en los años pasados, tres amigos míos y de mi Orden, los dos de ellos hombres de grandes letras e ingenio, tuvieron entre sí por cierta ocasión, acerca de los nombres con que es llamado Jesucristo en la Sagrada Escritura; los cuales me refirió a mí poco después el uno de ellos, y yo por su cualidad no los quise olvidar.

Y deseando yo ahora escribir alguna cosa que fuese útil al pueblo de Cristo, hame parecido que comenzar por sus nombres, para principio, es el más feliz y de mejor anuncio; y para utilidad de los lectores, la cosa de más provecho; y para mi gusto particular, la materia más dulce y más apacible de todas; porque, así como Cristo nuestro Señor es como fuente, o, por mejor decir, como océano que comprende en sí todo lo provechoso y lo dulce que se reparte en los hombres, así el tratar de Él, y como si dijésemos, el desenvolver este tesoro, es conocimiento dulce y provechoso más que otro ninguno. Y por orden de buena razón, se presupone a los demás tratados y conocimientos este conocimiento, porque es el fundamento de todos ellos y es como el blanco adonde el cristiano endereza todos sus pensamientos y obras; y así, lo primero a que debemos dar asiento en el alma es a su deseo, y, por la misma razón, a su conocimiento, de quien nace y con quien se enciende y acrecienta el deseo.

Y la propia y verdadera sabiduría del hombre es saber mucho de Cristo; y, a la verdad, es la más alta y más divina sabiduría de todas, porque entenderle a Él es entender todos los tesoros de la sabiduría de Dios, que, como dice San Pablo, «están en Él cerrados»; y es entender el infinito amor que Dios tiene a los hombres, y la majestad de su grandeza, y el abismo de sus consejos sin suelo, y de su fuerza invencible el poder inmenso, con las demás grandezas y perfecciones que moran en Dios, y se descubren y resplandecen, más que en ninguna parte, en el misterio de Cristo. Las cuales perfecciones todas, o gran parte de ellas, se entenderán si entendiéremos la fuerza y la significación de los nombres que el Espíritu Santo le da en la divina Escritura; porque son estos nombres como unas cifras breves, en que Dios, maravillosamente, encerró todo lo que acerca de esto el humano entendimiento puede entender y le conviene que entienda.

Pues lo que en ello se platicó entonces, recorriendo yo la memoria de ello después, casi en la misma forma como a mí me fue referido, y lo más conforme que ha sido posible al hecho de la verdad o a su semejanza, habiéndolo puesto por escrito, lo envío ahora a vuestra merced, a cuyo servicio se enderezan todas mis cosas.

INTRODUCCIÓN

Introdúcese en el asunto con la idea de un coloquio que tuvieron tres amigos en una casa de recreo

Era por el mes de junio, a las vueltas de la fiesta de San Juan, a tiempo que en Salamanca comienzan a cesar los estudios, cuando Marcelo, el uno de los que digo -que así le quiero llamar con nombre fingido, por ciertos respetos que tengo, y lo mismo haré a los demás-, después de una carrera tan larga como es la de un año en la vida que allí se vive, se retiró, como a puerto sabroso, a la soledad de una granja que, como vuestra merced sabe, tiene mi monasterio en la ribera del Tormes, y fuéronse con él, por hacerle compañía y por el mismo respeto, los otros dos. Adonde habiendo estado algunos días, aconteció que una mañana, que era la del día dedicado al apóstol San Pedro, después de haber dado al culto divino lo que se le debía, todos tres juntos se salieron de la casa a la huerta que se hace delante de ella.

Es la huerta grande, y estaba entonces bien poblada de árboles, aunque puestos sin orden; mas eso mismo hacía deleite en la vista, y sobre todo, la hora y la sazón. Pues entrados en ella, primero, y por un espacio pequeño, se anduvieron paseando y gozando del frescor; y después se sentaron juntos a la sombra de unas parras y junto a la corriente de una pequeña fuente, en ciertos asientos. Nace la fuente de la cuesta que tiene la casa a las espaldas, y entraba en la huerta por aquella parte; y corriendo y tropezando, parecía reírse. Tenían también delante de los ojos y cerca de ellos una alta y hermosa alameda. Y más adelante, y no muy lejos, se veía el río Tormes, que aun en aquel tiempo, hinchiendo bien sus riberas, iba torciendo el paso por aquella vega. El día era sosegado y purísimo, y la hora muy fresca. Así que, asentándose y callando por un pequeño tiempo, después de sentados, Sabino, que así me place llamar al que de los tres era el más mozo, mirando hacia Marcelo y sonriéndose, comenzó a decir así:

-Algunos hay a quien la vista del campo los enmudece, y debe de ser condición de espíritus de entendimiento profundo; mas yo, como los pájaros, en viendo lo verde, deseo o cantar o hablar.

-Bien entiendo por qué lo decís -respondió al punto Marcelo-; y no es alteza de entendimiento, como dais a entender por lisonjearme o por consolarme, sino cualidad de edad y humores diferentes, que nos predominan y se despiertan con esta vista, en vos de sangre y en mí de melancolía. Mas sepamos -dice- de Juliano (que éste será el nombre del tercero), si es pájaro también o si es de otro metal.

-No soy siempre de uno mismo -respondió Juliano-, aunque ahora al humor de Sabino me inclino algo más. Y pues él no puede ahora razonar consigo mismo mirando la belleza del campo y la grandeza del cielo, bien será que nos diga su gusto acerca de lo que podremos hablar.

Entonces Sabino, sacando del seno un papel escrito y no muy grande:

-Aquí -dice- está mi deseo y mi esperanza.

Marcelo, que reconoció luego el papel, porque estaba escrito de su mano, dijo, vuelto a Sabino y riéndose:

-No os atormentará mucho el deseo a lo menos, Sabino, pues tan en la mano tenéis la esperanza; ni aun deben ser ni lo uno ni lo otro muy ricos, pues se encierran en tan pequeño papel.

-Si fueran pobres -dijo Sabino-, menos causa tendréis para no satisfacerme en una cosa tan pobre.

-¿En qué manera -respondió Marcelo- o qué parte soy yo para satisfacer vuestro deseo, o qué deseo es el que decís?

Entonces Sabino, desplegando el papel, leyó el título que decía: De los nombres de Cristo; y no leyó más, y dijo luego:

-Por cierto caso hallé hoy este papel, que es de Marcelo, adonde, como parece, tiene apuntados algunos de los nombres con que Cristo es llamado en la Sagrada Escritura, y los lugares de ella donde es llamado así. Y como le vi, me puso codicia de oírle algo sobre aqueste argumento, y por eso dije que mi deseo estaba en este papel. Y está en él mi esperanza también, porque, como parece de él, este es argumento en que Marcelo ha puesto su estudio y cuidado, y argumento que le debe tener en la lengua; y así no podrá decirnos ahora lo que suele decir cuando se excusa, si le obligamos a hablar, que le tomamos desapercibido. Por manera que, pues le falta esta excusa, y el tiempo es nuestro, y el día santo, y la sazón tan a propósito de pláticas semejantes, no nos será dificultoso el rendir a Marcelo, si vos, Juliano, me favorecéis.

—En ninguna cosa me hallaréis más a vuestro lado, Sabino —respondió Juliano.

Y dichas y respondidas muchas cosas en este propósito, porque Marcelo se excusaba mucho, o a lo menos pedía que tomase Juliano su parte y dijese también; y quedando asentado que a su tiempo, cuando pareciese, o si pareciese ser menester, Juliano haría su oficio, Marcelo, vuelto a Sabino, dijo así:

—Pues el papel ha sido el despertador de esta plática, bien será que él mismo nos sea la guía en ella. Id leyendo, Sabino, en él; y de lo que en él estuviere, y conforme a su orden, así iremos diciendo si no os parece otra cosa.

—Antes nos parece lo mismo —respondieron como a una Sabino y Juliano.

Y luego Sabino, poniendo los ojos en el escrito, con clara y moderada voz leyó así:

DE LOS NOMBRES EN GENERAL

Explícase la naturaleza del nombre, qué oficio tiene, por qué fin se introdujo y en qué manera se suele poner

«Los nombres que en la Escritura se dan a Cristo son muchos, así como son muchas sus virtudes y oficios; pero los principales son diez, en los cuales se encierran y, como reducidos, se recogen los demás; y los diez son éstos».

-Primero que vengamos a eso -dijo Marcelo alargando la mano hacia Sabino, para que se detuviese-, convendrá que digamos algunas cosas que se presuponen a ello; y convendrá que tomemos el salto, como dicen, de más atrás, y que guiando el agua de su primer nacimiento, tratemos qué cosa es esto que llamamos nombre, y qué oficio tiene, y por qué fin se introdujo y en qué manera se suele poner; y aun antes de todo esto hay otro principio.

-¿Qué otro principio -dijo Juliano- hay que sea primero que el ser de lo que se trata, y la declaración de ello breve, que la Escuela llama definición?

-Que como los que quieren hacerse a la vela -respondió Marcelo- y meterse en la mar, antes que desplieguen los lienzos, vueltos al favor del cielo, le piden viaje seguro, así ahora en el principio de una semejante jornada, yo por mí, o por mejor decir, todos para mí, pidamos a ese mismo de quien hemos de hablar sentidos y palabras cuales convienen para hablar de Él. Porque si las cosas menores, no sólo acabarlas no podemos bien, mas ni emprenderlas tampoco, sin que Dios particularmente nos favorezca, ¿quién podrá decir de Cristo y de cosas tan altas como son las que encierran los Nombres de Cristo, si no fuere alentado con la fuerza de su espíritu?

Por lo cual, desconfiando de nosotros mismos y confesando la insuficiencia de nuestro saber, y como derrocando por el suelo los corazones, supliquemos con humildad a esta divina luz que nos amanezca, quiero decir, que envíe en mi alma los rayos de su resplandor y la alumbre, para que en esto que quiero decir de Él, sienta lo que es digno de Él; y para que lo que en esta manera sintiere, lo publique por la lengua en la forma que debe. Porque, Señor, sin Ti, ¿quién podrá hablar como es justo de Ti? O ¿quién no se perderá, en el inmenso océano de tus excelencias metido, si Tú mismo no le guías al puerto? Luce, pues, ¡oh sólo verdadero Sol!, en mi alma, y luce con tan grande abundancia de luz, que, con el rayo de ella, juntamente y mi voluntad encendida te ame y mi entendimiento esclarecido te vea, y, enriquecida, mi boca te hable y pregone, si no como eres del todo, a lo menos como puedes de nosotros ser entendido, y sólo a fin de que Tú seas glorioso y ensalzado en todo tiempo y de todos.

Y, dicho esto, calló, y los otros dos quedaron suspensos y atentos mirándole; y luego tornó a comenzar en esta manera:

-El nombre, si hemos de decirlo en pocas palabras, es una palabra breve que se sustituye por aquello de quien se dice, y se toma por ello mismo. O nombre es aquello mismo que se nombra, no en el ser real y verdadero que ello tiene, sino en el ser que le da nuestra boca y entendimiento. Porque se ha de entender que la perfección de todas las cosas, y señaladamente de aquellas que son capaces de entendimiento y razón, consiste en que cada una de ellas tenga en sí a todas las otras y en que, siendo una, sea todas cuanto le fuere posible; porque en esto se avecina a Dios, que en sí lo contiene todo. Y cuanto más en esto creciere, tanto se allegará más a Él haciéndosele semejante. La cual semejanza es, si conviene decirlo así, el pío general de todas las cosas, y el fin y como el blanco adonde envían sus deseos todas las criaturas.

Consiste, pues, la perfección de las cosas en que cada uno de nosotros sea un mundo perfecto, para que por esta manera, estando todos en mí y yo en todos los otros, y teniendo yo su ser de todos ellos, y todos y cada uno de ellos teniendo el ser mío, se abrace y eslabone toda esta máquina del universo, y se reduzca a unidad la muchedumbre de sus diferencias; y quedando no mezcladas, se mezclen; y permaneciendo muchas, no lo sean; y para que, extendiéndose y como desplegándose delante los ojos la variedad y diversidad, venza y reine y ponga su silla la unidad sobre todo. Lo cual es avecinarse la criatura a Dios, de quien mana, que en tres personas es una esencia, y en infinito número de excelencias no comprensibles, una sola perfecta y sencilla excelencia.

Pues siendo nuestra perfección ésta que digo, y deseando cada uno naturalmente su perfección, y no siendo escasa la naturaleza en proveer a nuestros necesarios deseos, proveyó en esto como en todo lo demás con admirable artificio. Y fue que, porque no era posible que las cosas, así como son, materiales y toscas, estuviesen todas unas en otras, les dio a cada una de ellas, demás del ser real que tienen en sí, otro ser del todo semejante a este mismo, pero más delicado que él y que nace en cierta manera de él, con el cual estuviesen y viviesen cada una de ellas en los entendimientos de sus vecinos, y cada una en todas, y todas en cada una. Y ordenó también que de los entendimientos, por semejante manera, saliesen con la palabra a las bocas. Y dispuso que las que en su ser material piden cada una de ellas su propio lugar, en aquel espiritual ser pudiesen estar muchas, sin embarazarse, en un mismo lugar en compañía juntas; y aun, lo que es más maravilloso, una misma en un mismo tiempo en muchos lugares.

De lo cual puede ser como ejemplo lo que en el espejo acontece. Que si juntamos muchos espejos y los ponemos delante los ojos, la imagen del rostro, que es una, reluce una misma y en un mismo tiempo en cada uno de ellos; y de ellos todas aquellas imágenes, sin confundirse, se toman juntamente a los ojos, y de los ojos al alma de aquel que en los espejos se mira. Por manera que, en conclusión de lo dicho, todas las cosas viven y tienen ser en nuestro entendimiento cuando las entendemos y cuando las nombramos en nuestras bocas y lenguas. Y lo que ellas son en sí mismas, esa misma razón de ser tienen en nosotros, si nuestras bocas y entendimientos son verdaderos.

Digo esa misma en razón de semejanza, aunque en cualidad de modo diferente, conforme a lo dicho. Porque el ser que tienen en sí es ser de tomo y de cuerpo, y ser estable y que así permanece; pero en el entendimiento que las entiende, hácense a la condición de él y son espirituales y delicadas; y para decirlo en una palabra, en sí son la verdad, mas en el entendimiento y en la boca son imágenes de la verdad, esto es, de sí mismas, e imágenes que sustituyen y tienen la vez de sus mismas cosas para el efecto y fin que está dicho; y, finalmente, en sí son ellas mismas, y en nuestra boca y entendimiento sus nombres. Y así queda claro lo que al principio dijimos, que el nombre es como imagen de la cosa de quien se dice, o la misma cosa disfrazada en otra manera, que sustituye por ella y se toma por ella, para el fin y propósito de perfección y comunidad que dijimos.

Y de esto mismo se conoce también que hay dos maneras o dos diferencias de nombres: unos que están en el alma y otros que suenan en la boca. Los primeros son el ser que tienen las cosas en el entendimiento del que las entiende; y los otros, el ser que tienen en la boca del que, como las entiende, las declara y saca a luz con palabras. Entre las cuales hay esta conformidad: que los unos y los otros son imágenes, y, como ya digo muchas veces, sustitutos de aquéllos cuyos nombres son. Mas hay también esta desconformidad: que los unos son imágenes por naturaleza, y los otros por arte. Quiero decir que la imagen y figura que está en el alma sustituye por aquellas cosas cuya figura es por la semejanza natural que tiene con ellas; mas las palabras, porque nosotros, que fabricamos las voces, señalamos para cada cosa la suya, por eso sustituyen por ellas. Y cuando decimos nombres, ordinariamente entendemos estos postreros, aunque aquellos primeros son los nombres principalmente. Y así nosotros hablaremos de aquéllos, teniendo los ojos en éstos.

Y habiendo dicho Marcelo esto, y queriendo proseguir su razón, díjole Juliano:

—Paréceme que habéis guiado el agua muy desde su fuente, y como conviene que se guíe en todo aquello que se dice, para que sea perfectamente entendido. Y si he estado bien atento, de tres cosas que en el principio nos propusisteis, habéis ya dicho las dos, que son: lo que es el nombre, y el oficio para cuyo fin se ordenó. Resta decir lo tercero, que es la forma que se ha de guardar, y aquello a que se ha de tener respeto cuando se pone.

—Antes de eso —respondió Marcelo— añadiremos esta palabra a lo dicho; y es que, como de las cosas que entendemos, unas veces formamos en el entendimiento una imagen, que es imagen de muchos, quiero decir, que es imagen de aquello en que muchas cosas, que en lo demás son diferentes, convienen entre sí y se parecen; y otras veces la imagen que figuramos es retrato de una cosa sola, y así propio retrato de ella que no dice con otra; por la misma manera hay unas palabras o nombres que se aplican a muchos, y se llaman nombres comunes, y otros que son propios de sólo uno, y éstos son aquéllos de quien hablamos ahora. En los cuales, cuando de intento se ponen, la razón y naturaleza de ellos pide que se guarde esta regla: que, pues han de ser propios, tengan significación de alguna particular propiedad, y de algo de lo que es propio a aquello de quien se dicen; y que se tomen y como nazcan y manen de algún minero suyo y particular; porque si el nombre, como hemos dicho, sustituye por lo nombrado, y si su fin es hacer que lo ausente que significa, en él nos sea presente, y cercano y junto lo que nos es alejado, mucho conviene que en el sonido, en la figura, o verdaderamente en el origen y significación de aquello de donde nace, se avecine y asemeje a cuyo es, cuanto es posible avecinarse a una cosa de tomo y de ser el sonido de una palabra.

No se guarda esto siempre en las lenguas; es grande verdad. Pero si queremos decir la verdad, en la primera lengua lo de todas casi siempre se guarda. Dios, a lo menos, así lo guardó en los nombres que puso, como en la Escritura se ve. Porque, si no es esto, ¿qué es lo que se dice en el Génesis que Adán, inspirado por Dios, puso a cada cosa su nombre, y que lo que él las nombró, ese es el nombre de cada una? Esto es decir que a cada una les venía como nacido aquel nombre, y que era así suyo por alguna razón particular y secreta, que si se pusiera a otra cosa no le viniera ni cuadrara tan bien. Pero, como decía, esta semejanza y conformidad se atiende en tres cosas: en la figura, en el sonido, y señaladamente en el origen de su derivación y significación. Y digamos de cada una, comenzando por esta postrera.

Atiéndese, pues, esta semejanza en el origen y significación de aquello de donde nace; que es decir que cuando el nombre que se pone a alguna cosa se deduce y deriva de alguna otra palabra y nombre, aquello de donde se deduce ha de tener significación de alguna cosa que se avecine a algo de aquello que es propio al nombrado, para que el nombre, saliendo de allí, luego que sonare ponga en el sentido del que le oyere la imagen de aquella particular propiedad; esto es, para que el nombre contenga en su significación algo de lo mismo que la cosa nombrada contiene en su esencia. Como, por razón de ejemplo, se ve en nuestra lengua en el nombre con que se llaman en ella los que tienen la vara de justicia en alguna ciudad, que los llamamos corregidores, que es nombre que nace y se toma de lo que es corregir, porque el corregir lo malo es su oficio de ellos, o parte de su oficio muy propia. Y así, quien lo oye, en oyéndolo, entiende lo que hay o haber debe en el que tiene este nombre. Y también a los que entrevienen en los casamientos los llamamos en castellano casamenteros, que viene de lo que es hacer mención o mentar, porque son los que hacen mención del casar, entreviniendo en ello y hablando de ello y tratándolo. Lo cual en la Sagrada Escritura se guarda siempre en todos aquellos nombres que, o Dios puso a alguno, o por su inspiración se pusieron a otros. Y esto en tanta manera, que no solamente ajusta Dios los nombres que pone con lo propio que las cosas nombradas tienen en sí, mas también todas las veces que dio a alguno y le añadió alguna cualidad señalada, demás de las que de suyo tenía, le ha puesto también algún nuevo nombre que se conformase con ella, como se ve en el nombre que de nuevo puso a Abraham; y en el de Sara, su mujer, se ve también; y en el de Jacob, su nieto, a quien llamó Israel; y en el de Josué, el capitán que puso a los judíos en la posesión de su tierra; y así en otros muchos.

-No ha muchas horas -dijo entonces Sabino- que oímos acerca de eso un ejemplo bien señalado; y aun oyéndole yo, se me ofreció una pequeña duda acerca de él.

-¿Qué ejemplo es ese? -respondió Marcelo.

-El nombre de Pedro -dijo Sabino-, que le puso Cristo, como ahora nos fue leído en la misa.

-Es verdad -dijo Marcelo-, y es bien claro ejemplo. Mas ¿qué duda tenéis en él?

-La causa por qué Cristo le puso -respondió Sabino- es mi duda; porque me parece que debe contener en sí algún misterio grande.

-Sin duda -dijo Marcelo-, muy grande; porque dar Cristo a San Pedro este nuevo y público nombre, fue cierta señal que en lo secreto del alma le infundía a él, más que a ninguno de sus compañeros, un don de firmeza no vencible.

-Eso mismo -replicó luego Sabino- es lo que se me hace dudoso; porque ¿cómo tuvo más firmeza que los demás apóstoles, ni infundida ni suya, el que sólo entre todos negó a Cristo por tan ligera ocasión? Si no es firmeza prometer osadamente y no cumplir flacamente después.

-No es así -respondió Marcelo-, ni se puede dudar en manera alguna de que fue este glorioso príncipe, en este don de firmeza de amor y fe para con Cristo, muy aventajado entre todos. Y es claro argumento de esto aquel celo y apresuramiento que siempre tuvo para adelantarse en todo lo que parecía tocar o a la honra o al descanso de su Maestro. Y no sólo después que recibió el fuego del Espíritu Santo, sino antes también, cuando Cristo, preguntándole tres veces si le amaba más que los otros y respondiendo él que le amaba, le dio a pacer sus ovejas, testificó Cristo con el hecho que su respuesta era verdadera, y que se tenía por amado de él con firmísimo y fortísimo amor. Y si negó en algún tiempo, bien es de creer que cualquiera de sus compañeros, en la misma pregunta y ocasión de temer, hiciera lo mismo si se les ofreciera; y por no habérseles ofrecido, no por eso fueron más fuertes.

Y si quiso Dios que se le ofreciese a sólo San Pedro, fue con grande razón. Lo uno para que confiase menos de sí de allí adelante el que hasta entonces, de la fuerza de amor que en sí mismo sentía, tomaba ocasión para ser confiado. Y lo otro, para que quien había de ser pastor y como padre de todos los fieles, con la experiencia de su propia flaqueza se condoliese de las que después viese en sus súbditos, y supiese llevarlas. Y últimamente, para que con el lloro amargo que hizo por esta culpa, mereciese mayor acercamiento de fortaleza. Y así fue que después se le dio firmeza para sí y para otros muchos en él; quiero decir, para todos los que le son sucesores en su Silla apostólica, en la cual siempre ha permanecido firme y entera, y permanecerá hasta el fin, la verdadera doctrina y confesión de la fe.

Mas tornando a lo que decía, quede esto por cierto: que todos los nombres que se ponen por orden de Dios, traen consigo significación de algún particular secreto que la cosa nombrada en sí tiene, y que en esta significación se asemejan a ella; que es la primera de las tres cosas en que, como dijimos, esta semejanza se atiende. Y sea la segunda lo que toca al sonido: esto es, que sea el nombre que se pone de tal cualidad, que cuando se pronunciare suene como suele sonar aquello que significa, o cuando habla, si es cosa que habla, o en algún otro accidente que le acontezca. Y la tercera es la figura, que es la que tienen las letras con que los nombres se escriben, así en el número como en la disposición de sí mismas, y la que cuando las pronunciamos suelen poner en nosotros. Y de estas dos maneras postreras, en la lengua original de los libros divinos y en esos mismos libros hay infinitos ejemplos; porque del sonido, casi no hay palabra de las que significan alguna cosa, que, o se haga con voz o que envíe son alguno de sí, que, pronunciada bien, no nos ponga en los oídos o el mismo sonido o algún otro muy semejante de él.

Pues lo que toca a la figura, bien considerado, es cosa maravillosa los secretos y los misterios que hay acerca de esto en las Letras divinas. Porque en ellas, en algunos nombres se añaden letras para significar acrecentamiento de buena dicha en aquello que significan; y en otros se quitan algunas de las debidas para hacer demostración de calamidad y pobreza. Algunos, si lo que significan, por algún accidente, siendo varón, se ha afeminado y enmollecido, ellos también toman letras de las que en aquella lengua son, como si dijésemos, afeminadas y mujeriles. Otros, al revés, significando cosas femeninas de suyo, para dar a entender algún accidente viril, toman letras viriles. En otros mudan las letras su propia figura, y las abiertas se cierran, y las cerradas se abren y mudan el sitio, y se trasponen y disfrazan con visajes y gestos diferentes, y, como dicen del camaleón, se hacen a todos los accidentes de aquellos cuyos son los nombres que constituyen. Y no pongo ejemplos de esto porque son cosas menudas, y a los que tienen noticia de aquella lengua, como vos, Juliano y Sabino, la tenéis, notorias mucho; y señaladamente porque pertenecen propiamente a los ojos y así, para dichas y oídas, son cosas oscuras.

Pero, si os parece, valga por todos la figura y cualidad de letras con que se escribe en aquella lengua el nombre propio de Dios, que los hebreos llaman inefable, porque no tenían por lícito el traerle comúnmente en la boca; y los griegos le llaman nombre de cuatro letras, porque son tantas las letras de que se compone. Porque, si miramos al sonido con que se pronuncia, todo él es vocal, así como lo es aquel a quien significa, que todo es ser y vida y espíritu sin ninguna mezcla de composición o de materia. Y si atendemos a la condición de las letras hebreas con que se escribe, tienen esta condición, que cada una de ellas se puede poner en lugar de las otras, y muchas veces en aquella lengua se ponen; y así, en virtud, cada una de ellas es todas, y todas son cada una; que es como imagen de la sencillez que hay en Dios, por una parte, y de la infinita muchedumbre de perfecciones que, por otra, tiene; porque todo es una gran perfección, y aquella una es todas sus perfecciones. Tanto que, si hablamos con propiedad, la perfecta sabiduría de Dios no se diferencia de su justicia infinita; ni su justicia, de su grandeza; ni su grandeza, de su misericordia; y el poder y el saber y el amar en Él, todo es uno. Y en cada uno de estos sus bienes, por más que le desviemos y alejemos del otro, están todos juntos; y por cualquiera parte que le miremos, es todo y no parte. Y conforme a esta razón es, como habemos dicho, la condición de las letras que componen su nombre. Y no sólo en la condición de las letras, sino aun, lo que parece maravilloso, en la figura y disposición también le retrata este nombre en una cierta manera.

Y diciendo esto Marcelo, e inclinándose hacia la tierra, en la arena, con una vara delgada y pequeña, formó unas letras como éstas ; y dijo luego:

-Porque en las letras caldaicas este santo nombre siempre se figura así. Lo cual, como veis, es imagen del número de las divinas personas, y de la igualdad de ellas, y de la unidad que tienen las mismas en una esencia, como estas letras son de una figura y de un nombre. Pero esto dejémoslo así.

E iba Marcelo a decir otra cosa; mas atravesándose Juliano, dijo de esta manera:

-Antes que paséis, Marcelo, adelante, nos habéis de decir cómo se compadece con lo que hasta ahora habéis dicho, que tenga Dios nombre propio; y desde el principio deseaba pedíroslo, y dejélo por no romperos el hilo. Mas ahora, antes que salgáis de él, nos decid: si el nombre es imagen que sustituye por cuyo es, ¿qué nombre de voz o qué concepto de entendimiento puede llegar a ser imagen de Dios? Y si no puede llegar, ¿en qué manera diremos que es su nombre propio? Y aún hay en esto otra gran dificultad: que si el fin de los nombres es que por medio de ellos las cosas cuyos son estén en nosotros, corno dijisteis, excusada cosa fue darle a Dios nombre, el cual está tan presente a todas las cosas, y tan lanzado, como si dijésemos, en sus entrañas, y tan infundido y tan íntimo como está su ser de ellas mismas.

-Abierto habíais la puerta, Juliano -respondió Marcelo-, para razones grandes y profundas, si no la cerrara lo mucho que hay que decir en lo que Sabino ha propuesto. Y así, no os responderé más de lo que basta para que esos vuestros nudos queden desatados y sueltos. Y comenzando de lo postrero, digo que es grande verdad que Dios está presente en nosotros, y tan vecino y tan dentro de nuestro ser como Él mismo de sí; porque en Él y por Él, no sólo nos movemos y respiramos, sino también vivimos y tenemos ser, como lo confiesa y predica San Pablo. Pero así nos está presente, que en esta vida nunca nos es presente.

Quiero decir que está presente y junto con nuestro ser, pero muy lejos de nuestra vista y del conocimiento claro que nuestro entendimiento apetece. Por lo cual convino, o por mejor decir, fue necesario que entretanto que andamos peregrinos de él en estas tierras de lágrimas ya que no se nos manifiesta ni se junta con nuestra alma su cara, tuviésemos, en lugar de ella, en la boca algún nombre y palabra, y en el entendimiento alguna figura suya, como quiera que ella sea imperfecta y oscura, y, como San Pablo llama, enigmática. Porque, cuando volare de esta cárcel de tierra en que ahora nuestra alma presa trabaja y afana, como metida en tinieblas, y saliere a lo claro y a lo puro de aquella luz, él mismo, que se junta con nuestro ser ahora, se juntará con nuestro entendimiento entonces; y él por sí, y sin medio de otra tercera imagen, estará junto a la vista del alma; y no será entonces su nombre otro que Él mismo, en la forma y manera que fuere visto; y cada uno le nombrará con todo lo que viere y conociere de Él, esto es, con el mismo Él; así y de la misma manera como le conociere.

Y por esto dice San Juan, en el libro del Apocalipsis, que Dios a los suyos en aquella felicidad, demás de que les enjugará las lágrimas y les borrará de la memoria los duelos pasados, les dará a cada uno una piedrecilla menuda, y en ella un nombre escrito, el cual sólo el que la recibe le conoce. Que no es otra cosa sino el tanto de sí y de su esencia, que comunicará Dios con la vista y entendimiento de cada uno de los bienaventurados; que con ser uno en todos, con cada uno será en diferente grado, y por una forma de sentimiento cierta y singular para cada uno.

Y, finalmente, este nombre secreto que dice San Juan, y el nombre con que entonces nombraremos a Dios, será todo aquello que entonces en nuestra alma será Dios, el cual, como dice San Pablo, «será en todos todas las cosas». Así que, en el cielo, donde veremos, no tendremos necesidad para con Dios de otro nombre más que del mismo Dios; mas en esta oscuridad, adonde, con tenerle en casa, no le echamos de ver, esnos forzado ponerle algún nombre. Y no se lo pusimos nosotros, sino Él por su grande piedad se le puso luego que vio la causa y la necesidad.

En lo cual es cosa digna de considerar el amaestramiento secreto del Espíritu Santo que siguió el santo Moisés acerca de esto, en el libro de la creación de las cosas. Porque tratando allí la historia de la creación, y habiendo escrito todas las obras de ella, y habiendo nombrado en ellas a Dios muchas veces, hasta que hubo criado al hombre y Moisés lo escribió, nunca le nombró con este su nombre, como dando a entender que, antes de aquel punto, no había necesidad de que Dios tuviese nombre, y que, nacido el hombre que le podía entender y no le podría ver en esta vida, era necesario que se nombrase. Y como Dios tenía ordenado de hacerse hombre después, luego que salió a luz el hombre, quiso humanarse nombrándose.

Y a lo otro, Juliano, que propusistes, que siendo Dios un abismo de ser y de perfección infinita, y habiendo de ser el nombre imagen de lo que nombra, cómo se podía entender que una palabra limitada alcanzase a ser imagen de lo que no tiene limitación, algunos dicen que este nombre, como nombre que se le puso Dios a sí mismo, declara todo aquello que Dios entiende de sí, que es el concepto y verbo divino que dentro de sí engendra entendiéndose; y que esta palabra que nos dijo y que suena en nuestros oídos, es señal que nos explica aquella palabra eterna e incomprensible que nace y vive en su seno, así como nosotros con las palabras de la boca declaramos todo lo secreto del corazón. Pero, como quiera que esto sea, cuando decimos que Dios tiene nombres propios, o que este es nombre propio de Dios, no queremos decir que es cabal nombre, o nombre que abraza y que nos declara todo aquello que hay en Él. Porque uno es el ser propio, y otro es el ser igual o cabal. Para que sea propio basta que declare, de las cosas que son propias a aquella de quien se dice, alguna de ellas; mas, si no las declara todas entera y cabalmente, no será igual. Y así a Dios, si nosotros le ponemos nombre, nunca le pondremos un nombre entero y que le iguale, como tampoco le podemos entender como quien Él es entera y perfectamente; porque lo que dice la boca es señal de lo que se entiende en el alma. Y así, no es posible que llegue la palabra adonde el entendimiento no llega.

Y para que ya nos vamos acercando a lo propio de nuestro propósito y a lo que Sabino leyó del papel, ésta es la causa por que a Cristo nuestro Señor se le dan muchos nombres; conviene a saber, su mucha grandeza y los tesoros de sus perfecciones riquísimas, y juntamente la muchedumbre de sus oficios y de los demás bienes que nacen de él y se derraman sobre nosotros. Los cuales, así como no pueden ser abrazados con una vista del alma, así mucho menos pueden ser nombrados con una palabra sola. Y como el que infunde agua en algún vaso de cuello largo y estrecho, la envía poco a poco y no toda de golpe, así el Espíritu Santo, que conoce la estrechez y angostura de nuestro entendimiento, no nos presenta así toda junta aquella grandeza, sino como en partes nos la ofrece, diciéndonos unas veces algo de ella debajo de un nombre, y debajo de otro nombre otra cosa otras veces. Y así vienen a ser casi innumerables los nombres que la Escritura divina da a Cristo; porque le llama León y Cordero, y Puerta y Camino, y Pastor y Sacerdote, y Sacrificio y Esposo, y Vid y Pimpollo, y Rey de Dios y Cara suya, y Piedra y Lucero, y Oriente y Padre, y Príncipe de paz y Salud, y Vida y Verdad; y así otros nombres sin cuento. Pero, de estos muchos, escogió solos diez el papel, como más sustanciales; porque, como en él se dice, los demás todos se reducen o pueden reducir a éstos en cierta manera.

Mas conviene, antes que pasemos adelante, que admitamos primero que, así como Cristo es Dios, así también tiene nombres que por su divinidad le convienen: unos propios de su persona, y otros comunes a toda la Trinidad; pero no habla con estos nombres nuestro papel, ni nosotros ahora tocaremos en ellos, porque aquellos propiamente pertenecen a los nombres de Dios. Los nombres de Cristo que decimos ahora son aquellos solos que convienen a Cristo en cuanto hombre, conforme a los ricos tesoros de bien que encierra en sí su naturaleza humana, y conforme a las obras que en ella y por ella Dios ha obrado y siempre obra en nosotros. Y con esto, Sabino, si no se os ofrece otra cosa, proseguid adelante.

Y Sabino leyó luego:

PIMPOLLO

Es llamado Cristo Pimpollo, y explícase cómo le conviene este nombre, y el modo de su maravillosa concepción

El primer nombre puesto en castellano se dirá bien Pimpollo, que en la lengua original es Cemach, y el texto latino de la Sagrada Escritura unas veces lo traslada diciendo Germen, y otras diciendo Oriens. Así le llamó el Espíritu Santo en el capítulo cuarto del profeta Isaías: «En aquel día el Pimpollo del Señor será en grande alteza, y el fruto de la tierra muy ensalzado». Y por Jeremías en el capítulo treinta y tres: «Y haré que nazca a David Pimpollo de justicia, y haré justicia y razón sobre la tierra». Y por Zacarías en el capítulo 3, consolando al pueblo judaico, recién salido del cautiverio de Babilonia: «Yo haré, dice, venir a mi siervo el Pimpollo.» Y en el capítulo sexto: «Veis un varón cuyo nombre es Pimpollo».

Y llegando aquí Sabino, cesó. Y Marcelo:

—Sea éste —dijo— el primer nombre, pues la orden del papel nos lo da. Y no carece de razón que sea éste el primero, porque en él, como veremos después, se toca en cierta manera la cualidad y orden del nacimiento de Cristo y de su nueva y maravillosa generación; que, en buena orden, cuando de alguno se habla, es lo primero que se suele decir.

Pero antes que digamos qué es ser Pimpollo, y qué es lo que significa este nombre, y la razón por que Cristo es así nombrado, conviene que veamos si es verdad que es éste nombre de Cristo, y si es verdad que le nombra así la Divina Escritura, que será ver si los lugares de ella ahora alegados hablan propiamente de Cristo; porque algunos, o infiel o ignorantemente, nos lo quieren negar.

Pues viniendo al primero, cosa clara es que habla de Cristo, así porque el texto caldaico, que es de grandísima autoridad y antigüedad, en aquel mismo lugar adonde nosotros leemos: En aquel día será el Pimpollo del Señor, dice él: En aquel día será el Mesías del Señor; como también porque no se puede entender aquel lugar de otra alguna manera. Porque lo que algunos dicen del príncipe Zorababel y del estado feliz de que gozó debajo de su gobierno el pueblo judaico, dando a entender que fue éste el Pimpollo del Señor de quien Isaías dice: En aquel día el Pimpollo del Señor será en grande alteza, es hablar sin mirar lo que dicen; porque quien leyere lo que las letras sagradas, en los libros de Nehemías y Esdras, cuentan del estado de aquel pueblo en aquella sazón, verá mucho trabajo, mucha pobreza, mucha contradicción, y ninguna señalada felicidad, ni en lo temporal ni en los bienes del alma, que a la verdad es la felicidad de que Isaías entiende cuando en el lugar alegado dice: «En aquel día será el Pimpollo del Señor en grandeza y en gloria.»

Y cuando la edad de Zorobabel, y el estado de los judíos en ella hubiera sido feliz, cierto es que no lo fue con el extremo que el Profeta aquí muestra; porque, ¿qué palabra hay aquí que no haga significación de un bien divino y rarísimo? Dice del Señor, que es palabra que a todo lo que en aquella lengua se añade lo suele subir de quilates. Dice: Gloria y grandeza y magnificencia, que es todo lo que encareciendo se puede decir. Y porque salgamos enteramente de duda, alarga, como si dijésemos, el dedo el Profeta, y señala el tiempo y el día mismo del Señor, y dice de esta manera: «En aquel día.» Mas ¿qué día? Sin duda, ninguno otro sino aquel mismo de quien luego antes de esto decía: «En aquel día quitará al redropelo el Señor a las hijas de Sión el chapín que cruje en los pies y los garvines de la cabeza, las lunetas y los collares, las ajorcas y los rebozos, las botillas y los calzados altos, las argollas, los apretadores, los zarcillos, las sortijas, las cotonías, las almalafas, las escarcelas, los volantes y los espejos; y les trocará el ámbar en hediondez, y la cintura rica en andrajo, y el enrizado en calva pelada, y el precioso vestido en cilicio, y la tez curada en cuero tostado; y tus valientes morirán a cuchillo.»

Pues en aquel día mismo, cuando Dios puso por el suelo toda la alteza de Jerusalén con las armas de los romanos, que asolaron la ciudad y pusieron a cuchillo sus ciudadanos y los llevaron cautivos, en ese mismo tiempo el fruto y el Pimpollo del Señor, descubriéndose y saliendo a luz, subirá a gloria y honra grandísima. Porque en la destrucción que hicieron de Jerusalén los caldeos, si alguno por caso quisiere decir que habla aquí de ella el Profeta, no se puede decir con verdad que creció el fruto del Señor, ni que fructificó gloriosamente la tierra al mismo tiempo que la ciudad se perdió. Pues es notorio que en aquella calamidad no hubo alguna parte o alguna mezcla de felicidad señalada, ni en los que fueron cautivos a Babilonia, ni en los que el vencedor caldeo dejó en Judea y en

Jerusalén para que labrasen la tierra, porque los unos fueron a servidumbre miserable, y los otros quedaron en miedo y desamparo, como en el libro de Jeremías se lee.

Mas al revés, con esta otra caída del pueblo judaico se juntó, como es notorio, la claridad del nombre de Cristo, y, cayendo Jerusalén, comenzó a levantarse la Iglesia. Y aquel a quien poco antes los miserables habían condenado y muerto con afrentosa muerte, y cuyo nombre habían procurado oscurecer y hundir, comenzó entonces a enviar rayos de sí por el mundo y a mostrarse vivo y Señor, y tan poderoso, que castigando a sus matadores con azote gravísimo, y quitando luego el gobierno de la tierra al demonio, y deshaciendo poco a poco su silla, que es el culto de los ídolos en que la gentilidad le servía, como cuando el sol vence las nubes y las deshace, así Él sólo y clarísimo relumbró por toda la redondez.

Y lo que he dicho de este lugar, se ve claramente también en el segundo de Jeremías, de sus mismas palabras. Porque decirle a David y prometerle que le «nacería o fruto o Pimpollo de justicia», era propia señal de que el fruto había de ser Jesucristo, mayormente añadiendo lo que luego se sigue, y es que «este fruto haría justicia y razón sobre la tierra»; que es la obra propia suya de Cristo, y uno de los principales fines para que se ordenó su venida, y obra que Él sólo y ninguno otro enteramente la hizo. Por donde las más veces que se hace memoria de Él en las Escrituras divinas, luego en los mismos lugares se le atribuye esta obra, como obra sola de Él y como su propio blasón. Así se ve en el Salmo setenta y uno, que dice: «Señor, da tu vara al Rey y el ejercicio de justicia al Hijo del Rey, para que juzgue a tu pueblo conforme a justicia y a los pobres según fuero. Los montes altos conservarán paz con el vulgo, y los collados les guardarán ley. Dará su derecho a los pobres del pueblo, y será amparo de los pobrecitos, y hundirá al violento opresor.»

Pues en el tercero lugar de Zacarías, los mismos hebreos lo confiesan, y el texto caldeo que he dicho abiertamente le entiende y le declara de Cristo. Y así mismo entendemos el cuarto testimonio, que es del mismo profeta. Y no nos impide lo que algunos tienen por inconveniente y por donde se mueven a declararle en diferente manera, que es decir luego que «este Pimpollo fructificará después o debajo de sí, y que edificará el templo de Dios», pareciéndoles que esto señala abiertamente a Zorobabel, que edificó el templo y fructificó después de sí por muchos siglos a Cristo, verdaderísimo fruto. Así que esto no impide, antes favorece y esfuerza más nuestro intento.

Porque el fructificar debajo de sí, o, como dice el original en su rigor, acerca de sí, es tan propio de Cristo, que de ninguno lo es más. ¿Por ventura no dice Él de sí mismo: «Yo soy vid y vosotros sarmientos?» Y en el Salmo que ahora decía, en el cual todo lo que se dice son propiedades de Cristo, ¿no se dice también: «Y en sus días fructificarán los justos»? O, si querernos confesar la verdad, ¿quién jamás en los hombres perdidos engendró hombres santos y justos, o qué fruto jamás se vio que fuese más fructuoso que Cristo? Pues esto mismo, sin duda, es lo que aquí nos dice el Profeta, el cual, porque le puso a Cristo nombre de fruto, y porque dijo señalándole como a singular fruto: «Veis aquí un varón que es fruto su nombre», porque no se pensase que se acababa su fruto en Él, y que era fruto para sí, y no árbol para dar de sí fruta, añadió luego diciendo: «Y fructificará acerca de sí», como si con más palabras dijera: Y es fruto que dará mucho fruto, porque a la redonda de Él, esto es, en Él y de Él por todo cuanto se extiende la tierra, nacerán nobles y divinos frutos sin cuento, y este Pimpollo enriquecerá el mundo con pimpollos no vistos.

De manera que éste es uno de los nombres de Cristo, y, según nuestro orden, el primero de ellos, sin que en ello pueda haber duda ni pleito. Y son como vecinos y deudos suyos otros algunos nombres que también se ponen a Cristo en la Santa Escritura, los cuales, aunque en el sonido son diferentes, pero bien mirados, todos se reducen a un intento mismo y convienen en una misma razón; porque si en el capítulo treinta y cuatro de Ezequiel es llamado planta nombrada y si Isaías en el capítulo once, le llama unas veces rama, y otra flor, y en el capítulo cincuenta y tres, tallo y raíz, todo es decirnos lo que el nombre de Pimpollo o de fruto nos dice. Lo cual será bien que declaremos ya, pues lo primero, que pertenece a que Cristo se llama así, está suficientemente probado, si no se os ofrece otra cosa.

-Ninguna -dijo al punto Juliano-, antes ha rato ya que el nombre y esperanza de este fruto ha despertado en nuestro gusto golosina de él.

-Merecedor es de cualquiera golosina y deseo -respondió Marcelo- porque es dulcísimo fruto, y no menos provechoso que dulce, si ya no le menoscaba la pobreza de mi lengua e ingenio. Pero idme respondiendo, Sabino, que lo quiero haber ahora con vos. Esta hermosura del cielo y mundo que vemos, y la otra mayor que entendemos y que nos esconde el mundo invisible, ¿fue siempre como es ahora, o hízose ella a sí misma, o Dios la sacó a luz y la hizo?

-Averiguado es -dijo Sabino- que Dios crió el mundo con todo lo que hay en él, sin presuponer para ello alguna materia, sino sólo con la fuerza de su infinito poder, con que hizo, donde no había ninguna cosa, salir a luz esta beldad que decís. Mas ¿qué duda hay en esto?

-Ninguna hay -replicó prosiguiendo Marcelo-; mas decidme más adelante: ¿nació esto de Dios, no advirtiendo Dios en ello, sino como por alguna natural consecuencia, o hízolo Dios porque quiso y fue su voluntad libre de hacerlo?

-También es averiguado -respondió luego Sabino- que lo hizo con propósito y libertad.

-Bien decís -dijo Marcelo-; y pues conocéis eso, también conoceréis que pretendió Dios en ello algún grande fin.

-Sin duda, grande -respondió Sabino-, porque siempre que se obra con juicio y libertad es a fin de algo que se pretende.

-¿Pretendería de esa manera -dijo Marcelo- Dios en esta su obra algún interés y acrecentamiento suyo?

-En ninguna manera -respondió Sabino.

-¿Por qué? -dijo Marcelo.

Y Sabino respondió:

-Porque Dios, que tiene en sí todo el bien, en ninguna cosa que haga fuera de sí puede querer ni esperar para sí algún acrecentamiento o mejoría.

-Por manera -dijo Marcelo- que Dios, porque es bien infinito y perfecto, en hacer el mundo no pretendió recibir bien alguno de él, y pretendió algún fin, como está dicho. Luego, si no pretendió recibir, sin ninguna duda pretendió dar; y si no lo crió para añadirse a sí algo, criólo sin ninguna duda para comunicarse Él a sí, y para repartir en sus criaturas sus bienes. Y, cierto, este sólo es fin digno de la grandeza de Dios, y propio de quien por su naturaleza es la misma bondad; porque a lo bueno su propia inclinación le lleva al bien hacer, y cuanto es más bueno uno, tanto se inclina más a esto. Pero si el intento de Dios, en la creación y edificio del mundo, fue hacer bien a lo que criaba repartiendo en ello sus bienes, ¿qué bienes o qué comunicación de ellos fue aquella a quien como a blanco enderezó Dios todo el oficio de esta obra suya?

-No otros -respondió Sabino- sino esos mismos que dio a las criaturas, así a cada una en particular como a todas juntas en general.

-Bien decís -dijo Marcelo- aunque no habéis respondido a lo que os pregunto.

-¿En qué manera? -respondió.

-Porque -dijo Marcelo- como esos bienes tengan sus grados, y como sean unos de otros de diferentes quilates, lo que pregunto es: ¿a qué bien, o a qué grado de bien entre todos, enderezó Dios todo su intento principalmente?

-¿Qué grados -respondió Sabino- son esos?

-Muchos son -dijo Marcelo- en sus partes, mas la Escuela los suele reducir a tres géneros: a naturaleza y a gracia y a unión personal. A la naturaleza pertenecen los bienes con que se nace, a la gracia pertenecen aquellos que después de nacidos nos añade Dios. El bien de la unión personal es haber juntado Dios en Jesucristo su persona con nuestra naturaleza. Entre los cuales bienes es muy grande la diferencia que hay.

Porque lo primero, aunque todo el bien que vive y luce en la criatura es bien que puso en ella Dios, pero puso en ella Dios unos bienes para que le fuesen propios y naturales, que es todo aquello en que consiste su ser y lo que de ello se sigue; y esto decimos que son bienes de naturaleza, porque los plantó Dios en ella y se nace con ellos, como es el ser y la vida y el entendimiento, y lo demás semejante. Otros bienes no los plantó Dios en lo natural de la criatura ni en la virtud de sus naturales principios para que de ellos naciesen, sino sobrepúsolos Él por sí solo a lo natural, y así no son bienes fijos ni arraigados en la naturaleza, como los primeros, sino movedizos bienes, como son la gracia y la caridad y los demás dones de Dios; y estos llamamos bienes sobrenaturales de gracia. Lo segundo, dado, como es verdad, que todo este bien comunicado en una semejanza de Dios, porque es hechura de Dios, y Dios no puede hacer cosa que no le remede, porque en cuanto hace se tiene por dechado a sí mismo; mas, aunque esto es así, todavía es muy grande la diferencia que hay en la manera de remedarle. Porque en lo natural remedan las criaturas el ser de Dios, mas en los bienes de gracia remedan el ser y condición y el estilo, y, como si dijésemos, la vivienda y bienandanza suya; y así se avecinan y juntan más a Dios por esta parte las criaturas que la tienen, cuanto es mayor esta semejanza que la semejanza primera; pero en la unión personal no remedan ni se parecen a Dios las criaturas, sino vienen a ser el mismo Dios porque se juntan con Él en una misma persona.

Aquí Juliano, atravesándose, dijo:

-¿Las criaturas todas se juntan en una persona con Dios?

Respondió Marcelo riendo:

-Hasta ahora no trataba del número, sino trataba del cómo; quiero decir, que no contaba quiénes y cuántas criaturas se juntan con Dios en estas maneras, sino contaba la manera cómo se juntan y le remedan, que es, o por naturaleza, o por gracia, o por unión de persona. Que cuanto al número de los que se le ayuntan, clara cosa es que en los bienes de naturaleza todas las criaturas se avecinan a Dios; y solas, y no todas, las que tienen entendimiento en los bienes de gracia; y en la unión personal sola la humanidad de nuestro redentor Jesucristo. Pero aunque con sola esta humana naturaleza se haga la unión personal propiamente, en cierta manera también, en juntarse Dios con ella, es visto juntarse con todas las criaturas, por causa de ser el hombre como un medio entre lo espiritual y lo corporal, que contiene y abraza en sí lo uno y lo otro. Y por ser, como dijeron antiguamente, un menor mundo o un mundo abreviado.

-Esperando estoy -dijo Sabino entonces- a qué fin se ordena este vuestro discurso.

-Bien cerca estamos ya de ello -respondió Marcelo porque pregúntoos: si el fin por que crió Dios todas las cosas fue solamente por comunicarse con ellas, y si esta dádiva y comunicación acontece en diferentes maneras, como hemos ya visto; y si unas de estas maneras son más perfectas que otras, ¿no os parece que pide la misma razón que un tan grande artífice, y en una obra tan grande, tuviese por fin de toda ella hacer en ella la mayor y más perfecta comunicación de sí que pudiese?

-Así parece -dijo Sabino.

-Y la mayor -dijo siguiendo Marcelo-, así de las hechas como de las que se pueden hacer, es la unión personal que se hizo entre el Verbo divino y la naturaleza humana de Cristo, que fue hacerse con el hombre una misma Persona.

-No hay duda -respondió Sabino- sino que es la mayor.

-Luego -añadió Marcelo- necesariamente se sigue que Dios, a fin de hacer esta unión bienaventurada y maravillosa, crió todo cuanto se parece y se esconde, que es decir que el fin para que fue fabricada toda la variedad y belleza del mundo fue por sacar a luz este compuesto de Dios y hombre, o, por mejor decir, este juntamente Dios y hombre que es Jesucristo.

-Necesariamente se sigue -respondió Sabino.

-Pues -dijo entonces Marcelo- esto es ser Cristo fruto; y darle la Escritura este nombre a Él, es darnos a entender a nosotros que Cristo es el fin de las cosas y aquél para cuyo nacimiento feliz fueron todas criadas y enderezadas. Porque así como en el árbol la raíz no se hizo para sí, ni menos el tronco que nace y se sustenta sobre ella, sino lo uno y lo otro, juntamente con las ramas y la flor y la hoja, y todo lo demás que el árbol produce, se ordena y endereza para el fruto que de él sale, que es el fin y como remate suyo, así por la misma manera, estos cielos extendidos que vemos, y las estrellas que en ellos dan resplandor, y, entre todas ellas, esta fuente de claridad y de luz que todo lo alumbra, redonda y bellísima; la tierra pintada con flores y las aguas pobladas de peces; los animales y los hombres, y este universo todo, cuan grande y cuan hermoso es, lo hizo Dios para fin de hacer hombre a su Hijo, y para producir a luz este único y divino fruto que es Cristo, que con verdad le podemos llamar el parto común y general de todas las cosas.

Y así como el fruto (para cuyo nacimiento se hizo en el árbol la firmeza del tronco, y la hermosura de la flor, y el verdor y frescor de las hojas), nacido, contiene en sí y en su virtud todo aquello que para él se ordenaba en el árbol, o, por mejor decir, el árbol todo contiene, así también Cristo, para cuyo nacimiento crió primero Dios las raíces firmes y hondas de los elementos, y levantó sobre ellas después esta grandeza del mundo con tanta variedad, como si dijésemos, de ramas y hojas, lo contiene todo en sí, y lo abarca y se resume en Él y, como dice San Pablo, se recapitula todo lo no criado y criado, lo humano y lo divino, lo natural y lo gracioso. Y como, de ser Cristo llamado fruto por excelencia, entendemos que todo lo criado se ordenó para Él, así también de esto mismo ordenado, podemos, rastreando, entender el valor inestimable que hay en el fruto para quien tan grandes cosas se ordenan. Y de la grandeza y hermosura y cualidad de los medios, argüimos la excelencia sin medida del fin.

Porque si cualquiera que entra en algún palacio o casa real rica y suntuosa, y ve primero la fortaleza y firmeza del muro ancho y torreado, y los muchos órdenes de las ventanas labradas, y las galerías y los chapiteles que deslumbran la vista, y luego la entrada alta y adornada con ricas labores, y después los zaguanes y patios grandes y diferentes, las columnas de mármol, y las largas salas y las recámaras ricas, y la diversidad y muchedumbre y orden de los aposentos, hermoseados todos con peregrinas y escogidas pinturas, y con el jaspe y el pórfiro, y el marfil y el oro que luce por los suelos y paredes y techos, y ve juntamente con esto la muchedumbre de los que sirven en él, y la disposición y rico aderezo de sus personas, y el orden que cada uno guarda en su ministerio y servicio, y el concierto que todos conservan entre sí, y oye también los menestriles y dulzura de música, y mira la hermosura y regalos de los lechos, y la riqueza de los aparadores, que no tienen precio, luego conoce que es incomparablemente mejor y mayor aquel para cuyo servicio todo aquello se ordena, así debemos nosotros también entender que si es hermosa y admirable esta vista de la tierra y del cielo, es sin ningún término muy más hermoso y maravilloso Aquél por cuyo fin se crió y que si es grandísima, como sin ninguna duda lo es, la majestad de este templo universal que llamamos mundo nosotros, Cristo, para cuyo nacimiento se ordenó desde su principio, y a cuyo servicio se sujetará todo después, y a quien ahora sirve y obedece, y obedecerá para siempre, es incomparablemente grandísimo, gloriosísimo, perfectísimo, más mucho de lo que ninguno puede ni encarecer ni entender. Y, finalmente, que es tal, cual inspirado y alentado por el Espíritu Santo, San Pablo dice escribiendo a los Colosenses: «Es imagen de Dios invisible, y el engendrado primero que todas las criaturas. Porque para Él se fabricaron todas, así en el cielo como en la tierra, las visibles y las invisibles, así digamos los tronos como las dominaciones, como los principados y potentados, todo por Él y para Él fue criado; y Él es el adelantado entre todos, y todas las cosas tienen ser por Él. Y Él también del cuerpo de la Iglesia es la cabeza, y Él mismo es el principio y el primogénito de los muertos, para que en todo tenga las primerías. Porque le plugo al Padre y tuvo por bien que se aposentase en Él todo lo sumo y cumplido.»

Por manera que Cristo es llamado Fruto porque es el fruto del mundo, esto es, porque es el fruto para cuya producción se ordenó y fabricó todo el mundo. Y así Isaías, deseando su nacimiento, y sabiendo que los cielos y la naturaleza toda vivía y tenía ser principalmente para este parto, a toda ella se le pide diciendo: «Derramad rocío, cielos, desde vuestras alturas; y vosotras, nubes, lloviendo, enviadnos al Justo; y la tierra se abra y produzca y brote al Salvador.»

Y no solamente por esta razón que hemos dicho Cristo se llama fruto, sino también porque todo aquello que es verdadero Fruto en los hombres (digo fruto que merezca parecer ante Dios y ponerse en el cielo), no sólo nace en ellos por virtud de este fruto, que es Jesucristo, sino en cierta manera también es el mismo Jesús. Porque la justicia y santidad que derrama en los ánimos de sus fieles, así ella como los demás bienes y santas obras que nacen de ella, y que, naciendo de ella, después la acrecientan, no son sino como una imagen y retrato vivo de Jesucristo, y tan vivo que es llamado Cristo en las letras sagradas, como parece en los lugares adonde nos amonesta San Pablo que nos vistamos de Jesucristo: porque el vivir justa y santamente es imagen de Cristo. Y así por esto como por el espíritu suyo, que comunica Cristo e infunde en los buenos, cada uno de ellos se llama Cristo, y todos ellos juntos, en la forma ya dicha, hacen un mismo Cristo.

Así lo testificó San Pablo, diciendo: «Todos los que en Cristo os habéis bautizado, os habéis vestido de Jesucristo; que allí no hay judío ni gentil, ni libre ni esclavo, ni hembra ni varón, porque todos sois uno en Jesucristo.» Y en otra parte: «Hijuelos míos, que os engendro otra vez hasta que Cristo se forme en vosotros.» Y amonestando a los romanos a las buenas obras, les dice y escribe: «Desechemos, pues, las obras oscuras y vistamos armas de luz, y, como quien anda de día, andemos vestidos y honestos. No en convites y embriagueces, no en desordenado sueño y en deshonestas torpezas, ni menos en competencias y envidias, sino vestíos del Señor Jesucristo.» Y que todos estos Cristos son un Cristo solo, dícelo Él mismo a los Corinthios por estas palabras: «Como un cuerpo tiene muchos miembros, y todos los miembros del cuerpo, con ser muchos, son un cuerpo, así también Cristo.»

Donde, como advierte San Agustín, no dijo, concluyendo la semejanza, así es Cristo y sus miembros, sino así es Cristo, para nos enseñar que Cristo, nuestra cabeza, está en sus miembros, y que los miembros y la cabeza son un solo Cristo, como por aventura diremos más largamente después. Y lo que decimos ahora, y lo que de todo lo dicho resulta, es conocer cuán merecidamente Cristo se llama Fruto, pues todo el fruto bueno y de valor que mora y fructifica en los hombres es Cristo y de Cristo, en cuanto nace de Él y en cuanto le parece y remeda, así como es dicho. Y pues hemos platicado ya lo que basta acerca de esto, proseguid, Sabino, en vuestro papel.

—Deteneos —dijo Juliano alargando contra Sabino la mano—, que, si olvidado no estoy, os falta, Marcelo, por descubrir lo que al principio nos propusisteis: de lo que toca a la nueva y maravillosa concepción de Cristo, que, como dijisteis, este nombre significa.

—Es verdad e hicisteis muy bien, Juliano, en ayudar mi memoria —respondió al punto Marcelo— y lo que pedís es aquesto: este nombre que unas veces llamamos Pimpollo y otras veces llamamos Fruto, en la palabra original no es fruto como quiera, sino es propiamente el fruto que nace de suyo sin cultura ni industria. En lo cual, al propósito de Jesucristo, a quien ahora se aplica, se nos demuestran dos cosas. La una, que no hubo ni saber ni valor, ni merecimiento ni industria en el mundo, que mereciese de Dios que se hiciese hombre, esto es, que produjese este fruto; la otra, que en el vientre purísimo y santísimo de donde aqueste fruto nació, anduvo solamente la virtud y obra de Dios, sin ayuntarse varón.

Mostró, como oyó esto, moverse de su asiento un poco Juliano, y, como acostándose hacia Marcelo, y mirándole con alegre rostro, le dijo:

-Ahora me place más el haberos, Marcelo, acordado lo que olvidabais, porque me deleita mucho entender que el artículo de la limpieza y entereza virginal de nuestra común Madre y Señora está significado en las letras y profecías antiguas; y la razón lo pedía. Porque adonde se dijeron y escribieron, tantos años antes que fuesen, otras cosas menores, no era posible que se callase un misterio tan grande. Y si se os ofrecen algunos otros lugares que pertenezcan a esto, que sí se ofrecerán, mucho holgaría que los dijésedes, si no recibís pesadumbre.

-Ninguna cosa -respondió Marcelo- me puede ser menos pesada que decir algo que pertenezca al loor de mi única abogada y Señora, que aunque lo es generalmente de todos, mas atrévome yo a llamarla mía en particular, porque desde mi niñez me ofrecí todo a su amparo. Y no os engañáis nada, Juliano, en pensar que los libros y letras del Testamento Viejo no pasaron callando por una extrañeza tan nueva, y señaladamente tocando a personas tan importantes. Porque, ciertamente, en muchas partes la dicen con palabras para la fe muy claras, aunque algo oscuras para los corazones a quien la infidelidad ciega, conforme a como se dicen otras muchas cosas de las que pertenecen a Cristo, que, como San Pablo dice, «es misterio escondido»; el cual quiso Dios decirle y esconderle por justísimos fines, y uno de ellos fue para castigar así con la ceguedad y con la ignorancia de cosas tan necesarias, a aquel pueblo ingrato por sus enormes pecados.

Pues viniendo a lo que pedís, clarísimo testimonio es, a mi juicio, para este propósito aquello de Isaías que poco antes decíamos: «Derramad, cielos, rocío, y lluevan las nubes al Justo.» Adonde, aunque, como veis, va hablando del nacimiento de Cristo como de una planta que nace en el campo, empero no hace mención ni de arado ni de azada ni de agricultura, sino solamente de cielo y de nubes y de tierra, a los cuales atribuye todo su nacimiento.

Y a la verdad, el que cotejare estas palabras que aquí dice Isaías con las que acerca de esta misma razón dijo a la benditísima Virgen el arcángel Gabriel, verá que son casi las mismas, sin haber entre ellas más diferencia de que lo que dijo el Arcángel con palabras propias, porque trataba de negocio presente, Isaías lo significó con palabras figuradas y metafóricas, conforme al estilo de los profetas. Allí dijo el Ángel: «El Espíritu Santo vendrá sobre ti.» Aquí dice Isaías: «Enviaréis, cielos, vuestro rocío.» Allí dice que la virtud del alto le hará sombra. Aquí pide que se extiendan las nubes. Allí: «Y lo que nacerá de ti santo, será llamado Hijo de Dios.» Aquí: «Ábrase la tierra y produzca al Salvador.» Y sácanos de toda duda lo que luego añade, diciendo: «Y la justicia florecerá juntamente, y Yo el Señor le crié.» Porque no dice: «y Yo el Señor la crié», conviene saber, a la justicia, de quien dijo que había de florecer juntamente, sino, «Yo le crié», conviene saber, al Salvador, esto es, a Jesús, porque Jesús es el nombre que el original allí pone; y dice, Yo le crié, y atribúyese a sí la creación y nacimiento de esta bienaventurada salud, y préciase de ella como de hecho singular y admirable, y dice: «Yo, Yo», como si dijese: «Yo sólo, y no otro conmigo.»

Y también no es poco eficaz para la prueba de esta misma verdad, la manera como habla de Cristo, en el capítulo cuarto de su Escritura, este mismo profeta, cuando, usando de la misma figura de plantas y frutos y cosas del campo, no señala para su nacimiento otras causas más de a Dios y a la tierra, que es a la Virgen y al Espíritu Santo. Porque, como ya vimos, dice: «En aquel día será el Pimpollo de Dios magnífico y glorioso, y el fruto de la tierra subirá a grandísima alteza.». Pero, entre otros, para este propósito hay un lugar singular en el Salmo ciento nueve, aunque algo oscuro según la letra latina, mas según la original, manifiesto y muy claro, en tanto grado que los doctores antiguos que florecieron antes de la venida de Jesucristo conocieron de allí, y así lo escribieron, que la Madre del Mesías había de concebir virgen por virtud de Dios y sin obra de varón. Porque, vuelto el lugar que digo a la letra, dice de esta manera: «En resplandores de santidad del vientre y de la aurora, contigo el rocío de tu nacimiento.» En las cuales palabras, y no por una de ellas, sino casi por todas, se dice y se descubre este misterio que digo. Porque lo primero, cierto es que habla en este Salmo con Cristo el Profeta. Y lo segundo, también es manifiesto que habla en este verso de su concepción y nacimiento; y las palabras vientre y nacimiento, que, según la propiedad original, también se puede llamar generación, lo demuestran abiertamente.

Mas que Dios sólo, sin ministerio de hombre, haya sido el hacedor de esta divina y nueva obra en el virginal y purísimo vientre de nuestra Señora, lo primero se ve en aquellas palabras: «En resplandores de santidad.» Que es como decir que había de ser concebido Cristo, no en ardores deshonestos de carne y de sangre, sino en resplandores santos del cielo; no con torpeza de sensualidad, sino con hermosura de santidad y de espíritu. Y demás de esto, lo que luego se sigue de aurora y de rocío, por galana manera declara lo mismo. Porque es una comparación encubierta, que, si la descubrimos, sonará así: en el vientre (conviene a saber, de tu madre), serás engendrado como en la aurora, esto es, como lo que en aquella sazón de tiempo se engendra en el campo con sólo el rocío que entonces desciende del cielo, y no con riego ni con sudor humano. Y últimamente, para decirlo del todo, añadió: «Contigo el rocío de tu nacimiento.» Que porque había comparado a la aurora el vientre de la madre, y porque en la aurora cae el rocío con que se fecunda la tierra, prosiguiendo en su semejanza, a la virtud de la generación llamóla rocío también.

Y, a la verdad, así es llamada en las divinas letras, en otros muchos lugares, esta virtud vivífica y generativa con que engendró Dios al principio el cuerpo de Cristo, y con que después de muerto le reengendró y resucitó, y con que en la común resurrección tornará a la vida nuestros cuerpos deshechos, como en el capítulo veintiséis de Isaías se ve. Pues dice a Cristo David que este rocío y virtud que formó su cuerpo y le dio vida en las virginales entrañas, no se la prestó otro, ni la puso en aquel santo vientre alguno que viniese de fuera, sino que Él mismo la tuvo de su cosecha y la trajo consigo. Porque cierto es que el Verbo divino, que se hizo hombre en el sagrado vientre de la santísima Virgen, Él mismo formó allí el cuerpo y la naturaleza de hombre de que se vistió. Y así, para que entendiésemos esto, David dice bien que tuvo Cristo consigo el rocío de su nacimiento. Y aun así como decimos nacimiento en este lugar, podemos también decir niñez; que aunque viene a decir lo mismo que nacimiento, todavía es palabra que señala más el ser nuevo y corporal que tomó Cristo en la Virgen, en el cual fue niño primero, y después mancebo, y después perfecto varón; porque en el otro nacimiento eterno que tiene de Dios, siempre nació Dios eterno y perfecto e igual con su Padre.

Muchas otras cosas pudiera alegar a propósito de esta verdad; mas, porque no falte tiempo para lo demás que nos resta, baste por todas, y con ésta concluyo, la que en el capítulo cincuenta y tres dice de Cristo Isaías: «Subirá creciendo como pimpollo delante de Dios, y como raíz y arbolico nacido en tierra seca.» Porque, si va a decir la verdad, para decirlo como suele hacer el Profeta, con palabras figuradas y oscuras, no pudo decirlo con palabras que fuesen más claras que éstas. Llama a Cristo arbolico; y porque le llama así, siguiendo el mismo hilo y figura, a su santísima Madre llámala tierra conforme a razón; y habiéndola llamado así, para decir que concibió sin varón, no había una palabra que mejor ni con más significación lo dijese, que era decir que fue tierra seca. Pero, si os parece, Juliano, prosiga ya Sabino adelante.

-Prosiga -respondió Juliano.

Y Sabino leyó:

FACES DE DIOS

Declárase cómo Cristo tiene el nombre de Faces, o cara de Dios, y por qué le conviene este nombre

También es llamado Cristo Faces de Dios, como parece en el Salmo ochenta y ocho, que dice: «La misericordia y la verdad precederán tus faces.» Y dícelo, porque con Cristo nació la verdad y la justicia y la misericordia, como lo testifica Isaías, diciendo: «y la justicia nacerá con Él juntamente.» Y también el mismo David, cuando en el Salmo ochenta y cuatro, que es todo del advenimiento de Cristo, dice: «La misericordia y la verdad se encontraron. La justicia y la paz se dieron paz. La verdad nació de la tierra y la justicia miró desde el cielo. El Señor por su parte fue liberal, y la tierra por la suya respondió con buen fruto. La justicia va delante de Él y pone en el camino sus pisadas.» Ítem, dásele a Cristo este mismo nombre en el Salmo noventa y cuatro, adonde David, convidando a los hombres para el recibimiento de la buena nueva del Evangelio, les dice: «Ganemos por la mano a su faz en confesión y loor.» Y más claro en el Salmo setenta y nueve: «Conviértenos, dice, Dios de nuestra salud; muéstranos tus faces, y seremos salvos.» Y asimismo Isaías, en el capítulo sesenta y cuatro, le da este nombre, diciendo: «Descendiste, y delante de tus faces se derritieron los montes.» Porque claramente habla allí de la venida de Cristo, como en él se parece.

-Demás de estos lugares que ha leído Sabino -dijo entonces Marcelo- hay otro muy señalado que no le puso el papel, y merece ser referido. Pero antes que diga de él, quiero decir que en el Salmo setenta y nueve, aquellas palabras que se acaban ahora de leer: «Conviértenos, Dios de nuestra salud», se repiten en él tres veces, en el principio y en el medio y en el fin del Salmo, lo cual no carece de misterio, y, a mi parecer, se hizo por una de dos razones: de las cuales la una es para hacernos saber que, hasta acabar Dios y perfeccionar del todo al hombre, pone en él sus manos tres veces: una criándole del polvo y llevándole del no ser al ser, que le dio en el paraíso; otra reparándole después de estragado, haciéndose Él para este fin hombre también; y la tercera resucitándole después de muerto, para no morir ni mudarse jamás. En señal de lo cual, en el libro del Génesis, en la historia de la creación del hombre, se repite tres veces esta palabra criar. Porque dice de esta manera: «Y crió Dios al hombre a su imagen y semejanza; a la imagen de Dios le crió; criólos hembra y varón.»

Y la segunda razón, y lo que por más cierto tengo, es que en el Salmo de que hablamos pide el Profeta a Dios en tres lugares que convierta su pueblo a sí y le descubra sus faces, que es a Cristo, como hemos ya dicho; porque son tres veces las que señaladamente el Verbo divino se mostró y mostrará al mundo, y señaladamente a los del pueblo judaico, para darles luz y salud. Porque lo primero se les mostró en el monte, adonde les dio ley y les notificó su amor y voluntad; y cercado y como vestido de fuego y de otras señales visibles, les habló sensiblemente, de manera que le oyó hablar todo el pueblo; y comenzó a humanarse con ellos entonces, como quien tenía determinado de hacerse hombre de ellos y entre ellos después, como lo hizo. Y este fue el aparecimiento segundo, cuando nació rodeado de nuestra carne y conversó con nosotros, y viviendo y muriendo negoció nuestro bien. El tercero será cuando en el fin de los siglos tornará a venir otra vez para entera salud de su Iglesia. Y aun, si yo no me engaño, estas tres venidas del Verbo, una en apariencias y voces sensibles, otras dos hecho ya verdadero hombre, significó y señaló el mismo Verbo en la zarza, cuando Moisés le pidió señas de quién era, y Él, para dárselas, le dijo así: «El que seré, seré, seré», repitiendo esta palabra de tiempo futuro tres veces, y como diciéndoles: «Yo soy el que prometí a vuestros padres venir ahora para libraros de Egipto, y nacer después entre vosotros para redimiros del pecado, y tomar últimamente en la misma forma de hombre para destruir la muerte y perfeccionaros del todo. Soy el que seré vuestra guía en el desierto, y el que seré vuestra salud hecho hombre, y el que seré vuestra entera gloria, hecho juez.»

Aquí Juliano, atravesándose, dijo:

-No dice el texto seré, sino soy, de tiempo presente: porque, aunque la palabra original en el sonido sea seré, mas en la significación es soy, según la propiedad de aquella lengua.

-Es verdad -respondió Marcelo- que en aquella lengua las palabras apropiadas al tiempo futuro se ponen algunas veces por el presente; y en aquel lugar podemos muy bien entender que se pusieron así, como lo entendieron primero San Jerónimo y los intérpretes griegos. Pero lo que digo ahora es que, sin sacar de sus términos a aquellas palabras, sino tomándolas en su primer sonido y significación, nos declaran el misterio que he dicho. Y es misterio que, para el propósito de lo que entonces Moisés quería saber, convenía mucho que se dijese.

Porque, yo os pregunto, Juliano: ¿no es cosa cierta que comunicó Dios con Abraham este secreto, que se había de hacer hombre y nacer de su linaje de él?

-Cosa cierta es -respondió- y así lo testifica Él mismo en el Evangelio, diciendo: «Abraham deseó ver mi día, violé y gozóse.»

-Pues ¿no es cierto también -prosiguió Marcelo- que este mismo misterio lo tuvo Dios escondido hasta que lo obró, no sólo de los demonios, sino aun de muchos de los ángeles?

-Así se entiende -respondió Juliano- de lo que escribe San Pablo.

-Por manera -dijo Marcelo- que era caso secreto éste, y cosa que pasaba entre Dios y Abraham y algunos de sus sucesores, conviene a saber: los sucesores principales y las cabezas de linaje, con los cuales, de uno en otro y como de mano en mano, se había comunicado este hecho y promesa de Dios.

-Así -respondió Juliano- parece.

-Pues siendo así -añadió Marcelo-, y siendo también manifiesto que Moisés, en el lugar de que hablamos, cuando dijo a Dios: «Yo, Señor, iré, como me lo mandas, a los hijos de Israel, y les diré: El Dios de vuestros padres me envía a vosotros; mas si me preguntaren cómo se llama ese Dios, ¿qué les responderé»? Así que, siendo manifiesto que Moisés, por estas palabras que he referido, pidió a Dios alguna seña cierta de sí, por la cual, así el mismo Moisés como los principales del pueblo de Israel, a quien había de ir con aquella embajada, quedasen saneados que era su verdadero Dios el que le había aparecido y le enviaba, y no algún otro espíritu falso y engañoso. Por manera que pidiendo Moisés a Dios una seña como ésta, y dándosela Dios en aquellas palabras, diciéndole: «Diles: El que seré, seré, seré, me envía a vosotros»; la razón misma nos obliga a entender que lo que Dios dice por estas palabras era cosa secreta y encubierta a cualquier otro espíritu, y seña que sólo Dios y aquellos a quien se había de decir la sabían, y que era como la tésera militar, o lo que en la guerra decimos dar nombre, que está secreto entre solos el capitán y los soldados que hacen cuerpo de guardia. Y por la misma razón se concluye que lo que dijo Dios a Moisés en estas palabras es el misterio que he dicho; porque este solo misterio era el que sabían solamente Dios y Abraham y sus sucesores, y el que solamente entre ellos estaba secreto.

Que lo demás que entienden algunos haber significado y declarado Dios de sí a Moisés en este lugar, que es su perfección infinita, y ser Él el mismo ser por esencia, notorio era, no solamente a los ángeles, pero también a los demonios; y aun a los hombres sabios y doctos es manifiesto que Dios es ser por esencia y que es ser infinito, porque es cosa que con la luz natural se conoce. Y así, cualquier otro espíritu que quisiera engañar a Moisés y vendérsele por su Dios verdadero, lo pudiera, mintiendo, decir de sí mismo; y no tuviera Moisés, con oír esta seña, ni para salir de duda bastante razón, ni cierta señal para sacar de ella a los príncipes de su pueblo a quien iba.

Mas el lugar que dije al principio, del cual el papel se olvidó, es lo que en el capítulo sexto del libro de los Números mandó Dios al sacerdote que dijese sobre el pueblo cuando le bendijese, que es esto: «Descubra Dios sus faces a ti y haya piedad de ti. Vuelva Dios sus faces a ti y dete paz». Porque no podemos dudar sino que Cristo y su nacimiento entre nosotros son estas faces que el sacerdote pedía en este lugar a Dios que descubriese a su pueblo, como Teodoreto y como San Cirilo lo afirman, doctores santos y antiguos. Y demás de su testimonio, que es de grande autoridad, se convence lo mismo de que en el Salmo sesenta y seis, en el cual, según todos lo confiesan, David pide a Dios que envíe al mundo a Jesucristo, comienza el Profeta con, las palabras de esta bendición y casi la señala con el dedo y la declara, y no le falta sino decir a Dios claramente: «La bendición que por orden tuya echa sobre el pueblo el sacerdote, eso, Señor, es lo que te suplico; y te pido que nos descubras ya a tu Hijo y Salvador nuestro, conforme a como la voz pública de tu pueblo lo pide.» Porque dice de esta manera: «Dios haya piedad de nosotros y nos bendiga. Descubra sobre nosotros sus faces y haya piedad de nosotros.»

Y en el libro del Eclesiástico, después de haber el Sabio pedido a Dios con muchas y muy ardientes palabras la salud de su pueblo, y el quebrantamiento de la soberbia y pecado y la libertad de los humildes oprimidos, y el allegamiento de los buenos esparcidos, y su venganza y honra, y su deseado juicio, con la manifestación de su ensalzamiento sobre todas las naciones del mundo, que es puntualmente pedirle a Dios la primera y la segunda venida de Cristo, concluye al fin y dice: «Conforme a la bendición de Aarón, así, Señor, haz con tu pueblo y enderézanos por el camino de tu justicia.» Y sabida cosa es que el camino de la justicia de Dios es Jesucristo, así como Él mismo lo dice: «Yo soy el camino, y la verdad, y la vida.» Y pues San Pablo dice, escribiendo a los de Éfeso: «Bendito sea el Padre y Dios de nuestro señor Jesucristo, que nos ha bendecido con toda bendición espiritual y sobrecelestial en Jesucristo», viene maravillosamente muy bien que en la bendición que se daba al pueblo antes que Cristo viniese, no se demandase ni deseas de Dios otra cosa sino sólo a Cristo, fuente y origen de toda feliz bendición; y viene muy bien que consuenen y se respondan así estas dos Escrituras, nueva y antigua. Así que las faces de Dios que se piden en aqueste lugar son Cristo sin duda.

Y concierta con esto ver que se piden dos veces, para mostrar que son dos sus venidas. En lo cual es digno de considerar lo justo y lo propio de las palabras que el Espíritu Santo da a cada cosa. Porque en la primera venida dice descubrir, diciendo: «Descubra sus faces Dios», porque en ella comenzó Cristo a ser visible en el mundo. Mas en la segunda dice volver, diciendo: «Vuelva Dios sus faces», porque entonces volverá otra vez a ser visto. En la primera, según otra letra, dice lucir, porque la obra de aquella venida fue desterrar del mundo la noche del error, y como dijo San Juan: «Resplandecer en las tinieblas la luz.» Y así Cristo por esta causa es llamado luz y sol de justicia. Mas en la segunda dice ensalzar, porque el que vino antes humilde, vendrá entonces alto y glorioso; y vendrá, no a dar ya nueva doctrina, sino a repartir el castigo y la gloria.

Y aun en la primera dice: «Haya piedad de vosotros», conociendo y como señalando que se habían de haber ingrata y cruelmente con Cristo, y que habían de merecer, por su ceguedad e ingratitud, ser por Él consumidos; y por esta causa le pide que se apiade de ellos y que no los consuma. Mas en la segunda dice que Dios les dé paz, esto es, que dé fin a su tan luengo trabajo, y que los guíe a puerto de descanso después de tan fiera tormenta, y que los meta en el abrigo y sosiego de su Iglesia, y en la paz de espíritu que hay en ella y en todas sus espirituales riquezas. O dice lo primero porque entonces vino Cristo solamente a perdonar lo pecado y a buscar lo perdido, como Él mismo lo dice; y lo segundo, porque ha de venir después a dar paz y reposo al trabajo santo y a remunerar lo bien hecho.

Mas, pues Cristo tiene este nombre, es de ver ahora por qué le tiene. En lo cual conviene advertir que, aunque Cristo se llama y es cara de Dios por dondequiera que le miremos, porque según que es hombre, se nombra así, y según que es Dios y en cuanto es el Verbo, es también propia y perfectamente imagen y figura del Padre, como San Pablo le llama en diversos lugares; pero lo que tratamos ahora es lo que toca a el ser de hombre, y lo que buscamos es el título por donde la naturaleza humana de Cristo merece ser llamada sus faces. Y para decirlo en una palabra, decimos que Cristo hombre es faces y cara de Dios, porque, como cada uno se conoce en la cara, así Dios se nos representa en Él y se nos demuestra quién es clarísima y perfectísimamente. Lo cual en tanto es verdad, que por ninguna de las criaturas por sí, ni por la universidad de ellas juntas, los rayos de las divinas condiciones y bienes relucen y pasan a nuestros ojos, ni mayores ni más claros ni en mayor abundancia que por el alma de Cristo, y por su cuerpo, y por todas sus inclinaciones, hechos y dichos, con todo lo demás que pertenece a su oficio.

Y comencemos por el cuerpo, que es lo primero y más descubierto: en el cual, aunque no le vemos, mas por la relación que tenemos de él, y entretanto que viene aquel bienaventurado día en que por su bondad infinita esperamos verle amigo para nosotros y alegre; así que, dado que no le veamos, pero pongamos ahora con la fe los ojos en aquel rostro divino y en aquellas figuras de Él, figuradas con el dedo del Espíritu Santo; y miremos el semblante hermoso y la postura grave y suave, y aquellos ojos y boca, ésta nadando siempre en dulzura, y aquéllos muy más claros y resplandecientes que el sol; y miremos toda la compostura del cuerpo, su estado, su movimiento, sus miembros concebidos en la misma pureza, y dotados de inestimable belleza. Mas ¿para qué voy menoscabando este bien con mis pobres palabras, pues tengo las del mismo Espíritu que le formó en el vientre de la sacratísima Virgen, que nos le pintan en el libro de los Cantares por la boca de la enamorada pastora, diciendo: «Blanco y colorado, trae bandera entre los millares. Su cabeza, oro de Tíbar. Sus cabellos, enriscados y negros, sus ojos, como los de las palomas junto a los arroyos de las aguas, bañadas en leche; sus mejillas, como eras de plantas olorosas de los olores de confección; sus labios, violetas, que destilan preciada mirra. Sus manos, rollos de oro llenos de Tarsis. Su vientre, bien como el marfil adornado de zafiros. Sus piernas, columnas de mármol fundadas sobre bases de oro fino; el su semblante como el del Líbano, erguido como los cedros; su paladar, dulzuras, y todo Él deseos?»

Pues pongamos los ojos en esta acabada beldad, y contemplémosla bien, y conoceremos que todo lo que puede caber de Dios en un cuerpo, y cuanto le es posible participar de él, y retraerle y figurarle y asemejársele, todo esto, con ventajas grandísimas, entre todos los otros cuerpos resplandece en éste; y veremos que en su género y condición es como un retrato vivo y perfecto. Porque lo que en el cuerpo es color (que quiero, para mayor evidencia, cotejar por menudo cada una cosa con otra, y señalar en este retrato suyo, que formó Dios de hecho, habiéndole pintado muchos años antes con las palabras, cuán enteramente responde todo con su verdad; aunque, por no ser largo, diré poco de cada cosa, o no la diré, sino tocarla he solamente). Por manera que el color en el cuerpo, el cual resulta de la mezcla de las cualidades y humores que hay en él, y que es lo primero que se viene a los ojos, responde a la liga, o, si lo podemos decir así, a la mezcla y tejido que hacen entre sí las perfecciones de Dios. Pues así como se dice de aquel color que se tiñe de colorado y de blanco, así toda esta mezcla secreta se colora de sencillo y amoroso. Porque lo que luego se nos ofrece a los ojos cuando los alzamos a Dios, es una verdad pura y una perfección simple y sencilla que ama.

Y asimismo, la cabeza en el cuerpo dice con lo que en Dios es la alteza de su saber. Aquélla, pues, es de oro de Tíbar, y ésta son tesoros de sabiduría. Los cabellos que de la cabeza nacen se dicen ser enriscados y negros; los pensamientos y consejos que proceden de aquel saber, son ensalzados y oscuros. Los ojos de la providencia de Dios y los ojos de aqueste cuerpo son unos; que éstos miran, como palomas bañadas en leche, las aguas; aquéllos atienden y proveen a la universidad de las cosas con suavidad y dulzura grandísima, dando a cada una su sustento y, como digamos, su leche. Pues ¿qué diré de las mejillas, que aquí son eras olorosas de plantas, y en Dios son su justicia y su misericordia, que se descubren y se le echan más de ver, como si dijésemos, en el uno y en el otro lado del rostro, y que esparcen su olor por todas las cosas? Que, como es escrito, «Todos los caminos del Señor son misericordia y verdad.»

Y la boca y los labios, que son en Dios los avisos que nos da y las Escrituras santas donde nos habla, así como en este cuerpo son violetas y mirra, así en Dios tienen mucho de encendido y de amargo, con que encienden a la virtud y amargan y amortiguan el vicio. Y ni más ni menos, lo que en Dios son las manos, que son el poderío suyo para obrar y las obras hechas por Él, son semejantes a las de este cuerpo, hechas como rollos de oro rematados en tarsis; esto es, son perfectas y hermosas y todas muy buenas, como la Escritura lo dice: «Vio Dios todo lo que hiciera, y todo era muy bueno.»

Pues para las entrañas de Dios y para la fecundidad de su virtud, que es como el vientre donde todo se engendra, ¿qué imagen será mejor que este vientre blanco y como hecho de marfil y adornado de zafiros? Y las piernas del mismo, que son hermosas y firmes, como mármoles sobre basas de oro, clara pintura sin duda son de la firmeza divina no mudable que es como aquello en que Dios estriba. Es también su semblante como el del Líbano, que es como la altura de la naturaleza divina, llena de majestad y belleza. Y, finalmente, es dulzuras su paladar, y deseos todo él; para que entendamos del todo cuán merecidamente este cuerpo es llamado imagen y faces y cara de Dios, el cual es dulcísimo y amabilísimo por todas partes, así como es escrito: «Gustad y ved cuán dulce es el Señor»; y «cuán grande es, Señor, la muchedumbre de tu dulzura, que escondiste para los que te aman.»

Pues si en el cuerpo de Cristo se descubre y reluce tanto la figura divina, ¿cuánto más expresa imagen suya será su santísima alma, la cual verdaderamente, así por la perfección de su naturaleza como por los tesoros de sobrenaturales riquezas que Dios en ella ayuntó, se asemeja a Dios y le retrata más vecina y acabadamente que otra criatura ninguna? Y después del mundo original, que es el Verbo, el mayor mundo y el más vecino al original es aquesta divina alma; y el mundo visible, comparado con ella, es pobreza y pequeñez; porque Dios sabe y tiene presente delante de los ojos de su conocimiento todo lo que es y puede ser; y el alma de Cristo ve con los suyos todo lo que fue, es y será.

En el saber de Dios están las ideas y las razones de todo, y en esta alma el conocimiento de todas las artes y ciencias. Dios es fuente de todo el ser, y el alma de Cristo de todo el buen ser, quiero decir, de todos los bienes de gracia y justicia, con que lo que es se hace justo y bueno y perfecto; porque de la gracia que hay en Él mana toda la nuestra. Y no sólo es gracioso en los ojos de Dios para sí, sino para nosotros también, porque tiene justicia, con que parece en el acatamiento de Dios amable sobre todas las criaturas; y tiene justicia poderosa para hacerlas amables a todas, infundiendo en sus vasos de cada una algún efecto de aquella su grande virtud, como es escrito: «De cuya abundancia recibimos todos gracia por gracia», esto es, de una gracia otra gracia; de aquella gracia, que es fuente, otra gracia que es como su arroyo; y de aquel dechado de gracia que está en Él, un traslado de gracia, o una otra gracia trasladada que mora en los justos.

Y, finalmente, Dios cría y sustenta al universo todo, y le guía y endereza a su bien; y el alma de Cristo recría y repara y defiende, y continuamente va alentando e inspirando para lo bueno y lo justo, cuanto es de su parte, a todo el género humano. Dios se ama a sí y se conoce infinitamente; y ella le ama y le conoce con un conocimiento y amor en cierta manera infinito. Dios es sapientísimo, y ella de inmenso saber; Dios poderoso, y ella sobre toda fuerza natural poderosa. Y como, si pusiésemos muchos espejos en diversas distancias delante de un rostro hermoso, la figura y facciones de él, en el espejo que le estuviese más cerca, se demostraría mejor, así esta alma santísima, como está junta, y, si lo hemos de decir así, apegadísima por unión personal al Verbo Divino, recibe sus resplandores en sí y se figura de ellos más vivamente que otro ninguno.

Pero vamos más adelante, y, pues hemos dicho del cuerpo de Cristo y de su alma por sí, digamos de lo que resulta de todo junto, y busquemos en sus inclinaciones y condición y costumbres estas faces e imagen de Dios.

Él dice de sí que es manso y humilde, y nos convida a que aprendamos a serlo de Él Y mucho antes el profeta Isaías, viéndolo en espíritu, nos le pintó con las mismas condiciones, diciendo: «No dará voces ni será aceptador de personas, y su voz no sonará fuera. A la caña quebrantada no quebrará, ni sabrá hacer mal ni aun a una poca de estopa que echa humo. No será acedo ni revoltoso.» Y no se ha de entender que es Cristo manso y humilde por virtud de la gracia que tiene solamente, sino, así como por inclinación natural son bien inclinados los hombres, unos a una virtud y otros a otra, así también la humanidad de Cristo, de su natural compostura, es de condición llena de llaneza y mansedumbre.

Pues con ser Cristo, así por la gracia que tenía como por la misma disposición de su naturaleza, un dechado de perfecta humildad, por otra parte, tiene tanta alteza y grandeza de ánimo, que cabe en Él, sin desvanecerle, el ser Rey de los hombres, y Señor de los ángeles, y cabeza y gobernador de todas las cosas, y el ser adorado de todas ellas, y el estar a la diestra de Dios unido con Él, y hecho una persona con Él. Pues ¿qué es esto sino ser faces del mismo Dios?

El cual, con ser tan manso como la enormidad de nuestros pecados y la grandeza de los perdones suyos (y no sólo de los perdones, sino de las maneras que ha usado para nos perdonar), lo testifican y enseñan; es también tan alto y tan grande como lo pide el nombre de Dios, y como lo dice Job por galana manera: «Alturas de cielos, ¿qué harás? Honduras de abismo, ¿cómo le entenderás? Longura más que tierra medida suya, y anchura allende del mar.» Y juntamente con esta inmensidad de grandeza y celsitud podemos decir que se humilla tanto y se allana con sus criaturas, que tiene cuenta con los pajaricos, y provee a las hormigas, y pinta las flores, y desciende hasta lo más bajo del centro y hasta los más viles gusanos. Y, lo que es más claro argumento de su llana bondad, mantiene y acaricia a los pecadores, y los alumbra con esta luz hermosa que vemos; y, estando altísimo en sí, se abaja con sus criaturas, y, como dice

el Salmo, «Estando en el cielo, está también en la tierra.»

Pues ¿qué diré del amor que nos tiene Dios, y de la caridad para con nosotros que arde en el alma de Cristo? ¿De lo que Dios hace por los hombres y de lo que la humanidad de Cristo ha padecido por ellos? ¿Cómo los podré comparar entre sí, o qué podré decir, cotejándolos, que más verdadero sea, que es llamar a esto faces e imagen de aquello? Cristo nos amó hasta darnos su vida; y Dios, inducido de nuestro amor, porque no puede darnos la suya, danos la de su Hijo, Cristo. Porque no padezcamos infierno y porque gocemos nosotros del cielo, padece prisiones y azotes y afrentosa y dolorosa muerte. Y Dios, por el mismo fin, ya que no era posible padecerla en su misma naturaleza, buscó y halló orden para padecerla por su misma persona. Y aquella voluntad, ardiente y encendida, que la naturaleza humana de Cristo tuvo de morir por los hombres, no fue sino como una llama que se prendió del fuego de amor y deseo, que ardían en la voluntad de Dios, de hacerse hombre para morir por ellos.

No tiene fin este cuento, y cuanto más desplego las velas, tanto hallo mayor camino que andar, y se me descubren nuevos mares cuanto más navego; y cuanto más considero estas faces, tanto por más partes se me descubren en ellas el ser y las perfecciones de Dios.

Mas conviéneme ya recoger, y hacerlo he con decir solamente que, así como Dios es trino y uno, trino en personas y uno en esencia, así Cristo y sus fieles, por representar en esto también a Dios, son en personas muchos y diferentes; mas (como ya comenzamos a decir, y diremos más largamente después), en espíritu y en una unidad secreta, que se explica mal con palabras y que se entiende bien por los que la gustan, son uno mismo. Y dado que las cualidades de gracia y de justicia y de los demás dones divinos, que están en los justos, sean en razón semejantes, y divididos y diferentes en número; pero el espíritu que vive en todos ellos, o, por mejor decir, el que los hace vivir vida justa, y el que los alienta y menea, y el que despierta y pone en obra las mismas cualidades y dones que he dicho, es en todos uno y solo, y el mismo de Cristo. Y así vive en los suyos Él, y ellos viven por Él, y todos en Él; y son uno mismo multiplicado en personas, y en cualidad y sustancia de espíritu simple y sencillo, conforme a lo que pidió a su Padre, diciendo: «Para que sean todos una cosa, así como somos una cosa nosotros.»

Dícese también Cristo faces de Dios porque, como por la cara se conoce uno, así Dios por medio de Cristo quiere ser conocido. Y el que sin este medio le conoce, no le conoce; y por esto dice Él de sí mismo que manifestó el nombre de su Padre a los hombres. Y es llamado puerta y entrada por la misma razón; porque Él sólo nos guía y encamina y hace entrar en el conocimiento de Dios y en su amor verdadero. Y baste haber dicho hasta aquí de lo que toca a este nombre.

Y, dicho esto, Marcelo calló; y Sabino prosiguió luego.

CAMINO

Es Cristo llamado Camino, y por qué se le atribuye este nombre.

Lámase también Camino Cristo en la Sagrada Escritura. Él mismo se llama así en San Juan, en el capítulo catorce: «Yo, dice, soy camino, verdad y vida.» Y puede pertenecer a esto mismo lo que dice Isaías en el capítulo treinta y cinco: «Habrá entonces senda y camino, y será llamado camino santo, y será para vosotros camino derecho.» Y no es ajeno de ello lo del Salmo quince: «Hiciste que me sean manifiestos los caminos de vida.» Y mucho menos lo del Salmo sesenta y seis: «Para que conozcan en la tierra tu camino»; y declara luego qué camino: «En todas las gentes tu salud», que es el nombre de Jesús.

-No será necesario -dijo Marcelo, luego que Sabino hubo leído esto- probar que Camino es nombre de Cristo, pues Él mismo se le pone. Mas es necesario ver y entender la razón por que se le pone, y lo que nos quiso enseñar a nosotros llamándose a sí camino nuestro. Y aunque esto en parte está ya dicho, por el parentesco que este nombre tiene con el que acabamos de decir ahora (porque ser faces y ser camino en una cierta razón es lo mismo); mas porque, además de aquello, encierra este nombre otras muchas consideraciones en sí, será conveniente que particularmente digamos de él.

Pues para esto, lo primero se debe advertir que camino en la Sagrada Escritura se toma en diversas maneras. Que algunas veces camino en ella significa la condición y el ingenio de cada uno, y su inclinación y manera de proceder, y lo que suelen llamar estilo en romance, o lo que llaman humor ahora. Conforme a esto es lo de David en el Salmo, cuando hablando de Dios dice: «Manifestó a Moisés sus caminos.» Porque los caminos de Dios que llama allí, son aquello que el mismo Salmo dice luego, que es lo que Dios manifestó de su condición en el Éxodo cuando se le demostró en el monte y en la peña, y poniéndole la mano en los ojos, pasó por delante de Él, y en pasando le dijo: «Yo soy amador entrañable, y compasivo mucho, y muy sufrido, largo en misericordia y verdadero, y que castigo hasta lo cuarto y uso de piedad hasta lo mil.». Así que estas buenas condiciones de Dios y estas entrañas suyas son allí sus caminos.

Camino se llama en otra manera la profesión de vivir que escoge cada uno para sí mismo, y su intento y aquello que pretende o en la vida o en algún negocio particular, y lo que se pone como por blanco.

Y en esta significación dice el Salmo: «Descubre tu camino al Señor, y Él lo hará.». Que es decirnos David que pongamos nuestros intentos y pretensiones en los ojos y en las manos de Dios, poniendo en su providencia confiadamente el cuidado de ellos, y que con esto quedemos seguros de Él que los tomará a su cargo y les dará buen suceso. Y si los ponemos en sus manos, cosa debida es que sean cuales ellas son; esto es, que sean de cualidad que se pueda encargar de ellos Dios, que es justicia y bondad. Así que, de una vez y por unas mismas palabras, nos avisa allí de dos cosas el Salmo: una, que no pretendamos negocios ni prosigamos intentos en que no se pueda pedir la ayuda de Dios; otra, que, después de así apurados y justificados, no los fiemos de nuestras fuerzas, sino que los echemos en las suyas, y nos remitamos a Él con esperanza segura.

La obra que cada uno hace, también es llamada camino suyo. En los Proverbios dice la Sabiduría de sí: «El Señor me crió en el principio de sus caminos»; esto es, soy la primera cosa que procedió de Dios. Y del elefante se dice en el libro de Job que es el principio de los caminos de Dios, porque, entre las obras que hizo Dios cuando crió a los animales, es obra muy aventajada. Y en el Deuteronomio dice Moisés que son juicio los caminos de Dios, queriendo decir que sus obras son santas y justas. Y el justo desea y pide en el Salmo que sus caminos, esto es, sus pasos y obras, se enderecen siempre a cumplir lo que Dios le manda que haga.

Dícese más camino el precepto y la ley. Así lo usa David: «Guardé los caminos del Señor y no hice cosa mala contra mi Dios.» Y más claro en otro lugar: «Corrí por el camino de tus mandamientos, cuando ensanchaste mi corazón. Por manera que este nombre camino, demás de lo que significa con propiedad, que es aquello por donde se va a algún lugar sin error, pasa su significación a otras cuatro cosas por semejanza: a la inclinación, a la profesión, a las obras de cada uno, a la ley y preceptos; porque cada una de estas cosas encamina al hombre a algún paradero, y el hombre por ellas, como por camino, se endereza a algún fin. Que cierto es que la ley guía, y las obras conducen, y la profesión ordena, y la inclinación lleva cada cual a su cosa.

Esto así presupuesto, veamos por qué razón de éstas Cristo es dicho camino; o veamos si por todas ellas lo es, como lo es, sin duda, por todas. Porque, cuanto a la propiedad del vocablo, así como aquel camino (y señaló Marcelo con el dedo, porque se parecía de allí), es el de la corte porque lleva a la corte, y a la morada del Rey a todos los que enderezan sus pasos por él, así Cristo es el camino del cielo, porque, si no es poniendo las pisadas en él y siguiendo su huella, ninguno va al cielo. Y no sólo digo que hemos de poner los pies donde Él puso los suyos, y que nuestras obras, que son nuestros pasos, han de seguir a las obras que Él hizo, sino que, lo que es propio al camino, nuestras obras han de ir andando sobre él, porque, si salen de él, van perdidas. Que cierto es que el paso y la obra que en Cristo no estriba y cuyo fundamento no es Él, no se adelanta ni se allega hacia el cielo.

Muchos de los que vivieron sin Cristo abrazaron la pobreza y amaron la castidad y siguieron la justicia, modestia y templanza; por manera que, quien no lo mirara de cerca, juzgara que iban por donde Cristo fue y que se parecían a Él en los pasos; mas, como no estribaban en Él, no siguieron camino ni llegaron al cielo. La oveja perdida, que fueron los hombres, el Pastor que la halló, como se dice en San Lucas, no la trajo al rebaño por sus pies de ella ni guiándola delante de sí, sino sobre sí y sobre sus hombros. Porque, si no es sobre Él, no podemos andar, digo, no será de provecho para ir al cielo lo que sobre otro suelo anduviéremos.

¿No habéis visto algunas madres, Sabino, que teniendo con sus dos manos las dos de sus niños, hacen que sobre sus pies de ellas pongan ellos sus pies, y así los van allegando a sí y los abrazan, y son juntamente su suelo y su guía? ¡Oh piedad la de Dios! Esta misma forma guardáis, Señor, con nuestra flaqueza y niñez. Vos nos dais la mano de vuestro favor. Vos hacéis que pongamos en vuestros bien guiados pasos los nuestros. Vos hacéis que subamos. Vos que nos adelantemos. Vos sustentáis nuestras pisadas siempre en Vos mismo, hasta que, avecinados a Vos en la manera de vecindad que os contenta, con nudo estrecho nos ayuntáis en el cielo.

Y porque, Juliano, los caminos son en diferentes maneras, que unos son llanos y abiertos, y otros estrechos y de cuesta, y unos más largos, y otros que son como sendas de atajo; Cristo, verdadero camino y universal, cuanto es de su parte, contiene todas estas diferencias en sí; que tiene llanezas abiertas y sin dificultad de tropiezos, por donde caminan descansadamente los flacos, y tiene sendas más estrechas y altas para los que son de más fuerza, y tiene rodeos para unos, porque así les conviene, y ni más ni menos por donde atajen y abrevien los que se quisieren apresurar. Mas veamos lo que escribe de este nuestro camino Isaías: «Y habrá allí senda y camino, y será llamado camino santo. No caminará por él persona no limpia, y será derecho este camino para vosotros; los ignorantes en él no se perderán. No habrá león en él, ni bestia fiera, ni subirá por él ninguna mala alimaña. Caminarle han los librados, y los redimidos por el Señor volverán, y vendrán a Sión con loores y gozo sobre sus cabezas sin fin. Ellos asirán del gozo y de la alegría, y el dolor y el gemido huirá de ellos.»

Lo que dice senda, la palabra original significa todo aquello que es paso, por donde se va de una cosa a otra; pero no como quiera paso, sino paso algo más levantado que los demás del suelo que le está vecino, y paso llano, o porque está enlosado o porque está limpio de piedras y libre de tropiezos. Y, conforme a esto, unas veces significa esta palabra las gradas de piedra por donde se sube, y otras la calzada empedrada y levantada del suelo, y otras la senda que se ve ir limpia en la cuesta, dando vueltas desde la raíz a la cumbre. Y todo ello dice con Cristo muy bien, porque es calzada y sendero, y escalón llano y firme. Que es decir que tiene dos cualidades este camino, la una de alteza y la otra de desembarazo, las cuales son propias así a lo que llamarnos gradas como a lo que decimos sendero o calzada. Porque es verdad que todos los que caminan por Cristo van altos y van sin tropiezos. Van altos, lo uno porque suben; suben, digo, porque su caminar es propiamente subir; porque la virtud cristiana siempre es mejoramiento y adelantamiento del alma. Y así, los que andan y se ejercitan en ella forzosamente crecen, y el andar mismo es hacerse de continuo mayores; al revés de los que siguen la vereda del vicio, que siempre descienden, porque el ser vicioso es deshacerse y venir a menos de lo que es; y cuanto va más, tanto más se menoscaba y disminuye, y viene por sus pasos contados, primero a ser bruto, y después a menos que bruto, y finalmente a ser casi nada.

Los hijos de Israel, cuyos pasos desde Egipto hasta Judea fueron imagen de esto, siempre fueron subiendo por razón del sitio y disposición de la tierra. Y en el templo antiguo, que también fue figura, por ninguna parte se podía entrar sin subir. Y así el Sabio, aunque por semejanza de resplandor y de luz, dice lo mismo así de los que caminan por Cristo como de los que no quieren seguirle. De los unos dice: «La senda de los justos, como luz que resplandece y crece y va a adelante hasta que sube a ser día perfecto.» De los otros, en un particular que los comprende: «Desciende, dice, a la muerte su casa, y a los abismos sus sendas.» Pues esto es lo uno. Lo otro, van altos porque van siempre lejos del suelo, que es lo más bajo. Y van lejos de él, porque lo que el suelo ama, ellos lo aborrecen; lo que sigue, huyen; y lo que estima, desprecian. Y lo último, van así porque huellan sobre lo que el juicio de los hombres tiene puesto en la cumbre, las riquezas, los deleites, las honras. Y esto cuanto a la primera cualidad de la alteza.

Y lo mismo se ve en la segunda, de llaneza y de carecer de tropiezos.

Porque el que endereza sus pasos conforme a Cristo no se encuentra con nadie; a todos les da ventaja; no se opone a sus pretensiones; no les contramina sus designios; sufre sus iras, sus injurias, sus violencias; y si le maltratan y despojan los otros, no se tiene por despojado, sino por desembarazado y más suelto para seguir su viaje. Como, al revés, hallan los que otro camino llevan, a cada paso, innumerables estorbos porque pretenden otros lo que ellos pretenden, y caminan todos a un fin, y a fin en que los unos a los otros se estorban; y así se ofenden cada momento y tropiezan entre sí mismos, y caen, y paran, y vuelven atrás desesperados de llegar adonde iban. Mas en Cristo, como hemos dicho, no se halla tropiezo, porque es como camino real en que todos los que quieren caben sin embarazarse.

Y no solamente es Cristo grada y calzada y sendero por estas dos cualidades dichas, que son comunes a todas estas tres cosas, sino también por lo propio de cada una de ellas comunican su nombre con Él; porque es grada para la entrada del templo del cielo y sendero que guía sin error a lo alto del monte adonde la virtud hace vida, y calzada enjuta y firme, en quien nunca o el paso engaña o desliza o titubea el pie. Que los otros caminos más verdaderamente son deslizaderos o despeñaderos, que, cuando menos se piensa, o están cortados, o debajo de los pies se sumen ellos y echa en vacío el pie el miserable que caminaba seguro.

Y así, Salomón dice: «El camino de los malos, barranco y abertura honda.» ¿Cuántos en las riquezas y por las riquezas, que buscaron y hallaron, perdieron la vida? ¿Cuántos, caminando a la honra, hallaron su afrenta? Pues del deleite, ¿qué podemos decir, sino que su remate es dolor? Pues no desliza así ni hunde los pasos el que nuestro camino sigue, porque los pone en piedra firme de continuo. Y por eso dice David: «Está la ley de Dios en su corazón; no padecerán engaños sus pasos.» Y Salomón: «El camino de los malos, como valladar de zarzas; la senda del justo, sin cosa que le ofenda.»

Pero añade Isaías: «Senda y camino, y será llamado santo.» En el original la palabra camino se repite tres veces, en esta manera. «Y será camino, y camino, y camino llamado santo»; porque Cristo es camino para todo género de gente. Y todos ellos, los que caminan en él, se reducen a tres: a principiantes, que llaman, en la virtud; a aprovechados en ella; a los que nombran perfectos. De los cuales tres órdenes se compone todo lo escogido de la Iglesia; así como su imagen, el templo antiguo, se componía de tres partes, portal y palacio y sagrario; y como los aposentos que estaban apegados a él y le cercaban a la redonda por los dos lados y por las espaldas se repartían en tres diferencias, que unos eran piezas bajas, y otros entresuelos y otros sobrados. Es, pues, Cristo tres veces camino; porque es calzada allanada y abierta para los imperfectos, y camino para los que tienen más fuerza, y camino santo para los que son ya perfectos en Él.

Dice más: «No pasará por él persona no limpia»; porque, aunque en la Iglesia de Cristo y en su cuerpo místico hay muchas no limpias, mas los que pasan por él todos son limpios; quiero decir que el andar en él siempre es limpieza, porque los pasos que no son limpios no son pasos hechos sobre este camino. Y son limpios también todos los que pasan por él; no todos los que comienzan en él, sino todos los que comienzan, y demedian, y pasan hasta llegar al fin, porque el no ser limpio es parar o volver atrás o salir del camino. Y así, el que no parare, sino pasare, como dicho es, forzosamente ha de ser limpio».

Y parece aún más claro de lo que se sigue: «Y será camino cierto para vosotros.» Adonde el original dice puntualmente: «Y Él les andará el camino», o «Él a ellos les es el camino que andan». Por manera que Cristo es el camino nuestro, y el que anda también el camino; porque anda Él andando nosotros o, por mejor decir, andamos nosotros porque anda Él y porque su movimiento nos mueve. Y así Él mismo es el camino que andamos y el que anda con nosotros, y el que nos incita para que andemos. Pues cierto es que Cristo no hará compañía a lo que no fuere limpieza. Así que no camina aquí lo sucio ni se adelanta lo que es pecador, porque ninguno camina aquí si Cristo no camina con él. Y de esto mismo nace lo que viene luego. «Ni los ignorantes se perderán en él.» Porque ¿quién se perderá con tal guía? Mas ¡qué bien dice los ignorantes! Porque los sabios, confiados de sí y que presumen valerse y abrir camino por sí, fácilmente se pierden; antes, de necesidad se pierden si confían en sí. Mayormente que si Cristo es Él mismo guía y camino, bien se convence que es camino claro y sin vueltas, y que nadie lo pierde si no lo quiere perder de propósito. «Esta es la voluntad de mi Padre, dice Él mismo, que no pierda ninguno de los que me dio, sino que los traiga a vida en el día postrero.»

Y sin duda, Juliano, no hay cosa más clara a los ojos de la razón ni más libre de engaño que el camino de Dios. Bien lo dice David: «Los mandamientos del Señor que son sus caminos lucidos, y que dan luz a los ojos. Los juicios suyos, verdaderos y que se abonan a sí mismos.» Pero ya que el camino carece de error, ¿hácenlo por ventura peligroso las fieras, o saltean en él? Quien lo allana y endereza, ése también lo asegura; y así, añade el Profeta: «No habrá león en él, ni andará por él bestia fiera.» Y no dice andará, sino subirá; porque si, o la fiereza de la pasión, o el demonio, león enemigo, acomete a los que caminan aquí, si ellos perseveran en el camino, nunca los sobrepuja ni viene a ser superior suyo, antes queda siempre caído y bajo. Pues si éstos no, ¿quién andará? «Y andarán, dice, en él los redimidos.» Porque primero es ser redimidos que caminantes; primero es que Cristo, por su gracia y por la justicia que pone en ellos, los libre de la culpa, a quien servían cautivos, y les desate las prisiones con que estaban atados; y después es que comiencen a andar. Que no somos redimidos por haber caminado primero, ni por los buenos pasos que dimos, ni venimos a la justicia por nuestros pies: «No por las obras justas que hicimos, dice, sino según su misericordia nos hizo salvos.» Así que no nace nuestra redención de nuestro camino y merecimiento; sino, redimidos una vez, podemos caminar y merecer después, alentados con la virtud de aquel bien.

Y es en tanto verdad que solos los redimidos y libertados caminan aquí, y que primero que caminan son libres, que ni los que son libres y justos caminan ni se adelantan, sino con solos aquellos pasos quedan como justos y libres; porque la redención y la justicia y el espíritu que la hace, encerrado en el nuestro, y el movimiento suyo, y las obras que de este movimiento, y conforme a este movimiento hacemos, son para en este camino los pies. Pues han de ser redimidos; mas ¿por quién redimidos? La palabra original lo descubre, porque significa aquello a quien otro alguno por vía de parentesco y de deudo lo rescata, y, como solemos decir, lo saca por el tanto. De manera que, si no caminan aquí sino aquellos a quien redime su deudo, y por vía de deudo, clara cosa será que solamente caminan los redimidos por Cristo, el cual es deudo nuestro por parte de la naturaleza nuestra de que se vistió, y nos redime por serlo. Porque como hombre padeció por los hombres, y como hermano y cabeza de ellos pagó, según todo derecho, lo que ellos debían; y nos rescató para sí, como cosa que le pertenecíamos por sangre y linaje, como se dirá en su lugar.

Añade: «Y los redimidos por el Señor volverán a andar por él.» Esto toca propiamente a los del pueblo judaico, que en el fin de los tiempos se han de reducir a la Iglesia; y, reducidos, comenzarán a caminar por este nuestro camino con pasos largos, confesándole por Mesías. Porque, dice, tomarán a este camino, en el cual anduvieron verdaderamente primero, cuando sirvieron a Dios en la fe de su venida que esperaban, y le agradaron; y después se salieron de él, y no lo quisieron conocer cuando lo vieron, y así ahora no andan en él; mas está profetizado que han de tomar. Y por eso dice que volverán otra vez al camino los que el Señor redimió. Y tiene cada una de estas palabras su particular razón, que demuestra ser así lo que digo. Porque lo primero, en el original, en lugar de lo que decimos Señor, está el nombre de Dios propio, el cual tiene particular significación de una entrañable piedad y misericordia. Y lo segundo, lo que decimos redimidos, al pie de la letra suena redenciones o rescates; en manera que dice que los rescates o redenciones del Piadosísimo tornarán a volver. Y llama rescates o redenciones a los de este linaje, porque no los rescató una sola vez de sus enemigos, sino muchas veces y en muchas maneras, como las Sagradas Letras lo dicen.

Y llámase en este particular misericordiosísimo a sí mismo: lo uno, porque, aunque lo es siempre con todos, mas es cosa que admira el extremo de regalo y de amor con que trató Dios a aquel pueblo, desmereciéndolo él. Lo otro, porque teniéndole tan desechado ahora y tan apartado de sí, y desechado y apartado con tan justa razón, como a infiel y homicida; y pareciendo que no se acuerda ya de él, por haber pasado tantos siglos que le dura el enojo, después de tanto olvido y de tan luengo desecho, querer tornarle a su gracia, y, de hecho, tomarle, señal manifiesta es de que su amor para con él es entrañable y grandísimo, pues no lo acaban ni las vueltas del tiempo tan largas, ni los enojos tan encendidos, ni las causas de ellos tan repetidas y tan justas. Y señal cierta es que tiene en el pecho de Dios muy hondas raíces este querer, pues cortado y al parecer seco, torna a brotar con tanta fuerza. De arte que Isaías llama rescates a los judíos, y a Dios le llama piadoso; porque sola su no vencida piedad para con ellos, después de tantos rescates de Dios, y de tantas y tan malas pagas de ellos, los tomará últimamente a librar; y libres y ayuntados a los demás libertados que están ahora en la Iglesia, los pondrá en el camino de ella y los guiará derechamente por él.

Mas ¡qué dichosa suerte y qué gozoso y bienaventurado viaje, adonde el camino es Cristo, y la guía de él es Él mismo, y la guarda y la seguridad ni más ni menos es Él, y adonde los que van por él son sus hechuras y rescatados suyos! Y así, todos ellos son nobles y libres; libres, digo, de los demonios y rescatados de la culpa, y favorecidos contra sus reliquias, y defendidos de cualesquier acontecimientos malos, y alentados al bien con prendas y gustos de él; y llamados a premios tan ricos, que la esperanza sola de ellos los hace bienandantes en cierta manera. Y así concluye, diciendo: «Y vendrán a Sión con loores y alegría no perecedera en sus cabezas; asirán del gozo y asirán del placer, y huirá de ellos el gemido y dolor.»

Y por esta manera es llamado camino Cristo, según aquello que con propiedad significa; y no menos lo es según aquellas cosas que por semejanza son llamadas así. Porque si el camino de cada uno son, como decíamos, las inclinaciones que tiene, y aquello a que le lleva su juicio y su gusto, Cristo, con gran verdad, es camino de Dios; porque es, como poco antes dijimos, imagen viva suya y retrato verdadero de sus inclinaciones y condiciones todas; o, por decirlo mejor, es como una ejecución y un poner por obra todo aquello que a Dios le place y agrada más. Y si es camino el fin, y el propósito que se pone cada uno a sí mismo para enderezar sus obras, camino es sin duda Cristo de Dios; pues, como decíamos hoy al principio, después de sí mismo, Cristo es el fin principal a quien Dios mira en todo cuanto produce.

Y, finalmente, ¿cómo no será Cristo camino, si se llama camino todo lo que es ley, regla y mandamiento que ordena y endereza la vida, pues es Él sólo la ley? Porque no solamente dice lo que hemos de obrar, mas obra lo que nos dice que obremos, y nos da fuerzas para que obremos lo que nos dice. Y así, no manda solamente a la razón, sino hace en la voluntad ley de lo que manda, y se lanza en ella; y, lanzado allí, es su bien y su ley. Mas no digamos ahora de esto, porque tiene su propio lugar adonde después lo diremos.

Y dicho esto, calló Marcelo, y Sabino abrió su papel y dijo:

PASTOR

Llámase Cristo Pastor; por qué le conviene este nombre, y cuál es el oficio de pastor

Llámase también Cristo Pastor. Él mismo dice en San Juan: «Yo soy buen pastor.» Y en la epístola a los hebreos dice San Pablo de Dios: «Que resucitó a Jesús, Pastor grande de ovejas.» Y San Pedro dice del mismo: «Cuando apareciere el Príncipe de los Pastores.» Y por los profetas es llamado de la misma manera. Por Isaías, en el capítulo cuarenta; por Ezequiel, en el capítulo treinta y cuatro; por Zacarías, en el capítulo once.

Y Marcelo dijo luego:

-Lo que dije en el nombre pasado, puedo también decir en éste: que es excusado probar que es nombre de Cristo, pues Él mismo se le pone. Mas, como esto es fácil, así es negocio de mucha consideración el traer a luz todas las causas por qué se pone este nombre. Porque en esto que llamamos Pastor se pueden considerar muchas cosas: unas que miran propiamente a su oficio, y otras que pertenecen a las condiciones de su persona y su vida. Porque lo primero, la vida pastoril es vida sosegada y apartada de los ruidos de las ciudades, y de los vicios y deleites de ellas. Es inocente, así por esto como por parte del trato y granjería en que se emplea. Tiene sus deleites, y tantos mayores cuanto nacen de cosas más sencillas y más puras y más naturales: de la vista del cielo libre, de la pureza del aire, de la figura del campo, del verdor de las yerbas, y de la belleza de las rosas y de las flores. Las aves con su canto y las aguas con su frescura le deleitan y sirven. Y así, por esta razón, es vivienda muy natural y muy antigua entre los hombres, que luego en los primeros de ellos hubo pastores; y es muy usada por los mejores hombres que ha habido, que Jacob y los doce patriarcas la siguieron, y David fue pastor; y es muy alabada de todos, que, como sabéis, no hay poeta, Sabino, que no la cante y alabe.

-Cuando ninguno la loara -dijo Sabino entonces- basta para quedar muy loada lo que dice de ella el Poeta latino, que en todo lo que dijo venció a los demás, y en aquello parece que vence a sí mismo: tanto son escogidos y elegantes los versos con que lo dice. Mas, porque, Marcelo, decís de lo que es ser Pastor, y del caso que de los pastores la poesía hace, mucho es de maravillar con qué juicio los poetas, siempre que quisieron decir algunos accidentes de amor, los pusieron en los pastores, y usaron, más que de otros, de sus personas para representar esta pasión en ellas; que así lo hizo Teócrito y Virgilio. Y ¿quién no lo hizo, pues el mismo Espíritu Santo, en el libro de los Cantares, tomó dos personas de pastores, para por sus figuras de ellos y por su boca hacer representación del increíble amor que nos tiene? Y parece, por otra parte, que son personas no convenientes para esta representación los pastores, porque son toscos y rústicos. Y no parece que se conforman ni que caben las finezas que hay en el amor, y lo muy propio y grave de él con lo tosco y villano.

-Verdad es, Sabino -respondió Marcelo- que usan los poetas de lo pastoril para decir del amor; mas no tenéis razón en pensar que para decir de él hay personas más a propósito que los pastores, ni en quien se represente mejor. Porque puede ser que en las ciudades se sepa mejor hablar; pero la fineza del sentir es del campo y de la soledad.

Y, a la verdad, los poetas antiguos, y cuanto más antiguos tanto con mayor cuidado, atendieron mucho a huir de lo lascivo y artificioso, de que está lleno el amor que en las ciudades se cría, que tiene poco de verdad, y mucho de arte y de torpeza. Mas el pastoril, como tienen los pastores los ánimos sencillos y no contaminados con vicios, es puro y ordenado a buen fin; y como gozan del sosiego y libertad de negocios que les ofrece la vida sola del campo, no habiendo en él cosa que los divierta, es muy vivo y agudo. Y ayúdales a ello también la vista desembarazada, de que continuo gozan, del cielo y de la tierra y de los demás elementos; que es ella en sí una imagen clara, o por mejor decir, una como escuela de amor puro y verdadero. Porque los demuestra a todos amistados entre sí y puestos en orden, y abrazados, como si dijésemos, unos con otros, y concertados con armonía grandísima, y respondiéndose a veces, y comunicándose sus virtudes, y pasándose unos en otros y ayuntándose y mezclándose todos, y con su mezcla y ayuntamiento sacando de continuo a luz y produciendo los frutos que hermosean el aire y la tierra. Así que los pastores son en esto aventajados a los otros hombres. Y así, sea esta la segunda cosa que señalamos en la condición del Pastor; que es muy dispuesto al bien querer.

Y sea la tercera lo que toca a su oficio, que aunque es oficio de gobernar y regir, pero es muy diferente de los otros gobiernos. Porque lo uno, su gobierno no consiste en dar leyes ni en poner mandamientos, sino en apacentar y alimentar a los que gobierna. Y lo segundo, no guarda una regla generalmente con todos y en todos los tiempos, sino en cada tiempo y en cada ocasión ordena su gobierno conforme al caso particular del que rige. Lo tercero, no es gobierno el suyo que se reparte y ejercita por muchos ministros, sino él solo administra todo lo que a su grey le conviene; que él la apasta y la abreva, y la baña y la trasquila, y la cura y la castiga, y la reposa y la recrea y hace música, y la ampara y defiende. Y últimamente, es propio de su oficio recoger lo esparcido y traer a un rebaño a muchos, que de suyo cada uno de ellos caminara por sí. Por donde las sagradas Letras, de lo esparcido y descarriado y perdido dicen siempre que son como ovejas que no tienen Pastor; como en San Mateo se ve y en libro de los Reyes y en otros lugares. De manera que la vida del pastor es inocente y sosegada y deleitosa, y la condición de su estado es inclinada al amor, y su ejercicio es gobernar dando pasto, y acomodando su gobierno a las condiciones particulares de cada uno, y siendo él solo para los que gobierna todo lo que le es necesario, y enderezando siempre su obra a esto, que es hacer rebaño y grey.

Veamos, pues, ahora si Cristo tiene esto, y las ventajas con que lo tiene; y así veremos cuán merecidamente es llamado Pastor. Vive en los campos Cristo, y goza del cielo libre, y ama la soledad y el sosiego; y en el silencio de todo aquello que pone en alboroto la vida, tiene puesto Él su deleite. Porque así como lo que se comprende en el campo es lo más puro de lo visible, y es lo sencillo y como el original de todo lo que de ello se compone y se mezcla, así aquella región de vida adonde vive aqueste nuestro glorioso bien, es la pura verdad y la sencillez de la luz de Dios, y el original expreso de todo lo que tiene ser, y las raíces firmes de donde nacen y adonde estriban todas las criaturas. Y si lo habemos de decir así, aquellos son los elementos puros y los campos de flor eterna vestidos, y los mineros de las aguas vivas, y los montes verdaderamente preñados de mil bienes altísimos, y los sombríos y repuestos valles, y los bosques de la frescura, adonde, exentos de toda injuria, gloriosamente florecen la haya y la oliva y el lináloe, con todos los demás árboles del incienso, en que reposan ejércitos de aves en gloria y en música dulcísima que jamás ensordece. Con la cual región si comparamos este nuestro miserable destierro, es comparar el desasiego con la paz, y el desconcierto y la turbación y el bullicio y disgusto de la más inquieta ciudad, con la misma pureza y quietud y dulzura. Que aquí se afana y allí se descansa; aquí se imagina y allí se ve; aquí las sombras de las cosas nos atemorizan y asombran; allí la verdad asosiega y deleita. Esto es tinieblas, bullicio, alboroto; aquello es luz purísima en sosiego eterno.

Bien y con razón le conjura a este Pastor la esposa pastora que le demuestre este lugar de su pasto. «Demuéstrame, dice, ¡oh querido de mi alma!, adónde apacientas y adónde reposas en el mediodía.» Que es con razón mediodía aquel lugar que pregunta, adonde está la luz no contaminada en su colmo y adonde, en sumo silencio de todo lo bullicioso, sólo se oye la voz dulce de Cristo, que, cercado de su glorioso rebaño, suena en sus oídos de Él sin ruido y con incomparable deleite, en que, traspasadas las almas santas, y como enajenadas de sí, sólo viven en su Pastor. Así que es Pastor Cristo por la región donde vive, y también lo es por la manera de vivienda que ama, que es el sosiego de la soledad, como lo demuestra en los suyos a los cuales llama siempre a la soledad y retiramiento del campo. Dijo a Abraham: «Sal de tu tierra y de tu parentela, y haré de ti grandes gentes.» A Elías, para mostrársele, le hizo penetrar el desierto. Los hijos de los profetas vivían en la soledad del Jordán.

De su pueblo, dice Él mismo por el Profeta que le sacará al campo y le retirará a la soledad, y allí le enseñará. Y en forma de Esposo, ¿qué otra cosa pide a su esposa sino esta salida?: «Levántate, dice, amiga mía, y apresúrate y ven; que ya se pasó el invierno, pasóse la lluvia, fuese; ya han aparecido en nuestra tierra las flores, y el tiempo del podar es venido. La voz de la tortolilla se oye, y brota ya la higuera sus higos, y la uva menuda da olor. Levántate, hermosa mía, y ven.» Que quiere que les sea agradable a los suyos aquello mismo que Él ama; y así como Él por ser Pastor ama el campo, así los suyos, porque han de ser sus ovejas, han de amar el campo también; que las ovejas tienen su pasto y su sustento en el campo.

Porque, a la verdad, Juliano, los que han de ser apacentados por Dios han de desechar los sustentos del mundo, y salir de sus tinieblas y lazos a la libertad clara de la verdad, y a la soledad, poco seguida, de la virtud, y al desembarazo de todo lo que pone en alboroto la vida; porque allí nace el pasto que mantiene en felicidad eterna nuestra alma y que no se agosta jamás. Que adonde vive y se goza el Pastor, allí han de residir sus ovejas, según que al una de ellas decía: «Nuestra conversación es en los cielos.» Y como dice el mismo Pastor: «Las sus ovejas reconocen su voz y le siguen.» Mas si es Pastor Cristo por el lugar de su vida, ¿cuánto con más razón lo será por el ingenio de su condición, por las amorosas entrañas que tiene, a cuya grandeza no hay lengua ni encarecimiento que allegue? Porque, demás de que todas sus obras son amor, que en nacer nos amó y viviendo nos ama, y por nuestro amor padeció muerte, y todo lo que en la vida hizo y todo lo que en el morir padeció, y cuanto glorioso ahora y asentado a la diestra del Padre negocia y entiende, lo ordena todo con amor para nuestro provecho.

Así que, demás de que todo su obrar es amar, la afición y la terneza de entrañas, y la solicitud y cuidado amoroso, y el encendimiento e intensión de voluntad con que siempre hace esas mismas obras de amor que por nosotros obró, excede todo cuanto se puede imaginar y decir. No hay madre así solicita, ni esposa así blanda, ni corazón de amor así tierno y vencido, ni título ninguno de amistad así puesto en fineza, que le iguale o le llegue. Porque antes que le amemos nos ama; y, ofendiéndole y despreciándole locamente, nos busca; y no puede tanto la ceguedad de mi vista ni mi obstinada dureza, que no pueda más la blandura ardiente de su misericordia dulcísima. Madruga, durmiendo nosotros descuidados del peligro que nos amenaza. Madruga, digo: antes que amanezca se levanta; o, por decir verdad, no duerme ni reposa, sino asido siempre al aldaba de nuestro corazón, de continuo y a todas horas le hiere y le dice, como en los Cantares se escribe: «Ábreme, hermana mía, amiga mía, esposa mía, ábreme; que la cabeza traigo llena de rocío, las guedejas de mis cabellos llenas de gotas de la noche.» «No duerme, dice David, ni se adormece el que guarda a Israel.»

Que en la verdad, así como en la divinidad es amor, conforme a San Juan: «Dios es caridad», así en la Humanidad, que de nosotros tomó, es amor y blandura. Y como el sol, que de suyo es fuente de luz, todo cuanto hace perpetuamente es lucir, enviando, sin nunca cesar, rayos de claridad de sí mismo, así Cristo, como fuente viva de amor que nunca se agota, mana de continuo en amor, y en su rostro y en su figura siempre está bulliendo este fuego, y por todo su traje y persona traspasan y se nos vienen a los ojos sus llamas, y todo es rayos de amor cuanto de Él se parece.

Que por esta causa, cuando se demostró primero a Moisés, no le demostró sino unas llamas de fuego que se emprendía en una zarza: como haciendo allí figura de nosotros y de sí mismo, de las espinas de la aspereza nuestra y de los ardores vivos y amorosos de sus entrañas, y como mostrando en la apariencia visible el fiero encendimiento que le abrasaba lo secreto del pecho con amor de su pueblo. Y lo mismo se ve en la figura de Él, que San Juan en el principio de sus revelaciones nos pone, a do dice que vio una imagen de hombre cuyo rostro lucía como el sol, y cuyos ojos eran como llamas de fuego, y sus pies como oriámbar encendido en ardiente hornaza, y que le centelleaban siete estrellas en la mano derecha, y que se ceñía por junto a los pechos con cinto de oro, y que le cercaban en derredor siete antorchas encendidas en sus candeleros. Que es decir de Cristo que expiraba llamas de amor que se le descubrían por todas partes, y que le encendían la cara y le salían por los ojos, y le ponían fuego a los pies, y le lucían por las manos, y le rodeaban en torno resplandeciendo. Y que como el oro, que es señal de la caridad en la Sagrada Escritura, le ceñía las vestiduras junto a los pechos, así el amor de sus vestiduras que en las mismas Letras significan los fieles que se allegan a Cristo, le rodeaba el corazón.

Mas dejemos esto, que es llano, y pasemos al oficio del pastor y a lo propio que le pertenece. Porque si es del oficio del pastor gobernar apacentando, como ahora decía, sólo Cristo es Pastor verdadero, porque Él sólo es, entre todos cuantos gobernaron jamás, el que pudo usar y el que usa de este género de gobierno. Y así, en el Salmo, David, hablando de este Pastor, juntó como una misma cosa el apacentar y el regir. Porque dice: «El Señor me rige, no me faltará nada; en lugar de pastos abundantes me pone.» Porque el propio gobernar de Cristo, como por ventura después diremos, es darnos su gracia y la fuerza eficaz de su espíritu; la cual así nos rige, que nos alimenta; o, por decir la verdad, su regir principal es darnos alimento y sustento. Porque la gracia de Cristo es vida del alma y salud de la voluntad, y fuerzas de todo lo flaco que hay en nosotros, y reparo de lo que gastan vicios, y antídoto eficaz contra su veneno y ponzoña, y restaurativo saludable, y, finalmente, mantenimiento que cría en nosotros inmortalidad resplandeciente y gloriosa. Y así, todos los dichosos que por este Pastor se gobiernan, en todo lo que, movidos de Él, o hacen o padecen, crecen y se adelantan y adquieren vigor nuevo, y todo les es virtuoso y jugoso y sabrosísimo pasto. Que esto es lo que Él mismo dice en San Juan: «El que por Mí entrare, entrará y saldrá, y siempre hallará pastos.» Porque el entrar y el salir, según la propiedad de la Sagrada Escritura, comprende toda la vida y las diferencias de lo que en ella se obra.

Por donde dice que en el entrar y en el salir, esto es, en la vida y en la muerte, en el tiempo próspero y en el turbio y adverso, en la salud y en la flaqueza, en la guerra y en la paz, hallarán sabor los suyos a quienes Él guía; y no solamente sabor, sino mantenimiento de vida y pastos sustanciales y saludables. Conforme a lo cual es también lo que Isaías profetiza de las ovejas de este Pastor, cuando dice: «Sobre los caminos serán apacentados, y en todos los llanos, pastos para ellos; no tendrán hambre ni sed, ni las fatigará el bochorno ni el sol. Porque el piadoso de ellos los rige y los lleva a las fuentes del agua.» Que, como veis, en decir que serán apacentados sobre los caminos, dice que le son pasto los pasos que dan y los caminos que andan; y que los caminos que en los malos son barrancos y tropiezos y muerte, como ellos lo dicen: «Que anduvieron caminos dificultosos y ásperos», en las ovejas de este Pastor son apastamiento y alivio. Y dice que así en los altos ásperos como en los lugares llanos y hondos, esto es, como decía, en todo lo que en la vida sucede, tienen sus cebos y pastos, seguros de hambre y defendidos del sol. Y esto ¿por qué? Porque dice: Él que se apiadó de ellos, ese mismo es el que los rige. Que es decir que porque los rige Cristo, que es el que sólo con obra y con verdad se condolió de los hombres; como señalando lo que decimos, que su regir es dar gobierno y sustento, y guiar siempre a los suyos a las fuentes del agua, que es en la Escritura a la gracia del Espíritu, que refresca y cría y engruesa y sustenta.

Y también el Sabio miró a esto a do dice que «la ley de la sabiduría es fuente de vida.» Adonde, como parece, juntó la ley y la fuente; lo uno, porque poner Cristo a sus ovejas ley es criar en ellas fuerzas y salud para ella por medio de la gracia, así como he dicho. Y lo otro, porque eso mismo que nos manda es aquello de que se ceba nuestro descanso y nuestra verdadera vida. Porque todo lo que nos manda es que vivamos en descanso y que gocemos de paz, y que seamos ricos y alegres, y que consigamos la verdadera nobleza. Porque no plantó Dios sin causa en nosotros los deseos de estos bienes, ni condenó lo que Él mismo plantó, sino que la ceguedad de nuestra miseria, movida del deseo, y no conociendo el bien a que se endereza el deseo, y engañada de otras cosas que tienen apariencia de aquello que se desea, por apetecer la vida sigue la muerte; y en lugar de las riquezas y de la honra, va desalentada en pos de la afrenta y de la pobreza. Y así, Cristo nos pone leyes que nos guíen sin error a aquello verdadero que nuestro deseo apetece.

De manera que sus leyes dan vida, y lo que nos manda es nuestro puro sustento y apaciéntanos con salud y con deleite y con honra y descanso, con esas mismas reglas que nos pone con que vivamos. Que como dice el Profeta: «Acerca de Ti está la fuente de la vida, y en tu lumbre veremos la lumbre.» Porque la vida y el ser que es el ser verdadero, y las obras que a tal ser le convienen, nacen y manan, como de fuente, de la lumbre de Cristo. Esto es, de las leyes suyas, así las de gracia que nos da como las de mandamientos que nos escribe. Que es también la causa de aquella querella contra nosotros suya, tan justa y tan sentida, que pone por Jeremías, diciendo: «Dejáronme a Mí, fuente de agua viva, y caváronse cisternas quebradas, en que el agua no para.» Porque, guiándonos Él al verdadero pasto y al bien, escogemos nosotros por nuestras manos lo que nos lleva a la muerte. Y siendo fuente Él, buscamos nosotros pozos; y siendo manantial su corriente, escogemos cisternas rotas, adonde el agua no se detiene. Y a la verdad, así como aquello que Cristo nos manda es lo mismo que nos sustenta la vida, así lo que nosotros por nuestro error escogemos, y los caminos que seguimos guiados de nuestros antojos, no se pueden nombrar mejor que como el Profeta los nombra.

Lo primero, cisternas cavadas en tierra con increíble trabajo nuestro, esto es, bienes buscados entre la vileza del polvo con diligencia infinita. Que si consideramos lo que suda el avariento en su pozo, y las ansias con que anhela el ambicioso a su bien, y lo que cuesta de dolor al lascivo el deleite, no hay trabajo ni miseria que con la suya se iguale. Y lo segundo, nombra las cisternas secas y rotas, grandes en apariencia y que convidan así a los que de lejos las ven, y les prometen agua que satisfaga a su sed; mas en la verdad son hoyos hondos y oscuros, y yermos de aquel mismo bien que prometen, o, por mejor decir, llenos de lo que le contradice y repugna porque en lugar de agua dan cieno. Y la riqueza del avaro le hace pobre. Y al ambicioso su deseo de honra le trae a ser apocado y vil siervo. Y el deleite deshonesto a quien lo ama le atormenta y enferma.

Mas si Cristo es Pastor porque rige apastando y porque sus mandamientos son mantenimientos de vida, también lo será porque en su regir no mide a sus ganados por un mismo rasero, sino atiende a lo particular de cada uno que rige. Porque rige apacentando, y el pasto se mide según el hambre y necesidad de cada uno que pace. Por donde, entre las propiedades del buen Pastor, pone Cristo en el Evangelio que llama por su nombre a cada una de sus ovejas; que es decir que conoce lo particular de cada una de ellas, y la rige y llama al bien en la forma particular que más le conviene, no a todas por una forma, sino a cada cual por la suya. Que de una manera pace Cristo a los flacos, y de otra a los crecidos en fuerza; de una a los perfectos, y de otra a los que aprovechan; y tiene con cada uno su estilo, y es negocio maravilloso el secreto trato que tiene con sus ovejas, y sus diferentes y admirables maneras. Que así como en el tiempo que vivió con nosotros, en las curas y beneficios que hizo, no guardó con todos una misma forma de hacer, sino a unos curó con su sola palabra; a otros, con su palabra y presencia; a otros tocó con la mano; a otros no los sanaba luego después de tocados, sino cuando iban su camino, y ya de Él apartados les enviaba salud; a unos que se la pedían y a otros que le miraban callando; así en este trato oculto y en esta medicina secreta que en sus ovejas continuo hace, es extraño milagro ver la variedad de que usa y cómo se hace y se mide a las figuras y condiciones de todos. Por lo cual llama bien San Pedro multiforme a su gracia, porque se transforma con cada uno en diferentes figuras.

Y no es cosa que tiene una figura sola o un rostro. Antes como al pan que en el templo antiguo se ponía ante Dios, que fue clara imagen de Cristo, le llama pan de faces la Escritura divina, así el gobierno de Cristo y el sustento que da a los suyos es de muchas faces y es pan. Pan porque sustenta, y de muchas faces porque se hace con cada uno según su manera; y como en el maná dice la Sabiduría que hallaba cada uno su gusto, así diferencia sus pastos Cristo, conformándose con las diferencias de todos. Por lo cual su gobierno es gobierno extremadamente perfecto; porque, como dice Platón, no es la mejor gobernación la de leyes escritas, porque son unas y no se mudan, y los casos particulares son muchos y que se varían, según las circunstancias, por horas. Y así acaece no ser justo en este caso lo que en común se estableció con justicia; y el tratar con sola la ley escrita es como tratar con un hombre cabezudo por una parte y que no admite razón, y por otra poderoso para hacer lo que dice, que es trabajoso y fuerte caso. La perfecta gobernación es de ley viva, que entienda siempre lo mejor, y que quiera siempre aquello bueno que entiende. De manera que la ley sea el bueno y sano juicio del que gobierna, que se ajusta siempre con la particular de aquel a quien rige.

Mas porque este gobierno no se halla en el suelo, porque ninguno de los que hay en él es ni tan sabio ni tan bueno que, o no se engañe o no quiera hacer lo que ve que no es justo, por eso es imperfecta la gobernación de los hombres, y solamente no lo es la manera con que Cristo nos rige; que, como está perfectamente dotado de saber y bondad, ni yerra en lo justo ni quiere lo que es malo; y así, siempre ve lo que a cada uno conviene, y a eso mismo le guía, y, como San Pablo de sí dice, «A todos se hace todas las cosas, para ganarlos a todos.» Que toca ya en lo tercero y propio de este oficio, según que dijimos, que es ser un oficio lleno de muchos oficios, y que todos los administra el Pastor. Porque verdaderamente es así, que todas aquellas cosas que hacen para la felicidad de los hombres, que son diferentes y muchas, Cristo principalmente las ejecuta y las hace: que Él nos llama y nos corrige, y nos lava y nos sana, y nos santifica y nos deleita, y nos viste de gloria. Y de todos los medios de que Dios usa para guiar bien un alma, Cristo es el merecedor y el autor.

Mas ¡qué bien y qué copiosamente dice de esto el Profeta! Porque el Señor Dios dice así: «Yo mismo buscaré mis ovejas y las rebuscaré; como revee el pastor su rebaño cuando se pone en medio de sus esparcidas ovejas, así Yo buscaré mi ganado; sacaré mis ovejas de todos los lugares a do se esparcieron en el día de la nube y de la oscuridad; y sacarélas de los pueblos, y recogerlas he de las tierras, y tornarélas a meter en su patria, y las apacentaré en los montes de Israel. En los arroyos y en todas las moradas del suelo las apacentaré con pastos muy buenos, y serán sus pastos en los montes de Israel más erguidos. Allí reposarán en pastos sabrosos, y pacerán en los montes de Israel pastos gruesos. Yo apacentaré a mi rebaño y Yo le haré que repose, dice Dios el Señor. A la oveja perdida buscaré, a la ablentada tomaré a su rebaño, ligaré a la quebrada y daré fuerza a la enferma, y a la gruesa y fuerte castigaré; pacéréla en juicio.» Porque dice que Él mismo busca sus ovejas, y que las guía si estaban perdidas, y si cautivas las redime, y si enfermas las sana, y Él mismo las libra del mal y las mete en el bien, y las sube a los pastos más altos. En todos los arroyos y en todas las moradas las apacienta, porque en todo lo que les sucede les halla pastos, y en todo lo que permanece o se pasa; y porque todo es por Cristo, añade luego el Profeta: «Yo levantaré sobre ellas un Pastor y apacentarálas mi siervo David; Él las apacentará y Él será su Pastor; y Yo, el Señor, seré su Dios; y en medio de ellas ensalzado mi siervo David.»

En que se consideran tres cosas. Una, que para poner en ejecución todo esto que promete Dios a los suyos, les dice que les dará a Cristo, Pastor, a quien llama siervo suyo y David (porque es descendiente de David según la carne), en que es menor y sujeto a su Padre. La segunda, que para tantas cosas promete un solo Pastor, así para mostrar que Cristo puede con todo, como para enseñar que en Él es siempre uno el que rige. Porque en los hombres, aunque sea uno sólo el que gobierna a los otros, nunca acontece que los gobierne uno solo; porque de ordinario viven en uno muchos: sus pasiones, sus afectos, sus intereses, que manda cada uno su parte. Y la tercera es que este Pastor que Dios promete y tiene dado a su Iglesia, dice que ha de estar levantado en medio de sus ovejas; que es decir que ha de residir en lo secreto de sus entrañas, enseñoreándose de ellas, y que las ha de apacentar dentro de sí.

Porque cierto es que el verdadero pasto del hombre está dentro del mismo hombre, y en los bienes de que es señor cada uno. Porque es sin duda el fundamento del bien aquella división de bienes en que Epicteto, filósofo, comienza su libro; porque dice de esta manera: «De las cosas, unas están en nuestra mano y otras fuera de nuestro poder. En nuestra mano están los juicios, los apetitos, los deseos y los desvíos, y, en una palabra, todas las que son nuestras obras. Fuera de nuestro poder están el cuerpo y la hacienda, y las honras y los mandos, y, en una palabra, todo lo que no es obras nuestras. Las que están en nuestra mano son libres de suyo, y que no padecen estorbo ni impedimento; mas las que van fuera de nuestro poder son flacas y siervas, y que nos pueden ser estorbadas y, al fin, son ajenas todas. Por lo cual conviene que adviertas que, si lo que de suyo es siervo lo tuvieres por libre tú, y tuvieres por propio lo que es ajeno, serás embarazado fácilmente, y caerás en tristeza y en turbación, y reprenderás a veces a los hombres y a Dios. Mas si solamente tuvieres por tuyo lo que de veras lo es, y lo ajeno por ajeno, como lo es en verdad, nadie te podrá hacer fuerza jamás, ninguno estorbará tu designio, no reprenderás a ninguno ni tendrás queja de él, no harás nada forzado, nadie te dañará, ni tendrás enemigo, ni padecerás detrimento.»

Por manera que, por cuanto la buena suerte del hombre consiste en el buen uso de aquellas obras y cosas de que es señor enteramente, todas las cuales obras y cosas tiene el hombre dentro de sí mismo y debajo de su gobierno, sin respeto a fuerza exterior; por eso el regir y el apacentar al hombre, es el hacer que use bien de esto que es suyo y que tiene encerrado en sí mismo. Y así Dios con justa causa pone a Cristo, que es su Pastor, en medio de las entrañas del hombre, para que, poderoso sobre ellas, guíe sus opiniones, sus juicios, sus apetitos y deseos al bien, con que se alimente y cobre siempre mayores fuerzas el alma, y se cumpla de esta manera lo que el mismo Profeta dice: «Que serán apacentados en todos los mejores pastos de su tierra propia»; esto es, en aquello que es pura y propiamente buena suerte y buena dicha del hombre. Y no en esto solamente, sino también «en los montes altísimos de Israel», que son los bienes soberanos del cielo, que sobran a los naturales bienes sobre toda manera, porque es señor de todos ellos aquese mismo Pastor que los guía, o para decir la verdad, porque los tiene todos y amontonados en sí.

Y porque los tiene en sí, por esta misma causa, lanzándose en medio de su ganado, mueve siempre a sí sus ovejas; y no lanzándose solamente, sino levantándose y encumbrándose en ellas, según lo que el Profeta de Él dice.

Porque en sí es alto por el amontonamiento de bienes soberanos que tiene; y en ellas es alto también, porque, apacentándolas, las levanta del suelo, y las aleja cuanto más va de la tierra, y las tira siempre hacia sí mismo, y las enrisca en su alteza, encumbrándolas siempre más y entrañándolas en los altísimos bienes suyos. Y porque Él uno mismo está en los pechos de cada una de sus ovejas, y porque su pacerlas es ayuntarlas consigo y entrañarlas en sí, como ahora decía, por eso le conviene también lo postrero que pertenece al Pastor, que es hacer unidad y rebaño. Lo cual hace Cristo por maravilloso modo, como por ventura diremos después. Y bástenos decir ahora que no está la vestidura tan allegada al cuerpo del que la viste, ni ciñe tan estrechamente por la cintura la cinta, ni se ayuntan tan conformemente la cabeza y los miembros, ni los padres son tan deudos del hijo, ni el esposo con su esposa tan uno, cuanto Cristo, nuestro divino Pastor, consigo y entre sí hace una su grey.

Así lo pide y así lo alcanza, y así de hecho lo hace. Que los demás hombres que, antes de Él y sin Él, introdujeron en el mundo leyes y sectas, no sembraron paz, sino división; y no vinieron a reducir a rebaño, sino, como Cristo dice en San Juan, fueron ladrones y mercenarios, que entraron a dividir y desollar y dar muerte al rebaño. Que, aunque la muchedumbre de los malos haga contra las ovejas de Cristo bando por sí, no por eso los malos son unos ni hacen un rebaño suyo en que estén adunados, sino cuanto son sus deseos y sus pasiones y sus pretendencias, que son diversas y muchas, tanto están diferentes contra sí mismos. Y no es rebaño el suyo de unidad y de paz, sino ayuntamiento de guerra y gavilla de muchos enemigos que entre sí mismos se aborrecen y dañan, porque cada uno tiene su diferente querer. Mas Cristo, nuestro Pastor, porque es verdaderamente Pastor, hace paz y rebaño. Y aun por esto, allende de lo que dicho tenemos, le llama Dios Pastor uno en el lugar alegado; porque su oficio todo es hacer unidad. Así que Cristo es Pastor por todo lo dicho; y porque si es del pastor el desvelarse para guardar y mejorar su ganado, Cristo vela sobre los suyos siempre y los rodea solícito. Que, como David dice: «Los ojos del Señor sobre los justos, y sus oídos en sus ruegos. Y aunque la madre se olvide de su hijo, Yo, dice, no me olvido de ti.» Y si es del pastor trabajar por su ganado al frío y al hielo, ¿quién cual Cristo trabajó por el bien de los suyos? Con verdad Jacob, como en su nombre, decía: «Gravemente laceré de noche y de día, unas veces al calor y otras veces al hielo, y huyó de mis ojos el sueño.» Y si es del pastor servir abatido, vivir en hábito despreciado, y no ser adorado y servido, Cristo, hecho al traje de sus ovejas, y vestido de su bajeza y su piel, sirvió por ganar su ganado.

Y porque hemos dicho cómo le conviene a Cristo todo lo que es del pastor, digamos ahora las ventajas que en este oficio Cristo hace a todos los otros pastores. Porque no solamente es Pastor, sino Pastor como no lo fue otro ninguno; que así lo certificó Él cuando dijo: «Yo soy el buen Pastor.»

Que el bueno allí es señal de excelencia, como si dijese el Pastor aventajado entre todos. Pues sea la primera ventaja, que los otros lo son o por caso o por suerte; mas Cristo nació para ser Pastor, y escogió antes que naciese, nacer para ello; que, como de sí mismo dice, bajó del cielo y se hizo Pastor hombre, para buscar al hombre, oveja perdida. Y así como nació para llevar a pacer, dio, luego que nació, a los pastores nueva de su venida. Demás de esto, los otros pastores guardan el ganado que hallan; mas nuestro Pastor Él se hace el ganado que ha de guardar. Que no sólo debemos a Cristo que nos rige y nos apacienta en la forma ya dicha, sino también y primeramente, que siendo animales fieros, nos da condiciones de ovejas; y que, siendo perdidos, nos hace ganados suyos, y que cría en nosotros el espíritu de sencillez y de mansedumbre y de santa y fiel humildad, por el cual pertenecemos a su rebaño. Y la tercera ventaja es que murió por el bien de su grey; lo que no hizo algún otro pastor, y que por sacarnos de entre los dientes del lobo, consintió que hiciesen en Él presa los lobos.

Y sea lo cuarto, que es así Pastor que es pasto también, y que su apacentar es darse a sí a sus ovejas. Porque el regir Cristo a los suyos y el llevarlos al pasto, no es otra cosa sino hacer que se lance en ellos y que se embeba y que se incorpore su vida, y hacer que con encendimientos fieles de caridad le traspasen sus ovejas a sus entrañas, en las cuales traspasado, muda Él sus ovejas en sí. Porque cebándose ellas de Él, se desnudan así de sí mismas y se visten de sus cualidades de Cristo; y creciendo con este dichoso pasto el ganado, viene por sus pasos contados a ser con su Pastor una cosa.

Y finalmente, como otros nombres y oficios le convengan a Cristo, o desde algún principio o hasta un cierto fin o según algún tiempo, este nombre de Pastor en Él carece de término. Porque antes que naciese en la carne, apacentó a las criaturas luego que salieron a luz; porque Él gobierna y sustenta las cosas, y Él mismo da cebo a los ángeles, «y todo espera de Él su mantenimiento a su tiempo» como en el Salmo se dice. Y ni más ni menos, nacido ya hombre, con su espíritu y con su carne apacienta a los hombres, y luego que subió al cielo llovió sobre el suelo su cebo; y luego y ahora y después, y en todos los tiempos y horas, secreta y maravillosamente y por mil maneras los ceba; en el suelo los apacienta, y en el cielo será también su Pastor, cuando allá los llevare; y en cuanto se revolvieren los siglos, y en cuanto vivieren sus ovejas, que vivirán eternamente con Él, Él vivirá en ellas, comunicándoles su misma vida, hecho su pastor y su pasto.

Y calló Marcelo aquí, significando a Sabino que pasase adelante, que luego desplegó el papel y leyó:

MONTE

Se le da a Cristo el nombre de Monte; qué significa éste en la Escritura, y por qué se le atribuye a Cristo

Llámase Cristo Monte, como en el capítulo segundo de Daniel, adonde se dice que la piedra que hirió en los pies de la estatua que vio el rey de Babilonia, y la desmenuzó y deshizo, se convirtió en un monte muy grande que ocupaba toda la tierra. Y en el capítulo segundo de Isaías: «Y en los postreros días será establecido el monte de la casa del Señor sobre la cumbre de todos los montes.» Y en el Salmo sesenta y siete: «El monte de Dios, monte enriscado y lleno de grosura.»

Y en leyendo esto cesó.

Y dijo Juliano luego:

-Pues que este vuestro papel, Marcelo, tiene la condición de Pitágoras, que dice y no da razón de lo que dice, justo será que nos la deis vos por él. Porque los lugares que ahora alega, mayormente los dos postreros, algunos podrían dudar si hablan de Cristo o no.

-Muchos dicen muchas cosas -respondió Marcelo-, pero el papel siguió lo más cierto y lo mejor, porque en el lugar de Isaías casi no hay palabras (así en él como en lo que le antecede o se le sigue) que no señale a Cristo como con el dedo. Lo primero dice: «En los días postreros»; y, como sabéis, lo postrero de los días, o los días postreros, en la Santa Escritura es nombre que se da al tiempo en que Cristo vino, como se parece en la profecía de Jacob, en el capítulo último del libro de la creación y en otros muchos lugares. Porque el tiempo de su venida, en el cual juntamente con Cristo comenzó a nacer la luz del Evangelio, y el espacio que dura el movimiento de esta luz, que es el espacio de su predicación (que va como un sol cercando el mundo y pasando de unas naciones en otras), así que todo el discurso y suceso y duración de aqueste alumbramiento se llama un día, porque es como el nacimiento y vuelta que da el sol en un día. Y llámase postrero día, porque en acabando el sol del Evangelio su curso, que será en habiendo amanecido a todas las tierras, como este sol amanece, no ha de sucederle otro día. «Y será predicado, dice Cristo, este Evangelio por todo el mundo, y luego vendrá el fin.»

Demás de esto dice: «Será establecido.» Y la palabra original significa un establecer y afirmar no mudable ni, como si dijésemos, movedizo o sujeto a las injurias y vueltas del tiempo. Y así en el Salmo con esta misma palabra se dice: «El Señor afirmó su trono sobre los cielos.» Pues ¿qué monte otro hay, o qué grandeza no sujeta a mudanza, sino es Cristo solo, cuyo reino no tiene fin, como dijo a la Virgen el Ángel? Pues ¿qué se sigue tras esto? «El monte, dice, de la casa del Señor.» Adonde la una palabra es como declaración de la otra, como diciendo: el monte, esto es, la casa del Señor. La cual casa entre todas por excelencia es Cristo nuestro Redentor, en quien reposa y mora Dios enteramente, como es escrito: «En el cual reposa todo lo lleno de la divinidad.»

Y dice más: «Sobre la cumbre de los montes.» Que es cosa que solamente de Cristo se puede con verdad decir. Porque monte en la Escritura, y en la secreta manera de hablar de que en ella usa el Espíritu Santo, significa todo lo eminente, o en poder temporal, como son los príncipes, o en virtud y saber espiritual, como son los profetas y los prelados; y decir montes sin limitación, es decir todos los montes; o como se entiende de un artículo que está en el primer texto en este lugar, es decir los montes más señalados de todos, así por alteza de sitio como por otras cualidades y condiciones suyas. Y decir que será establecido sobre todos los montes, no es decir solamente que este monte es más levantado que los demás, sino que está situado sobre la cabeza de todos ellos; por manera que lo más bajo de él está sobrepuesto a lo que es en ellos más alto.

Y así, juntando con palabras descubiertas todo aquesto que he dicho, resultará de todo ello aquesta sentencia: Que la raíz, o como llamamos, la falda de este monte que dice Isaías, esto es, lo menos y más humilde de él, tiene debajo de sí a todas las altezas más señaladas y altas que hay, así temporales como espirituales. Pues ¿qué alteza o encumbramiento será aqueste tan grande si Cristo no es? O ¿a qué otro monte de los que Dios tiene convendrá una semejante grandeza? Veamos lo que la Santa Escritura dice cuando habla con palabras llanas y sencillas de Cristo, y cotejémoslo con los rodeos de este lugar, y si halláremos que ambas partes dicen lo mismo, no dudemos de que es uno mismo aquel de quien hablan.

¿Qué dice David?: «Dijo el Señor a mi Señor: Asiéntate a mi mano derecha hasta que ponga por escaño de tus pies a tus enemigos.» Y el apóstol San Pablo: «Para que al nombre de Jesús doblen las rodillas todos, así los del cielo como los de la tierra y los del infierno.» Y el mismo, hablando propiamente del misterio de Cristo, dice: «Lo flaco de Dios que parece, es más valiente que la fortaleza toda; y lo inconsiderado, más sabio que cuanto los hombres saben.» Pues allí se pone el monte sobre los montes, y aquí la alteza toda del mundo y del infierno por escaño de los pies de Jesucristo. Aquí se le arrodilla lo criado; allí todo lo alto le está sujeto. Aquí su humildad, su desprecio, su cruz, se dice ser más sabia y más poderosa que cuanto pueden y saben los hombres; allí la raíz de aquel monte se pone sobre las cumbres de todos los montes.

Así que no debemos dudar de que es Cristo este monte de que habla Isaías. Ni menos de que es aquel de quien canta David en las palabras del Salmo alegado. El cual Salmo todo es manifiesta profecía, no de un misterio solo, sino casi de todos aquellos que obró Cristo para nuestra salud. Y es oscuro Salmo, al parecer, pero oscuro a los que no dan en la vena del verdadero sentido, y siguen sus imaginaciones propias; con las cuales como no dice el Salmo bien, ni puede decir, para ajustarle con ellas revuelven la letra y oscurecen y turban la sentencia, y al fin se fatigan en balde; mas al revés, si se toma una vez el hilo de él y su intento, las mismas cosas se van diciendo y llamándose unas a otras, y trabándose entre sí con maravilloso artificio.

Y lo que toca ahora a nuestro propósito (porque sería apartarnos mucho de él declarar todo el Salmo), así que lo que toca al verso que de este Salmo alega el papel, para entender que el monte de quien el verso habla es Jesucristo, basta ver lo que luego se sigue, que es: «Monte en el cual le plació a Dios morar en él; y cierto morará en él eternamente.» Lo cual, si no es de Jesucristo, de ningún otro se puede decir. Y son muy de considerar cada una de las palabras, así de este verso como del verso que le antecede; pero no turbemos ni confundamos el discurso de nuestra razón.

Digamos primero qué quiere decir que Cristo se llame monte. Y dicho, y volviendo sobre estos mismos lugares, diremos algo de las cualidades que da en ellos el Espíritu Santo a este monte. Pues digo así: que demás de la eminencia señalada que tienen los montes sobre lo demás de la tierra (como Cristo la tiene, en cuanto hombre, sobre todas las criaturas), la más principal razón por qué se llama monte, es por la abundancia, o, digámoslo así, por la preñez riquísima de bienes diferentes que atesora y comprende en sí mismo. Porque, como sabéis, en la lengua hebrea, en que los sagrados libros en su primer origen se escriben, la palabra con que el monte se nombra, según el sonido de ella, suena en nuestro castellano el preñado; por manera que los que nosotros llamamos montes, llama el hebreo por nombre propio preñados.

Y díceles este nombre muy bien, no sólo por la figura que tienen alta y redonda, y como hinchada sobre la tierra (por lo cual parecen el vientre de ella, y no vacío ni flojo vientre, mas lleno y preñado), sino también porque tienen en sí como concebido, y lo paren y sacan a luz a sus tiempos, casi todo aquello que en la tierra se estima. Producen árboles de diferentes maneras, unos que sirven de madera para los edificios, y otros que con sus frutas mantienen la vida. Paren yerbas, más que ninguna otra parte del suelo, de diversos géneros y de secretas y eficaces virtudes. En los montes por la mayor parte se conciben las fuentes y los principios de los ríos, que naciendo de allí y cayendo en los llanos después, y torciendo el paso por ellos, fertilizan y hermosean las tierras. Allí se cría el azogue y el estaño, y las venas ricas de la plata y del oro, y de los demás metales todas las minas, las piedras preciosas y las canteras de las piedras firmes, que son más provechosas, con que se fortalecen las ciudades con muros y se ennoblecen con suntuosos palacios. Y finalmente, son como un arca los montes, y como un depósito de todos los mayores tesoros del suelo.

Pues por la misma manera Cristo nuestro Señor, no sólo en cuanto Dios (que, según esta razón, por ser el Verbo divino, por quien el Padre cría todas las cosas, las tiene todas en sí de mejores quilates y ser que son en sí mismas), mas también según que es hombre, es un monte y un amontonamiento y preñez de todo lo bueno y provechoso, y deleitoso, y glorioso que en el deseo y en el seno de las criaturas cabe, y de mucho más que no cabe. En Él está el remedio del mundo y la destrucción del pecado y la victoria contra el demonio; y las fuentes y mineros de toda la gracia y virtudes que se derraman por nuestras almas y pechos, y los hacen fértiles, en Él tienen su abundante principio; en Él tienen sus raíces, y de Él nacen y crecen con su virtud, y se visten de hermosura y de fruto las hayas altas y los soberanos cedros y los árboles de la mirra (como dicen los Cantares) y del incienso: los apóstoles y los mártires y profetas y vírgenes. Él mismo es el sacerdote y el sacrificio, el pastor y el pasto, el doctor y la doctrina, el abogado y el juez, el premio y el que da el premio, la guía y el camino, el médico, la medicina, la riqueza, la luz, la defensa y el consuelo es Él mismo y sólo Él. En Él tenemos la alegría en las tristezas, el consejo en los casos dudosos, y en los peligrosos y desesperados el amparo y la salud.

Y por obligarnos más así, y porque, buscando lo que nos es necesario en otras partes, no nos divirtiésemos de Él, puso en sí la copia y la abundancia, o, si decimos, la tienda y el mercado, o (será mejor decir) el tesoro abierto y liberal de todo lo que nos es necesario, útil y dulce, así en lo próspero como en lo adverso, así en la vida como en la muerte también, así en los años trabajosos de aqueste destierro como en la vivienda eterna y feliz a do caminamos. Y como el monte alto, en la cumbre, se toca de nubes y las traspasa, y parece que llega hasta el cielo, y en las faldas cría viñas y mieses, y da pastos saludables a los ganados, así lo alto y la cabeza de Cristo es Dios, que traspasa los cielos, y es consejos altísimos de sabiduría, adonde no puede arribar ingenio ninguno mortal; mas lo humilde de Él, sus palabras llanas, la vida pobre y sencilla y santísima que morando entre nosotros vivió, las obras que como hombre hizo, y las pasiones y dolores que de los hombres y por los hombres sufrió, son pastos de vida para sus fieles ovejas. Allí hallamos el trigo, que esfuerza el corazón de los hombres; y el vino, que les da verdadera alegría; y el óleo, hijo de la oliva y engendrador de la luz, que destierra nuestras tinieblas. «El risco, dice el Salmo, es refrigerio de los conejos.» Y en Ti, ¡oh verdadera guarida de los pobrecitos amedrentados, Cristo Jesús!; y en Ti, ¡oh amparo dulce y seguro, oh acogida llena de fidelidad! los afligidos y acosados del mundo nos escondemos. Si vertieren agua las nubes y se abrieren los canales del cielo, y, saliendo la mar de madre, se anegaren las tierras y sobrepujaren como en el diluvio sobre los montes las aguas, en este monte, que se asienta sobre la cumbre de todos los montes, no las tememos. Y si los montes, como dice David, trastornados de sus lugares, cayeren en el corazón de la mar, en este monte no mudable enriscados, carecemos de miedo.

Mas, ¿qué hago yo ahora, o adónde me lleva el ardor? Tornemos a nuestro hilo; y ya que hemos dicho el por qué es monte Cristo, digamos, según que es monte, las cualidades que le da la Escritura.

Decía, pues, Daniel que una piedra, sacada sin manos, hirió en los pies de la estatua y la volvió en polvo, y la piedra, creciendo, se hizo monte tan grande que ocupó toda la tierra. En lo cual primeramente entendemos que este grandísimo monte era primero una pequeña piedra. Y aunque es así que Cristo es llamado piedra por diferentes razones, pero aquí la piedra dice fortaleza y pequeñez. Y, así, es cosa digna de considerar que no cayó hecha monte grande sobre la estatua y la deshizo, sino hecha piedra pequeña. Porque no usó Cristo, para destruir la alteza y poder tirano del demonio, y la adoración usurpada, y los ídolos que tenía en el mundo, de la grandeza de sus fuerzas; ni derrocó sobre él el brazo y el peso de su divinidad encubierta, sino lo humilde que había en Él, y lo bajo y lo pequeño: su carne santa y su sangre vertida, y el ser preso y condenado y muerto crudelísimamente. Y esta pequeñez y flaqueza fue fortaleza dura, y toda la soberbia del infierno y su monarquía quedó rendida a la muerte de Cristo. Por manera que primero fue piedra y, después de piedra, monte. Primero se humilló, y, humilde, venció; y después, vencedor glorioso, descubrió su claridad, y ocupó la tierra y el cielo con la virtud de su nombre.

Mas lo que el Profeta significó por rodeos, ¡cuán llanamente lo dijo el Apóstol!: «El haber subido, dice hablando de Cristo, ¿qué es sino por haber descendido primero hasta lo bajo de la tierra? El que descendió, ése mismo subió sobre todos los cielos para henchir todas las cosas.» Y en otra parte: «Fue hecho obediente hasta la muerte, y muerte de cruz; por lo cual ensalzó su nombre Dios sobre todo nombre.» Y como dicen del árbol, que cuanto lanza las raíces más en lo hondo, tanto en lo alto crece y sube más por el aire, así a la humildad y pequeñez de esta piedra correspondió la grandeza sin medida del monte, y cuanto primero se disminuyó, tanto después fue mayor. Pero acontece que la piedra que se tira hace gran golpe, aunque sea pequeña, si el brazo que la envía es valiente; y pudiérase por ventura pensar que si esta piedra pequeña hizo pedazos la estatua, fue por la virtud de alguna fuerza extraña y poderosa que la lanzó. Mas no fue así, ni quiso que se imaginase así el Espíritu Santo; y por esta causa añadió que hirió a la estatua sin manos, conviene a saber: que no la hirió con fuerza mendigada de otro ni de poder ajeno, sino con el suyo mismo hizo tan señalado golpe. Como pasó en la verdad.

Porque lo flaco y lo despreciado de Cristo, su pasión y su muerte, aquel humilde escupido y escarnecido, fue tan de piedra, quiero decir, tan firme para sufrir y tan fuerte y duro para herir, que cuanto en el soberbio mundo es tenido por fuerte no pudo resistir a su golpe; mas antes cayó todo quebrantado y deshecho como si fuera vidrio delgado.

Y aun, lo que es más de maravillar, no hirió esta piedra la frente de aquel busto espantable, sino solamente los pies, adonde nunca la herida es mortal; mas, sin embargo de esto, con aquel golpe dado en los pies, vinieron a menos los pechos y hombros y el cuello y cabeza de oro. Porque fue así, que el principio del Evangelio y los primeros golpes que Cristo dio para deshacer la pujanza mundana, fueron en los pies de ella y en lo que andaba como rastreando en el suelo; en las gentes bajas y viles, así en oficio como en condición. Y heridos éstos con la verdad, y vencidos y quebrados del mundo, y como muertos a él y puestos debajo la piedra las cabezas y los pechos, esto es, los sabios y los altos, cayeron todos; unos, para sujetarse a la piedra, y otros, para quedar quebrados y desmenuzados de ella; unos, para dejar su primero y mal ser, y otros, para crecer para siempre en su mal. Y así, unos destruidos y otros convertidos, la piedra, transformándose en monte, ella sola ocupó todo el mundo.

Es también monte hecho y como nacido de piedra, porque entendamos que no es terreno ni movedizo este monte, ni tal que pueda ser menoscabado o disminuido en alguna manera. Y con esto, pasemos a ver lo demás que decía de él el santo David.

«El monte, dice, del Señor, monte cuajado, monte grueso»; quiere decir fértil y abundante monte, como a la buena tierra solemos llamarla tierra gruesa. Y la condición de la tierra gruesa es ser espesa y tenaz y maciza, no delgada y arenisca, y ser tierra que bebe mucha agua, y que no se anega o deshace con ella, sino antes la abraza toda en sí, y se engruesa e hinche de jugo; y así, después son conformes a esta grosura las mieses, que produce espesas y altas, y las cañas gruesas y las espigas grandes.

Bien es verdad que adonde decimos grueso, el primer texto dice Basan, que es nombre propio de un monte llamado así en la Tierra Santa, que está de la otra parte del Jordán, en la suerte que cupo a los de Gad y Rubén y a la mitad de la tribu de Manasés. Pero era señaladamente abundante este monte; y así, nuestro texto, aunque calló el nombre, guardó bien el sentido y puso la misma sentencia; y en lugar de Basan puso monte grueso, cual lo es el Basan.

Pues es Cristo, ni más ni menos, no como arena flaca y movediza, sino como tierra de cuerpo y de tomo, y que debe y contiene en sí todos los dones del Espíritu Santo, que la Escritura suele muchas veces nombrar con nombre de aguas; y así el fruto que de este monte sale, y las mieses que se crían en él, nos muestran bien a la clara si es grueso y fecundo este monte. De las cuales mieses, David, en el Salmo setenta y uno, debajo de la misma figura de trigo y de mieses y de frutos del campo, hablando a la letra del reino de Cristo, nos canta diciendo: «Y será, de un puñado de trigo echado en la tierra en las cumbres de los montes, el fruto suyo más levantado que el Líbano y por las villas florecerán como el heno de la tierra.» O, porque en este punto, y diciendo esto, me vino a la memoria, quiérolo decir como nuestro común amigo lo dijo, traduciendo en verso castellano este Salmo:

>   ...¡Oh siglos de oro,
>   cuando tan sola una
>   espiga sobre el cerro, tal tesoro
>   producirá sembrada,
>   de mieses ondeando, cual la cumbre
>   del Líbano ensalzada,
>   cuando con más largueza y muchedumbre
>   que el heno en las ciudades
>   el trigo crecerá!

Y porque se viese claro que este fruto que se llama trigo no es trigo, y que esta abundancia no es buena disposición de tierra ni templanza de cielo clemente, sino que es fruto de justicia y mieses espirituales nunca antes vistas, que nacen por la virtud de este monte, añade luego:

>   ...Por do desplega
>   la fama en mil edades
>   el nombre de este Rey, y al cielo llega.

Mas ¿nació por ventura con este fruto su nombre, o era ya y vivía en el seno de su Padre, primero que la rueda de los siglos comenzase a moverse? Dice:

>   El nombre, que primero
>   que el sol manase luz resplandecía,

en quien hasta el postrero
mortal será bendito, a quien de día,
de noche celebrando,
las gentes darán loa y bienandanza.
Y dirán alabando: Señor Dios de Israel, ¿qué lengua
   alcanza
a tu debida gloria?

Salido he de mi camino, llevado de la golosina del verso; mas volvamos a él. Y habiendo dicho esto Marcelo, y tomando un poco de aliento, quería pasar adelante; mas Juliano, deteniéndole, dijo:

-Antes que digáis más, me decid, Marcelo: ¿este común amigo nuestro que nombrasteis, cuyos son estos versos, quién es? Porque, aunque yo no soy muy poeta, hanme parecido muy bien; y debe hacerlo ser el sujeto cual es, en quien sólo a mi juicio se emplea la poesía como debe.

-Gran verdad, Juliano, es -respondió al punto Marcelo- lo que decís. Porque éste es sólo digno sujeto de la poesía; y los que la sacan de él, y, forzándola, la emplean, o por mejor decir, la pierden en argumentos de liviandad, habían de ser castigados como públicos corrompedores de dos cosas santísimas: de la poesía y de las costumbres. La poesía corrompen, porque sin duda la inspiró Dios en los ánimos de los hombres, para, con el movimiento y espíritu de ella, levantarlos al cielo, de donde ella procede; porque poesía no es sino una comunicación del aliento celestial y divino; y así, en los Profetas casi todos, así los que fueron movidos verdaderamente por Dios, como los que, incitados por otras causas sobrehumanas, hablaron, el mismo espíritu que los despertaba y levantaba a ver lo que los otros hombres no veían, les ordenaba y componía y como metrificaba en la boca las palabras, con número y consonancia debida, para que hablasen por más subida manera que las otras gentes hablaban, y para que el estilo del decir se asemejase al sentir, y las palabras y las cosas fuesen conformes.

Así que corrompen esta santidad, y corrompen también, lo que es mayor mal, las santas costumbres; porque los vicios y las torpezas, disimuladas y enmeladas con el sonido dulce y artificioso del verso, recíbense en los oídos con mejor gana, y de ellos pasan al ánimo, que de suyo no es bueno, y lánzanse en él poderosísimamente; y hechas señoras de él, y desterrando de allí todo buen sentido y respeto, corrómpenlo, y muchas veces sin que el mismo que es corrompido lo sienta. Y es (iba a decir donaire, y no es donaire, sino vituperable inconsideración), que las madres celosas del bien de sus hijas les vedan las pláticas de algunas otras mujeres, y no les vedan los versos y los cantarcillos de argumentos liviano, los cuales hablan con ellas a todas horas; y sin recatarse de ellos, antes aprendiéndolos y cantándolos, las atraen a sí y las persuaden secretamente; y derramándoles su ponzoña poco a poco por los pechos, la inficionan y pierden. Porque así como en la ciudad, perdido el alcázar de ella y puesto en las manos de los enemigos, toda ella es perdida, así, ganado una vez, quiero decir, perdido el corazón, y aficionado a los vicios y embeleñado con ellos, no hay cerradura tan fuerte ni centinela tan veladora y despierta que baste a la guarda Pero esto es de otro lugar, aunque la necesidad o el estrago que el uso malo, introducido más ahora que nunca, hace en las gentes, hace también que se pueda tratar de ello a propósito en cualquier lugar.

Mas, dejándolo ahora, espántome, Juliano, que me preguntéis quién es el común amigo que dije; pues no podéis olvidaros que, aunque cada uno de nosotros dos tenemos amistad con muchos amigos, uno solo tenemos que la tiene conmigo con vos casi en igual grado; porque a mí me ama como a sí y a vos en la misma manera como yo os amo, que es muy poco menos que a mí.

-Razón tenéis -respondió Juliano- en condenar mi descuido; y entiendo muy bien por quién decís. Y pues tendréis en la memoria algunos otros Salmos de los que ha puesto en verso este amigo nuestro, mucho gustaría yo, y Sabino gustará de ello, si no me engaño, también, que en los lugares que se os ofrecieren de aquí adelante, uséis de ellos y nos los digáis.

-Sabino -respondió Marcelo- no sé yo si gustará de oír lo que sabe; porque, como más mozo y más aficionado a los versos, tiene casi en la lengua estos Salmos que pedís; pero haré vuestro gusto, y aun Sabino podrá servir de acordármelos si yo me olvidare, como será posible olvidarme. Así que él me los acordará; o, si más le pluguiere, diralos él mismo; y aun es justo que le plega, porque los sabrá decir con mejor gracia. De esto postrero se rieron un poco Juliano y Sabino. Y diciendo Sabino que lo haría así y que gustaría de hacerlo, Marcelo tornó a seguir su razón, y dijo:

-Decíamos, pues, que este sagrado monte, conforme a lo del Salmo, era fértil señaladamente; y probamos su grosura por la muchedumbre y por la grandeza de las mieses que de él han nacido; y referimos que David, hablando de ellas, decía que de un puñado de trigo esparcido sobre la cumbre del monte, serían el fruto y cañas que nacerían de él tan altas y gruesas que igualarían a los cedros altos del Líbano. De manera que cada caña y espiga sería como un cedro, y todas ellas vestirían la cumbre de su monte, y meneadas del aire, ondearían sobre él como ondean las copas de los cedros y de los otros árboles soberanos de que el Líbano se corona.

En lo cual David dice tres cualidades muy señaladas; porque, lo uno, dice que son mieses de trigo, cosa útil y necesaria para la vida, y no árboles, más vistosos en ramas y hojas que provechosos en fruto, como fueron los antiguos filósofos y los que por su sola industria quisieron alcanzar la virtud. Y lo otro, afirma que estas mieses, no sólo por ser trigo son mejores, sino en alteza también son mayores mucho que la arboleda del Líbano. Que es cosa que se ve por los ojos, si cotejamos la grandeza de nombre, que dejaron después de sí los sabios y grandes del mundo, con la honra merecida que se da en la Iglesia a los santos, y se les dará siempre, floreciendo cada día más en cuanto el mundo durare. Y lo tercero, dice que tiene origen este fruto de muy pequeños principios, de un puñado de trigo sembrado sobre la cumbre de un monte, adonde de ordinario crece el trigo mal, porque, o no hay tierra, sino peña, en la cumbre, o si la hay, es tierra muy flaca, y el lugar muy frío por razón de su alteza. Pues esta es una de las mayores maravillas que vemos en la virtud que nace y se aprende en la escuela de Cristo: que, de principios al parecer pequeños y que casi no se echan de ver, no sabréis cómo ni de qué manera nace y crece y sube en brevísimo tiempo a incomparable grandeza.

Bien sabemos todos lo mucho que la antigua filosofía se trabajó por hacer virtuosos los hombres -sus preceptos, sus disputas, sus revueltas cuestiones- y vemos cada hora en los libros la hermosura y el dulzor de sus escogidas y artificiosas palabras; mas también sabemos, con todo este aparato suyo, el pequeño fruto que hizo y cuán menos fue lo que dio de lo que se esperaba de sus largas promesas. Mas en Cristo no pasó así; porque, si miramos lo general del mismo, que se llama, no muchos granos, sino un grano de trigo muerto, y de doce hombres bajos y simples, y de su doctrina, en palabra tosca y en sentencia breve, y, al juicio de los hombres, amarga y muy áspera, se hinchió el mundo todo de incomparable virtud, como diremos después en su propio y más conveniente lugar.

Y por semejante manera, si ponemos los ojos en lo particular que cada día acontece en muchas personas, ¿quién es el que lo considera que no salga de sí? El que ayer vivía como sin ley, siguiendo en pos de sus deseos sin rienda, y que estaba ya como encallado en el mal; el que servía al dinero y cogía el deleite, soberbio con todos y con sus menores soberbio y cruel, hoy, con una palabra que le tocó en el oído, y, pasando de allí al corazón, puso en él su simiente, tan delicada y pequeña, que apenas él mismo la entiende, ya comienza a ser otro; y en pocos días, cundiendo por toda el alma la fuerza secreta del pequeño grano, es otro del todo; y crece así en nobleza de virtud y buenas costumbres, que la hojarasca seca, que poco antes estaba ordenada al infierno, es ya árbol verde y hermoso, lleno de fruto y de flor; y el león es oveja ya, y el que robaba lo ajeno derrama ya en los ajenos sus bienes; y el que se revolcaba en la hediondez, esparce alrededor de sí, y muy lejos de sí, por todas partes, la pureza del buen olor.

Y, como dije, si, tomando al principio, comparamos la grandeza de esta planta y su hermosura con el pequeño grano de donde nació, y con el breve tiempo en que ha venido a ser tal, veremos, en extraña pequeñez, admirable y no pensada virtud. Y así Cristo, en unas partes dice que es como el grano de mostaza, que es pequeño y trasciende; y en otras se asemeja a perla oriental, pequeña en cuerpo y grande en valor; y parte hay donde dice que es levadura, la cual en sí es poca y parece muy vil, y, escondida en una gran masa, casi súbitamente cunde por ella toda y la inficiona. Excusado es ir buscando ejemplos en esto, adonde la muchedumbre nos puede anegar. Mas entre todos es clarísimo el del apóstol San Pablo, a quien hacemos hoy fiesta. ¿Quién era, y quién fue, y cuán en breve, y cuán con una palabra se convirtió de tinieblas en luz, y de ponzoña en árbol de vida para la Iglesia?

Pero vamos más adelante. Añade David: Monte cuajado. La palabra original quiere decir el queso, y quiere también decir lo corcovado; y, propiamente y de su origen, significa todo lo que tiene en sí algunas partes eminentes e hinchadas sobre las demás que contiene; y de aquí el queso y lo corcovado se llama con esta palabra. Pues juntando esta palabra con el nombre de monte como hace David aquí, y poniéndola en el número de muchos (como está en el primer texto), suena, como leyó San Agustín, «monte de quesos»; o, como trasladan ahora algunos, «monte de corcovas»; y de la una y de la otra manera viene muy bien. Porque en decir lo primero se declara y especifica más la fertilidad de este monte, el cual no sólo es de tierra gruesa y aparejada para producir mieses, sino también es monte de quesos o de cuajados, esto es (significando por el efecto la causa), monte de buenos pastos para el ganado, digo monte bueno para pan llevar, y para apacentar ganados no menos bueno.

Y, como dice bien San Agustín, el pan y la grosura del monte que le produce es el mantenimiento de los perfectos; la leche que se cuaja en el queso, y los pastos que la crían es el propio manjar de los que comienzan en la virtud, como dice San Pablo: «Como a niños os di leche, y no manjar macizo.» Y así, conforme a esto, se entiende que este monte es general sustento de todos, así de los grandes en la virtud con su grosura, como de los recién nacidos en ella con sus pastos y leche.

Mas si decimos de la otra manera, monte de corcovas o de hinchazones, dícese una señalada verdad; y es que, como hay unos montes que suben seguidos hasta lo alto, y en lo alto hacen una punta sola y redonda, y otros que hacen muchas puntas y que están como compuestos de muchos cerros, así Cristo no es monte como los primeros, eminente y excelente en una cosa sola, sino monte hecho de montes, y una grandeza llena de diversas e incomparables grandezas; y, como si dijésemos, monte que todo Él es montes, para que, como escribe divinamente San Pablo, «tenga principado y eminencia en todas las cosas.»

Dice más: «¿Qué sospecháis, montes de cerros? Este es el monte que Dios escogió para su morada, y ciertamente el Señor mora en él para siempre. « Habla con todo lo que se tiene a sí mismo por alto, y que se opone a Cristo, presumiendo de traer competencias con Él, y díceles: «¿Qué sospecháis?» O, como en otro lugar San Jerónimo puso: «¿Qué pleiteáis o qué peleáis contra ese monte?» Y es como si más claro dijese: ¿Qué presunción o qué pensamiento es el vuestro, ¡oh montes!, cuanto quiera que seáis, según vuestra opinión, eminentes, de oponeros con este monte, pretendiendo, o vencerle o poner en vosotros lo que Dios tiene ordenado de poner en él, que es su morada perpetua? Como si dijese: Muy en balde y muy sin fruto os fatigáis. De lo cual entendemos dos cosas: la una, que este monte es envidiado y contradecido de muchos montes; y la otra, que es escogido de Dios entre todos.

Y de lo primero, que toca a la envidia y contradicción, es, como si dijésemos, hado de Cristo el ser siempre envidiado; que no es pequeño consuelo para los que le siguen, como se lo pronosticó el viejo Simeón luego que lo vio niño en el templo, y, hablando con su madre, lo dijo: «Ves este niño; será caída y levantamiento para muchos en Israel, y como blanco a quien contradecirán muchos.» Y el Salmo segundo, en este mismo propósito: «¿Por qué (dice) bramaron las gentes y los pueblos trataron consejos vanos? Pusiéronse los reyes de la tierra, y los príncipes se hicieron a una contra el Señor y contra su Cristo.»

Y fue el suceso bien conforme al pronóstico, como se pareció en la contradicción que hicieron a Cristo las cabezas del pueblo hebreo por todo el discurso de su vida, y en la conjuración que hicieron entre sí para traerle a la muerte. Lo cual, si se considera bien, admira mucho sin duda; porque si Cristo se tratara como pudo tratarse, y conforme a lo que se debía a la alteza de su persona; si apeteciera el mando temporal sobre todos; o si en palabras o si en hechos fuera altivo y deseoso de enseñorearse; si pretendiera no hacer bienes, sino enriquecerse de bienes, y, sujetando a las gentes, vivir con su sudor y trabajo de ellas en vida de descanso abundante; si le envidiaran y si se le opusieran muchos movidos por sus intereses, ninguna maravilla fuera, antes fuera lo que cada día acontece; mas siendo la misma llaneza, y no anteponiéndose a nadie ni queriendo derrocar a ninguno de su preeminencia y oficio, viviendo sin fausto y humilde, y haciendo bienes jamás vistos generalmente a todos los hombres, sin buscar ni pedir ni aun querer recibir por ello ni honra ni interés, que le aborreciesen las gentes, y que los grandes desamasen a un pobre, y los potentados y pontificados a un humilde bienhechor, es cosa que espanta.

Pues ¿acabóse esta envidiosa oposición con su muerte, y a sus discípulos de Él y a su doctrina no contradijeron después, ni se opusieron contra ellos los hombres? Lo que fue en la cabeza, eso mismo aconteció por los miembros. Y como Él mismo lo dijo: «No es el discípulo sobre el maestro; si me persiguieron a mí, también os perseguirán a vosotros.» Así puntualmente les aconteció con los emperadores y con los reyes y con los príncipes de la sabiduría del mundo. Y por la manera que nuestra bienaventurada luz, debiendo según toda buena razón ser amado, fue perseguido, así a los suyos y a su doctrina, con quitar todas las causas y ocasiones de envidia y de enemistad, les hizo toda la grandeza del mundo enemiga cruel. Porque los que enseñaban, no a engrandecer las haciendas ni a caminar a la honra y a las dignidades, sino a seguir el estado humilde y ajeno de envidia, y a ceder de su propio derecho con todos, y a empobrecerse a sí para el remedio de la ajena pobreza, y a pagar el mal con el bien; y los que vivían así, como lo enseñaban, hechos unos públicos bienhechores, ¿quién pensará jamás que pudieran ser aborrecidos y perseguidos de nadie? O, cuando lo fueran de alguno, ¿quién creyera que lo habían de ser de los reyes, y que el poderío y grandeza había de tomar armas, y mover guerra contra una tan humilde bondad? Pero era esta la suerte que dio a este monte Dios, para mayor grandeza suya.

Y aun si queremos volver los ojos al principio y al primer origen de este aborrecimiento y envidia, hallaremos que mucho antes que comenzase a ser Cristo en la carne, comenzó este su odio; y podremos venir en conocimiento de su causa de él en esta manera. Porque el primero que le envidió y aborreció fue Lucifer, como lo afirma, muy conforme a la doctrina verdadera, el glorioso Bernardo; y comenzóle a aborrecer luego que, habiéndoles a él y a algunos otros ángeles revelado Dios alguna parte de este su consejo y misterio, conoció que disponía Dios de hacer príncipe universal de todas las cosas a un hombre. Lo cual conoció luego al principio del siglo y antes que cayese, y cayó por ventura por esta ocasión.

Porque volviendo los ojos a sí, y considerando soberbiamente la perfección altísima de sus naturales, y mirando juntamente con esto el singular grado de gracias y dones de que le había dotado Dios, más que a otro ángel alguno, contento de sí y miserablemente desvanecido, apeteció para sí aquella excelencia. Y de apetecerla vino a no sujetarse a la orden y decreto de Dios, y a salir de su santa obediencia, y a trocar de gracia en soberbia: por donde fue hecho cabeza de todo lo arrogante y soberbio, así como lo es Cristo de todo lo llano y humilde. Y como del que, en la escalera, bajando, pierde algún paso, no para su caída en un escalón, sino de uno en otro llega hasta el postrero cayendo, así Lucifer, de la desobediencia para con Dios cayó en el aborrecimiento de Cristo, concibiendo contra Él primero envidia y después sangrienta enemistad, y de la enemistad nació en él absoluta determinación de hacerle guerra siempre con todas sus fuerzas.

Y así lo intentó primero en sus padres, matando y condenando en ellos, cuanto fue en sí, toda la sucesión de los hombres; y después en su persona misma de Cristo, persiguiéndole por sus ministros y trayéndolo a muerte; y de allí en los discípulos y seguidores de Él, de unos en otros hasta que se cierren los siglos, encendiendo contra ellos a sus principales ministros, que es a todo aquello que se tiene por sabio y por alto en el mundo.

En la cual guerra y contienda, peleando siempre contra la flaqueza el poder, y contra la humildad la soberbia y la maña, y la astucia contra la sencillez y bondad, al fin quedan aquéllos vencidos pareciendo que vencen. Y contra este enemigo, propiamente, endereza David las palabras de que vamos hablando. Porque a este ángel y a los demás ángeles que le siguieron en tantas maneras de naturales y graciosos bienes enriscados e hinchados, llama aquí corcovados y enriscados montes; o por decirlo mejor, montes montuosos; y a éstos les dice así: «¿Por qué, ¡oh montes soberbios!, o envidiáis la grandeza del hombre en Cristo, que os es revelada, o le movéis guerra pretendiendo estorbarla, o sospecháis que se debía esta gloria a vosotros, o que será parte vuestra contradicción para quitársela? Que yo os hago seguros que será vano este trabajo vuestro, y que redundará toda esta pelea en mayor acrecentamiento suyo; y que, por mucho que os empinéis, Él pisará sobre vosotros, y la Divinidad reposará en Él dulce y agradablemente por todos los siglos sin fin.»

Y habiendo Marcelo dicho esto, callóse; y luego Sabino, entendiendo que había acabado, y desplegando de nuevo el papel y mirando en él, dijo:

-Lo que se sigue ahora es asaz breve en palabras, mas sospecho que en cosas ha de dar bien que decir; y dice así:

PADRE DEL SIGLO FUTURO

Llámase Cristo Padre del siglo futuro, y explícase el modo con que nos engendra en hijos suyos

El sexto nombre es Padre del siglo futuro. Así le llama Isaías en el capítulo nueve, diciendo: «Y será llamado Padre del siglo futuro.»
Aún no me había despedido del monte -respondió Marcelo entonces-, mas, pues Sabino ha pasado adelante, y para lo que me quedaba por decir habrá por ventura después otro mejor lugar, sigamos lo que Sabino quiere. Y dice bien, que lo que ahora ha propuesto es breve en palabras y largo en razón; a lo menos, si no es largo, es hondo y profundo, porque se encierra en ello una gran parte del misterio de nuestra redención. Lo cual, si como ello es, pudiese caber en mi entendimiento, y salir por mi lengua vestido con las palabras y sentencias que se le deben, ello solo henchiría de luz y de amor celestial nuestras almas. Pero confiados del favor de Jesucristo, y ayudándome en ello vuestros santos deseos, comencemos a decir lo que él nos diere; y comencemos de esta manera.

Cierta cosa es, y averiguada en la Santa Escritura, que los hombres para vivir a Dios tenemos necesidad de nacer segunda vez, demás de aquella que nacemos cuando salimos del vientre de nuestras madres. Y cierto es que todos los fieles nacen este segundo nacimiento, en el cual está el principio y origen de la vida santa y fiel. Así lo afirmó Cristo a Nicodemus, que, siendo maestro de la ley, vino una noche a ser su discípulo. Adonde, como por fundamento de la doctrina que le había de dar, propuso esto, diciendo: «Ciertamente te digo que ningún hombre, si no torna a nacer segunda vez, no podrá ver el reino de Dios.»

Pues por la fuerza de los términos correlativos que entre sí se responden, se sigue muy bien que donde hay nacimiento hay hijo, y, donde hijo, hay también padre. De manera que si los fieles, naciendo de nuevo, comenzamos a ser nuevos hijos, tenemos forzosamente algún nuevo padre cuya virtud nos engendra, el cual Padre es Cristo. Y por esta causa es llamado Padre del siglo futuro, porque es el principio original de esta generación bienaventurada y segunda, y de la multitud innumerable de descendientes que nacen por ella.

Mas, porque esto se entienda mejor (en cuanto puede ser de nuestra flaqueza entendido), tomemos de su principio toda esta razón; y digamos lo primero de dónde vino a ser necesario que el hombre naciese segunda vez. Y dicho esto, y procediendo de grado en grado ordenadamente, diremos todo lo demás que a la claridad de todo este argumento y a su entendimiento conviene, llevando siempre, como en estrella de guía, puestos los ojos en la luz de la Escritura sagrada, y siguiendo las pisadas de los doctores y santos antiguos.

Pues, conforme a lo que yo ahora decía, como la infinita bondad de Dios, movida de su sola virtud, ante todos los siglos se determinase de levantar a sí la naturaleza del hombre y de hacerla particionera de sus mayores bienes y señora de todas sus criaturas, Lucifer, luego que le conoció, encendido de envidia, se dispuso a dañar e infamar el género humano en cuanto pudiese, y estragarle en el alma y en el cuerpo por tal manera que, hecho inhábil para los bienes del cielo, no viniese a efecto lo que en su favor había ordenado Dios. «Por envidia del demonio, dice el Espíritu Santo en la Sabiduría, entró la muerte en el mundo.» Y fue así que, luego que vio criado al primer hombre y cercado de la gracia de Dios, y puesto en lugar deleitoso y en estado bienaventurado, y como en un vecino y cercano escalón para subir al eterno y verdadero bien, echó también juntamente de ver que le había Dios vedado la fruta del árbol, y puéstole, si la comiese, pena de muerte, en la cual incurriese cuanto a la vida del alma luego, y cuanto a la del cuerpo después; y sabía por otra parte el demonio, que Dios no podía por alguna manera volverse de lo que una vez pone. Y así, luego se imaginó que, si él podía engañar al hombre y acabar con él que traspasase aquel mandamiento, lo dejaba necesariamente perdido y condenado a la muerte, así del alma como del cuerpo; y por la misma razón, lo hacía incapaz del bien para que Dios le ordenaba.

Mas porque se le ofreció que, aunque pecase aquel hombre primero, en los que después de él naciesen podría Dios traer a efecto lo que tenía ordenado en favor de los hombres, determinóse de poner en aquel primero, como en la fuente primera, su ponzoña, y las semillas de su soberbia y profanidad y ambición, y las raíces y principios de todos los vicios; y poner un atizador continuo de ellos, para que, juntamente con la naturaleza, en los que naciesen de aquel primer hombre, se derramase y extendiese este mal, y así naciesen todos culpados y aborrecibles a Dios e inclinados a continuas y nuevas culpas, e inútiles todos para ser lo que Dios había ordenado que fuesen.

Así lo pensó, y como lo pensó lo puso por obra, y sucedióle su pretensión. Porque, inducido y persuadido del demonio, el hombre pecó, y con esto tuvo por acabado su hecho, esto es, tuvo al hombre por perdido a remate, y tuvo por desbaratado y deshecho el consejo de Dios.

Y a la verdad, quedó extrañamente dificultoso y revuelto todo este negocio del hombre. Porque se contradecían y como hacían guerra entre sí dos decretos y sentencias divinas, y no parecía que se podía dar corte ni tomar medio alguno que bueno fuese. Porque por una parte había decretado Dios de ensalzar al hombre sobre todas las cosas, y por otra parte había firmado que si pecase le quitaría la vida del alma y del cuerpo; y había pecado. Y así, si cumplía Dios el decreto primero, no cumplía con el segundo; y, al revés, cumpliendo el segundo dicho, el primero se deshacía y borraba; y juntamente con esto, no podía Dios, así en lo uno como en lo otro, no cumplir su palabra; porque no es mudable Dios en lo que una vez dice, ni puede nadie poner estorbo a lo que Él ordena que sea. Y cumplirlo en ambas cosas parecía imposible. Porque si a alguno se ofrece que fuera bueno criar Dios otros hombres no descendientes de aquel primero, y cumplir con éstos la ordenación de su gracia, y la sentencia de su justicia ejecutarla en los otros, Dios lo pudiera hacer muy bien sin ninguna duda; pero todavía quedaba falta, y como menor, la verdad de la promesa primera; porque la gracia de ella no se prometía a cualesquiera, sino a aquellos hombres que criaba Dios en Adán, esto es, a los que de él descendiesen.

Por lo cual, en esto, que no parecía haber medio, el saber no comprensible de Dios lo halló, y dio salida a lo que por todas partes estaba con dificultades cerrado. Y el medio y la salida fue, no criar otro nuevo linaje de hombres, sino dar orden cómo aquellos mismos ya criados, y por orden de descendencia nacidos, naciesen de nuevo otra vez: para que ellos mismos y unos mismos, según el primer nacimiento muriesen, y viviesen según el segundo; y en lo uno ejecutase Dios la pena ordenada, la gracia y la grandeza prometida cumpliese Dios en lo otro; y así, quedase en todo verdadero y glorioso.

Mas, ¡qué bien, aunque brevemente, San León Papa dice esto que he dicho! «Porque se alababa, dice, el demonio que e hombre, por su engaño inducido al pecado, había ya de carecer de los dones del cielo, y que desnudado del don de la inmortalidad, quedaba sujeto a dura sentencia de muerte; y porque decía que había hallado consuelo de sus caídas y males con la compañía del nuevo pecador, y que Dios también, pidiéndolo así la razón de su severidad y justicia para con el hombre, al cual crió para honra tan grande, había mudado su antiguo y primer parecer; pues por eso fue necesario que usase Dios de nueva y secreta forma de consejo, para que Dios, que es inmudable, y cuya voluntad no puede ser impedida en los largos bienes que hacer determina, cumpliese con misterio más secreto el primer decreto y ordenación de su clemencia; y para que el hombre, por haber sido inducido a culpa por el engaño y astucia de la maldad infernal, no pereciese contra lo que Dios tenía ordenado.»

Ésta, pues, es la necesidad que tiene el hombre de nacer segunda vez. A lo cual se sigue saber qué es o qué fuerza tiene, y en qué consiste este nuevo y segundo nacimiento. Para lo cual presupongo que cuando nacemos, juntamente con la sustancia de nuestra alma y cuerpo con que nacemos, nace también en nosotros un espíritu y una infección infernal, que se extiende y derrama por todas las partes del hombre, y se enseñorea de todas y las daña y destruye. Porque en el entendimiento es tinieblas, y en la memoria olvido, y en la voluntad culpa y desorden de las leyes de Dios, y en los apetitos fuego y desenfrenamiento, y en los sentidos engaño, y en las obras pecado y maldad, y en todo el cuerpo desatamiento y flaqueza y penalidad; y, finalmente, muerte y corrupción. Todo lo cual San Pablo suele comprender con un solo nombre, y lo llama «pecado y cuerpo de pecado.» Y Santiago dice «que la rueda de nuestro nacimiento, esto es, el principio de él o la sustancia con que nacemos, está encendida con fuego del infierno.»

De manera que en la sustancia de nuestra alma y cuerpo nace, cuando ella nace, impresa y apegada esta mala fuerza, que con muchos nombres apenas puede ser bien declarada; la cual se apodera de ella así, que no solamente la inficiona y contamina y hace casi otra, sino también la mueve y enciende y lleva por donde quiere, como si fuese alguna otra sustancia o espíritu, asentado y engerido en el nuestro, y poderoso sobre él.

Y si quiere saber alguno la causa por qué nacemos así, para entenderlo hase de advertir, lo primero, que la sustancia de la naturaleza del hombre, ella de sí y de su primer nacimiento es sustancia imperfecta, y como si dijésemos, comenzada a hacer; pero tal, que tiene libertad y voluntad para poder acabarse y figurarse del todo en la forma, o mala o buena, que más le pluguiere; porque de suyo no tiene ninguna, y es capaz para todas, y maravillosamente fácil y como de cera para cada una de ellas. Lo segundo, hase también de advertir que esto que le falta y puede adquirir el hombre, que es como cumplimiento y fin de la obra, aunque no le da, cuando lo tiene, el ser y el vivir y el moverse, pero dale el ser bueno o ser malo; y dale determinadamente su bien y figura propia; y es como el espíritu y la forma de la misma alma, y la que la lleva y determina a la cualidad de sus obras; y lo que se extiende y trasluce por todas ellas, para que obre como vive y para que sea lo que hace, conforme al espíritu que la califica y la mueve a hacer.

Pues acontecionos así, que Dios cuando formó al primer hombre, y formó en él a todos los que nacemos de él, como en su simiente primera, porque le formó con sus manos solas, y de las manos de Dios nunca sale cosa menos acabada y perfecta, sobrepuso luego a la sustancia natural del hombre los dones de su gracia, y figurólo particularmente con su sobrenatural imagen y espíritu, y sacólo, como si dijésemos, de un golpe y de una vez acabado del todo y divinamente acabado. Porque al que, según su facilidad natural, se podía figurar, en condiciones y mañas, o como bruto o como demonio o como ángel, figuróle Él como Dios, y puso en él una imagen suya sobrenatural y muy cercana a su semejanza, para que así él como los que estábamos en él naciendo después, la tuviésemos siempre por nuestra, si el primer padre no la perdiese.

Mas perdióla presto, porque traspasó la ley de Dios; y así, fue despojado luego de esta perfección de Dios que tenía; y, despojado de ella, no fue su suerte tal que quedase desnudo, sino, como dicen del trueco de Glauco y Diomedes, trocando desigualmente las armas, juntamente fue desnudado y vestido. Desnudado del espíritu y figura sobrenatural de Dios; y vestido de la culpa y de su miseria, y del traje y figura y espíritu del demonio, cuyo inducimiento siguió. Porque así como perdió lo que tenía de Dios porque se apartó de Él, así, porque siguió y obedeció a la voz del demonio, concibió luego en sí su espíritu y sus mañas, permitiendo por esta razón Dios justísimamente que debajo de aquel manjar visible, por vía y fuerza secreta, pusiese en él el demonio una imagen suya, esto es, una fuerza malvada muy semejante a él.

La cual fuerza, unas veces llamamos ponzoña, porque se presentó el demonio en figura de sierpe; otras, ardor y fuego, porque nos enciende y abrasa con no creíbles ardores; y otras, pecado, porque consiste toda ella en desorden y desconcierto, y siempre inclina a desorden. Y tiene otros mil nombres, y son pocos todos para decir lo malo que ella es; y el mejor es llamarla un otro demonio, porque tiene y encierra en sí las condiciones todas del demonio: soberbia, arrogancia, envidia, desacato de Dios, afición a bienes sensibles, amor de deleites y de mentira, y de enojo y de engaño, y de todo lo que es vanidad.

El cual mal espíritu, así como sucedió al bueno que el hombre tenía antes, así en la forma del daño que hizo imitó al bien y al provecho que hacía el primero. Y como aquél perfeccionaba al hombre, no sólo en la persona de Adán, sino también en la de todos los que estábamos en él; y así como era bien general, que ya en virtud y en derecho los teníamos todos, y lo tuviéramos cada uno en real posesión en naciendo, así esta ponzoña emponzoñaba, no a Adán solamente, sino a todos nosotros, sus sucesores: primero a todos en la raíz y semilla de nuestro origen, y después en particular a cada uno cuando nacemos, naciendo juntamente con nosotros y apegada a nosotros.

Y ésta es la causa por que nacemos, como dije al principio, inficionados y pecadores; porque, así como aquel espíritu bueno, siendo hombres, nos hacía semejantes a Dios, así este mal y pecado añadido a nuestra sustancia, y naciendo con ella, la figura y hace que nazca, aunque en forma de hombre, pero acondicionada como demonio y serpentina verdaderamente; y por el mismo caso culpada y enemiga de Dios, e hija de ira y del demonio, y obligada al infierno. Y tiene aún, demás de éstas, otras propiedades esta ponzoña y maldad, las cuales iré refiriendo ahora, porque nos servirán mucho para después.

Y lo primero tiene que, entre estas dos cosas que digo (de las cuales la una es la sustancia del cuerpo y del alma, y la otra esta ponzoña y espíritu malo), hay esta diferencia cuanto a lo que toca a nuestro propósito: que la sustancia del cuerpo y del alma ella de sí es buena y obra de Dios; y, si llegamos la cosa a su principio, la tenemos de sólo Dios. Porque el alma Él sólo la cría; y del cuerpo, cuando al principio lo hizo de un poco de barro, Él solo fue el hacedor; y ni más ni menos, cuando después lo produce de aquel cuerpo primero y como van los tiempos los saca a la luz en cada uno que nace, también es el principal de la obra. Mas el otro espíritu ponzoñoso y soberbio en ninguna manera es obra de Dios, ni se engendra en nosotros con su querer y voluntad, sino es obra toda del demonio y del primer hombre: del demonio, inspirando y persuadiendo; del hombre, voluntaria y culpablemente recibiéndolo en sí.

Y así, esto solo es lo que la Santa Escritura llama en nosotros viejo hombre y viejo Adán, porque es propia hechura de Adán; esto es, porque es, no lo que tuvo Adán de Dios, sino lo que él hizo en sí por su culpa y por virtud del demonio. Y llámase vestidura vieja porque, sobre la naturaleza que Dios puso en Adán, él se revistió después con esta figura, e hizo que naciésemos revestidos de ella nosotros. Y llámase imagen del hombre terreno, porque aquel hombre que Dios formó de la tierra se transformó en ella por su voluntad; y, cual él se hizo entonces, tales nos engendra después y le parecemos en ella, o por decir verdad, en ella somos del todo sus hijos, porque en ella somos hijos solamente de Adán. Que en la naturaleza y en los demás bienes naturales con que nacemos somos hijos de Dios, o sola o principalmente, como arriba está dicho. Y sea esto lo primero.

Lo segundo, tiene otra propiedad este mal espíritu, que su ponzoña y daño de él nos toca de dos maneras. Una en virtud; otra formal y declaradamente. Y porque nos toca virtualmente de la primera manera, por eso nos tocó formalmente después. En virtud nos tocó, cuando nosotros aún no teníamos ser en nosotros, sino en el ser y en la virtud de aquel que fue padre de todos; en efecto y realidad, cuando de aquella preñez venimos a esta luz.

En el primer tiempo, este mal no se parecía claro sino en Adán solamente; pero entiéndase que lanzaba su ponzoña con disimulación en todos los que estábamos en él también como disimulados; mas en el segundo tiempo descubierta y expresamente nace con cada uno. Porque si tomásemos ahora la pepita de un melocotón o de otro árbol cualquiera, en la cual están originalmente encerrados la raíz del árbol y el tronco y las hojas y flores y frutos de él; y si imprimiésemos en la dicha pepita por virtud de alguna infusión algún color y sabor extraño, en la pepita misma luego se ve y siente este color y sabor; pero en lo que está encerrado en su virtud de ella aún no se ve, así como ni ello mismo aún no es visto. Pero entiéndese que está ya lanzado en ella aquel color y sabor, y que le está impreso en la misma manera que aquello todo está en la pepita encerrado, y verse ha abiertamente después en las hojas y flores y frutos que digo, cuando del seno de la pepita o grano donde estaban cubiertos, se descubrieren y salieren a luz. Pues así y por la misma manera pasa en esto de que vamos hablando.

La tercera propiedad, y que se consigue a lo que ahora decíamos, es que esta fuerza o espíritu que decimos nace al principio en nosotros, no porque nosotros por nuestra propia voluntad y persona la hicimos o merecimos, sino por lo que hizo y mereció otro que nos tenía dentro de sí, como el grano tiene la espiga; y así su voluntad fue habida por nuestra voluntad; y queriendo él, como quiso, inficionarse en la forma que hemos dicho, fuimos vistos nosotros querer para nosotros lo mismo. Pero dado que al principio esta maldad o espíritu de maldad nace en nosotros sin merecimiento nuestro propio, mas después, queriendo nosotros seguir sus ardores y dejándonos llevar de su fuerza, crece y se establece y confirma más en nosotros por nuestros desmerecimientos. Y así, naciendo malos y siguiendo el espíritu malo con que nacemos, merecemos ser peores, y, de hecho, lo somos.

Pues sea lo cuarto y postrero, que esta mala ponzoña y simiente (que tantas veces ya digo que nace con la sustancia de nuestra naturaleza y se extiende por ella), cuanto es de su parte la destruye y trae a perdición, y la lleva por sus pasos contados a la suma miseria; y cuanto crece y se fortifica en ella, tanto más la enflaquece y desmaya, y, si debemos usar de esta palabra aquí, la annihila. Porque, aunque es verdad, como hemos ya dicho, que la naturaleza nuestra es de cera para hacer en ella lo que quisiéremos; pero, como es hechura de Dios, y, por el mismo caso, buena hechura, la mala condición y mal ingenio y mal espíritu que le ponemos, aunque le recibe por su facilidad y capacidad, pero recibe daño con él, por ser, como obra de buen maestro, buena ella de suyo e inclinada a lo que es mejor. Y como la carcoma hace en el madero, que, naciendo en él, lo consume, así esta maldad o mal espíritu, aunque se haga a él y se envista de él nuestra naturaleza, la consume casi del todo.

Porque, asentado en ella, y como royendo en ella continuamente, pone desorden y desconcierto en todas las partes del hombre, porque pone en alboroto todo nuestro reino, y lo divide entre sí, y desata las ligaduras con que esta compostura nuestra de cuerpo y de alma se ata y se traba; y así, hace que ni el cuerpo esté sujeto al alma, ni el alma a Dios, que es camino cierto y breve para traer así el cuerpo como el alma a la muerte. Porque como el cuerpo tiene del alma su vida toda, vive más cuanto le está más sujeto; y, por el contrario, se va apartando de la vida como va saliéndose de su sujeción y obediencia; y así, este dañado furor, que tiene por oficio sacarle de ella, en sacándole, que es desde el primer punto que se junta a él y que nace con él, le hace pasible y sujeto a enfermedades y males; y así como va creciendo en él, le enflaquece más y debilita, hasta que al fin le desata y aparta del todo del alma, y le torna en polvo, para que quede para siempre hecho polvo cuanto es de su parte.

Y lo que hace en el cuerpo, eso mismo hace en el alma; que como el cuerpo vive de ella, así ella vive de Dios, del cual este espíritu malo la aparta y va cada día apartándola más, cuanto más va creciendo. Y ya que no puede gastarla toda ni volverla en nada, porque es de metal que no se corrompe, gástala hasta no dejarle más vida de la que es menester para que se conozca por muerta, que es la muerte que la Escritura santa llama segunda muerte, y la muerte mayor o la que es sola verdadera muerte; como se pudiera mostrar ahora aquí con razones que lo ponen delante los ojos; pero no se ha de decir todo en cada lugar.

Mas lo propio de este que tratamos ahora, y lo que decir nos conviene, es lo que dice Santiago, el cual, como en una palabra, esto todo que he dicho lo comprende, diciendo: «El pecado, cuando llega a su colmo, engendra muerte.» Y es digno de considerar que cuando amenazó Dios al hombre con miedos para que no diese entrada en su corazón a este pecado, la pena que le denunció fue eso mismo que él hace, y el fruto que nace de él según la fuerza y la eficacia de su calidad, que es una perfecta y acabada muerte; como no queriendo Él por sí poner en el hombre las manos ni ordenar contra él extraordinarios castigos, sino dejarle al azote de su propio querer, para que fuese verdugo suyo eso mismo que había escogido.

Mas dejando esto aquí, y tomando a lo que al principio propuse (que es decir aquello en que consiste este postrer nacimiento), digo que consiste, no en que nazca en nosotros otra sustancia de cuerpo y de alma, porque eso no fuera nacer otra vez, sino nacer otros, con lo cual, como está dicho, no se conseguía el fin pretendido; sino consiste en que nuestra sustancia nazca sin aquel mal espíritu y fuerza primera, y nazca con otro espíritu y fuerza contraria y diferente de ella. La cual fuerza y espíritu en que, según decimos, consiste el segundo nacer, es llamado hombre nuevo y Adán nuevo en la Santa Escritura, así como el otro su contrario y primero se llama hombre viejo, como hemos ya dicho.

Y así como aquél se extendía por todo el cuerpo y por toda el alma del hombre, así el bueno también se extiende por todo; y como lo desordenaba aquél, lo ordena éste; y lo santifica y trae últimamente a vida gloriosa y sin fin, así como aquél lo condenaba a muerte miserable y eterna. Y es, por contraria manera del otro, luz en el ánimo y acuerdo de Dios en la memoria, y justicia en la voluntad, y templanza en los deseos, y en los sentidos guía, y en las manos y en las obras provechoso mérito y fruto; y, finalmente, vida y paz general de todo el hombre, e imagen verdadera de Dios, y que hace a los hombres sus hijos. Del cual espíritu, y de los buenos efectos que hace, y de toda su eficacia y virtud, los sagrados escritores, tratando de él debajo de diversos nombres, dicen mucho en muchos lugares; pero baste por todos San Pablo en lo que, escribiendo a los Gálatas, dice de esta manera: «El fruto del Espíritu Santo son caridad, gozo, paz, largueza de ánimo, bondad, fe, mansedumbre y templanza.» Y él mismo, en el capítulo tercero a los Colosenses: «Despojándoos del hombre viejo, vestíos el nuevo, el renovado para conocimiento, según la imagen del que le crió.»

Esto, pues, es nacer los hombres segunda vez, conviene a saber, vestirse de este espíritu y nacer, no con otro ser y sustancia, sino calificarse y acondicionarse de otra manera, y nacer con otro aliento diferente. Y aunque prometí solamente decir qué nacimiento era éste, en lo que he dicho he declarado no sólo lo que es el nacer, sino también cuál es lo que nace, y las condiciones del espíritu que en nosotros nace, así la primera vez como la segunda.

Resta ahora que, pasando adelante, digamos qué hizo Dios y la forma que tuvo para que naciésemos de esta segunda manera; con lo cual, si lo llevamos a cabo, quedará casi acabado todo lo que a esta declaración pertenece.

Callóse Marcelo luego que dijo esto, y comenzábase a apercibir para tomar a decir; mas Juliano, que desde el principio le había oído atentísimo, y, por algunas veces, con significaciones y meneos había dado muestras de maravillarse, tomando la mano, dijo:

-Estas cosas, Marcelo, que ahora decís no las sacáis de vos, ni menos sois el primero que las traéis a luz; porque todas ellas están como sembradas y esparcidas, así en los Libros divinos como en los doctores sagrados, unas en unos lugares y otras en otros; pero sois el primero de los que he visto y oído yo que, juntando cada una cosa con su igual cuya es, y como pareándolas entre sí y poniéndolas en sus lugares, y trabándolas todas y dándoles orden, habéis hecho como un cuerpo y como un tejido de todas ellas. Y aunque es verdad que cada una de estas cosas por sí, cuando en los libros donde están las leemos, nos alumbran y enseñan; pero no sé en qué manera juntas y ordenadas, como vos ahora las habéis ordenado, hinchen el alma juntamente de luz y de admiración, y parece que le abren como una nueva puerta de conocimiento. No sé lo que sentirán los demás. De mí os afirmo que, mirando aqueste bulto de cosas y este concierto tan trabado del consejo divino que vais ahora diciendo y aún no habéis dicho del todo, pero esto sólo que hasta aquí habéis platicado, mirándolo, me hace ya ver, a lo que me parece, en las Letras sagradas muchas cosas, no digo que no las sabía, sino que no las advertía antes de ahora, y que pasaba fácilmente por ellas.

Y aun se me figura también (no sé si me engaño) que este solo misterio, así todo junto, bien entendido, él por sí sólo basta a dar luz en muchos de los errores que hacen en este miserable tiempo guerra a la Iglesia, y basta a desterrar sus tinieblas de ellos. Porque en esto sólo que habéis dicho, y sin ahondar más en ello, ya se me ofrece a mí, y como se me viene a los ojos, ver cómo este nuevo espíritu, en que el segundo y nuevo nacimiento nuestro consiste, es cosa metida en nuestra alma que la transforma y renueva; así como su contrario de éste, que hace el nacimiento primero, vivía también en ella y la inficionaba. Y que no es cosa de imaginación ni de respeto exterior, como dicen los que desatinan ahora; porque si fuera así no hiciera nacimiento nuevo, pues en realidad de verdad, no ponía cosa alguna nueva en nuestra sustancia, antes la dejaba en su primera vejez.

Y veo también que este espíritu y criatura nueva es cosa que recibe crecimiento, como todo lo demás que nace; y veo que crece por la gracia de Dios, y por la industria y buenos méritos de nuestras obras que nacen de ella; como al revés su contrario, viviendo nosotros en él y conforme a él, se hace cada día mayor y cobra mayores fuerzas, cuanto son nuestros desmerecimientos mayores. Y veo también que, obrando, crece este espíritu; quiero decir, que las obras que hacemos movidos de él merecen su crecimiento de él y son como su cebo y propio alimento, así como nuestros nuevos pecados ceban y acrecientan a ese mismo espíritu malo y dañado que a ellos nos mueve.

-Sin duda es así -respondió entonces Marcelo- que esta nueva generación, y el consejo de Dios acerca de ella, si se ordena todo junto y se declara y entiende bien, destruye las principales fuentes del error luterano y hace su falsedad manifiesta. Y entendido bien esto de una vez, quedan claras y entendidas muchas escrituras que parecen revueltas y oscuras. Y si tuviese yo lo que para esto es necesario de ingenio y de letras, y si me concediese el Señor el ocio y el favor que yo le suplico, por ventura emprendería servir en este argumento a la Iglesia, declarando este misterio, y aplicándolo a lo que ahora entre nosotros y los herejes se alterca, y con el rayo de esta luz sacando de cuestión la verdad, que a mi juicio sería obra muy provechosa; y así como puedo, no me despido de poner en ella mi estudio a su tiempo.

-¿Cuándo no es tiempo para un negocio semejante? -respondió Juliano.

-Todo es buen tiempo -respondió Marcelo- mas no está todo en mi poder, ni soy mío en todos los tiempos. Porque ya veis cuántas son mis ocupaciones y la flaqueza grande de mi salud.

—¡Como si en medio de estas ocupaciones y poca salud -dijo, ayudando a Juliano, Sabino- no supiésemos que tenéis tiempo para otras escrituras que no son menos trabajosas que ésa, y, son de mucho menos utilidad!

—Ésas son cosas -respondió Marcelo- que, dado que son muchas en número, pero son breves cada una por sí; mas esta es larga escritura y muy trabada y de grandísima gravedad, y que, comenzada una vez, no se podía, hasta llegarla al fin, dejar de la mano. Lo que yo deseaba era el fin de estos pleitos y pretendencias de escuelas, con algún mediano y reposado asiento. Y si al Señor le agradare servirse en esto de mí, su piedad lo dará.

—Él lo dará -respondieron como a una Juliano y Sabino-, pero esto se debe anteponer a todo lo demás.

—Que se anteponga -dijo Marcelo- en buena hora, mas eso será después; ahora tornemos a proseguir lo que está comenzado.

Y callando con esto los dos, y mostrándose atentos, Marcelo tornó a comenzar así:

—Hemos dicho cómo los hombres nacemos segunda vez, y la razón y necesidad por que nacemos así, y aquello en que este nacimiento consiste. Quédanos por decir la forma que tuvo y tiene Dios para hacerle, que es decir lo que ha hecho para que seamos los hombres engendrados segunda vez. Lo cual es breve y largo juntamente. Breve, porque con decir solamente que hizo un otro hombre, que es Cristo hombre, para que nos engendrase segunda vez (así como el primer hombre nos engendró la primera), queda dicho todo lo que es ello en sí; mas es largo porque, para que esto mismo se entienda bien y se conozca, es menester declarar lo que puso Dios en Cristo para que con verdad se diga ser nuevo padre, y la forma como Él nos engendra. Y así lo uno como lo otro no se puede declarar brevemente.

Mas viniendo a ello, y comenzando de lo primero, digo que, queriendo Dios y placiéndole por su bondad infinita dar nuevo nacimiento a los hombres (ya que el primero, por culpa de ellos, era nacimiento perdido), porque de su ingenio es traer a su fin todas las cosas con suavidad y dulzura, y por los medios que su razón de ellas pide y demanda, queriendo hacer nuevos hijos, hizo convenientemente un nuevo Padre de quien ellos naciesen; y hacerle, fue poner en Él todo aquello que para ser padre universal es necesario y conviene.

Porque lo primero, porque había de ser padre de hombres, ordenó que fuese hombre; y porque había de ser padre de hombres ya nacidos, para que tornasen a renacer, ordenó que fuese del mismo linaje y metal de ellos. Pero, porque en esto se ofrecía una grande dificultad (que, por una parte, para que renaciese de este nuevo padre nuestra sustancia mejorada, convenía que fuese Él del mismo linaje y sustancia; y, por otra parte, estaba dañada e inficionada toda nuestra sustancia en el primer padre; y por la misma causa, tomándola de él el segundo padre, parecía que la había de tomar asimismo dañada, y, si la tomaba así, no pudiéramos nacer de Él segunda vez puros y limpios, y en la manera que Dios pretendía que naciésemos); así que, ofreciéndose esta dificultad, el sumo saber de Dios, que en las mayores dificultades resplandece más, halló forma cómo este segundo padre y fuese hombre del linaje de Adán, y no naciese con el mal y con el daño con que nacen los que nacemos de Adán.

Y así, le formó de la misma masa y descendencia de Adán; pero no como se forman los demás hombres, con las manos y obra de Adán, que es todo lo que daña y estraga la obra, sino formóle con las suyas mismas y por sí sólo y por la virtud de su Espíritu, en las entrañas purísimas de la soberana Virgen, descendiente de Adán. Y de su sangre y sustancia santísima, dándola ella sin ardor vicioso y con amor de caridad encendido, hizo el segundo Adán y padre nuestro universal de nuestra sustancia, y ajeno del todo de nuestra culpa, y como panal virgen hecho con las manos del cielo de materia pura, o por mejor decir, de la flor de la pureza misma y de la virginidad. Y esto fue lo primero.

Y demás de esto, procediendo Dios en su obra, porque todas las cualidades que se descubren en la flor y en el fruto conviene que estén primero en la semilla, de donde la flor nace y el fruto, por eso, en éste, que había de ser origen de esta nueva y sobrenatural descendencia, asentó y colocó abundantísima, o infinitamente, por hablar más verdad, todo aquello bueno en que habíamos de renacer todos los que naciésemos de Él: la gracia, la justicia, el espíritu celestial, la caridad, el saber, con todos los demás dones del Espíritu Santo; y asentólos, como en principio, con virtud y eficacia para que naciesen de Él en otros y se derivasen en sus descendientes, y fuesen bienes que pudiesen producir de sí otros bienes. Y porque en el principio no solamente están las cualidades de los que nacen de él, sino también esos mismos que nacen, antes que nazcan en sí, están en su principio como en virtud; por tanto, convino también que los que nacemos de este divino Padre estuviésemos primero puestos en Él como en nuestro principio y como en simiente, por secreta y divina virtud. Y Dios lo hizo así.

Porque se ha de entender que Dios, por una manera de unión espiritual e inefable, juntó con Cristo, en cuanto hombre, y como encerró en Él, a todos sus miembros; y los mismos que cada uno en su tiempo vienen a ser en sí mismos y a renacer y vivir en justicia, y los mismos que, después de la resurrección de la carne, justos y gloriosos y por todas partes deificados, diferentes en personas, seremos unos en espíritu, así entre nosotros como con Jesucristo, o, por hablar con más propiedad, seremos todos un Cristo; esos mismos, no en forma real, sino en virtud original, estuvimos en Él antes que renaciésemos por obra y por artificio de Dios, que le plugo ayuntarnos a sí secreta y espiritualmente con quien había de ser nuestro principio para que con verdad lo fuese, y para que procediésemos de Él, no naciendo según la sustancia de nuestra humana naturaleza, sino renaciendo según la buena vida de ella, con el espíritu de justicia y de gracia.

Lo cual, demás de que lo pide la razón de ser padre, consíguese necesariamente a lo que antes de esto dijimos. Porque si puso Dios en Cristo espíritu y gracia principal, esto es, en sumo y eminente grado, para que de allí se engendrase el nuevo espíritu y la nueva vida de todos, por el mismo caso nos puso a todos en Él, según esta razón. Como en el fuego, que tiene en sumo grado el calor (y es por eso la fuente de todo lo que es en alguna manera caliente), está todo lo que lo puede ser, aun antes que lo sea, como en su fuente y principio.

Mas, por sacarlo de toda duda, será bien que lo probemos con el dicho y testimonio del Espíritu Santo. San Pablo, movido por Él en la carta que escribe a los Efesios, dice lo que ya he alegado antes de ahora: «Que Dios en Cristo recapituló todas las cosas.» Adonde la palabra del texto griego es palabra propia de los contadores y significa lo que hacen cuando muchas y diferentes partidas las reducen a una, lo cual llamamos en castellano sumar. Adonde en la suma están las partidas todas, no como antes estaban ellas en sí divididas, sino como en suma y virtud. Pues de la misma manera dice San Pablo que Dios sumó todas las cosas en Cristo, o que Cristo es como una suma de todo; y, por consiguiente, está en Él puesto todo y ayuntado por Dios espiritual y secretamente, según aquella manera y según aquel ser en que todo puede ser por Él reformado, y como si dijésemos, reengendrado otra vez, como el efecto está unido a su causa antes que salga de ella, y como el ramo en su raíz y principio.

Pues aquella consecuencia que hace el mismo San Pablo diciendo: «Si Cristo murió por todos, luego todos morimos», notoria cosa es que estriba y que tiene fuerza en esta unión que decimos. Porque muriendo Él, por eso morimos; porque estábamos en Él todos en la forma que he dicho. Y aun esto mismo se colige más claro de lo que a los Romanos escribe. «Sabemos, dice que nuestro viejo hombre fue crucificado juntamente con Él.» Si fue crucificado con Él, estaba sin duda en Él, no por lo que tocaba a su persona de Cristo, la cual fue siempre libre de todo pecado y vejez, sino porque tenía unidas y juntas consigo mismo nuestras personas por secreta virtud.

Y por razón de esta misma unión y ayuntamiento, se escribe en otro lugar de Cristo: «que nuestros pecados todos los subió en sí, y los enclavó en el madero.» Y lo que a los Efesios escribe San Pablo: que «Dios nos vivificó en Cristo, y nos resucitó con Él juntamente, y nos hizo sentar juntamente con Él en los cielos», aun antes de la resurrección y glorificación general, se dice y escribe con grande verdad, por razón de esta unidad. Dice Isaías que «puso Dios en Cristo las maldades de todos nosotros, y que su cardenal nos dio salud.» Y el mismo Cristo, estando padeciendo en la cruz, con alta y lastimera voz dice: «Dios mío, Dios mío, ¿por qué me desamparaste? Lejos de mi salud las voces de mis pecados»; así como tanto antes de su pasión lo había profetizado y cantado David.

Pues ¿cómo será esto verdad, si no es verdad que Cristo padecía en persona de todos, y, por consiguiente, que estábamos en Él ayuntados todos por secreta fuerza, como están en el padre los hijos, y los miembros en la cabeza? ¿No dice el profeta que «trae este Rey sobre sus hombros su imperio»? Mas ¿qué imperio?, pregunto. El mismo Rey lo declara cuando, en la parábola de la oveja perdida, dice que para reducirla la puso sobre sus hombros. De manera que su imperio son los suyos, sobre quienes Él tiene mando, los cuales trae sobre sí porque, para reengendrarlos y salvarlos, ayuntó primero consigo mismo. San Agustín sin duda dícelo así escribiendo sobre el Salmo veintiuno alegado, y dice de esta manera: «¿Y por qué dice eso, sino porque nosotros estábamos allí también en Él?»

Mas excusados son los argumentos adonde la verdad ella misma se declara a sí misma. Oigamos lo que Cristo dice en el sermón de la Cena: «En aquel día conoceréis» (y hablaba del día en que descendió sobre ellos el Espíritu Santo); así que «en aquel día conoceréis que Yo estoy en mi Padre y vosotros en Mí.» De manera que hizo Dios a Cristo padre de este nuevo linaje de hombres, y para hacerle padre puso en Él todo lo que al ser padre se debe: la naturaleza conforme a los que de Él han de nacer, y los bienes todos que han de tener los que en esta manera nacieren; y, sobre todo, a ellos mismos los que así nacerán encerrados en Él y unidos con Él como en virtud y en origen.

Mas ya que hemos dicho cómo puso Dios en Cristo todas las partes y virtudes del padre, pasemos a lo que nos queda por decir, y hemos prometido decirlo, que es la manera cómo este Padre nos engendró. Y declarando la forma de esta generación, quedará más averiguado y sabido el misterio secreto de la unión sobredicha; y declarando cómo nacemos de Cristo, quedará claro cómo es verdad que estábamos en Él primero.

Pero convendrá, para dar principio a esta declaración, que volvamos un poco atrás con la memoria, y que pongamos en ella y delante de los ojos del entendimiento lo que arriba dijimos del espíritu malo con que nacemos la primera vez, y de cómo se nos comunicaba primero en virtud, cuando nosotros también teníamos el ser en virtud y estábamos como encerrados en nuestro principio, y después en expresa realidad cuando, saliendo de él y viniendo a esta luz, comenzamos a ser en nosotros mismos. Porque se ha de entender que este segundo Padre, como vino a deshacer los males que hizo el primero, por las pisadas que fue dañando el otro, por esas mismas procede Él haciéndonos bien. Pues digo así, que Cristo nos reengendró y calificó primero en sí mismo, como en virtud y según la manera como en Él estábamos juntos, y después nos engendra y renueva a cada uno por sí y según el efecto real.

Y digamos de lo primero. Adán puso en nuestra naturaleza y en nosotros, según que en él estábamos, el espíritu del pecado y el desorden, desordenándose él a sí mismo y abriendo la puerta del corazón a la ponzoña de la serpiente, y aposentándola en sí y en nosotros. Y ya desde aquel tiempo, cuanto fue de su parte de él, comenzamos a ser en la forma que entonces éramos, inficionados y malos. Cristo, nuestro bienaventurado Padre, dio principio a nuestra vida y justicia, haciendo en sí primero lo que en nosotros había de nacer y parecer después. Y como quien pone en el grano la calidad con que desea que la espiga nazca, así, teniéndonos a todos juntos en sí, en la forma que hemos ya dicho, con lo que hizo en sí, cuanto fue de su parte, nos comenzó a hacer y a calificar en origen tales cuales nos había de engendrar después en realidad y en efecto.

Y porque este nacimiento y origen nuestro no era primer origen, sino nacimiento después de otro nacimiento, y de nacimiento perdido y dañado, fue necesario hacer no sólo lo que convenía para darnos buen espíritu y buena vida, sino padecer también lo que era menester para quitarnos el mal espíritu con que habíamos venido a la vida primera. Y como dicen del maestro que toma para discípulo al que está ya mal enseñado, que tiene dos trabajos, uno en desarraigar lo malo y otro en plantar lo bueno, así Cristo, nuestro bien y Señor, hizo dos cosas en sí, para que, hechas en sí, se hiciesen en nosotros los que estamos en Él: una para destruir nuestro espíritu malo, y otra para criar nuestro espíritu bueno.

Para matar el pecado y para destruir el mal y el desorden de nuestro origen primero, murió Él en persona de todos nosotros, y, cuanto es de su parte, en Él recibimos todos muerte, así como estábamos todos en Él, y quedamos muertos en nuestro Padre y cabeza, y muertos para nunca vivir más en aquella manera de ser y de vida. Porque, según aquella manera de vida pasible y que tenía imagen y representación de pecado, nunca tomó Cristo, nuestro Padre y cabeza, a vivir, como el Apóstol lo dice: «Si murió por el pecado, ya murió de una vez; si vive, vive ya a Dios.»

Y de esta primera muerte del pecado y del viejo hombre (que se celebró en la muerte de Cristo como general y como original para los demás) nace la fuerza de aquello que dice y arguye San Pablo cuando, escribiendo a los Romanos, les amonesta que no pequen, y les extraña mucho el pecar, porque dice: «Pues ¿qué diremos? ¿Convendrá perseverar en el pecar para que se acreciente la gracia? En ninguna manera. Porque, los que morimos al pecado, ¿cómo se compadece que vivamos en él todavía?» Y después de algunas palabras, declarándose más: «Porque habéis de saber esto, que nuestro hombre viejo fue juntamente crucificado para que sea destruido el cuerpo del pecado, y para que no sirvamos más al pecado.» Que es como decirles que cuando Cristo murió a la vida pasible y que tiene figura de pecadora, murieron ellos en Él para todo lo que es esa manera de vida. Por lo cual que, pues murieron allí a ella por haber muerto Cristo, y Cristo no tomó después a semejante vivir, si ellos están en Él, y si lo que pasó en Él eso mismo se hizo en ellos, no se compadece en ninguna manera que ellos quieran tomar a ser lo que según que estuvieron en Cristo, dejaron de ser para siempre.

Y a esto mismo pertenece y mira lo que dice en otro lugar: «Así que, hermanos, vosotros ya estáis muertos a la ley por medio del cuerpo de Cristo.» Y poco después: «Lo que la ley no podía hacer, y en lo que se mostraba flaca por razón de la carne, Dios enviando a su Hijo en semejanza de carne de pecado, del pecado condenó el pecado en la carne.» Porque, como hemos ya dicho (y conviene que muchas veces se diga, para que, repitiéndose, se entienda mejor), procedió Cristo a esta muerte y sacrificio aceptísimo que se hizo de sí, no como una persona particular, sino como en persona de todo el linaje humano y de toda la vejez de él; y señaladamente de todos aquellos a quienes, de hecho, había de tocar el nacimiento segundo, los cuales, por secreta unión del espíritu, había puesto en sí y como sobre sus hombros; y así, lo que hizo entonces en sí, cuanto es de su parte quedó hecho en todos nosotros.

Y que Cristo haya subido a la cruz como persona pública y en la manera que digo, aunque está ya probado, pruébase más con lo que Cristo hizo y nos quiso dar a entender en el sacramento de su Cuerpo, que debajo de las especies de pan y vino consagró, ya vecino a la muerte. Porque, tomando el pan y dándole a sus discípulos, les dijo de esta manera: «Este es mi cuerpo, el que será entregado por vosotros», dando claramente a entender que su cuerpo verdadero estaba debajo de aquellas especies, y que estaba en la forma que se había de ofrecer en la cruz, y que las mismas especies de pan y vino declaraban y eran como imagen de la forma en que se había de ofrecer. Y que así como el pan es un cuerpo compuesto de muchos cuerpos, esto es, de muchos granos, que, perdiendo su primera forma, por la virtud del agua y del fuego, hacen un pan, así nuestro pan de vida, habiendo ayuntado así por secreta fuerza de amor y de espíritu la naturaleza nuestra, y habiendo hecho como un cuerpo de sí y de todos nosotros (de sí, en realidad de verdad, y de los demás, en virtud), no como una persona sola, sino como un principio que las contenía todas, se ponía en la cruz. Y que como iba a la cruz abrazado con todos, así se encerraba en aquellas especies, para que ellas con su razón, aunque ponían velo a los ojos, alumbrasen nuestro corazón de continuo, y nos dijesen que contenían a Cristo debajo de sí; y que lo contenían, no de cualquiera manera, sino de aquella como se puso en la cruz, llevándonos a nosotros en sí y hecho con nosotros, por espiritual unión, uno mismo, así como el pan cuyas ellas fueron, era un compuesto hecho de muchos granos.

Así que aquellas unas y unas mismas palabras dicen juntamente dos cosas. Una: «Este, que parece pan, es mi cuerpo, el que será entregado por vosotros.» Otra: «Como el pan que al parecer está aquí, así es mi cuerpo, que está aquí y que por vosotros será a la muerte entregado.» Y esto mismo, como en figura, declaró el santo mozo Isaac que caminaba al sacrificio, no vacío, sino puesta sobre sus hombros la leña que había de arder en él. Porque cosa sabida es que, en el lenguaje secreto de la Escritura, el leño seco es imagen del pecador. Y ni más ni menos en los cabrones que el Levítico sacrifica por el pecado, que fueron figura clara del sacrificio de Cristo, todo el pueblo pone primero sobre las cabezas de ellos las manos, porque se entienda que en este otro sacrificio nos llevaba a todos en sí nuestro Padre y cabeza.

Mas ¿qué digo de los cabrones? Porque si buscamos imágenes de esta verdad, ninguna es más viva ni más cabal que el sumo pontífice de la ley vieja, vestido de pontifical para hacer sacrificio. Porque, como San Jerónimo dice, o, por decir verdad, como el Espíritu Santo lo declara en el libro de la Sabiduría, aquel pontifical, así en la forma de él como en las partes de que se componía y en todas sus colores y cualidades, era como una representación de la universidad de las cosas; y el sumo sacerdote vestido de él era un mundo universo; y como iba a tratar con Dios por todos, así los llevaba todos sobre sus hombros. Pues de la misma manera Cristo, sumo y verdadero sacerdote, para cuya imagen servía todo el sumo sacerdocio pasado, cuando subió al altar de la cruz a sacrificar por nosotros, fue vestido de nosotros en la forma que dicho es, y, sacrificándose a sí, y a nosotros en sí, dio fin de esta manera a nuestra vieja maldad.

Hemos dicho lo que hizo Cristo para desarraigar de nosotros nuestro primer espíritu malo. Digamos ahora lo que hizo en sí para criar en nosotros el hombre nuevo y el espíritu bueno; esto es, para después de muertos a la vida mala, tornarnos a la vida buena, y para dar principio a nuestra segunda generación.

Por virtud de su divinidad y porque, según ley de justicia, no tenía obligación a la muerte (por ser su naturaleza humana de su nacimiento inocente), no pudo Cristo quedar muerto muriendo; y, como dice San Pedro, «no fue posible ser detenido de los dolores de la sepultura.» Y así resucitó vivo el día tercero; y resucitó, no en carne pasible y que tuviese representación de pecado, y que estuviese sujeta a trabajos como si tuviera pecado (que aquello murió en Cristo para jamás no vivir), sino en cuerpo incorruptible y glorioso y como engendrado por solas las manos de Dios.

Porque así como en el primer nacimiento suyo en la carne, cuando nació de la Virgen, por ser su padre Dios, sin obra de hombre, nació sin pecado, mas por nacer de madre pasible y mortal, nació Él semejantemente hábil a padecer y morir, asemejándose a las fuentes de su nacimiento, a cada una en su cosa; así en la resurrección suya que decimos ahora (la cual la Sagrada Escritura también llama nacimiento o generación), como en ella no hubo hombre que fuese padre ni madre, sino Dios solo, que la hizo por sí y sin ministerio de alguna otra causa segunda, salió todo como de mano de Dios, no sólo puro de todo pecado, sino también de la imagen de él;

esto es, libre de la pasibilidad y de la muerte, y juntamente dotado de claridad y de gloria. Y como aquel cuerpo fue reengendrado solamente por Dios, salió con las cualidades y con los semblantes de Dios, cuanto le son a un cuerpo posibles. Y así se precia Dios de este hecho como de hecho solamente suyo. Y así dice en el Salmo: «Yo soy el que hoy te engendré.»

Pues decimos ahora que de la manera que dio fin a nuestro viejo hombre muriendo (porque murió Él por nosotros y en persona de nosotros; que por secreto misterio nos contenía en sí mismo, como nuestro Padre y cabeza), por la misma razón, tornando Él a vivir renació con Él nuestra vida. Vida llamo aquí la de justicia y de espíritu; la cual comprende no solamente el principio de la justicia, cuando el pecador que era comienza a ser justo, sino el crecimiento de ella también, con todo su proceso y perfección, hasta llegar el hombre a la inmortalidad del cuerpo y a la entera libertad del pecado. Porque cuando Cristo resucitó, por el mismo caso que Él resucitó, se principió todo esto en los que estábamos en Él como en nuestro principio.

Y así lo uno como lo otro lo dice breve y significantemente San Pablo, diciendo: «Murió por nuestros delitos y resucitó por nuestra justificación.» Como si más extendidamente dijera: tomónos en sí, y murió como pecador para que muriésemos en Él los pecadores; y resucitó a vida eternamente justa e inmortal y gloriosa, para que resucitásemos nosotros en Él a justicia y a gloria y a inmortalidad. Mas ¿por ventura no resucitamos nosotros con Cristo? El mismo Apóstol lo diga: «Y nos dio vida (dice hablando de Dios), juntamente con Cristo, nos resucitó con Él, y nos asentó sobre las cumbres del cielo.» De manera que lo que hizo Cristo en sí y en nosotros, según que estábamos entonces en Él, fue esto que he dicho.

Pero no por eso se ha de entender que por esto sólo quedamos de hecho y en nosotros mismos ya nuevamente nacidos y otra vez engendrados, muertos al viejo pecado y vivos al espíritu del cielo y de la justicia; sino allí comenzamos a nacer, para nacer de hecho después. Y fue aquello como el fundamento de este otro edificio. Y, para hablar con más propiedad, del fruto noble de justicia y de inmortalidad que se descubre en nosotros, y se levanta y crece y traspasa los cielos, aquellas fueron las simientes y las raíces primeras; porque, así como (no embargante que, cuando pecó Adán, todos pecamos en él y concebimos espíritu de ponzoña y de muerte) para que de hecho nos inficione el pecado y para que este mal espíritu se nos infunda, es menester que también nosotros nazcamos de Adán por orden natural de generación; así, por la misma manera, para que de hecho en nosotros muera el espíritu de la culpa y viva el de la gracia y el de la justicia, no basta aquel fundamento y aquella semilla y origen; ni, con lo que fue hecho en nosotros en la persona de Cristo, con eso, sin más hacer ni entender en las nuestras, somos ya en ellas justos y salvos, como dicen los que desatinan ahora; sino es menester que de hecho nazcamos de

Cristo, para que por este nacimiento actual se derive a nuestras personas y se asiente en ellas aquello mismo que ya se principió en nuestro origen. Y (aunque usemos de una misma semejanza más veces) como la espiga, aunque está cual ha de ser en el grano, para que tenga en sí aquello que es y sus cualidades todas y sus figuras, le conviene que con la virtud del agua y del sol salga del grano naciendo, asimismo también no comenzaremos a ser en nosotros cuales en Cristo somos hasta que de hecho nazcamos de Cristo.

Mas, preguntará por caso alguno: ¿En qué manera naceremos, o cuál será la forma de esta generación? ¿Hemos de tornar al vientre de nuestras madres de nuevo, como, maravillado de esta nueva doctrina, preguntó Nicodemus; o, vueltos en tierra o consumidos en fuego, renaceremos, como el ave fénix, de nuestras cenizas?

Si este nacimiento nuevo fuera nacer en carne y en sangre, bien fuera necesaria alguna de estas maneras; mas como es nacer en espíritu, hácese con espíritu y con secreta virtud. «Lo que nace de la carne, dice Cristo en este mismo propósito, carne es; y lo que nace del espíritu, espíritu es.» Y así lo que es espíritu ha de nacer por orden y fuerza de espíritu. El cual celebra esta generación en esta manera:

Cristo, por la virtud de su espíritu, pone en efecto actual en nosotros aquello mismo que comenzamos a ser en Él y que Él hizo en sí para nosotros; esto es, pone muerte a nuestra culpa, quitándola del alma. Y aquel fuego ponzoñoso que la sierpe inspiró en nuestra carne, y que nos solicita a la culpa, amortíguale y pónele freno ahora, para después en el último tiempo matarle del todo; y pone también simiente de vida, y, como si dijésemos, un grano de su espíritu y gracia, que encerrado en nuestra alma y siendo cultivado como es razón, vaya después creciendo por sus términos, y tomando fuerzas y levantándose hasta llegar a la medida, como dice San Pablo, de varón perfecto. Y poner Cristo en nosotros esto, es nosotros nacer de Cristo en realidad y verdad. Mas está en la mano la pregunta y la duda. ¿Pone por ventura Cristo en todos los hombres esto, o pónelo en todas las sazones y tiempos? O ¿en quién y cuándo lo pone? Sin duda, no lo pone en todos ni en cualquiera forma y manera, sino sólo en los que nacen de Él. Y nacen de Él los que se bautizan; y en aquel sacramento se celebra y pone en obra esta generación. Por manera que, tocando al cuerpo el agua visible, y obrando en lo secreto la virtud de Cristo invisible, nace el nuevo Adán, quedando muerto y sepultado el antiguo. En lo cual, como en todas las cosas, guardó Dios el camino seguido y llano de su providencia.

Porque así como para que el fuego ponga en un madero su fuego, esto es, para que el madero nazca fuego encendido, se avecina primero al fuego el madero, y con la vecindad se le hace semejante en las cualidades que recibe en sí de sequedad y calor, y crece en esta semejanza hasta llegarla a su punto, y luego el fuego se lanza en él y le da su forma, así, para que

Cristo ponga e infunda en nosotros, de los tesoros de bienes y vida que atesoró muriendo y resucitando, la parte que nos conviene, y para que nazcamos Cristos, esto es, como sus hijos, ordenó que se hiciese en nosotros una representación de su muerte y de su nueva vida; y que, de esta manera, hechos semejantes a Él, Él, como en sus semejantes, influyese de sí lo que responde a su muerte y lo que responde a su vida. A su muerte responde el borrar y el morir de la culpa; y a su resurrección, la vida de gracia. Porque el entrar en el agua y el sumirnos en ella es como, ahogándonos allí, quedar sepultados, como murió Cristo y fue en la sepultura puesto, como lo dice San Pablo: «En el bautismo sois sepultados y muertos juntamente con Él.» Y por consiguiente, y por la misma manera, el salir después del agua es como salir del sepulcro viviendo.

Pues a esta representación responde la verdad juntamente; y, asemejándonos a Cristo en esta manera, como en materia y sujeto dispuesto, se nos infunde luego el buen espíritu, y nace Cristo en nosotros; y la culpa, que como en origen y en general destruyó con su muerte, destrúyela entonces en particular en cada uno de los que mueren en aquella agua sagrada. Y la vida de todos, que resucitó en general con su vida, pónela también en cada uno y en particular cuando, saliendo del agua, parece que resucitan. Y así, en aquel hecho juntamente hay representación y verdad. Lo que parece por de fuera es representación de muerte y de vida; mas lo que pasa en secreto, es verdadera vida de gracia y verdadera muerte de culpa.

Y si os place saber (pudiendo esta representación de muerte ser hecha por otras muchas maneras) por qué entre todas escogió Dios esta del agua, conténtame mucho lo que dice el glorioso mártir Cipriano. Y es que la culpa que muere en esta imagen de muerte es culpa que tiene ingenio y condición de ponzoña, como la que nació de mordedura y de aliento de sierpe; y cosa sabida es que la ponzoña de las sierpes se pierde en el agua, que las culebras, si entran en ella, dejan su ponzoña primero. Así que morimos en agua para que muera en ella la ponzoña de nuestra culpa, porque en el agua muere la ponzoña naturalmente. Y esto es en cuanto a la muerte que allí se celebra; pero, en cuanto a la vida, es de advertir que, aunque la culpa muere del todo, pero la vida que se nos da allí no es del todo perfecta. Quiero decir que no vive luego en nosotros el hombre nuevo, cabal y perfecto; sino vive como la razón del segundo nacimiento lo pide, como niño flaco y tierno. Porque no pone luego Cristo en nosotros todo el ser de la nueva vida que resucitó con Él, sino pone, como dijimos, un grano de ella y una pequeña semilla de su espíritu y de su gracia, pequeña, pero eficacísima para que viva y se adelante y lance del alma las reliquias del viejo hombre contrario suyo, y vaya pujando y extendiéndose hasta apoderarse de nosotros del todo, haciéndonos perfectamente dichosos y buenos.

Mas ¡cómo es maravillosa la sabiduría de Dios, y cómo es grande el orden que pone en las cosas que hace, trabándolas todas entre sí y templándolas por extraña manera! En la filosofía se suele decir que como nace una cosa, por la misma manera crece y se adelanta. Pues lo mismo guarda Dios en este nuevo hombre y en este grano de espíritu y de gracia, que es semilla de nuestra segunda y nueva vida. Porque, así como tuvo principio en nuestra alma, cuando por la representación del bautismo nos hicimos semejantes a Cristo, así crece siempre y se adelanta cuando nos asemejamos más a Él, aunque en diferente manera. Porque, para recibir el principio de esta vida de gracia, le fuimos semejantes por presentación; porque por verdad no podíamos ser sus semejantes antes de recibir esta vida, mas para el acrecentamiento de ella conviene que le remedemos con verdad en las obras y hechos.

Y va, así en esto como en todo lo demás que arriba dijimos, este nuevo hombre y espíritu respondidamente contraponiéndose a aquel espíritu viejo y perverso. Porque, así como aquél se diferenciaba de la naturaleza de nuestra sustancia en que, siendo ella hechura de Dios, él no tenía nada de Dios, sino era todo hechura del demonio y del hombre, así este buen espíritu todo es de Dios y de Cristo. Y así como allí hizo el primer padre, obedeciendo al demonio, aquello con lo que él y los que estábamos en él quedamos perdidos, de la misma manera aquí padeció Cristo, nuestro padre segundo, obedeciendo a Dios: con lo que en Él y por Él, los que estamos en Él, nos hemos cobrado. Y así como aquél dio fin al vivir que tenía, y principio al morir que mereció por su mala obra, así éste por su divina paciencia dio muerte a la muerte y tornó a vida la vida. Y así como lo que aquél traspasó no lo quisimos de hecho nosotros, pero, por estar en él como en padre, fuimos vistos quererlo; así lo que padeció e hizo Cristo para bien de nosotros, sí se hizo y padeció sin nuestro querer, pero no sin lo que en virtud era nuestro querer, por razón de la unión y virtud que está dicha. Y como aquella ponzoña, como arriba dijimos, nos tocó e inficionó por dos diferentes maneras, una en general y en virtud cuando estábamos en Adán todos generalmente encerrados, y otra en particular y en expresa verdad cuando comenzamos a vivir en nosotros mismos siendo engendrados, así esta virtud y gracia de Cristo, como hemos declarado arriba también, nos calificó primero en general y en común, según fuimos vistos estar en Él por ser nuestro padre; y después de hecho y en cada uno por sí, cuando comienza cada uno a vivir en Cristo naciendo por el bautismo.

Y por la misma manera, así como al principio, cuando nacemos, incurrimos en aquel daño y gran mal, no por nuestro merecimiento propio, sino por lo que la cabeza, que nos contenía, hizo en sí mismo; y si salimos del vientre de nuestras madres culpados, no nos forjamos la culpa nosotros antes que saliésemos de él; así cuando primeramente nacemos en Cristo, aquel espíritu suyo que en nosotros comienza a vivir no es obra ni premio de nuestros merecimientos.

Y conforme a esto, y por la misma forma y manera como aquella ponzoña, aunque nace al principio en nosotros sin nuestro propio querer, pero después, queriendo nosotros usar de ella y obrar conforme a ella y seguir sus malos siniestros e inclinaciones, la acrecentamos y hacemos peor por nuestras mismas malas mañas y obras; y aunque entró en la casa de nuestra alma, sin que por su propia voluntad ninguno de nosotros le abriese la puerta, después de entrada por nuestra mano y guiándola nosotros mismos, se lanza por toda ella y la tiraniza y la convierte en sí misma en una cierta manera, así esta vida nuestra y este espíritu que tenemos de Cristo, que se nos da al principio sin nuestro merecimiento, si después de recibido, oyendo su inspiración y no resistiendo a su movimiento, seguimos su fuerza, con eso mismo que obramos siguiéndole lo acrecentamos y hacemos mayor; y con lo que nace de nosotros y de él, merecemos que crezca él en nosotros.

Y como las obras que nacían del espíritu malo eran malas ellas en sí, y acrecentaban y engrosaban y fortalecían ese mismo espíritu de donde nacían, así lo que hacemos guiados y alentados con esta vida que tenemos de Cristo, ello en sí es bueno y, delante de los ojos de Dios, agradable y hermoso, y merecedor de que por ello suba a mayor grado de bien y de pujanza el espíritu de do tuvo origen.

Aquel veneno, asentado en el hombre, y perseverando y cundiendo por él poco a poco, así le contamina y le corrompe, que le trae a muerte perpetua. Esta salud, si dura en nosotros, haciéndose de cada día más poderosa y mayor, nos hace sanos del todo. De arte que, siguiendo nosotros el movimiento del espíritu con que nacemos, el cual, lanzado en nuestras almas, las despierta e incita a obrar conforme a quien él es y al origen de donde nace, que es Cristo; así que, obrando aquello a que este espíritu y gracia nos mueve, somos en realidad de verdad semejantes a Cristo, y cuanto más así obráremos, más semejantes. Y así, haciéndonos nosotros vecinos a Él, Él se avecina a nosotros, y merecemos que se infunda más en nosotros y viva más, añadiendo al primer espíritu más espíritu, y a un grado otro mayor, acrecentando siempre en nuestras almas la semilla de vida que sembró, y haciéndola mayor y más esforzada, y descubriendo su virtud más en nosotros: que obrando conforme al movimiento de Dios y caminando con largos y bien guiados pasos por este camino, merecemos ser más hijos de Dios, y de hecho lo somos.

Y los que, cuando nacimos, en el bautismo fuimos hechos semejantes a Cristo en el ser de gracia antes que en el obrar, esos que, por ser ya justos, obramos como justos, esos mismos, haciéndonos semejantes a Él en lo que toca al obrar, crecemos merecidamente en la semejanza del ser. Y el mismo espíritu que despierta y atiza a las obras, con el mérito de ellas crece y se esfuerza, y va subiendo y haciéndose señor de nosotros y dándonos más salud y más vida, y no para hasta que en el tiempo último nos la dé perfecta y gloriosa, habiéndonos levantado del polvo. Y como hubo dicho esto Marcelo, callóse un poco y luego tornó a decir:

-Dicho he cómo nacemos de Cristo, y la necesidad que tenemos de nacer de Él, y el provecho y misterio de este nacimiento; y de un abismo de secretos que acerca de esta generación y parentesco divino en las sagradas letras se encierra, he dicho lo poco que alcanza mi pequeñez, habiendo tenido respeto al tiempo y a la ocasión, y a la calidad de las cosas que son delicadas y oscuras.

Ahora, como saliendo de entre estas zarzas y espinas a campo más libre, digo que ya se conoce bien cuán justamente Isaías da nombre de Padre a Cristo y le dice que es Padre del siglo futuro. Entendiendo por este siglo la generación nueva del hombre y los hombres engendrados así, y los largos y no finibles tiempos en que ha de perseverar esta generación. Porque el siglo presente, el cual, en comparación del que llama Isaías venidero, se llama primer siglo, que es el vivir de los que nacemos de Adán, comenzó con Adán y se ha de rematar y cerrar con la vida de sus descendientes postreros, y en particular no durará en ninguno más de lo que él durare en esta vida presente. Mas el siglo segundo, desde Abel, en quien comenzó, extendiéndose con el tiempo, y cuando el tiempo tuviere su fin, reforzándose él más, perseverará para siempre.

Y llámase siglo futuro, dado que ya es en muchos presente, y cuando le nombró el Profeta lo era también, porque comenzó primero el otro siglo mortal. Y llámase siglo también, porque es otro mundo por sí, semejante y diferente de este otro mundo viejo y visible; porque de la manera que, cuando produjo Dios el hombre primero, hizo cielos y tierra y los demás elementos, así en la creación del hombre segundo y nuevo, para que todo fuese nuevo como él, hizo en la Iglesia sus cielos y su tierra, y vistió a la tierra con frutos, y a los cielos con estrellas y luz.

Y lo que hizo en esto visible, eso mismo ha obrado en lo nuevo invisible, procediendo en ambos por unas mismas pisadas, como lo dibujó, cantando divinamente, David en un Salmo, y es dulcísimo y elegantísimo Salmo. Adonde por unas mismas palabras, y como con una voz, cuenta, alabando a Dios, la creación y gobernación de estos dos mundos; y diciendo lo que se ve, significa lo que se esconde, como San Agustín lo descubre, lleno de ingenio y de espíritu. Dice que «extendió los cielos Dios como quien despliega tienda de campo, y que cubrió los sobrados de ellos con aguas, y que ordenó las nubes, y que en ellas, como en caballos, discurre volando sobre las alas del aire, y que le acompañan los truenos y los relámpagos y el torbellino.»

Aquí ya vemos cielos y vemos nubes, que son aguas espesadas y asentadas sobre el aire tendido, que tiene nombre de cielo; oímos también el trueno a su tiempo y sentimos el viento que vuela y que brama, y el resplandor del relámpago nos hiere los ojos; allí, esto es, en el nuevo mundo e Iglesia, por la misma manera, los cielos son los apóstoles y los sagrados doctores y los demás santos, altos en virtud y que influyen virtud; y su doctrina en ellos son las nubes, que derivada en nosotros, se torna en lluvia. En ella anda Dios y discurre volando, y con ella viene el soplo de su espíritu, y el relámpago de su luz, y el tronido y el estampido, con que el sentido de la carne se aturde.

Aquí, como dice prosiguiendo el salmista, fundó Dios la tierra sobre cimientos firmes, adonde permanece y nunca se mueve; y como primero estuviese anegada en la mar, mandó Dios que se apartasen las aguas, las cuales, obedeciendo a esta voz, se apartaron a su lugar adonde guardan continuamente su puesto; y, luego que ellas huyeron, la tierra descubrió su figura humilde en los valles y soberana en los montes. Allí el cuerpo firme y macizo de la Iglesia, que ocupó la redondez de la tierra, recibió asiento por mano de Dios en el fundamento no mudable que es Cristo, en quien permanecerá con eterna firmeza. En su principio la cubría y como anegaba la gentileza, y aquel mar grande y tempestuoso de tiranos y de ídolos la tenían casi sumida; mas sacóla Dios a luz con la palabra de su virtud, y arredró de ella la amargura y violencia de aquellas olas, y quebrólas todas en la flaqueza de una arena menuda, con lo cual descubrió su forma y su concierto la Iglesia, alta en los obispos y ministros espirituales, y en los fieles legos humildes, humilde. Y como dice David, «subieron sus montes y parecieron en lo hondo sus valles».

Allí, como aquí, conforme a lo que el mismo Salmo prosigue, sacó Dios venas de agua de los cerros de los altos ingenios que, entre dos sierras, sin declinar al extremo, siguen lo igual de la verdad y lo medio derechamente; en ellas se bañan las aves espirituales, y en los frutales de virtud que florecen de ellas y junto ellas, cantan dulcemente asentadas. Y no sólo las aves se bañan aquí; mas también los otros fieles, que tienen más de tierra y menos de espíritu, si no se bañan en ellas, a lo menos beben de ellas y quebrantan su sed.

Él mismo, como en el mundo, así en la Iglesia, envía lluvias de espirituales bienes del cielo; y caen primero en los montes, y de allí, juntas en arroyos y descendiendo, bañan los campos. Con ellas crece para los más rudos, así como para las bestias, su heno; y a los que viven con más razón, de allí les nace su mantenimiento. El trigo que fortifica, y el olio que alumbra, y el vino que alegra, y todos los dones del ánimo, con esta lluvia florecen. Por ella los yermos desiertos se vistieron de religiosas hayas y cedros; y esos mismos cedros con ella se vistieron de verdor y de fruto, y dieron en sí reposo, y dulce y saludable nido, a los que volaron a ellos huyendo del mundo. Y no sólo proveyó Dios de nido a aquestos huidos, mas para cada un estado de los demás fieles hizo sus propias guaridas. Y, como en la tierra los riscos son para las cabras monteses, y los conejos tienen sus viveras entre las peñas, así acontece en la Iglesia.

En ella luce la luna y luce el sol de justicia, y nace y se pone a veces, ahora en los unos y ahora en los otros; y tiene también sus noches de tiempos duros y ásperos, en que la violencia sangrienta de los enemigos fieros halla su sazón para salir y bramar y para ejecutar su fiereza; mas también a las noches sucede en ella después el aurora, y amanece después, y encuévase con la luz la malicia, y la razón y la virtud resplandece.

¡Cuán grandes son tus grandezas, Señor! Y como nos admiras con este orden corporal y visible, mucho más nos pones en admiración con el espiritual e invisible.

No falta allí también otro Océano, ni es de más cortos brazos ni de más angostos senos que es éste, que ciñe por todas partes la tierra; cuyas aguas, aunque son fieles, son, no obstante eso, aguas amargas y carnales, y movidas tempestuosamente de sus violentos deseos; cría peces sin número, y la ballena infernal se espacia por él. En él y por él van mil navíos, mil gentes aliviadas del mundo, y como cerradas en la nave de su secreto y santo propósito. Mas ¡dichosos aquellos que llegan salvos al puerto!

Todos, Señor, viven por tu liberalidad y largueza; mas, como en el mundo, así en la Iglesia escondes y como encoges, cuando te parece, la mano; y el alma, en faltándole tu amor y tu espíritu, vuélvese en tierra. Mas, si nos dejas caer para que nos conozcamos, para que te alabemos y celebremos, después nos renuevas. Así vas criando y gobernando y perfeccionando tu Iglesia hasta llegarla a lo último, cuando, consumida toda la liga del viejo metal, la saques toda junta, pura y luciente, y verdaderamente nueva del todo.

Cuando viniere este tiempo (¡ay amable y bienaventurado tiempo, y no tiempo ya, sino eternidad sin mudanza!); así que, cuando viniere, la arrogante soberbia de los montes, estremeciéndose, vendrá por el suelo; y desaparecerá hecha humo, obrándolo tu Majestad, toda la pujanza y deleite y sabiduría mortal; y sepultarás en los abismos, juntamente con esto, a la tiranía; y el reino de la tierra nueva será de los tuyos. Ellos cantarán entonces de continuo tus alabanzas, y a Ti el ser alabado por esta manera te será cosa agradable. Ellos vivirán en Ti, y Tú vivirás en ellos dándoles riquísima y dulcísima vida. Ellos serán reyes, y Tú Rey de reyes. Serás Tú en ellos todas las cosas, y reinarás para siempre.

Y, dicho esto, Marcelo calló; y Sabino dijo luego:

—Este Salmo en que, Marcelo, habéis acabado, vuestro amigo le puso también en verso; y por no romperos el hilo, no os lo quise acordar. Mas pues me disteis este oficio, y vos le olvidasteis, decirle he yo, si os parece.

Entonces, Marcelo y Juliano, juntos, respondieron que les parecía muy bien, y que luego le dijese. Y Sabino, que era mancebo, así en el alma como en el cuerpo muy compuesto, y de pronunciación agradable, alzando un poco los ojos al cielo y lleno el rostro de espíritu, con templada voz dijo de esta manera:

> Alaba ¡oh alma!, a Dios; Señor, tu alteza,
> ¿qué lengua hay que la cuente?
> Vestido estás de gloria y de belleza
> y luz resplandeciente.
> Encima de los cielos desplegados
> al agua diste asiento.
> Las nubes son tu carro, tus alados
> caballos son el viento.
> Son fuego abrasador tus mensajeros,
> y trueno y torbellino.
> Las tierras sobre asientos duraderos
> mantienes de contino.
> Los mares las cubrían de primero,
> por cima los collados;
> mas visto de tu voz el trueno fiero,
> huyeron espantados.
> Y luego los subidos montes crecen,
> humíllanse los valles.
> Si ya entre sí hinchados se embravecen,
> no pasarán las calles;
> las calles que les diste y los linderos,
> ni anegarán las tierras.
> Descubres minas de agua en los oteros,
> y corre entre las sierras
> el gamo, y las salvajes alimañas
> allí la sed quebrantan.
> Las aves nadadoras allí bañas,
> y por las ramas cantan.
> Con lluvia el monte riegas de sus cumbres,
> y das hartura al llano.
> Así das heno al buey, y mil legumbres
> para el servicio humano.
> Así se espiga el trigo y la vid crece
> para nuestra alegría.
> La verde oliva así nos resplandece, y el pan da
>   valentía.
> De allí se viste el bosque y la arboleda
> y el cedro soberano,
> adonde anida la ave, adonde enreda
> su cámara el milano.

Los riscos a los corzos dan guarida,
al conejo la peña.
Por Ti nos mira el sol, y su lucida
hermana nos enseña
los tiempos. Tú nos das la noche oscura
en que salen las fieras;
el tigre, que ración con hambre dura
te pide, y voces fieras.
Despiertas el aurora, y de consuno
se van a sus moradas.
Da el hombre a su labor, sin miedo alguno,
las horas situadas.
¡Cuán nobles son tus hechos y cuán llenos
de tu Sabiduría!
Pues ¿quién dirá el gran mar, sus anchos senos,
y cuantos peces cría;
las naves que en él corren, la espantable
ballena que le azota?
Sustento esperan todos saludable
de Ti, que el bien no agota.
Tomamos, si Tú das; tu larga mano
nos deja satisfechos.
Si huyes, desfallece el ser liviano,
quedamos polvo hechos.
Mas tornará tu soplo, y, renovado,
repararás el mundo.
Será sin fin tu gloria, y Tú alabado
de todos sin segundo.
Tú, que los montes ardes si los tocas,
y al suelo das temblores,
cien vidas que tuviera y cien mil bocas
dedico a tus loores.
Mi voz te agradará, y a mí este oficio
será mi gran contento.
No se verá en la tierra maleficio
ni tirano sangriento.
Sepultará el olvido su memoria;
tú, alma, a Dios da gloria.

Como acabó Sabino aquí, dijo Marcelo luego:

-No parece justo después de un semejante fin añadir más. Y pues Sabino ha rematado tan bien nuestra plática, y hemos ya platicado asaz largamente, y el sol parece que, por oírnos, levantado sobre nuestras cabezas, nos ofende ya, sirvamos a nuestra necesidad ahora reposando un poco; y a la tarde, caída la siesta, de nuestro espacio, sin que la noche, aunque sobrevenga, lo estorbe, diremos lo que nos resta.

-Sea así, dijo Juliano.

Y Sabino añadió:

-Y yo sería de parecer que se acabase este sermón en aquel soto e isleta pequeña que el río hace en medio de sí, y que de aquí se parece. Porque yo miro hoy al sol con ojos que, si no es aquél, no nos dejará lugar que de provecho sea.

-Bien habéis dicho -respondieron Marcelo y Juliano-, y hágase como decís.

Y con esto, puesto en pie Marcelo, y con él los demás, cesó la plática por entonces.

TOMO SEGUNDO

DEDICATORIA DEL MAESTRO

A Don Pedro Portocarrero, del Consejo de Su Majestad y del de la Santa y General Inquisición

Descripción de la miseria humana y origen de su fragilidad

En ninguna cosa se conoce más claramente la miseria humana, muy ilustre Señor, que en la facilidad con que pecan los hombres y en la muchedumbre de los que pecan, apeteciendo todos el bien naturalmente, y siendo los males del pecado tantos y tan manifiestos.

Y si los que antiguamente filosofaron, argumentando por los efectos descubiertos las causas ocultas de ellos, hincaran los ojos en esta consideración, ella misma les descubriera que en nuestra naturaleza había alguna enfermedad y daño encubierto; y entendieran por ella que no estaba pura y como salió de las manos del que la hizo, sino dañada y corrompida, o por desastre o por voluntad.

Porque, si miraran en ello, ¿cómo pudieran creer que la naturaleza, madre y diligente proveedora de todo lo que toca al bien de lo que produce, había de formar al hombre, por una parte, tan mal inclinado, y, por otra, tan flaco y desarmado para resistir y vencer a su perversa inclinación? O ¿cómo les pareciera que se compadecía, o que era posible, que la naturaleza (que guía, como vemos, los animales brutos y las plantas, y hasta las cosas más viles, tan derecha y eficazmente a sus fines, que los alcanzan todas o casi todas), criase a la más principal de sus obras tan inclinada al pecado, que por la mayor parte, no alcanzando su fin, viniese a extrema miseria?

Y si sería notorio desatino entregar las riendas de dos caballos desbocados y furiosos a un niño flaco y sin arte, para que los gobernase por lugares pedregosos y ásperos; y si cometerle a este mismo en tempestad una nave, para que contrastase los vientos, sería error conocido, por el mismo caso pudieran ver no caber en razón que la Providencia sumamente sabia de Dios, en un cuerpo tan indomable y de tan malos siniestros, y en tanta tempestad de olas de viciosos deseos como en nosotros sentimos, pusiese para su gobierno una razón tan flaca y tan desnuda de toda buena doctrina como es la nuestra cuando nacemos. Ni pudieran decir que, en esperanza de la doctrina venidera y de las fuerzas que con los años podía cobrar la razón, le encomendó Dios aqueste gobierno, y la colocó en medio de sus enemigos sola contra tantos, y desarmada contra tan poderosos y fieros.

Porque sabida cosa es que, primero que despierte la razón en nosotros, viven en nosotros y se encienden los deseos bestiales de la vida sensible que se apoderan del alma, y haciéndola a sus mañas, la inclinan mal antes que comience a conocerse. Y cierto es que, en abriendo la razón los ojos, están como a la puerta, y como aguardando para engañarla, el vulgo ciego, y las compañías malas, y el estilo de la vida lleno de errores perversos, y el deleite y la ambición, y el oro y las riquezas, que resplandecen. Lo cual cada uno por sí es poderoso a oscurecer y a vestir de tinieblas a su centella recién nacida, cuanto más todo junto, y como conjurado y hecho a una para hacer mal; y así de hecho la engañan, y, quitándole las riendas de las manos, la sujetan a los deseos del cuerpo y la inducen a que ame y procure lo mismo que la destruye.

Así que este desconcierto e inclinación para el mal que los hombres generalmente tenemos, él solo por sí, bien considerado, nos puede traer en conocimiento de la corrupción antigua de nuestra naturaleza. En la cual naturaleza, como en el libro pasado se dijo, habiendo sido hecho el hombre por Dios enteramente señor de sí mismo, y del todo cabal y perfecto, en pena de que él por su grado sacó su alma de la obediencia de Dios, los apetitos del cuerpo y sus sentidos se salieron del servicio de la razón; y, rebelando contra ella, la sujetaron, oscureciendo su luz y enflaqueciendo su libertad, y encendiéndola en el deseo de sus bienes de ellos, y engendrando en ella apetito de lo que le es ajeno y le daña, esto es, del desconcierto y pecado.

En lo cual es extrañamente maravilloso que, como en las otras cosas que son tenidas por malas, la experiencia de ellas haga escarmiento para huir de ellas después; y el que cayó en un mal paso rodea otra vez el camino por no tornar a caer en él: en esta desventura que llamamos pecado, el probarla es abrir la puerta para meterse en ella más, y con el pecado primero se hace escalón para venir al segundo; y cuanto el alma en este género de mal se destruye más, tanto parece que gusta más de destruirse: que es, de los daños que en ella el pecado hace, si no el mayor, sin duda uno de los mayores y más lamentables.

Porque por esta causa, como por los ojos se ve, de pecados pequeños nacen, eslabonándose unos con otros, pecados gravísimos; y se endurecen y crían callos, y hacen como incurables los corazones humanos en este mal del pecar, añadiendo siempre a un pecado otro pecado, y a un pecado menor sucediéndole otro mayor de continuo, por haber comenzado a pecar. Y vienen así, continuamente pecando, a tener por hacedero y dulce y gentil lo que no sólo en sí y en los ojos de los que bien juzgan es aborrecible y feísimo, sino lo que esos mismos que lo hacen, cuando de principio entraron en el mal obrar, huyeran el pensamiento de ello, no sólo el hecho, más que la muerte, como se ve por infinitos ejemplos, de que así la vida común como la Historia está llena.

Mas entre todos es claro y muy señalado ejemplo el del pueblo hebreo antiguo y presente; el cual, por haber desde su primer principio comenzado a apartarse de Dios, prosiguiendo después en esta su primera dureza, y casi por años volviéndose a Él y tornándole luego a ofender, y amontonando a pecados, mereció ser autor de la mayor ofensa que se hizo jamás, que fue la muerte de Jesucristo. Y porque la culpa siempre ella misma se es pena, por haber llegado a esta ofensa, fue causa en sí misma de un extremo de calamidad.

Porque, dejando aparte el perdimiento del reino, y la ruina del templo, y el asolamiento de su ciudad, y la gloria de la religión y verdadero culto de Dios traspasada a las gentes; y dejados aparte los robos y males y muertes innumerables que padecieron los judíos entonces, y el eterno cautiverio en que viven ahora en estado vilísimo entre sus enemigos, hechos como un ejemplo común de la ira de Dios; así que, dejando esto aparte, ¿puédese imaginar más desventurado suceso, que habiéndoles prometido Dios que nacería el Mesías de su sangre y linaje, y habiéndole ellos tan largamente esperado, y esperando en Él y por Él la suma riqueza, y, en durísimos males y trabajos que padecieron, habiéndose sustentado siempre con esta esperanza, cuando le tuvieron entre sí no le querer conocer; y, cegándose, hacerse homicidas y destruidores de su gloria y de su esperanza y de su sumo bien de ellos mismos?

A mí, verdaderamente, cuando lo pienso, el corazón se me enternece en dolor. Y si contamos bien toda la suma de este exceso tan grave, hallaremos que se vino a hacer de otros excesos; y que del abrir la puerta al pecar y del entrarse continuamente más adelante por ella, alejándose siempre de Dios, vinieron a quedar ciegos en mitad de la luz. Porque tal se puede llamar la claridad que hizo Cristo de sí, así por la grandeza de sus obras maravillosas como por el testimonio de las Letras sagradas que le demuestran. Las cuales le demuestran así claramente, que no pudiéramos creer que ningunos hombres eran tan ciegos, si no supiéramos haber sido tan grandes pecadores primero. Y ciertamente, lo uno y lo otro, esto es, la ceguedad y maldad de ellos y la severidad y rigor de la justicia de Dios contra ellos, son cosas maravillosamente espantables.

Yo siempre que las pienso me admiro; y trájomelas a la memoria ahora lo restante de la plática de Marcelo que me queda por referir, y es ya tiempo que lo refiera.

INTRODUCCIÓN

Descríbese el soto donde se reanuda el sabroso platicar de los Nombres de Cristo

Porque fue así, que los tres, después de haber comido, y habiendo tomado algún pequeño reposo, ya que la fuerza del calor comenzaba a caer, saliendo de la granja, y llegados al río que cerca de ella corría, en un barco, conformándose con el parecer de Sabino, se pasaron al soto que se hacía en medio de él, en una como isleta pequeña que apegada a la presa de unas aceñas se descubría.

Era el soto, aunque pequeño, espeso y muy apacible, y en aquella sazón estaba muy lleno de hoja; y entre las ramas que la tierra de suyo criaba, tenía también algunos árboles puestos por industria; y dividíale como en dos partes un no pequeño arroyo que hacía el agua que por entre las piedras de la presa se hurtaba del río, y corría casi toda junta.

Pues entrados en él Marcelo y sus compañeros, y metidos en lo más espeso de él y más guardado de los rayos de sol, junto a un álamo alto que estaba casi en el medio, teniéndole a las espaldas, y delante los ojos la otra parte del soto, en la sombra y sobre la yerba verde, y casi juntando al agua los pies, se sentaron. Adonde diciendo entre sí del sol de aquel día, que aún se hacía sentir, y de la frescura de aquel lugar, que era mucha, y alabando a Sabino su buen consejo, Sabino dijo así:

—Mucho me huelgo de haber acertado tan bien, y principalmente por vuestra causa, Marcelo; que por satisfacer a mi deseo tomáis hoy tan grande trabajo, que, según lo mucho que esta mañana dijisteis, temiendo vuestra salud, no quisiera que ahora dijerais más, si no me asegurara, en parte, la calidad y frescura de este lugar. Aunque quien suele leer en medio de los caniculares tres lecciones en las escuelas muchos días arreo, bien podrá platicar entre estas ramas la mañana y la tarde de un día, o, por mejor decir, no habrá maldad que no haga.

-Razón tiene Sabino -respondió Marcelo, mirando hacia Juliano- que es género de maldad ocuparse uno tanto y en tal tiempo en la escuela; y de aquí veréis cuán malvada es la vida que así nos obliga. Así que bien podéis proseguir, Sabino, sin miedo; que, demás de que este lugar es mejor que la cátedra, lo que aquí tratamos ahora es sin comparación muy más dulce que lo que leemos allí; y así, con ello mismo se alivia el trabajo.

Entonces Sabino, desplegando el papel y prosiguiendo su lectura, dijo de esta manera:

BRAZO DE DIOS

De cómo se llama Cristo Brazo de Dios, y a cuánto se extiende su fuerza

Otro nombre de Cristo es Brazo de Dios. Isaías, en el capítulo cincuenta y tres: «¿Quién dará crédito a lo que hemos oído? Y su brazo, Dios, ¿a quién lo descubrirá?» Y en el capítulo cincuenta y dos: «Aparejó el Señor su brazo santo ante los ojos de todas las gentes, y verán la salud de nuestro Dios todos los términos de la tierra.» Y en el cántico de la Virgen: «Hizo poderío en su brazo, y derramó los soberbios.» Y abiertamente en el Salmo setenta, adonde en persona de la Iglesia, dice David: «En la vejez mía, ni menos en mi senectud, no me desampares, Señor, hasta que publique tu brazo a toda la generación que vendrá.» Y en otros muchos lugares.

Cesó aquí Sabino, y disponíase ya Marcelo para comenzar a decir; mas Juliano, tomando la mano, dijo:

-No sé yo, Marcelo, si los hebreos nos darán que Isaías, en el lugar que el papel dice, hable de Cristo.

-No lo darán ellos -respondió Marcelo-, porque están ciegos; pero dánoslo la misma verdad. Y como hacen los malos enfermos, que huyen más de lo que les da más salud, así éstos, perdidos en este lugar, el cual sólo bastaba para traerlos a luz, derraman con más estudio las tinieblas de su error para oscurecerle. Pero primero perderá su claridad este Sol; porque si no habla de Cristo Isaías allí, pregunto, ¿de quién habla?

-Ya sabéis lo que dicen -respondió Juliano.

-Ya sé -dijo Marcelo- que lo declaran de sí mismos y de su pueblo en el estado de ahora; pero ¿paréceos a vos que hay necesidad de razones para convencer un desatino tan claro?

-Sin duda clarísimo -respondió Juliano-, y, cuando no hubiera otra cosa, hace evidencia de que no es así lo que dicen, ver que la persona de quien Isaías habla allí, el mismo Isaías dice que es inocentísima y ajena de todo pecado, y limpieza y satisfacción de los pecados de todos; y el pueblo hebreo que ahora vive, por ciego y arrogante que sea, no se osará atribuir a sí esta inocencia y limpieza. Y cuando osase él, la palabra de Dios le condena en Oseas cuando dice que, en el fin y después de este largo cautiverio, en que ahora están, los judíos se convertirán al Señor. Porque, si se convertirán a Dios entonces, manifiesto es que ahora están apartados de Él, y fuera de su servicio. Mas, aunque este pleito esté fuera de duda, todavía, si no me engaño, os queda pleito con ellos en la declaración de este nombre, el cual ellos también confiesan que es nombre de Cristo; y confiesan, como es verdad, que ser brazo es ser fortaleza de Dios y victoria de sus enemigos. Mas dicen que los enemigos que por el Mesías (como por su brazo y fortaleza) vence y vencerá Dios, son los enemigos de su pueblo; esto es, los enemigos visibles de los hebreos, y los que los han destruido y puesto en cautividad, como fueron los caldeos y los griegos y los romanos, y las demás gentes sus enemigas, de las cuales esperan verse vengados por mano del Mesías, que, engañados, aguardan; y le llaman brazo de Dios por razón de esta victoria y venganza.

-Así lo sueñan -respondió Marcelo- y, pues habéis movido el pleito, comencemos por él. Y como en la cultura del campo, primero arranca el labrador las yerbas dañosas y después planta las buenas, así nosotros ahora desarraiguemos primero ese error, para dejar después su campo libre y desembarazado a la verdad.

Mas decidme, Juliano: ¿prometió Dios alguna vez a su pueblo que les enviaría su brazo y fortaleza para darles victoria de algún enemigo suyo y para ponerlos, no sólo en libertad, sino también en mando y señorío glorioso? Y ¿díjoles en alguna parte que había de ser su Mesías un fortísimo y belicosísimo capitán, que vencería por fuerza de armas sus enemigos y extendería por todas las tierras sus esclarecidas victorias, y sujetaría a su imperio las gentes?

-Sin duda así se lo dijo y prometió -respondió Juliano.

-Y ¿prometióselo por ventura -siguió luego Marcelo- en un solo lugar o una vez sola, y esa acaso y hablando de otro propósito?

-No, sino en muchos lugares -respondió Juliano-, y de principal intento y con palabras muy encarecidas y hermosas.

-¿Qué palabras -añadió Marcelo- o qué lugares son esos? Referid algunos, si los tenéis en la memoria.

-Largos son de contar -dijo Juliano- y, aunque preguntáis lo que sabéis, y no sé para qué fin, diré los que se me ofrecen:

David en el Salmo, hablando propiamente con Cristo, le dice: «Ciñe tu espada sobre tu muslo, poderosísimo, tu hermosura y tu gentileza. Sube en el caballo y reina prósperamente por tu verdad y mansedumbre y por tu justicia. Tu derecha te mostrará maravillas. Tus saetas agudas (los pueblos caerán a tus pies), en los corazones de los enemigos del Rey.» Y en otro Salmo dice él mismo: «El Señor reina; haga fiesta la tierra; alégrense las islas todas; nube y tiniebla en su derredor, justicia y juicio en el trono de su asiento. Fuego va delante de Él, que abrasará a todos sus enemigos.» E Isaías, en el capítulo once: «Y en aquel día extenderá el Señor segunda vez su mano para poseer lo que de su pueblo ha escapado de los Asirios y de los Egipcios y de las demás gentes; y levantará su bandera entre las naciones, y allegará a los fugitivos de Israel y los esparcidos de Judá de las cuatro partes del mundo; y los enemigos de Judá perecerán, y volará contra los filisteos por la mar; cautivará a los hijos de Oriente; Edón le servirá y Moab le será sujeto; y los hijos de Amón, sus obedientes.»

Y en el capítulo cuarenta y uno por otra manera: «Pondrá ante sí en huida a las gentes, perseguirá los reyes; como polvo los hará su cuchillo; como astilla arrojada su arco; perseguirlos ha y pasará en paz; no entrará ni polvo en sus pies.» Y, poco después, Él mismo: «Yo, dice, te pondré como carro, y como nueva trilladera con dentales de hierro, trillarás los montes y desmenuzarlos has, y a los collados dejarás hechos polvo; ablentaráslos y llevarlos ha el viento, y el torbellino los esparcerá.»

Y cuando el mismo profeta introduce al Mesías, teñida la vestidura con sangre, y a ojos que se maravillan de ello y le preguntan la causa, dice que Él les responde: «Yo sólo he pisado un lagar; en mi ayuda no se halló gente; piséaos en mi ira y pateélos en mi indignación; y su sangre salpicó mis vestidos, y he ensuciado mis vestiduras todas.» Y en el capítulo cuarenta y dos: «El Señor, como valiente, saldrá, y, como hombre de guerra, despertará su coraje; guerreará y levantará alarido; y esforzarse ha sobre sus enemigos.» Mas es nunca acabar.

Lo mismo, aunque por diferentes maneras, dice en el capítulo sesenta y tres y sesenta y seis; y Joel dice lo mismo en el capítulo último; y Amós, profeta, también en el mismo capítulo; y en los capítulos cuatro y cinco y último lo repite Miqueas. Y ¿qué profeta hay que no celebre, cantando, en diversos lugares este capitán y victoria?

-Así es verdad -dijo Marcelo-, mas también me decid: ¿los Asirios y los Babilonios fueron hombres señalados en armas, y hubo reyes belicosos y victoriosos entre ellos, y sujetaron a su imperio a todo, o a la mayor parte del mundo?

-Así fue -respondió Juliano.

-Y los Medos y Persas que vinieron después -añadió luego Marcelo-, ¿no menearon también las armas asaz valerosamente y enseñorearon la tierra, y floreció entre ellos el esclarecido Ciro y el poderosísimo Jerjes?

Concedió Juliano que era verdad.

-Pues no menos verdad es -dijo, prosiguiendo, Marcelo que las victorias de los griegos sobraron a éstos; y que el no vencido Alejandro con la espada en la mano y como un rayo, en brevísimo espacio, corrió todo el mundo, dejándole no menos espantado de sí que vencido; y, muerto él, sabemos que el trono de sus sucesores tuvo el cetro por largos años de toda Asia, y de mucha parte del África y de Europa. Y, por la misma manera, los romanos, que le sucedieron en el imperio y en la gloria de las armas, también vemos que, venciéndolo todo, crecieron hasta hacer que la tierra y su señorío tuviesen un mismo término. El cual señorío, aunque disminuido, y compuesto de partes (unas flacas y otras muy fuertes, como lo vio Daniel en los pies de la estatua), hasta hoy día persevera por tantas vueltas de siglos. Y ya que callemos los príncipes guerreadores y victoriosos que florecieron en él, en los tiempos más vecinos al nuestro, notorios son los Scipiones, los Marcelos, los Marios, los Pompeyos, los Césares de los siglos antepasados, a cuyo valor y esfuerzo y felicidad fue muy pequeña la redondez de la tierra.

-Espero -dijo Juliano- dónde vais a parar.

-Presto lo veréis -dijo Marcelo-, pero decidme: esta grandeza de victorias e imperio que he dicho, ¿diósela Dios a los que he dicho, o ellos por sí y por sus fuerzas puras, sin orden ni ayuda de Él, la alcanzaron?

-Fuera está eso de toda duda -respondió Juliano- acerca de los que conocen y confiesan la Providencia de Dios. Y en la Sabiduría dice Él mismo de sí mismo: «Por Mí reinan los príncipes.»

-Decís la verdad -dijo Marcelo-, mas todavía os pregunto si conocían y adoraban a Dios aquellas gentes.

-No le conocían -dijo Juliano- ni le adoraban.

-Decidme más -prosiguió diciendo Marcelo-: antes que Dios les hiciese esta merced, ¿prometió de hacérsela, o vendióles muchas palabras acerca de ello, o envióles muchos mensajeros, encareciéndoles la promesa por largos días y por diversas maneras?

-Ninguna de esas cosas hizo Dios con ellos -respondió Juliano-, y si de alguna de estas cosas, antes que fuesen, se hace mención en las Letras sagradas, como a la verdad se hace de algunas, hácese de paso y como de camino, y a fin de otro propósito.

-Pues ¿en qué juicio de hombres cabe o pudo caber -añadió Marcelo encontinente- pensar que lo que daba Dios y cada día lo da a gentes ajenas de sí y que viven sin ley, bárbaras y fieras y llenas de infidelidad y de vicios feísimos (digo el mando terreno y la victoria en la guerra, y la gloria y la nobleza del triunfo sobre todos o casi todos los hombres); pues quién pudo persuadirse que lo que da Dios a éstos, que son como sus esclavos, y que se lo da sin prometérselo y sin vendérselo con encarecimientos, y como si no les diese nada o les diese cosas de breve y de poco momento (como a la verdad lo son todas ellas en sí), eso mismo o su semejante a su pueblo escogido, y al que sólo (adorando ídolos todas las otras gentes), le conocía y servía, para dárselo, si se lo quería dar como los ciegos pensaron, se lo prometía tan encarecidamente y tan de atrás, enviándole casi cada siglo nueva promesa de ello por sus profetas, y se lo vendía tan caro y hacía tanto esperar, que el día de hoy, que es más de tres mil años después de la primera promesa, aún no está cumplido, ni vendrá a cumplimiento jamás, porque no es eso lo que Dios prometía?

Gran donaire, o por mejor decir, ceguera lastimera es creer que los encarecimientos y amores de Dios habían de parar en armas y en banderas y en el estruendo de los tambores, y en castillos cercados y en muros batidos por tierra, y en el cuchillo, y en la sangre, y en el asalto y cautiverio de mil inocentes. ¡Y creer que el brazo de Dios, extendido y cercado de fortaleza invencible, que Dios promete en sus Letras, y de quien Él tanto en ellas se precia, era un descendiente de David, capitán esforzado, que rodeado de hierro y esgrimiendo la espada, y llevando consigo innumerables soldados, había de meter a cuchillo las gentes, y desplegar por todas las tierras sus victoriosas banderas!

Mesías fue de esa manera Ciro y Nabucodonosor y Artajerjes; o ¿qué le faltó para serlo? Mesías fue, si ser Mesías es eso, César el dictador y el grande Pompeyo; y Alejandro en esa manera fue, más que todos, Mesías. ¿Tan grande valentía es dar muerte a los mortales y derrocar los alcázares, que ellos de suyo se caen, que lo sea a Dios o conveniente o glorioso hacer para ello brazo tan fuerte, que por este hecho le llame su fortaleza? ¡Oh! Cómo es verdad aquello que en persona de Dios les dijo Isaías: «Cuanto se encumbra el cielo sobre la tierra, tanto mis pensamientos se diferencian y levantan sobre los vuestros.» Que son palabras que se me vienen luego a los ojos todas las veces que en este desatino pongo atención.

Otros vencimientos, gente ciega y miserable, y otros triunfos y libertad, y otros señoríos mayores y mejores son los que Dios os promete. Otro es su brazo y otra su fortaleza, muy diferente y muy más aventajada de lo que pensáis. Vosotros esperáis tierra que se consume y perece; y la escritura de Dios es promesa del cielo. Vosotros amáis y pedís libertad del cuerpo, y en vida abundante y pacífica, con la cual libertad se compadece servir el alma al pecado y al vicio; y de estos males, que son mortales, os prometía Dios libertad. Vosotros esperabais ser señores de otros; Dios no prometía sino haceros señores de vosotros mismos. Vosotros os tenéis por satisfechos con un sucesor de David, que os reduzca a vuestra primera tierra y os mantenga en justicia, y defienda y ampare de vuestros contrarios; mas Dios, que es sin comparación muy más liberal y más largo, os prometía, no hijo de David sólo, sino Hijo suyo y de David Hijo también, que, enriquecido de todo el bien que Dios tiene, os sacase el poder del demonio y de las manos de la muerte sin fin, y que os sujetase debajo de vuestros pies todo lo que de veras os daña, y os llevase santos, inmortales, gloriosos a la tierra de vida y de paz, que nunca fallece. Estos son bienes dignos de Dios; y semejantes dádivas, y no otras, hinchen el encarecimiento y muchedumbre de aquellas promesas.

Y a la verdad, Juliano, entre los demás inconvenientes que tiene este error, es uno grandísimo que, los que se persuaden de él, forzosamente juzgan de Dios muy baja y vilmente. No tiene Dios tan angosto corazón como los hombres tenemos; y estos bienes y gloria terrena que nosotros estimamos en tanto, aunque es Él sólo el que los distribuye y reparte, pero conoce que son bienes caducos y que están fuera del hombre, y que no solamente no le hacen bueno, mas muchas veces le empeoran y dañan. Y así, ni hace alarde de estos bienes Dios, ni se precia del repartimiento de ellos, y las más veces los envía a quien no los merece, por los fines que Él se sabe; y a los que tiene por desechados de sí, y que son delante de sus ojos como viles cautivos y esclavos, a ésos les da este breve consuelo; y al revés, con sus escogidos y con los que como a hijos ama, en éstos comúnmente es escaso, porque sabe nuestra flaqueza y la facilidad con que nuestro corazón se derrama en el amor de estas prendas exteriores teniéndolas; y sabe que, casi siempre, o cortan o enflaquecen los nervios de la virtud verdadera.

Mas dirán: Esperamos lo que las sagradas Letras nos dicen, y con lo que Dios promete nos contentamos, y eso tenemos por mucho. Leemos capitán, oímos guerras y caballos y saetas y espadas, vemos victorias y triunfos, prométennos libertad y venganza, dícennos que nuestra ciudad y nuestro templo será reparado, que las gentes nos servirán y que seremos señores de todos. Lo que oímos, eso esperamos; y con la esperanza de ello vivimos contentos.

Siempre fue flaca defensa asirse a la letra, cuando la razón evidente descubre el verdadero sentido; mas, aunque flaca, tuviera aquí y en este propósito algún color, si las mismas divinas Letras no descubrieran en otros lugares su verdadera intención. ¿Por qué, pues, Isaías, cuando habla sin rodeos y sin figuras de Cristo, le pinta en persona de Dios de esta manera: «Veis, dice, a mi siervo en quien descanso, aquel en quien se contenta y satisface mi alma; puse sobre Él mi espíritu, Él hará justicia a las gentes; no voceará ni será aceptador de personas, ni será oída en las plazas su voz; la caña quebrantada no quebrará, y la estopa que humea no la apagará, no será áspero ni bullicioso»? Manifiestamente se muestra que este brazo y fortaleza de Dios, que es Jesucristo, no es fortaleza militar ni coraje de soldado; y que los hechos hazañosos de un Cordero tan humilde y tan manso, como es el que en este lugar Isaías pinta, no son hechos de esta guerra que vemos, adonde la soberbia se enseñorea, y la crueldad se despierta, y el bullicio y la cólera y la rabia y el furor menean las manos. No tendrá, dice, cólera para hacer mal ni a una caña quebrada. ¡Y antójasele al error vano de estos mezquinos, que tiene de trastornar el mundo con guerras!

Y no es menos claro lo que el mismo profeta dice en otro capítulo: «Herirá la tierra con la vara de su boca, y con el aliento de sus labios quitará la vida al malvado.» Porque, si las armas con que hiere la tierra y con que quita la vida al malo son vivas y ardientes palabras, claro es que su obra de este brazo no es pelear con armas carnales contra los cuerpos, sino contra los vicios con armas de espíritu.

Y así, conforme a esto, le arma de punta en blanco con todas sus piezas en otro lugar, diciendo: «Vistióse por loriga justicia, y salud por yelmo de su cabeza; vistióse por vestiduras venganza, y el celo le cubijó como capa.» Por manera que las saetas que antes decía, que, enviadas con el vigor del brazo traspasan los cuerpos, son palabras agudas y enherboladas con gracia, que pasan el corazón de claro en claro. Y su espada famosa no se templó con acero en las fraguas de Vulcano para derramar la sangre cortando; ni es hierro visible, sino rayo de virtud invisible que pone a cuchillo todo lo que en nuestras almas es enemigo de Dios. Y sus lorigas y sus petos y sus arneses por el consiguiente, son virtudes heroicas del cielo, en quien todos los golpes enemigos se embotan. Piden a Dios la palabra, y no despiertan la vista para conocer la palabra que Dios les dio.

¿Cómo piden cosas de esta vida mortal, y que cada día las vemos en otros, y que comprendemos lo que valen y son, pues dice Dios por su profeta que el bien de su promesa y la calidad y grandeza de ella, ni el ojo la vio ni llegó jamás a los oídos, ni cayó nunca en el pensamiento del hombre? Vencer unas gentes a otras, bien sabemos qué es; el valor de las armas cada día lo vemos; no hay cosa que más se entienda ni más desee la carne que las riquezas y que el señorío. No promete Dios esto, pues lo que promete excede a todo nuestro deseo y sentido. Hacerse Dios hombre, eso no lo alcanza la carne; morir Dios en la humanidad que tomó, para dar vida a los suyos, eso vence el sentido; muriendo un hombre, al demonio, que tiranizaba los hombres, hacerlo sujeto y esclavo de ellos, ¿quién nunca lo oyó? Los que servían al infierno, convertirlos en ciudadanos del cielo y en hijos de Dios; y finalmente, hermosear con justicia las almas, desarraigando de ellas mil malos siniestros, y, hechas todas luz y justicia, a ellas y a los cuerpos vestirlos de gloria y de inmortalidad, ¿en qué deseo cupo jamás, por más que alargase la rienda al deseo?

Mas ¿en qué me detengo? El mismo profeta, ¿no pone abiertamente, y sin ningún rodeo ni velo, el oficio de Cristo, y su valentía y la calidad de sus guerras, en el capítulo sesenta y uno del profeta Isaías, adonde introduce a Cristo, que dice: «El espíritu del Señor está sobre Mí, a dar buena nueva a los mansos me envió?.» ¿No veis lo que dice? ¿Qué? Buena nueva a los mansos, no asalto a los muros. Más: «A curar los de corazón quebrantado.» ¡Y dice el error que a pasar por los filos de su espada a las gentes! «A predicar a los cautivos perdón.» A predicar; que no a guerrear. No a dar rienda a la saña, sino a publicar su indulgencia, y predicar el año en que se aplaca el Señor, y el día en que, como si se viese vengado, queda mansa su ira. A consolar a los que lloran, y a dar fortaleza a los que se lamentan. A darles guirnalda en lugar de la ceniza, y unción de gozo en lugar del duelo, y manto de loor en vez de la tristeza de espíritu.

Y para que no quedase duda ninguna, concluye: «Y serán llamados fuertes en justicia.» ¿Dónde están ahora los que, engañándose a sí mismos, se prometen fortaleza de armas, prometiendo declaradamente Dios fortaleza de virtud y de justicia?

Aquí Juliano, mirando alegremente a Marcelo:

-Paréceme -dijo-, Marcelo, que os he metido en calor, y bastaba el del día. Mas no me pesa de la ocasión que os he dado, porque me satisface mucho lo que habéis dicho; y porque no quede nada por decir, quiéroos también preguntar: ¿qué es la causa por donde Dios, ya que hacía promesa de este tan grande bien a su pueblo, se la encubrió debajo de palabras y bienes carnales y visibles, sabiendo que para ojos tan flacos como los de aquel pueblo era velo que los podía cegar; y sabiendo que para corazones tan aficionados al bien de la carne, como son los de aquéllos, era cebo que los había de engañar y enredar?

-No era cebo ni velo -respondió al punto Marcelo, pues juntamente con ello estaba luego la voz y la mano de Dios, que alzaba el velo y avisaba del cebo, descubriendo por mil maneras lo cierto de su promesa. Ellos mismos se cegaron y se enredaron de su voluntad.

-Por ventura yo no me he declarado -dijo entonces Juliano-, porque eso mismo es lo que pregunto. Que pues Dios sabía que se habían de cegar tomando de aquel lenguaje ocasión, ¿por qué no cortó la ocasión del todo? Y pues les descubría su voluntad y determinación, y se la descubría para que la entendiesen, ¿por qué no se la descubrió sin dejar escondrijo donde se pudiese encubrir el error? Porque no diréis que no quiso ser entendido, porque, si eso quisiera, callara; ni menos que no pudo darse a entender.

-Los secretos de Dios -respondió Marcelo encogiéndose en sí- son abismos profundos; por donde en ellos es ligero el dificultar, y el penetrar muy dificultoso. Y el ánimo fiel y cristiano más se ha de mostrar sabio en conocer que sería poco el saber de Dios si lo comprendiese nuestro saber, que ingenioso en remontar dificultades sobre lo que Dios hace y ordena. Y como sea esto así en todos los hechos de Dios, en este particular que toca a la ceguedad de aquel pueblo, el mismo San Pablo se encoge y parece que se retira; y aunque caminaba con el soplo del Espíritu Santo, coge las velas del entendimiento y las inclina diciendo: «¡Oh honduras de las riquezas y sabiduría y conocimiento de Dios, cuán no penetrables son sus juicios y cuán dificultosos de rastrear sus caminos!» Mas, por mucho que se esconda la verdad, como es luz, siempre echa algunos rayos de sí que dan bastante lumbre al alma humilde.

Y así digo ahora que, no porque algunos toman ocasión de pecar, conviene a la sabiduría de Dios mudar (o en el lenguaje con que nos habla, o en el orden con que nos gobierna, o en la disposición de las cosas que cría), lo que es en sí conveniente y bueno para la naturaleza en común. Bien sabéis que unos salen a hacer mal con la luz y que a otros la noche con sus tinieblas los convida a pecar; porque, ni el corsario correría a la presa si el sol no amaneciese, ni si no se pusiese, el adúltero macularía el lecho de su vecino. El mismo entendimiento y agudeza de ingenio de que Dios nos dotó, si atendemos a los muchos que usan mal de él, no nos lo diera, y dejara al hombre no hombre.

¿No dice San Pablo de la doctrina del Evangelio, que a unos es olor de vida para que vivan, y a otros de muerte para que mueran? ¿Qué fuera el mundo si, porque no se acrescentara la culpa de algunos, quedáramos todos en culpa? Esta manera de hablar, Juliano, adonde, con semejanzas y figuras de cosas que conocemos y vemos y amamos, nos da Dios noticia de sus bienes, y nos lo promete para la calidad y gusto de nuestro ingenio y condición, es muy útil y muy conveniente. Lo uno, porque todo nuestro conocimiento, así como comienza de los sentidos, así no conoce bien lo espiritual, sino es por semejanza de lo sensible que conoce primero. Lo otro, porque la semejanza que hay de lo uno a lo otro, advertida y conocida, aviva el gusto de nuestro entendimiento naturalmente, que es inclinado a cotejar unas cosas con otras, discurriendo por ellas; y así, cuando descubre alguna gran consonancia de propiedades entre cosas que son en naturaleza diversas, alégrase mucho y como saboréase en ello e imprímelo con más firmeza en las mentes. Y lo tercero, porque, de las cosas que sentimos, sabemos por experiencia lo gustoso y agradable que tienen; mas de las cosas del cielo no sabemos cuál sea ni cuánto su sabor y dulzura.

Pues para que cobremos afición y concibamos deseo de lo que nunca hemos gustado, preséntanoslo Dios debajo de lo que gustamos y amamos, para que, entendiendo que es aquello más y mejor que lo conocido, amemos en lo no conocido el deleite y contento que ya conocemos. Y como Dios se hizo hombre dulcísimo y amorosísimo, para que lo que no entendíamos de la dulzura y amor de su natural condición, que no veíamos, lo experimentásemos en el hombre que vemos, y de quien se vistió para comenzar allí a encender nuestra voluntad en su amor, así en el lenguaje de sus Escrituras nos habla como hombre a otros hombres, y nos dice sus bienes espirituales y altos, con palabras y figuras de cosas corporales que les son semejantes; y, para que los amemos, los enmiela con esta miel nuestra, digo, con lo que Él sabe que tenemos por miel.

Y si en todos es esto, en la gente de aquel pueblo de quien hablamos tiene más fuerza y razón por su natural y no creíble flaqueza, y, como divinamente dijo San Pablo por su infinita niñez. La cual demandaba que, como el ayo al muchacho pequeño le induce con golosinas a que aprenda el saber, así Dios a aquellos los levantase a la creencia y al deseo del cielo, ofreciéndoles y prometiéndoles, al parecer, bienes de la tierra.

Porque si en acabando de ver el infinito poder de Dios, y la grandeza de su amor para con ellos en las plagas de Egipto, y en el mar Bermejo dividido por medio; y si teniendo casi presente en los ojos el fuego y la nube del Siná, y el habla misma de Dios que les decía la ley sonando en sus oídos entonces; y si teniendo en la boca el maná que Dios les llovía; y si mirando ante sí la nube que los guiaba de día y les lucía de noche, venidos a la entrada de la tierra de Canaán, adonde Dios los llevaba, en oyendo que la moraban hombres valientes, temieron y desconfiaron, y volvieron atrás, llorando fea y vilmente; y no creyeron que, quien pudo romper el mar en sus ojos, podría derrocar unos muros de tierra; y ni la riqueza y abundancia de la tierra que veían y amaban, ni la experiencia de la fortaleza de Dios los pudo mover adelante; si luego y de primera instancia, y por sus palabras sencillas y claras, les prometiera Dios la encarnación de su Hijo y lo espiritual de sus bienes, y lo que ni sentían ni podían sentir, ni se les podía dar luego, sino en otra vida y después de haber dado largas vueltas los siglos; ¿cuándo, me decid, o cómo, o en qué manera, aquellos o lo creyeran o lo estimaran? Sin duda fuera cosa sin fruto.

Y así, todo lo grande y apartado de nuestra vida que Dios les promete, se lo pone tratable y deseable, saboreándoselo de esta manera que he dicho. Y particularmente en este misterio y promesa de Cristo, para asentársela en la memoria y en la afición, se la ofrece en los Libros divinos casi siempre vestida con una de dos figuras. Porque lo que toca a la gracia que desciende de Cristo en las almas, y a lo que en ella fructifica esta gracia, díceselo debajo de semejanzas tomadas de la cultura del campo y de la naturaleza de él. Y, como vimos esta mañana, para figurar este negocio hace sus cielos y tierra, y sus nubes y lluvia, y sus montes y valles, y nombra trigo, y vides, y olivas, con grande propiedad y hermosura. Mas lo que pertenece a lo que antes de esto hizo Cristo, venciendo al demonio en la cruz, y despojando el infierno y triunfando de él y de la muerte, y subiéndose al cielo para juntar después a sí mismo todo su cuerpo, represéntaselo con nombres de guerras y victorias visibles, y alza luego la bandera y suena la trompa y relumbra la espada; y píntalo a las veces con tanta demostración, que casi se oye el ruido de las armas y el alarido de los que huyen; y la victoria alegre de los que vencen casi se ve.

Y demás de esto (si va a decir lo que siento), la dureza, Juliano, de aquella gente, y la poca confianza que siempre tuvieron en Dios, y los pecados grandes contra Él que de ella nacieron en aquel pueblo luego en su primer principio, y se fueron después siempre con él continuando y creciendo (feos, ingratos, enormes pecados), dieron a Dios causa justísima para que tuviese por bueno el hablarles así figurada y revueltamente.

Porque de la manera que en la luz de la profecía da Dios mayor o menor luz, según la disposición y capacidad y calidad del profeta, y una misma verdad a unos se la descubre por sueños y a otros despiertos, pero por imágenes corporales y oscuras que se le figuran en la fantasía, y a otros por palabras puras y sencillas; y como un mismo rostro, en muchos espejos más y menos claros y verdaderos, se muestra por diferente manera; así Dios, esta verdad de su Hijo, y la historia y calidad de sus hechos, conforme a los pecados y mala disposición de aquella gente, así se la dijo algo encubierta y oscura. Y quiso hablarles así, porque entendió que, para los que entre ellos eran y habían de ser buenos y fieles, aquello bastaba; y que a los otros contumaces perdidos no se les debía más luz.

Por manera que vio que a los unos aquella medianamente encubierta verdad les serviría de honesto ejercicio buscándola, y de santo deleite hallándola, y que eso mismo sería tropiezo y lazo para los otros, pero merecido tropiezo por sus muchos y graves pecados. Por los cuales, caminando sin rienda y aventajándose siempre a sí mismo, como por grados que ellos perdidamente se edificaron, llegaron a merecer este mal que fue el sumo de todos: que teniendo delante de los ojos su vida, abrazasen la muerte; y que aborreciesen a su único suspiro y deseo cuando le tuvieron presente; o, por mejor decir, que viéndole no le viesen, ni le oyesen oyéndole, y que palpasen en las tinieblas estando rodeados de luz; y merecieron, pecando, pecar más, y llegar a cegarse hasta poner las manos en Cristo, y darle muerte, y negarle y blasfemar de Él, que fue llegar al fin del pecado.

BRAZO DE DIOS (II)

¿Levántoselo ahora yo, o no se lo dijo por Isaías Dios mucho antes? «Cegaré el corazón de este pueblo y ensordecerles he los oídos, para que viendo no vean, y oyendo no entiendan, y no se conviertan a Mí ni los sane Yo.» Y que sirviese para esta ceguedad y sordez el hablarles Dios en figuras y en parábolas, manifiéstalo Cristo, diciendo: «A vosotros es dado conocer el misterio del reino; pero a los demás en parábolas, para que viéndolo no lo vean, y oyéndolo no lo oigan.»

Mas pues éstos son ciegos y sordos, y porfían en serlo, dejémoslos en su ceguedad y pasemos a declarar la fuerza de este brazo invencible. Y diciendo esto Marcelo, y mirando hacia Sabino, añadió:

-Si a Sabino no le parece que queda alguna otra cosa por declarar.

Y dijo esto Marcelo porque Sabino, en cuanto él hablaba, ya por dos veces había hecho significación de quererle preguntar algo, inclinándose a él con el cuerpo y enderezando el rostro y los ojos en él.

Mas Sabino le respondió:

-Cosa era lo que se me ofrecía de poca importancia, y ya me parecía dejarla; mas, pues me convidáis a que la diga, decidme, Marcelo: si fue pena de sus pecados en los judíos el hablarles Dios por figuras, y se cegaron en el entendimiento de ellas por ser pecadores; y si, por haberse cegado, desconocieron y trajeron a Jesucristo a la muerte, ¿podréisme por ventura mostrar en ellos algún pecado primero tan malo y tan grande que mereciese ser causa de este último y gravísimo pecado que hicieron después?

-Excusado es buscar uno -respondió Marcelo- adonde hubo tan enormes pecados y tantos. Mas, aunque esto es así, no carece de razón vuestra pregunta, Sabino; porque, si atendemos bien a lo que por Moisés está escrito, podremos decir que en el pecado de la adoración del becerro merecieron (como en culpa principal) que, permitiéndolo Dios, desconociesen y negasen a Cristo después. Y podremos decir que de aquella fuente manó esta mala corriente, que, creciendo con otras avenidas menores, vino a ser un abismo de mal.

Porque si alguno quisiere pesar, con peso justo y fiel, todas las cualidades de mal que en aquel pecado juntas concurren, conocerá luego que fue justamente merecedor de un castigo tan señalado como es la ceguedad en que están, no conociendo a Jesús por Mesías, y como son los males y miserias en que han incurrido por causa de ella.

No quiero decir ahora que los había Dios sacado de la servidumbre de Egipto, y que les había abierto con nueva maravilla el mar, y que la memoria de estos beneficios la tenían reciente; lo que digo para verdadero conocimiento de su grave maldad es esto: que en este tiempo y punto volvieron las espaldas a Dios cuando le tenían delante de los ojos presente encima de la cumbre del monte, cuando ellos estaban alojados a la falda del Siná, cuando veían la nube y el fuego, testigos manifiestos de su presencia; cuando sabían que Moisés estaba hablando con Él; cuando acababan de recibir la ley, la cual ellos comenzaron a oír de su misma boca de Dios, y, movidos de un temor religioso, no se tuvieron por dignos para oírla del todo, y pidieron que Moisés por todos la oyese.

Así que, viendo a Dios, se olvidaron de Dios; y mirándole, le negaron; y, teniéndole en los ojos, le borraron de la memoria.

Mas ¿por qué le borraron? No se puede decir más breve ni más encarecidamente que la Escritura lo dice: ¡Por un becerro que comía heno! Y aun no por becerro vivo que comía, sino por imagen de becerro que parecía comer, hecha por sus mismas manos en aquel punto. A aquél los desatinados dijeron: Éste, éste es tu Dios, Israel, el que te sacó de la servidumbre de Egipto.

¿Qué flaqueza, pregunto, o qué desamor habían hallado en Dios hasta entonces? O ¿qué mayor fortaleza esperaban de un poco de oro mal figurado? O ¿qué palabras encarecen debidamente tan grande ceguedad y maldad? Pues los que tan de balde y tan por su sola malicia y liviandad increíble se cegaron allí, justísimo fue, y Dios derechamente lo permitió, que se cegasen aquí en el conocimiento de su único bien.

Y porque no parezca que lo adivinamos ahora nosotros, Moisés en su cántico y en persona de Dios, y hablando de este mismo becerro de que hablamos, tan mal adorado, se lo profetiza y dice de esta manera: «Estos me provocaron a Mí en lo que no era Dios; pues Yo los provocaré a ellos, conviene a saber, a envidia y dolor, llamando a mi gracia y a la rica posesión de mis bienes a una gente vil, y que en su estima de ellos no es gente.» Como diciéndoles que, por cuanto ellos le habían dejado por adorar un metal, Él los dejaría a ellos y abrazaría a la gentilidad, gente muy pecadora y muy despreciada. Porque sabida cosa es, así como lo enseña San Pablo, que el haber desconocido a Cristo aquel pueblo fue el medio por donde se hizo este trueque y traspaso, en que él quedó desechado y despojado de la Religión verdadera, y se pasó la posesión de ella a las gentes.

Mas traigamos a la memoria y pongamos delante de ella lo que entonces pasó y lo que por orden de Dios hizo Moisés; que el mismo hecho será pintura viva y testimonio expreso de esto que digo. ¿No dice la Escritura en aquel lugar que, abajando Moisés del monte, habiendo visto y conocido el mal recaudo del pueblo, quebró, dando en el suelo con ellas, las tablas de la ley que traía en las manos y que el tabernáculo adonde descendía Dios y hablaba con Moisés le sacó Moisés luego del real y de entre las tiendas de los hebreos, y lo asentó en otro lugar muy apartado de aquél? Pues ¿qué fue esto sino decir y profetizar figuradamente lo que, en castigo y pena de aquel exceso, había de suceder a los judíos después? Que el tabernáculo donde mora perpetuamente Dios, que es la naturaleza humana de Jesucristo, que había nacido de ellos y estaba residiendo entre ellos, se había de alejar, por su desconocimiento, de entre los mismos, y que la ley que les había dado, y que ellos con tanto cuidado guardan ahora, les había de ser, como es, cosa perdida y sin fruto, y que habían de mirar, como ven ahora, sin menearse de sus lugares y errores, las espaldas de Moisés, esto es, la sombra y la corteza de su Escritura. La cual, siendo de ellos, no vive con ellos, antes los deja y se pasa a otra parte delante de sus ojos, y mirándolo con grave dolor. Así que por sus pecados todos, y, entre todos, por este del becerro que digo, fueron merecedores de que ni Dios les hablase a la clara, ni ellos tuviesen vista para entender lo que se les hablaba.

Mas, pues hemos dicho acerca de esto todo lo que convenía decir, digamos ya la calidad de este brazo, y aquello a que se extiende su fuerza.

Y como se callase Marcelo aquí un poco, tornó luego a decir:

—De Lactancio Firmiano se escribe, como sabéis, que tuvo más vigor escribiendo contra los errores gentiles que eficacia confirmando nuestras verdades, y que convenció mejor el error ajeno que probó su propósito. Mas yo, aunque no le conviene a ninguno prometer nada de sí, confiado de la naturaleza de las mismas cosas, oso esperar que si acertare a decir con palabras sencillas las hazañas que hizo Dios por medio de Cristo, y las obras de fortaleza; por cuya causa se llama su brazo, que por Él acabó, ello mismo hará prueba de sí tan eficaz, que sin otro argumento se esforzará a sí mismo y se demostrará que es verdadero, y convencerá de falso a lo contrario. Y para que yo pueda ahora, refiriendo estas obras, mostrar la fuerza de ellas mejor, antes que las refiera, me conviene presuponer que a Dios, que es infinitamente fuerte y poderoso, y que para el hacer le basta sólo el querer, ninguna cosa que hiciese le sería contada a gran valentía, si la hiciese usando de su poder absoluto y de la ventaja que hace a todas las demás cosas en fuerzas.

Por donde lo grande y lo que más espanto nos pone, y lo que más nos demuestra lo inmenso de su no comprensible poder y saber, es cuando hace sus cosas sin parecer que las hace, y cuando trae a debido fin lo que ordena, sin romper alguna ley ordenada y sin hacer violencia; y cuando sin poner Él en ello, a lo que parece, su particular cuidado o sus manos, ello de sí mismo se hace; antes con las manos mismas y con los hechos de los que lo desean impedir y se trabajan en impedirlo, no sabréis cómo ni de qué manera viene ello casi de suyo a hacerse. Y es propia manera ésta de la fortaleza a quien la prudencia acompaña. Y en la prudencia, lo más fino de ella y en lo que más se señala, es el dar orden cómo se venga a fines extremados y altos y dificultosos por medios comunes y llanos, sin que en ellos se turbe en los demás el buen orden. Y Dios se precia de hacerlo así siempre, porque es en lo que más se descubre y resplandece su mucho saber. Y entre los hombres, los que gobernaron bien, siempre procuraron, cuanto pudieron, avecinar a esta imagen de gobierno sus ordenanzas. La cual imagen apenas la imitan ni conocen los que el día de hoy gobiernan. Y con otras muchas cosas divinas, de las cuales ahora tenemos solamente la sombra, también se ha perdido la fineza de esta virtud en los que nos rigen, que, atentos muchas veces a un fin particular que pretenden, usan de medios y ponen leyes que estorban otros fines mayores, y hacen violencia a la buena gobernación en cien cosas, por salir con una cosa sola que les agrada.

Y aun están algunos tan ciegos en esto, que entonces presumen de sí, cuando con leyes, que cada una de ellas quebranta otras leyes mejores, estrechan el negocio de tal manera, que reducen a lance forzoso lo que pretenden. Y cuando suben, como dicen, el agua por una torre, entonces se tienen por la misma prudencia y por el dechado de toda la buena gobernación, como, si sirviera para nuestro propósito, lo pudiera yo ahora mostrar por muchos ejemplos.

Pues quedando esto así, para conocer claramente las grandezas que hizo Dios por este brazo suyo, convendrá poner delante los ojos la dificultad y la muchedumbre de las cosas que convenía y era necesario que fuesen hechas por Dios para la salud de los hombres. Porque, conocido lo mucho y lo dificultoso que se había de hacer, y la contrariedad que ello entre sí mismo tenía, y conocido cómo las unas partes de ello impedían la ejecución de las otras, y vista la forma y facilidad, y, si conviene decirlo así, la destreza con que Dios por Cristo proveyó a todo y lo hizo como de un golpe, quedará manifiesta la grandeza del poder de Dios y la razón justísima que tiene para llamar a Cristo brazo suyo y valentía suya.

Decíamos, pues, hoy, que Lucifer, enamorado vanamente de sí, apeteció para sí lo que Dios ordenaba para honra del hombre en Jesucristo. Y decíamos que saliendo de la obediencia y de la gracia de Dios por esta soberbia, y cayendo de felicidad en miseria, concibió enojo contra Dios y mortal envidia contra los hombres. Y decíamos que, movido y aguzado de estas pasiones, procuró poner todas sus mañas e ingenio en que el hombre, quebrantando la ley de Dios, se apartase de Dios; para que, apartado de Él, ni el hombre viniese a la felicidad que se le aparejaba, ni Dios trajese a fin próspero su determinación y consejo. Y que así persuadió al hombre que traspasase el mandamiento de Dios, y que el hombre lo traspasó; y que, hecho esto, el demonio se tuvo por vencedor, porque sabía que Dios no podía no cumplir su palabra, y que su palabra era que muriese el hombre el día que traspasase su ley.

Pues digo ahora (añadiendo sobre esto lo que para esto de que vamos hablando conviene) que, destruido el hombre, y puesto por esta manera en desorden y en confusión el consejo de Dios, y quedando contento de sí y de su buen suceso el demonio, pertenecía al honor y a la grandeza de Dios que volviese por sí y que pusiese en todo conveniente remedio; y ofrecíase juntamente grande muchedumbre de cosas diferentes y casi contrarias entre sí, que pedían remedio.

Porque, lo primero, el hombre había de ser castigado y había de morir, porque de otra manera no cumplía Dios ni con su palabra ni con su justicia. Lo segundo, para que no careciese de efecto el consejo primero, había de vivir el hombre y había de ser remediado. Lo tercero, convenía también que Lucifer fuese tratado conforme a lo que merecía su hecho y osadía, en la cual había mucho que considerar: porque, lo uno, fue soberbio contra Dios; lo otro, fue envidioso del hombre. Y en lo que con el hombre hizo, no sólo pretendió apartarle de Dios, sino sujetarle a su tiranía, haciéndose él señor y cabeza por razón del pecado. Y demás de esto, procedió en ello con maña y engaño, y quiso, como en cierta manera, competir con Dios en sabiduría y consejo, y procuró como atarle con sus mismas palabras y con sus mismas armas vencerle.

Por lo cual, para que fuese conveniente el castigo de estos excesos, y para que fuesen respondiendo bien la pena y la culpa, la pena justa de la soberbia que Lucifer tuvo era que, al que quiso ser uno con Dios, le hiciese Dios siervo y esclavo del hombre. Y, asimismo, porque el dolor de la envidia es la felicidad de aquello que envidia, la pena propia del demonio, envidioso del hombre, era hacer al hombre bienaventurado y glorioso. Y la osadía de haber cutido con Dios en el saber y en el aviso no recibía su debido castigo sino haciendo Dios que su aviso y su astucia del demonio fuese su mismo lazo, y que perdiese a sí y a su hecho por aquello mismo por donde lo pensaba alcanzar, y que se destruyese pensando valerse.

Y en consecuencia de esto, si se podía hacer, convenía mucho a Dios hacerlo: que el pecado y la muerte que puso el demonio en el hombre para quitarle su bien, fuesen, lo uno, ocasión y, lo otro, causa de su mayor bienandanza; y que viviese verdaderamente el hombre por haber habido muerte, y por haber habido miseria y pena y dolor, viniese a ser verdaderamente dichoso; y que la muerte y la pena, por donde a los hombres les viniese este bien, la ordenase y la trajese a debida ejecución el demonio, poniendo en ella todas sus fuerzas, como en cosa que, según su imaginación, le importaba. Y, sobre todo, cumplía que, en la ejecución y obra de todo esto que he dicho, no usase Dios de su absoluto poder ni quebrantase el suave orden y trabazón de sus leyes; sino que, yéndose el mundo como se va y sin sacarle de madre, se viniese haciendo ello mismo. Esto, pues, había en la maldad del demonio y en la miseria y caída del hombre, y en el respeto de la honra de Dios; y cada una de estas cosas, para ser debidamente o castigada o remediada, pedía el orden que he dicho, y no cumplía consigo misma y con su reputación y honor la potencia divina si en algo de eso faltaba, o si usaba en la ejecución de ello de su poder absoluto.

Mas, pregunto: ¿qué hizo? ¿Enfadóse, por ventura, de un negocio tan enredado, y apartó su cuidado de él enfadándose? De ninguna manera. ¿Dio, por caso, salida y remedio a lo uno, y dejó sin medicina a lo otro, impedido de la dificultad de las cosas? Antes puso recaudo en todas. ¿Usó de su absoluto poder? No, sino de suma igualdad y justicia. ¿Fueron, por dicha, grandes ejércitos de ángeles los que juntó para ello? ¿Movió guerra al demonio a la descubierta, y, en batalla campal y partida, le venció y le quitó la presa? Con sólo un hombre venció. ¿Qué digo un hombre? Con sólo permitir que el demonio pusiese a un hombre en la cruz, y le diese allí muerte trujo a felicísimo efecto todas las cosas que arriba dije juntas y enteras.

Porque verdaderamente fue así: que sólo el morir Cristo en la cruz, adonde subió por su permisión, y por las manos del demonio y de sus ministros, por ser persona divina la que murió, y por ser la naturaleza humana en que murió inocente y de todo pecado libre, y santísima y perfectísima naturaleza, y por ser naturaleza de nuestro metal y linaje, y naturaleza dotada de virtud general y de fecundidad para engendrar nuevo ser y nacimiento en nosotros, y por estar nosotros en ella por esta causa como encerrados; así que aquella muerte, por todas estas razones y títulos, conforme a todo rigor de justicia, bastó por toda la muerte a que estaba el linaje humano obligado por justa sentencia de Dios, y satisfizo, cuanto es de su parte, por todo el pecado; y puso al hombre, no sólo en libertad del demonio, sino también en la inmortalidad y gloria y posesión de los bienes de Dios.

Y porque puso el demonio las manos en el inocente y en aquel que por ninguna razón de pecado le estaba sujeto, y pasó ciego la ley de su orden, perdió justísimamente el vasallaje que sobre los hombres por su culpa de ellos tenía; y le fueron quitados, como de entre las uñas, mil queridos despojos; y él mereció quedar por esclavo sujeto de aquel que mató; y el que murió, por haber nacido sin deber nada a la muerte, no sólo en su persona, sino también en las de sus miembros, acocea, como a siervo rebelde y fugitivo, al demonio.

Y quedó de esta manera, por pura ley, aquel soberbio, y aquel orgulloso, y aquel enemigo y sangriento tirano, abatido y vencido. Y el que mala y engañosamente al sencillo y flaco hombre, prometiéndole bien, había hecho su esclavo, es ahora pisado y hollado del hombre, que es ya su señor por el merecimiento de la muerte de Cristo. Y para que el malo reviente de envidia, aquellos mismos a quienes envidió y quitó el paraíso en la tierra, en Cristo lo ve hechos una misma cosa con Dios en el cielo. Y porque presumía mucho de su saber, ordenó Dios que él por sus mismas manos se hiciese a sí mismo este gran mal, y con la muerte que él había introducido en el mundo, dándola a Cristo, dio muerte a sí y dio vida al mundo. Y cuando más el desventurado rabiare y despechare, y, ansioso, se volviere a mil partes, no podrá formar queja si no es de sí sólo que, buscando la muerte a Cristo, a sí se derrocó a la miseria extrema; y al hombre, que aborrecía, sacándole de esta miseria, le levantó a gloria soberana, y esclareció y engrandeció por extremo el poder y saber de Dios, que es lo que más al enemigo le duele.

¡Oh grandeza de Dios nunca oída! ¡Oh sola verdadera muestra de su fuerza infinita y de su no medido saber! ¿Qué puede calumniar aquí ahora el judío, o qué armas le quedan con que pueda defender más su error? ¿Puede negar que pecó el primer hombre? ¿No estaban todos los hombres sujetos a muerte y a miseria, y como cautivos de sus pecados? ¿Negará que los demonios tiranizaban al mundo? O ¿dirá, por ventura, que no le tocaba al honor y bondad de Dios poner remedio en este mal, y volver por su causa, y derrocar al demonio, y redimir al hombre, y sacarle de una cárcel tan fiera? O ¿será menor hazaña y grandeza vencer este león, o menos digna de Dios, que poner en huida los escuadrones humanos, y vencer los ejércitos de los hombres mortales? O ¿hallará, aunque más se desvele, manera más eficaz, más cabal, más breve, más sabia, más honrosa, o en quien más resplandezca toda la sabiduría de Dios, que ésta de que, como decimos, usó, y de que usó en realidad de verdad, por medio del esfuerzo y de la sangre y de la obediencia de Cristo? O, si son famosos entre los hombres, y de claro nombre, los capitanes que vencen a otros, ¿podrán negar a Cristo infinito y esclarecidísimo nombre de virtud y valor, que acometió por sí solo una tan alta empresa, y al fin le dio cima?

Pues todo esto que hemos dicho obró y mereció Cristo muriendo. Y después de muerto, poniéndolo en ejecución, despojó luego el infierno, bajando a él, y pisó la soberbia de Lucifer y encadenóle; y, volviendo el tercer día a la vida para no morir más, rodeado de sus despojos subió triunfando al cielo, de donde el soberbio cayera; y colocó nuestra sangre y nuestra carne en el lugar que el malvado apeteció, a la diestra de Dios. Y hecho señor, en cuanto hombre, de todas las criaturas, y juez y salud de ellas, para poner en efecto en ellas y en nosotros mismos la eficacia de su remedio, y para llevar a sí y subir a su mismo asiento a sus miembros y para, al fuerte tirano (que encadenó y despojó en el infierno), quitarle de la posesión malvada y de la adoración injusta que se usurpaba en la tierra, envió desde el cielo al suelo su Espíritu sobre sus humildes y pequeños discípulos; y, armándolos con él, les mandó mover guerra contra los tiranos y adoradores de ídolos, y contra los sabios vanos y presuntuosos que tenía por ministros suyos el demonio en el mundo.

Y como hacen los grandes maestros, que lo más dificultoso y más principal de las obras lo hacen ellos por sí, y dejan a sus obreros lo de menos trabajo, así Cristo, vencido que hubo por sí y por su persona al espíritu de la maldad, dio a los suyos que moviesen guerra a sus miembros. Los cuales discípulos la movieron osadamente, y la vencieron más esforzadamente; y quitaron la posesión de la tierra al príncipe de las tinieblas, derrocando por el suelo su adoración y su silla.

Mas ¡cuántas proezas comprende en sí esta proeza! Y esta nueva maravilla, ¡cuántas maravillas encierra! Pongamos delante de los ojos del entendimiento lo que ya vieron los ojos del cuerpo; y lo que pasó en hecho de verdad en el tiempo pasado, figurémoslo ahora.

Pongamos de una parte doce hombres desnudos de todo lo que el mundo llama valor, bajos de suelo, humildes de condición, simples en las palabras, sin letras, sin amigos y sin valedores; y, luego, de la otra parte, pongamos toda la monarquía del mundo, y las religiones o persuasiones de religión que en él estaban fundadas por mil siglos pasados, y los sacerdotes de ellas, y los templos, y los demonios que en ellos eran servidos, y las leyes de los príncipes, y las ordenanzas de las repúblicas y comunidades, y los mismos príncipes y repúblicas: que es poner aquí doce hombres humildes y allí todo el mundo y todos los hombres y todos los demonios con todo su saber y poder.

Pues una maravilla es, y maravilla que, si no se viera por vista de ojos, jamás se creyera, que tan pocos osasen mover contra tantos. Y ya que movieron, otra maravilla es que, en viendo el fuego que contra ellos el enemigo encendía en los corazones contrarios, y en viendo el coraje y fiereza y amenaza de ellos, no desistiesen de su pretensión. Y maravilla es que tuviese ánimo un hombre pobrecillo y extraño de entrar en Roma (digamos ahora que entonces tenía el cetro del mundo, y era la casa y morada donde se asentaba el imperio), así que osase entrar en la majestad de Roma un pobre hombre, y decir a voces en sus plazas de ella que eran demonios sus ídolos, y que la religión y manera de vida que recibieron de sus antepasados era vanidad y maldad. Y maravilla es que una tal osadía tuviese suceso; y que el suceso fuese tan feliz como fue, es maravilla que vence el sentido.

Y si estuvieran las gentes obligadas por sus religiones a algunas leyes dificultosas y ásperas, y si los Apóstoles los convidaran con deleite y soltura, aunque era dificultoso mudarse todos los hombres de aquello en que habían nacido, y aunque el respeto de los antepasados de quien lo heredaron, y la autoridad y dichos de muchos excelentes en elocuencia y en letras que lo aprobaron, y toda la costumbre antigua e inmemorial, y, sobre todo, el común consentimiento de las naciones todas, que convenían en ello, les hacía tenerlo por firme y verdadero; pero, aunque romper con tantos respetos y obligaciones era extrañamente difícil, todavía se pudiera creer que el amor demasiado con que la naturaleza lleva a cada uno a su propia libertad y contento, había sido causa de una semejante mudanza.

Mas fue todo al revés: que ellos vivían en vida y religión libre, y que alargaba la rienda a todo lo que pide el deseo; y los Apóstoles, en lo que toca a la vida, los llamaban a una suma aspereza, a la continencia, al ayuno, a la pobreza, al desprecio de todo cuanto se ve. Y en lo que toca a las creencias, les anunciaban lo que a la razón humana parece increíble, y decíanles que no tuviesen por dioses a los que les dieron por dioses sus padres, y que tuviesen por Dios y por Hijo de Dios a un hombre a quien los judíos dieron muerte de cruz. Y el muerto en la cruz dio vigor no creíble a esta palabra.

Por manera que este hecho, por dondequiera que le miremos, es hecho maravilloso. Maravilloso en el poco aparato con que se principió, maravilloso en la presteza con que vino a crecimiento, y más maravilloso en el grandísimo crecimiento a que vino; y, sobre todo, maravilloso en la forma y manera como vino. Porque si sucediera así, que algunos persuadidos al principio por los Apóstoles, y por aquellos persuadiéndose otros, y todos juntos y hechos un cuerpo y con las armas en la mano se hicieran señores de una ciudad, y de allí, peleando, sujetaran sí la comarca, y, poco a poco, cobrando más fuerzas, ocuparan un reino, y como a Roma le aconteció, que, hecha señora de Italia, movió guerra a toda la tierra, así ellos, hechos poderosos y guerreando vencieran el mundo y le mudaran sus leyes; si así fuera, menos fuera de maravillar. Así subió Roma a su imperio: así también la ciudad de Cartago vino a alcanzar grande poder muchos poderosos reinos crecieron de semejantes principios: la secta de Mahoma, falsísima, por este camino ha cundido; y la potencia del Turco, de quien ahora tiembla la tierra, principio tuvo de ocasiones más flacas; y, finalmente, de esta manera se esfuerzan y crecen y sobrepujan los hombres unos a otros.

Mas nuestro hecho, porque era hecho verdaderamente de Dios, fue por muy diferente camino. Nunca se juntaron los Apóstoles y los que creyeron a los Apóstoles para acometer, sino para padecer y sufrir; sus armas no fueron hierro, sino paciencia jamás oída. Morían, y muriendo vencían. Cuando caían en el suelo degollados nuestros maestros, se levantaban nuevos discípulos; y la tierra, cobrando virtud de su sangre, producía nuevos frutos de fe; y el temor y la muerte, que espanta naturalmente y aparta, atraía y acodiciaba a las gentes a la fe de la Iglesia. Y, como Cristo muriendo venció, así, para mostrarse brazo y valentía verdadera de Dios, ordenó que hiciese alarde el demonio de todos sus miembros, y que los encendiese en crueldad cuanto quisiese, armándolos con hierro y con fuego. Y no les embotó las espadas, como pudiera, ni se las quitó de las manos, ni hizo a los suyos con cuerpos no penetrables al hierro, como dicen de Aquiles, sino antes se los puso, como suelen decir, en las uñas, y les permitió que ejecutasen en ellos toda su crueza y fiereza; y, lo que vence a toda razón, muriendo los fieles, y los infieles dándoles muerte, diciendo los infieles «matemos», y los fieles diciendo «muramos», pereció totalmente la infidelidad y creció la fe y se extendió cuanto es grande la tierra.

Y venciendo siempre, a lo que parecía, nuestros enemigos, quedaron, no sólo vencidos, sino consumidos del todo y deshechos, como lo dice por hermosa manera Zacarías, profeta: «Y será éste el azote con que herirá el Señor a todas las gentes que tomaren armas contra Jerusalén; la carne de cada uno, estando él levantado y sobre sus pies, deshecha se consumirá; y también sus ojos, dentro de sus cuencas sumidos, serán hechos marchitos, y secaráseles la lengua dentro de la boca.»

Adonde, como veis, no se dice que había de poner otro alguno las manos en ellos para darles la muerte, sino que ellos de suyo se habían de consumir y secar y venir a menos, como acontece a los éticos; y que habían de venir a caerse de suyo, y esto, al parecer, no derrocados por otros, sino estando levantados y sobre sus pies. Porque siempre los enemigos de la Iglesia ejecutaron su crueldad contra ella, y quitaron a los fieles, cuantas veces quisieron, las vidas, y pisaron victoriosos sobre la sangre cristiana; mas también aconteció siempre que, cayendo los mártires, venían al suelo los ídolos y se consumían los martirizadores gentiles; y, multiplicándose con la muerte de los unos la fe de los otros, se levantaban y acrecentaban los fieles, hasta que vino a reinar en todos la fe.

Vengan ahora, pues, los que se ceban de sólo aquello que el sentido aprende, y los que, esclavos de la letra muerta, esperan batallas y triunfos y señoríos de la tierra, porque algunas palabras lo suenan así. Y si no quieren creer la victoria secreta y espiritual y la redención de las almas (que servían a la maldad y al demonio), que obró Cristo en la cruz, porque no se ve con los ojos y porque ni ellos para verlo tienen los ojos de fe que son menester; esto, a lo menos, que pasó y pasa públicamente y que lo vio todo el mundo: la caída de los ídolos y la sujeción de todas las gentes a Cristo, y la manera como las sujetó y las venció.

Pues vengan, y dígannos si les parece este hecho pequeño o usado o visto otra vez, o siquiera imaginado como posible el poder de este hecho antes que por el hecho se viese. Dígannos si responde mejor con las promesas divinas, y si las hinche más este vencimiento, y si es más digno de Dios que las armas que fantasea su desatino. ¿Qué victoria, aunque junten en uno todo lo próspero en armas y lo victorioso y valeroso que ha habido, traída con esta victoria a comparación, tiene ser? ¿Qué triunfo o qué carro vio el sol que iguale con éste? ¿Qué color les queda ya a los miserables, o qué apariencia para perseverar en su error?

Yo persuadido estoy para mí (y téngolo por cosa evidente), que sola esta conversión del mundo, considerada como se debe, pone la verdad de nuestra Religión fuera de toda duda y cuestión, y hace argumento por ella tan necesario, que no deja respuesta a ninguna infidelidad, por aguda y maliciosa que sea, sino que, por más que se aguce y esfuerce, la doma y la ata y la convence, y es argumento breve y clarísimo, y que se compone todo él de lo que toca al sentido.

Porque ruégoos, Juliano y Sabino, que me digáis (y si mi ingenio por su flaqueza no pasa adelante, tended vosotros la vista aguda de los vuestros, quizá veréis más); así que decidme: hablando ahora de Cristo y de las cosas y obras suyas que a todas las gentes, así fieles como infieles, fueron notorias, así las que hizo Él por sí en su vida, como las que hicieron sus discípulos de Él después de su muerte, decidme: ¿No es evidente a todo entendimiento, por más ciego que sea, que aquello se hizo por virtud de Dios, o por virtud del demonio, y que ninguna fuerza de hombre, no siendo favorecido de alguna otra mayor, no era poderosa para hacer lo que, viéndolo todos, hicieron Cristo y los suyos? Evidente es esto, sin duda; porque aquellas obras maravillosas que las historias de los mismos infieles publican, y la conversión de toda la gentilidad, que es notoria a todos ellos y fue la más milagrosa obra de todas, así que, estas maravillas y milagros tan grandes necesaria cosa es decir que fueron, o falsos, o verdaderos milagros; y, si falsos, que los hizo el demonio, y, si verdaderos, que los obró Dios.

Pues siendo esto así, como es, si fuere evidente que no los hizo el poder del demonio, quedará convencido que Dios los obró. Y es evidente que no los hizo el demonio; porque por ellos, como todas las gentes lo vieron, fue destruido el demonio, y su poder, y el señorío que tenía en el mundo, derrocándole los hombres sus templos y negándole el culto y servicio que le daban antes, y blasfemando de él.

Y lo que pasó entonces en toda la redondez del orbe romano pasó en la edad de nuestros padres y pasa ahora en la nuestra, y por vista de ojos lo vemos en el mundo nuevamente hallado; en el cual, desplegando por él su victoriosa bandera, la palabra del Evangelio destierra por doquiera que pasa la adoración de los ídolos.

Por manera que Cristo, o es brazo de Dios, o es poder del demonio; y no es poder del demonio, como es evidente, porque deshace y arruina el poder del demonio; luego, evidentemente, es brazo de Dios.

¡Oh, cómo es la luz de la verdad, y cómo ella misma se dice y defiende, y sube en alto y resplandece, y se pone en lugar seguro y libre de contradicción! ¿No veis con cuán simples y breves palabras la pura verdad se concluye? Que torno a decirlo otra y tercera vez. Si Cristo no fue error del demonio, de necesidad se concluye que fue luz y verdad de Dios, porque entre ello no hay medio. Y si Cristo destruyó el ser y saber y poder del demonio, como de hecho le destruyó, evidente es que no fue ministro ni fautor del demonio.

Humíllese, pues, a la verdad la infidelidad; y, convencida, confiese que Cristo, nuestro bien, no es invención del demonio, sino verdad de Dios y fuerza suya, y su justicia, y su valentía, y su nombrado y poderoso brazo. El cual, si tan valeroso nos parece en esto que ha hecho, en lo que le resta por hacer y nos tiene prometido de hacerlo, ¿que nos parecerá cuando lo hiciere, y cuando, como escribe San Pablo, dejare vacías, esto es, depusiere de su ser y valor a todas las potestades y principados, sujetando a sí y a su poder enteramente todas las cosas para que reine Dios en todas ellas cuando diere fin al pecado, y acabare la muerte, y sepultare en el infierno para nunca salir de allí la cabeza y el cuerpo del mal?

Mucho más es lo que se pudiera decir acerca de este propósito; mas, para dar lugar a lo que nos resta, basta lo dicho y aun sobra, a lo que parece, según es grande la prisa que se da el sol en llevarnos el día.

Aquí Juliano, levantando los ojos, miró hacia el sol que ya se iba a poner, y dijo:

-Huyen las horas, y casi no las hemos sentido pasar, detenidos, Marcelo, con vuestras razones; mas para decir lo demás que os placiere, no será menos conveniente la noche templada que ha sido el día caluroso.

-Y más -dijo encontinente Sabino- que como el sol se fuere a su oficio, vendrá luego en su lugar la luna, y el coro resplandeciente de las estrellas con ella, que, Marcelo, os harán mayor auditorio; y, callando con la noche todo, y hablando solo vos, os escucharán atentísimas. Vos mirad no os halle desapercibido un auditorio tan grande.

Y diciendo esto y desplegando el papel, sin atender más respuesta, leyó:

REY DE DIOS

Es Cristo llamado Rey, y de las cualidades que Dios puso en Él para este oficio

Nómbrase, Cristo también Rey de Dios. En el Salmo segundo dice Él, de sí, según nuestra letra: «Yo soy Rey constituido por Él, esto es, por Dios, sobre Sión, su monte santo.» Y, según la letra original, dice Dios de Él: «Yo constituí a mi Rey sobre el monte Sión, monte santo mío.» Y según la misma letra, en el capítulo catorce de Zacarías: «Y vendrán todas las gentes, y adorarán al Rey del Señor Dios.»

Y leído esto, añadió el mismo Sabino, diciendo:

-Mas, es poco todo lo demás que en este papel se contiene; y así, por no desplegarse más veces, quiérolo leer de una vez.

Y dijo:

-Nómbrase también Príncipe de paz, y nómbrase Esposo. Lo primero, se ve en el capítulo nueve de Isaías, donde, hablando de Él, el profeta dice: «Y será llamado Príncipe de paz.» De lo segundo, Él mismo, en el Evangelio de San Juan, en el capítulo tercero, dice: «Él que tiene esposa, esposo es; y su amigo oye la voz del esposo y gózase.» Y en otra parte: «Vendrán días cuando les será quitado el Esposo, y entonces ayunarán.»

Y con esto calló. Y Marcelo comenzó por esta manera:

-En confusión me pusiera, Sabino, lo que habéis dicho, si ya no estuviera usado a hablar en los oídos de las estrellas, con las cuales comunico mis cuidados y mis ansias las más de las noches; y tengo para mí que son sordas. Y si no lo son y me oyen, estas razones de que ahora tratamos no me pesará que las oigan pues son suyas, y de ellas las aprendimos nosotros, según lo que en el salmo se dice: «Que el cielo pregona la gloria de Dios, y sus obras las anuncia el cielo estrellado.» Y la gloria de Dios y las obras de que Él señaladamente se precia son los hechos de Cristo, de que platicamos ahora. Así que, oiga en buena hora el cielo lo que nos vino del cielo, y lo que el mismo cielo nos enseñó.

Mas sospecho, Sabino, que, según es baja mi voz, el ruido que en esta presa hace el agua cayendo, que crecerá con la noche, les hurtará de mis palabras las más. Y comoquiera que sea, viniendo a nuestro propósito, pues Dios en lo que habéis ahora leído llama a Cristo rey suyo, siendo así que todos los que reinan son reyes por mano de Dios, claramente nos da a entender y nos dice que Cristo no es rey como los demás reyes, sino rey por excelente y no usada manera. Y según lo que yo alcanzo, a solas tres cosas se puede reducir todo lo que engrandece las excelencias y alabanzas de un rey: y la una consiste en las cualidades que en su misma persona tiene convenientes para el fin del reinar, y la otra está en la condición de los súbditos sobre quienes reina, y la manera como los rige y lo que hace con ellos el rey, es la tercera y postrera. Las cuales cosas, en Cristo concurren y se hallan como en ningún otro; y por esta causa es Él sólo llamado por excelencia rey hecho por Dios.

Y digamos de cada una de ellas por sí. Y lo primero, que toca a las cualidades que puso Dios en la naturaleza humana de Cristo para hacerle rey, comenzándolas a declarar y a contar, una de ellas es humildad y mansedumbre de corazón, como Él mismo de sí lo testifica, diciendo: «Aprended de Mí, que soy manso y humilde de corazón.» Y, como decíamos poco ha, Isaías canta de Él: «No será bullicioso, ni apagará una estopa que humee, ni una caña quebrantada la quebrará.» Y el profeta Zacarías también: «No quieras temer, dice, hija de Sión; que tu rey viene a ti justo y salvador y pobre (o, como dice otra letra, manso) y asentado sobre un pollino.» Y parecerá al juicio del mundo que esta condición de ánimo no es nada decente al que ha de reinar; mas Dios, que no sin justísima causa llama entre todos los demás reyes a Cristo su rey, y que quiso hacer en Él un rey de su mano que respondiese perfectamente a la idea de su corazón, halló, como es verdad, que la primera piedra de esta su obra era un ánimo manso y humilde, y vio que un semejante edificio, tan soberano y tan alto, no se podía sustentar sino sobre cimientos tan hondos.

Y como en la música no suenan todas las voces agudo ni todas grueso, sino grueso y agudo debidamente, y lo alto se templa y reduce a consonancia en lo bajo, así conoció que la humildad y mansedumbre entrañable que tiene Cristo en su alma, convenía mucho para hacer armonía con la alteza y universalidad de saber y poder con que sobrepuja a todas las cosas criadas. Porque si tan no medida grandeza cayera en un corazón humano que de suyo fuera airado y altivo, aunque la virtud de la persona divina era poderosa para corregir este mal, pero ello de sí no podía prometer ningún bien.

Demás de que, cuando de sí no fuera necesario que un tan soberano poder se templara en llaneza, ni a Cristo, por lo que a Él y a su alma toca, le fuere necesaria o provechosa esta mezcla, a los súbditos y vasallos suyos nos convenía que este rey nuestro fuese de excelente humildad. Porque toda la eficacia de su gobierno y toda la muchedumbre de no estimables bienes que de su gobierno nos vienen, se nos comunican a todos por medio de la fe y del amor que tenemos con Él y nos junta con Él. Y cosa sabida es que la majestad y grandeza, y toda la excelencia que sale fuera de competencia en los corazones más bajos, no engendra afición, sino admiración y espanto, y más arredra que allega y atrae. Por lo cual no era posible que un pecho flaco y mortal, que considerase la excelencia sin medida de Cristo, se le aplicase con fiel afición y con aquel amor familiar y tierno con que quiere ser de nosotros amado, para que se nos comunique su bien; si no le considerara también no menos humilde que grande, y si, como su majestad nos encoge, su inestimable llaneza y la nobleza de su perfecta humildad, no despertara osadía y esperanza en nuestra alma.

Y a la verdad, si queremos ser jueces justos y fieles, ningún afecto ni arreo es más digno de los reyes, ni más necesario, que lo manso y lo humilde; sino que con las cosas hemos ya perdido los hombres el juicio de ellas y su verdadero conocimiento. Y como siempre vemos altivez y severidad y soberbia en los príncipes, juzgamos que la humildad y llaneza es virtud de los pobres. Y no miramos siquiera que la misma naturaleza divina, que es emperatriz sobre todo, y de cuyo ejemplo han de sacar los que reinan la manera cómo han de reinar, con ser infinitamente alta, es llana infinitamente, y (si este nombre del humilde puede caber en ella, y en la manera que puede caber) humildísima: pues, como vemos, desciende a poner su cuidado y sus manos, ella por sí misma, no sólo en la obra de un vil gusano, sino también en que se conserve y que viva, y matiza con mil graciosos colores sus plumas al pájaro, y viste de verde hoja los árboles; y eso mismo que nosotros, despreciando, hollamos, los prados y el campo, aquella majestad no se desdeña de irlo pintando con yerbas y flores. Por donde con voces llenas de alabanza y de admiración le dice David: «¿Quién es como nuestro Dios, que mora en las alturas, y mira con cuidado hasta las más humildes bajezas, y Él mismo juntamente está en el cielo y en la tierra?»

Así que si no conocemos ya esta condición en los príncipes, ni se la pidamos, porque el mal uso recibido y fundado daña las obras y pone tinieblas en la razón, y porque, a la verdad, ninguna cosa son menos que los que se nombran señores y príncipes, Dios en su Hijo, a quien hizo príncipe de todos los príncipes, y sólo verdadero rey entre todos, como cualidad necesaria y preciada la puso. Mas ¿en qué manera la puso, o qué tanta es y fue su dulce humildad?

Mas pasemos a otra condición que se sigue, que, diciendo de ella, diremos en mejor lugar la grandeza de esta que hemos llamado mansedumbre y llaneza, porque son entre sí muy vecinas; y lo que diré es como fruto de esto que he dicho.

Pues fue Cristo, además de ser manso y humilde, más ejercitado que ningún otro hombre en la experiencia de los trabajos y dolores humanos. A la cual experiencia sujetó el Padre a su Hijo porque le había de hacer rey verdadero, y para que en el hecho de la verdad fuese perfectísimo rey, como San Pablo lo escribe: «Fue decente que Aquel, de quien y por quien y para quien son todas las cosas, queriendo hacer muchos hijos para los llevar a la gloria, al príncipe de la salud de ellos le perficionase con pasión y trabajos; porque el que santifica y los santificados han de ser todos de un mismo metal.» Y entreponiendo ciertas palabras, luego, poco más abajo, torna y prosigue: «Por donde convino que fuese hecho semejante a sus hermanos en todo, para que fuese cabal y fiel y misericordioso pontífice para con Dios, para aplacarle en los pecados del pueblo.» Que por cuanto padeció Él siendo tentado, es poderoso para favorecer a los que fueren tentados.

En lo cual no sé cuál es más digno de admiración: el amor entrañable con que Dios nos amó dándonos un rey para siempre, no sólo de nuestro linaje, sino tan hecho a la medida de nuestras necesidades, tan humano, tan llano, tan compasivo y tan ejercitado en toda pena y dolor, o la infinita humildad y obediencia y paciencia de este nuestro perpetuo Rey, que no sólo para animarnos a los trabajos, sino también para saber Él condolerse más de nosotros cuando estamos puestos en ellos, tuvo por bueno hacer prueba Él en sí primero de todos.

Y como unos hombres padezcan en una cosa y otros en otra, Cristo (porque así como su imperio se extendía por todos los siglos, así la piedad de su ánimo abrazase a todos los hombres) probó en sí casi todas las miserias de pena. Porque, ¿qué dejó de probar? Padecen algunos pobreza; Cristo la padeció más que otro ninguno. Otros nacen de padres bajos y oscuros, por donde son tenidos por menos; el padre de Cristo, a la opinión de los hombres, fue un oficial carpintero. El destierro y el huir a tierra ajena fuera de su natural, es trabajo; y la niñez de este Señor huye su natural y se esconde en Egipto. Apenas ha nacido la luz, y ya el mal la persigue. Y si es pena el ser ocasión de dolor a los suyos, el infante pobre, huyendo, lleva en pos de sí, por casas ajenas, a la doncella pobre y bellísima y al ayo santo y pobre también. Y aun por no dejar de padecer la angustia que el sentido de los niños más siente, que es perder a sus padres, Cristo quiso ser y fue niño perdido.

Mas vengamos a la edad de varón. ¿Qué lengua podrá decir los trabajos y dolores que Cristo puso sobre sus hombros, el no oído sufrimiento y fortaleza con que los llevó, las invenciones y los ingenios de nuevos males que Él mismo ordenó, como saboreándose en ellos, cuán dulce le fue el padecer, cuánto se preció de señalarse sobre todos en esto, cómo quiso que con su grandeza compitiese en Él su humildad y paciencia? Sufrió hambre, padeció frío, vivió en extremada pobreza, cansóse y desvelóse y anduvo muchos caminos, sólo a fin de hacer bienes de incomparable bien a los hombres.

Y para que su trabajo fuese trabajo puro, o, por mejor decir, para que llegase creciendo a su grado mayor, de todo este afán el fruto fueron muy mayores afanes. Y de sus tan grandes sudores no cogió sino dolores y persecuciones y afrentas; y sacó del amor desamor; del bien hacer, mal parecer; del negociarnos la vida, muerte extremadamente afrentosa, que es todo lo amargo y lo duro a que en este género de calamidad se puede subir.

Porque si es dolor pasar uno pobreza y desnudez y mucho desvelamiento y cuidado, ¿qué será cuando, por quien se pasa, no lo agradece? ¿Qué cuando no lo conoce? ¿Qué cuando lo desconoce, lo desagradece, lo maltrata y persigue? Dice David en el Salmo: «Si quien me debía enemistad me persiguiera, fuera cosa que la pudiera llevar; mas ¡mi amigo y mi conocido y el que era un alma conmigo, el que comía a mi mesa y con quien comunicaba mi corazón!» Como si dijese que el sentido de un semejante caso vencía a cualquier otro dolor. Y con ser así, pasa un grado más adelante el de Cristo; porque, no sólo le persiguieron los suyos, sino los que por infinitos beneficios que recibían de Él estaban obligados a serlo; y, lo que es más, tomando ocasión de enojo y de odio de aquello mismo que con ningún agradecimiento podían pagar, como se querella en su misma persona de Él el profeta Isaías, diciendo: «Y dije: trabajado he por demás, consumido he en vano mi fortaleza; por donde mi pleito es con el Señor, y mi obra con el que es Dios mío.» Sería negocio infinito si quisiéramos por menudo decir, en cada una de las que hizo Cristo, lo que sufrió y padeció.

Vengamos al remate de todas ellas, que fue su muerte, y veremos cuánto se preció de beber puro este cáliz, y de señalarse sobre todas las criaturas en gustar el sentido de la miseria por extremada manera, llegando hasta lo último de él. Mas ¿quién podrá decir ni una pequeña parte de esto? No es posible decirlo todo; mas diré brevemente lo que basta para que se conozcan los muchos quilates de dolor con que calificó Cristo este dolor de su muerte, y los innumerables males que en un solo mal encerró.

Siéntese más la miseria cuando sucede a la prosperidad, y es género de mayor infelicidad en los trabajos el haber sido en algún tiempo feliz. Poco antes que le prendiesen y pusiesen en cruz, quiso ser recibido, y lo fue de hecho, con triunfo glorioso. Y sabiendo cuán maltratado había de ser dende a poco, para que el sentimiento de aquel tratamiento malo fuese más vivo, ordenó que estuviese reciente y como presente la memoria de aquella divina honra que, aquellos mismos que ahora le despreciaban ocho días antes le hicieron. Y tuvo por bien que casi se encontrasen en sus oídos las voces de «Hosanna, Hijo de David», y de «Bendito el que viene en el nombre de Dios», con las de «Crucifícale, crucifícale», y con las de «Veis, el que destruía y reedificaba el templo de Dios en tres días, no puede salvarse a sí, y pudo salvar a los otros». Para que lo desigual de ellas, y la contrariedad que entre sí tenían con las unas las otras, causase mayor pena en su corazón.

Suele ser descanso a los que de esta vida se parten, no ver las lágrimas y los sollozos y la tristeza afligida de los que bien quieren. Cristo, la noche a quien sucedió el día último de su vida mortal, los juntó a todos y cenó con ellos juntos, y les manifestó su partida, y vio su congoja, y tuvo por bien verla y sentirla para que con ella fuese más amarga la suya. ¡Qué palabras les dijo en lo que platicó con ellos aquella noche! ¡Qué enternecimientos de amor! Que si, a los que ahora los vemos escritos, el oírlos nos enternece, ¿qué sería lo que obraron entonces en quien los decía?

Pero vamos adonde ya Él mismo, levantado de la mesa y caminando para el huerto nos lleva. ¿Qué fue cada uno de los pasos de aquel camino sino un clavo nuevo que le hería, llevándole al pensamiento y a la imaginación la prisión y la muerte, a que ellos mismos le acercaban buscándola? Mas ¿qué fue lo que hizo en el huerto que no fuese acrecentamiento de pena? Escogió tres de sus discípulos para su compañía y conorte, y consintió que se venciesen del sueño para que, con ver su descuido de ellos, su cuidado y su pena de Él creciese más.

Derrocóse en oración delante del Padre, pidiéndole que pasase de Él aquel cáliz, y no quiso ser oído en esta oración. Dejó desear a su sentido lo que no quería que se le concediese, para sentir en sí la pena que nace del desear y no alcanzar lo que pide el deseo. Y como si no le bastara el mal y el tormento de una muerte que ya le estaba vecina, quiso hacer, como si dijésemos, vigilia de ella, y morir antes que muriese, o, por mejor decir, morir dos veces: la una en el hecho y la otra en la imaginación de Él.

Porque desnudó, por una parte, a su sentido inferior de las consolaciones y esfuerzos del cielo; y, por otra parte, le puso en los ojos una representación de los males de su muerte y de las ocasiones de ella, tan viva, tan natural, tan expresa y tan figurada, y con una fuerza tan eficaz, que lo que la misma muerte en el hecho no pudo hacer sin ayudarse de las espinas y el hierro, en la imaginación y figura, por sí misma y sin armas ningunas, lo hizo. Que le abrió las venas, y, sacándole la sangre de ellas, bañó con ella el sagrado cuerpo y el suelo. ¿Qué tormento tan desigual fue éste con que se quiso atormentar de antemano? ¿Qué hambre, o, digamos, qué codicia de padecer? No se contentó con sentir el morir, sino quiso probar también la imaginación y el temor del morir lo que puede doler. Y porque la muerte súbita y que viene no pensada y casi de improviso, con un breve sentido se pasa, quiso entregarse a ella antes que fuese. Y antes que sus enemigos se la acarreasen, quiso traerla Él a su alma y mirar su figura triste, y tender el cuello a su espada, y sentir por menudo y despacio sus heridas todas, y avivar más sus sentidos para sentir más el dolor de sus golpes, y, como dije, probar hasta el cabo cuánto duele la muerte, esto es, el morir y el temor del morir.

Y aunque digo el temor del morir, si tengo de decir, Juliano, lo que siempre entendí acerca de esta agonía de Cristo, no entiendo que fue el temor el que le abrió las venas y le hizo sudar gotas de sangre; porque, aunque de hecho temió, porque Él quiso temer, y, temiendo, probar los accidentes ásperos que trae consigo el temor; pero el temor no abre el cuerpo ni llama afuera la sangre, antes la recoge adentro y la pone a la redonda del corazón, y deja frío lo exterior de la carne, y la misma razón aprieta los poros de ella. Y así no fue el temor el que sacó afuera la sangre de Cristo, sino, si lo hemos de decir con una palabra, el esfuerzo y el valor de su alma con que salió al encuentro y con que al temor resistió, ése, con el tesón que puso, le abrió todo el cuerpo.

Porque se ha de entender que Cristo, como voy diciendo, porque quiso hacer prueba en sí de todos nuestros dolores, y vencerlos en sí para que después fuesen por nosotros más fácilmente vencidos, armó contra sí en aquella noche todo lo que vale y puede la congoja y el temor, y consintió que todo ello de tropel y como en un escuadrón moviese guerra a su alma. Porque figurándolo todo con no creíble viveza, puso en ella como vivo y presente lo que otro día había de padecer, así en el cuerpo con dolores, como en esa misma alma con tristeza y congojas. Y juntamente con esto, hizo también que considerase su alma las causas por las cuales se sujetaba a la muerte, que eran las culpas pasadas y porvenir de todos los hombres, con la fealdad y graveza de ellas y con la indignación grandísima y la encendida ira que Dios contra ellas concibe, y ni más ni menos consideró el poco fruto que tan ricos y tan trabajados trabajos habían de hacer en los más de los hombres.

Y todas estas cosas juntas y distintas, y vivísimamente consideradas, le acometieron a una, ordenándolo Él, para ahogarle y vencerle. De lo cual Cristo no huyó, ni rindió a estos temores y fatigas apocadamente su alma, ni para vencerlos les embotó, como pudiera, las fuerzas; antes, como he dicho, cuanto fue posible se las acrescentó; ni menos armó a sí mismo y a su santa alma, o con insensibilidad para no sentir (antes despertó en ella más sus sentidos), o con la defensa de su divinidad bañándola en gozo con el cual no tuviera sentido el dolor, o a lo menos con el pensamiento de la gloria y bienaventuranza divina, a la cual por aquellos males caminaba su cuerpo, apartando su vista de ellos y volviéndola a esta otra consideración, o templando siquiera la una consideración con la otra, sino, desnudo de todo esto, y con sólo el valor de su alma y persona, y con la fuerza que ponía en su razón el respeto de su Padre y el deseo de obedecerle, les hizo a todos cara y luchó, como dicen, a brazo partido con todos, y al fin lo rindió todo y lo sujetó debajo sus pies.

Mas la fuerza que puso en ello, y el estribar la razón contra el sentido, y, como dije, el tesón generoso con que aspiró a la victoria, llamó afuera los espíritus y la sangre, y la derramó. Por manera que lo que vamos diciendo, que gustó Cristo de sujetarse a nuestros dolores, haciendo en sí prueba de ellos, según esta manera de decir, aún se cumple mejor. Porque, no sólo sintió el mal del temor y la pena de la congoja y el trabajo que es sentir uno en sí diversos deseos y el desear algo que no se cumple, pero la fatiga increíble del pelear contra su apetito propio y contra su misma imaginación, y el resistir a las formas horribles de tormentos y males y afrentas, que se le venían espantosamente a los ojos para ahogarle, y el hacerles cara, y el, peleando uno contra tantos, valerosamente vencerlos con no oído trabajo y sudor, también lo experimentó.

Mas ¿de qué no hizo experiencia? También sintió la pena que es ser vendido y traído a muerte por sus mismos amigos, como Él lo fue en aquella noche de Judas; el ser desamparado en su trabajo de los que le debían tanto amor y cuidado; el dolor del trocarse los amigos con la fortuna; el verse no solamente negado de quien tanto le amaba, mas entregado del todo en las manos de quien lo desamaba tan mortalmente; la calumnia de los acusadores, la falsedad de los testigos, la injusticia misma, y la sed de la sangre inocente asentada en el soberano tribunal por juez, males que sólo quien los ha probado los siente; la forma de juicio y el hecho de cruel tiranía; el color de religión adonde era todo impiedad y blasfemia; el aborrecimiento de Dios, disimulado por de fuera con apariencias falsas de su amor y su honra. Con todas estas amarguras templó Cristo su cáliz, y añadió a todas ellas las injurias de las palabras, las afrentas de los golpes, los escarnios, las befas, los rostros y los pechos de sus enemigos bañados en gozo; el ser traído por mil tribunales, el ser estimado por loco, la corona de espinas, los azotes crueles; y lo que entre estas cosas se encubre, y es dolorosísimo para el sentido, que fue el llegar tantas veces en aquel día de su prisión la causa de Cristo, mejorándose, a dar buenas esperanzas de sí; y habiendo llegado a este punto, el tornar súbitamente a empeorarse después.

Porque cuando Pilatos despreció la calumnia de los fariseos y se enteró de su envidia, mostró prometer buen suceso el negocio. Cuando temió por haber oído que era Hijo de Dios, y se recogió a tratar de ello con Cristo, resplandeció como una luz y cierta esperanza de libertad y salud. Cuando remitió el conocimiento del pleito Pilatos a Herodes, que por oídas juzgaba divinamente de Cristo, ¿quién no esperó breve y feliz conclusión? Cuando la libertad de Cristo la puso Pilatos en la elección del pueblo, a quien con tantas buenas obras Cristo tenía obligado; cuando les dio poder que librasen al homicida o al que restituía los muertos a vida; cuando avisó su mujer al juez de lo que había visto en visión, y le amonestó que no condenase a aquel justo ¿qué fue sino un llegar casi a los umbrales el bien? Pues este subir a esperanzas alegres y caer de ellas al mismo momento, este abrirse el día del bien y tornar a oscurecerse de súbito, el despintarse improvisadamente la salud que ya, ya, se tocaba; digo, pues, que este variar entre esperanza y temor, y esta tempestad de olas diversas que ya se encumbraban prometiéndole vida, y ya se derrocaban amenazando con muerte; esta desventura y desdicha, que es propia de los muy desgraciados, de florecer para secarse luego, y de revivir para luego morir, y de venirles el bien y desaparecerse, deshaciéndoseles entre las manos cuando les llega, probó también en sí mismo el Cordero. Y la buena suerte, y la buena dicha única de todas las cosas, quiso gustar de lo que es ser uno infeliz.

Infinito es lo que acerca de esto se ofrece, mas, cánsase la lengua en decir lo que Cristo no se cansó en padecer. Dejo la sentencia injusta, la voz del pregón, los hombros flacos, la cruz pesada, el verdadero y propio cetro de este nuestro gran Rey, los gritos del pueblo, alegres en unos y en otros llorosos, que todo ello traía consigo su propio y particular sentimiento.

Vengo al monte Calvario. Si la pública desnudez en una persona grave es áspera y vergonzosa, Cristo quedó delante de todos desnudo. Si el ser atravesado con hierro por las partes más sensibles del cuerpo es tormento grandísimo, con clavos fueron allí atravesados los pies y las manos de Cristo. Y porque fuese el sentimiento mayor, el que es piadoso aun con las más viles criaturas del mundo, no lo fue consigo mismo, antes en una cierta manera se mostró contra sí mismo cruel. Porque lo que la piedad natural y el afecto humano y común, que aun en los ejecutores de la justicia se muestra, tenía ordenado para menos tormento de los que morían en cruz, ofreciéndoselo a Cristo, lo desechó. Porque daban a beber a los crucificados en aquel tiempo, antes que los enclavasen, cierto vino confeccionado con mirra e incienso, que tiene virtud de ensordecer el sentido y como embotarle al dolor para que no sienta; y Cristo, aunque se lo ofrecieron, con la sed que tenía de padecer, no lo quiso beber.

Así que, desafiando al dolor, y desechando de sí todo aquello con que se pudiera defender en aquel desafío, el cuerpo desnudo y el corazón armado con fortaleza y con solas las armas de su no vencida paciencia, subió este nuestro Rey en la cruz. Y levantada en alto la salud del mundo, y llevando al mundo sobre sus hombros, y padeciendo Él solo la pena que merecía padecer el mundo por sus delitos, padeció lo que decir no se puede.

Porque ¿en qué parte de Cristo o en qué sentido suyo no llegó el dolor a lo sumo? Los ojos vieron lo que, visto, traspasó el corazón: la madre, viva y muerta, presente. Los oídos estuvieron llenos de voces blasfemas y enemigas. El gusto, cuando tuvo sed, gustó hiel y vinagre. El sentido todo del tacto, rasgado y herido por infinitas partes del cuerpo, no tocó cosa que no le fuese enemiga y amarga. Al fin dio licencia a su sangre, que, como deseosa de lavar nuestras culpas, salía corriendo abundante y presurosa. Y comenzó a sentir nuestra vida, despojada de su calor, lo que sólo le quedaba ya por sentir: los fríos tristísimos de la muerte y, al fin, sintió y probó la muerte también.

Pero ¿para qué me detengo yo en esto? Lo que ahora Cristo, que reina glorioso y señor de todo, en el cielo nos sufre, muestra bien claramente cuán agradable le fue siempre el sujetarse a trabajos. ¿Cuántos hombres, o por decir verdad, cuántos pueblos y cuántas naciones enteras, sintiendo mal de la pureza de su doctrina, blasfeman hoy de su nombre? Y con ser así que Él en sí está exento de todo mal y miseria, quiere y tiene por bien de, en la opinión de los hombres, padecer esta afrenta en cuanto su cuerpo místico, que vive en este destierro, padece, para compadecerse así de él y para conformarse siempre con él.

-Nuevo camino para ser uno rey -dijo aquí Sabino, vuelto a Juliano- es éste que nos ha descubierto Marcelo. Y no sé yo si acertaron con él algunos de los que antiguamente escribieron acerca de la crianza e instrucción de los príncipes, aunque bien sé que los que ahora viven no le siguen. Porque en el no saber padecer tienen puesto lo principal del ser rey.

-Algunos -dijo al punto Juliano- de los antiguos quisieron que el que se criaba para ser rey se criase en trabajos, pero en trabajos de cuerpo, con que saliese sano y valiente. Mas en trabajos de ánimo que le enseñasen a ser compasivo, ninguno, que yo sepa, lo escribió ni enseñó. Mas si fuera ésta enseñanza de hombres, no fuera este rey de Marcelo Rey propiamente hecho a la traza y al ingenio de Dios, el cual camina siempre por caminos verdaderos, y, por el mismo caso, contrarios a los del mundo, que sigue el engaño.

Así que no es maravilla, Sabino, que los reyes de ahora no se precien para ser reyes de lo que se preció Jesucristo, porque no siguen en el ser reyes un mismo fin. Porque Cristo ordenó su reinado a nuestro provecho, y conforme a esto, se calificó a sí mismo y se dotó de todo aquello que parecía ser necesario para hacer bien a sus súbditos; mas éstos que ahora nos mandan, reinan para sí, y, por la misma causa, no se disponen ellos para nuestro provecho, sino buscan su descanso en nuestro daño. Mas aunque ellos, cuanto a lo que les toca, desechen de sí este amaestramiento de Dios, la experiencia de cada día nos enseña que no son los que deben por carecer de él. Porque ¿de dónde pensáis que nace, Sabino, el poner sobre sus súbditos tan sin piedad tan pesadísimos yugos, el hacer leyes rigurosas, el ponerlas en ejecución con mayor crueldad y rigor, sino de nunca haber hecho experiencia en sí de lo que duele la aflicción y pobreza?

-Así es -dijo Sabino-; pero ¿qué ayo osaría ejercitar en dolor y necesidad a su príncipe? O si osase alguno, ¿cómo sería recibido y sufrido de los demás?

-Esa es -respondió Juliano- nuestra mayor ceguedad: que aprobamos lo que nos daña, y que tendríamos por bajeza que nuestro príncipe supiese de todo, siendo para nosotros tan provechoso, como habéis oído, que lo supiese. Mas si no se atreven a esto los ayos es porque ellos, y los demás que crían a los príncipes los quieren imponer en el ánimo a que no se precien de bajar los ojos de su grandeza con blandura a sus súbditos; y, en el cuerpo, a que ensanchen el estómago cada día con cuatro comidas, y a que aun la seda les sea áspera y la luz enojosa. Pero esto, Sabino, es de otro lugar, y quitamos en ello a Marcelo el suyo, o, por mejor decir, a nosotros mismos el de oír enteramente las cualidades de este verdadero Rey nuestro.

-A mí -dijo Marcelo- no me habéis, Juliano, quitado ningún lugar, sino antes me habéis dado espacio para que con más aliento prosiga mejor mi camino. Y a vos, Sabino (dijo volviéndose a él), no os pase por la imaginación querer concertar, o pensar que es posible que se concierten, las condiciones que puso Dios en su Rey, con las que tienen estos reyes que vemos. Que si no fueran tan diferentes del todo, no le llamara Dios señaladamente su Rey, ni su reino de ellos se acabara con ellos, y el de nuestro Rey fuera sempiterno, como es. Así que pongan ellos su estado en la altivez, y no se tengan por reyes si padecen alguna pena; que Dios, procediendo por camino diferente, para hacer en Jesucristo un rey que mereciese ser suyo, le hizo humildísimo para que no se desvaneciese en soberbia con la honra, y le sujetó a miseria y a dolor para que se compadeciese con lástima de sus trabajados y doloridos súbditos. Y demás de esto, y para el mismo fin de buen rey, le dio un verdadero y perfecto conocimiento de todas las cosas y de todas las obras de ellos, así las que fueron como las que son y serán. Porque el rey, cuyo oficio es juzgar, dando a cada uno su merecido, y repartiendo la pena y el premio, si no conoce él por sí la verdad, traspasará la justicia; que el conocimiento que tienen de sus reinos los príncipes por relaciones y pesquisas ajenas, más los ciega que los alumbra.

Porque demás de que los hombres por cuyos ojos y oídos ven y oyen los reyes, muchas veces se engañan, procuran ordinariamente engañarlos por sus particulares intereses e intentos. Y así, por maravilla entra en el secreto real la verdad. Mas nuestro Rey, porque su entendimiento, como clarísimo espejo, le representa siempre cuanto se hace y se piensa, no juzga, como dice Isaías, ni reprende ni premia por lo que al oído le dicen, ni según lo que a la vista parece, porque el un sentido y el otro sentido puede ser engañado; ni tiene de sus vasallos la opinión que otros vasallos suyos, aficionados o engañados, le ponen, sino la que pide la verdad que Él claramente conoce. Y como puso Dios en Cristo el verdadero conocer a los suyos, asimismo le dio todo el poder para hacerles mercedes. Y no solamente le concedió que pudiese, mas también en Él mismo, como en tesoro, encerró todos los bienes y riquezas que pueden hacer ricos y dichosos a los de su reino. De arte que no trabajarán, remitidos de unos a otros ministros con largas. Mas, lo que es principal, hizo, para perfeccionar este Rey, que sus súbditos todos fuesen sus deudos, o, por mejor decir, que naciesen de Él todos, y que fuesen hechura suya y figurados a su semejanza. Aunque esto sale ya de lo primero que toca a las cualidades del rey, y entra en lo segundo que propusimos, de las condiciones de los que en este reino son súbditos. Y digamos ya de ellas.

Y a la verdad, casi todas ellas se reducen a ésta, que es ser generosos y nobles todos y de un mismo linaje. Porque el mando de Cristo universalmente comprende a todos los hombres y a todas las criaturas, así las buenas como las malas, sin que ninguna de ellas pueda eximirse de su sujeción, o se contente de ello o le pese; pero el reino suyo de que ahora vamos hablando, y el reino en quien muestra Cristo sus nobles condiciones de Rey, y el que ha de durar perpetuamente con Él descubierto y glorioso (porque a los malos tendrálos encerrados y aprisionados y sumidos en eterno olvido y tinieblas), así que este reino son los buenos y justos solos, y de estos decimos ahora que son generosos todos, y de linaje alto, y todos de uno mismo.

Porque dado que sean diferentes en nacimientos, mas, como esta mañana se dijo, el nacimiento en que se diferencian fue nacimiento perdido, y de quien caso no se hace para lo que toca a ser vasallos en este reino, el cual se compone todo de lo que San Pablo llama nueva criatura, cuando a los de Galacia escribe, diciendo: «Acerca de Cristo Jesús, ni es de estima la circuncisión ni el prepucio, sino la criatura nueva.» Y así todos son hechura y nacimiento del cielo, y hermanos entre sí, e hijos todos de Cristo en la manera ya dicha.

Vio David esta particular excelencia de este reino de su nieto divino, y dejóla escrita breve y elegantemente en el Salmo ciento nueve, según una lección que así dice: «Tu pueblo príncipes, en el día de tu poderío.» Adonde lo que decimos príncipes, la palabra original, que es nedaboth, significa al pie de la letra liberales, dadivosos o generosos de corazón. Y así dice que en el día de su poderío (que llama así el reino descubierto de Cristo, cuando, vencido todo lo contrario, y como deshecha con los rayos de su luz toda la niebla enemiga, que ahora se le opone, viniere en el último tiempo y en la regeneración de las cosas, como puro sol, a resplandecer solo, claro y poderoso en el mundo), pues en este su día, cuando Él, y lo apurado y escogido de sus vasallos, resplandecerá solamente, quedando los demás sepultados en oscuridad y tinieblas, en este tiempo y en este día su pueblo serán príncipes. Esto es, todos sus vasallos serán reyes, y Él, como con verdad la Escritura le nombra, Rey de reyes será, y Señor de señores.

Aquí Sabino, volviéndose a Juliano.

—Nobleza es —dijo— grande de reino ésta, Juliano, que nos va diciendo Marcelo, adonde ningún vasallo es ni vil en linaje ni afrentado por condición, ni menos bien nacido el uno que el otro. Y paréceme a mí que esto es ser rey propia y honradamente, no tener vasallos viles y afrentados.

—En esta vida, Sabino —respondió Juliano—, los reyes de ella, para el castigo de la culpa, están como forzados a poner nota y afrenta en aquellos a quienes gobiernan, como en el orden de la salud y en el cuerpo conviene a las veces maltratar una parte para que los demás no se pierdan. Y así, cuanto a esto, no son dignos de represión nuestros príncipes.

—No los reprendo yo ahora —dijo Sabino—, sino duélome de su condición; que por esa necesidad que, Juliano, decís, vienen a ser forzosamente señores de vasallos ruines y viles. Y débeseles tanta más lástima, cuanto fuere más precisa la necesidad. Pero si hay algunos príncipes que lo procuran, y que les parece que son señores cuando hallan mejor orden, no sólo para afrentar a los suyos, sino también para que vaya cundiendo por muchas generaciones su afrenta, y que nunca se acabe, de éstos, Juliano, ¿qué me diréis?

—¿Qué? —respondió Juliano—. Que ninguna cosa son menos que reyes. Lo uno, porque el fin adonde se endereza su oficio es hacer a sus vasallos bienaventurados, con lo cual se encuentra por maravillosa manera el hacerlos apocados y viles. Y lo otro porque, cuando no quieran mirar por ellos, a sí mismos se hacen daño y se apocan. Porque, si son cabezas, ¿qué honra es ser cabeza de un cuerpo disforme y vil? Y si son pastores, ¿qué les vale un ganado roñoso? Bien dijo el poeta trágico:

Mandar entre lo ilustre, es bella cosa.

Y no sólo dañan a su honra propia, cuando buscan invenciones para manchar la de los que son gobernados por ellos, mas dañan mucho sus intereses, y ponen en manifiesto peligro la paz y la conservación de sus reinos. Porque, así como dos cosas que son contrarias, aunque se junten, no se pueden mezclar, así no es posible que se añude con paz el reino cuyas partes están tan opuestas entre sí y tan diferenciadas, unas con mucha honra y otras con señalada afrenta.

Y como el cuerpo que en sus partes está maltratado, y cuyos humores se conciertan mal entre sí, está muy ocasionado y muy vecino a la enfermedad y a la muerte, así por la misma manera, el reino adonde muchos órdenes y suertes de hombres, y muchas casas particulares están como sentidas y heridas, y adonde la diferencia, que por estas causas pone la fortuna y las leyes, no permite que se mezclen y se concierten bien unas con otras, está sujeto a enfermar y a venir a las armas con cualquiera razón que se ofrece. Que la propia lástima e injuria de cada uno, encerrada en su pecho y que vive en él, los despierta y los hace velar siempre a la ocasión y a la venganza.

Mas dejemos lo que en nuestros reyes y reinos, o pone la necesidad, o hace el mal consejo y error, y acábenos Marcelo de decir por qué razón estos vasallos todos de nuestro único Rey son llamados liberales y generosos y príncipes.

-Son -dijo Marcelo, respondiendo encontinente-, así por parte del que los crió y la forma que tuvo en criarlos, como por parte de las cualidades buenas que puso en ellos cuando así fueron criados. Por parte del que los hizo, porque son efectos y frutos de una suma liberalidad; porque en sólo el ánimo generoso de Dios y en la largueza de Cristo no medida, pudo caber el hacer justos y amigos suyos, y tan privados amigos, a los que de sí no merecían bien, y merecían mal por tantos y tan diferentes títulos. Porque, aunque es verdad que el ya justo puede merecer mucho con Dios, mas esto, que es venir a ser justo el que era aborrecido enemigo, solamente nace de las entrañas liberales de Dios; y así, dice Santiago que nos engendró voluntariamente. Adonde lo que dijo con la palabra griega [bouletheís], que significa de su voluntad, quiso decir lo que en su lengua materna, si en ella lo escribiera, se dice Nadib, que es palabra vecina y nacida de la palabra nedaboth, que, como dijimos, significa a estos que llamamos liberales y príncipes. Así que dice que nos engendró liberal y principalmente; esto es, que nos engendró, no sólo porque quiso engendrarnos y porque le movió a ello su voluntad, sino porque le plugo mostrar en nuestra creación, para la gracia y justicia, los tesoros de su liberalidad y misericordia.

Porque, a la verdad, dado que todo lo que Dios cría nace de Él, porque Él quiere que nazca, y es obra de su libre gusto, a la cual nadie le fuerza el sacar a luz a las criaturas; pero esto que es hacer justos y poner su ser divino en los hombres es, no sólo voluntad, sino una extraña liberalidad suya. Porque en ello hace bien, y bien el mayor de los bienes, no solamente a quien no se lo merece, sino señaladamente a quien del todo se lo desmerece. Y por no ir alargándome por cada uno de los particulares a quien Dios hace estos bienes, miremos lo que pasó en la cabeza de todos, y cómo se hubo con ella Dios cuando, sacándola del pecado, crió en ella este bien de justicia; y en uno, como en ejemplo, conoceremos cuán ilustre prueba hace Dios de su liberalidad cuando cría los justos. Peca Adán, y condénase a sí y a todos nosotros; y perdónale después Dios y hácele justo.

¿Quién podrá decir las riquezas de liberalidad que descubrió Dios, y que derramó en este perdón? Lo primero, perdona al que, por dar fe a la serpiente, de cuya fe y amor para consigo no tenía experiencia, le dejó a Él, Criador suyo, cuyo amor y beneficios experimentaba en sí siempre. Lo segundo, perdona al que estimó más una promesa vana de un pequeño bien que una experiencia cierta y una posesión grande de mil verdaderas riquezas. Lo tercero, perdona al que no pecó ni apretado de la necesidad ni ciego de pasión, sino movido de una liviandad y desagradecimiento infinito. Lo otro, perdona al que no buscó ser personado, sino antes huyó y se escondió de su perdonador; y perdónale, no mucho después que pecó y laceró miserablemente por su pecado, sino casi luego, luego, como hubo pecado.

Y, lo que no cabe en sentido: para perdonarle a él, hízose a sí mismo deudor. Y cuando la gravísima maldad del hombre despertaba en el pecho de Dios ira justísima para deshacerle, reinó en Él y sobrepujó la liberalidad de su misericordia que, por rehacer al perdido, determinó de disminuirse a sí mismo, como San Pablo lo dice, y de pagar Él lo que el hombre pecaba, y, para que el hombre viviese, de morir Él hecho hombre. Liberalidad era grande perdonar al que había pecado tan de balde y tan sin causa, y mayor liberalidad perdonarle tan luego después del pecado, y mayor que ambas a dos, buscarle para darle perdón antes que él le buscase. Pero lo que vence a todo encarecimiento de liberalidad fue, cuando le reprendía la culpa, prometerse a sí mismo y a su vida para su satisfacción y remedio; y porque el hombre se apartó de Él por seguir al demonio, hacerse hombre Él para sacarle de su poder. Y lo que pasó entonces, digámoslo así, generalmente con todos (porque Adán nos encerraba a todos en sí), pasa en particular con cada uno continua y secretamente.

REY DE DIOS (II)

Porque ¿quién podrá decir ni entender, si no es el mismo que en sí lo experimenta y lo siente, las formas piadosas de que Dios usa con uno para que no se pierda, aun cuando él mismo se procura perder? Sus inspiraciones continuas; su nunca cansarse ni darse por vencido de nuestra ingratitud tan continua; el rodearnos por todas partes y como en castillo torreado y cercado; el tentar la entrada por diferentes maneras; el tener siempre la mano en la aldaba de nuestra puerta; el rogarnos blanda y amorosamente que le abramos, como si a Él le importara alguna cosa, y no fuera nuestra salud y bienandanza toda el abrirle; el decirnos por horas y por momentos con el Esposo: «Ábreme, hermana mía, esposa mía, paloma mía y mi amada y perfecta, que traigo llena de rocío mi cabeza y con las gotas de las noches las mis guedejas.» Pues sea esto lo primero, que los justos son dichos ser generosos y liberales porque son demostraciones y pruebas del corazón liberal y generoso de Dios.

Son, lo segundo, llamados así por las cualidades que pone Dios en ellos, haciéndolos justos. Porque a la verdad no hay cosa más alta ni más generosa ni más real, que el ánimo perfectamente cristiano. Y la virtud más heroica que la filosofía de los estoicos antiguamente imaginó o soñó, por hablar con verdad, comparada con la que Cristo asienta con su gracia en el alma, es una poquedad y bajeza. Porque si miramos el linaje de donde desciende el justo y cristiano, es su nacimiento de Dios, y la gracia que le da vida es una semejanza viva de Cristo. Y si atendemos a su estilo y condición, y al ingenio y disposición de ánimo, y pensamientos y costumbres que de este nacimiento le vienen, todo lo que es menos que Dios es pequeña cosa para lo que cabe en su ánimo. No estima lo que con amor ciego adora únicamente la tierra: el oro y los deleites; huella sobre la ambición de las honras, hecho verdadero señor y rey de sí mismo; pisa el vano gozo, desprecia el temor, no le mueve el deleite, ni el ardor de la ira le enoja; y, riquísimo dentro de sí, todo su cuidado es hacer bien a los otros.

Y no se extiende su ánimo liberal a sus vecinos solos, ni se contenta con ser bueno con los de su pueblo o de su reino, mas generalmente a todos los que sustenta y comprende la tierra, él también los comprende y abraza; aun para con sus enemigos sangrientos, que le buscan la afrenta y la muerte, es él generoso y amigo, y sabe y puede poner la vida, y de hecho la pone alegremente, por esos mismos que aborrecen su vida. Y estimando por vil y por indigno de sí a todo lo que está fuera de él, y que se viene y se va con el tiempo, no apetece menos que a Dios, ni tiene por dignos de su deseo menores bienes que el cielo. Lo sempiterno, lo soberano, el trato con Dios familiar y amigable, el enlazarse amando y el hacerse casi único con Él, es lo que solamente satisface a su pecho, como lo podemos ver a los ojos en uno de estos grandes justos.

Y sea este uno San Pablo. Dice en persona suya, y de todos los buenos, escribiendo a los Corintios, así: «Tenemos nuestro tesoro en vasos de tierra, porque la grandeza y alteza nazca de Dios y no de nosotros. En todas las cosas padecemos tribulación, pero en ninguna somos afligidos. Somos metidos en congoja, mas no somos desamparados. Padecemos persecución, mas no nos falta el favor. Humíllannos, pero no nos avergüenzan. Somos derribados, mas no perecemos.» Y a los Romanos, lleno de ánimo generoso, en el capítulo octavo: «¿Quién, dice, nos apartará de la caridad y amor de Dios? ¿La tribulación, por ventura, o la angustia, o el hambre, o la desnudez, o el peligro, o la persecución, o el cuchillo?»

Dicho he, en parte, lo que puso Dios en Cristo para hacerle rey, y lo que hizo en nosotros para hacernos sus súbditos, que, de tres cosas a las cuales se reducen todas las que pertenecen a un reino, son las primeras dos. Resta ahora que digamos algo de la tercera y postrera, que es de la manera cómo este Rey gobierna los suyos, que no es menos singular manera ni menos fuera del común uso de los que gobiernan, que el Rey y los súbditos en sus condiciones y cualidades (las que hemos dicho) son singulares. Porque cosa clara es que el medio con que se gobierna el reino es la ley, y que por el cumplimiento de ella consigue el rey, hacerse rico a sí mismo si es tirano y las leyes son de tirano, o hacer buenos y prosperados a los suyos si es rey verdadero.

Pues acontece muchas veces de esta manera, que, por razón de la flaqueza del hombre y de su encendida inclinación a lo malo, las leyes, por la mayor parte, traen consigo un inconveniente muy grande: que siendo la intención de los que las establecen, enseñando por ellas lo que se debe hacer y mandando con rigor que se haga, retraer al hombre de lo malo e inducirle a lo bueno, resulta lo contrario a las veces; y el ser vedada una cosa despierta el apetito de ella.

Y así, el hacer y dar leyes es muchas veces ocasión de que se quebranten las leyes y de que, como dice San Pablo se peque más gravemente, y de que se empeoren los hombres con la ley que se ordenó e inventó para mejorarlos. Por lo cual Cristo, nuestro Redentor y Señor, en la gobernación de su reino halló una nueva manera de ley, extrañamente libre y ajena de estos inconvenientes; de la cual usa con los suyos, no solamente enseñándoles a ser buenos, como lo enseñaron otros legisladores, mas de hecho haciéndolos buenos, lo que ningún otro rey ni legislador pudo jamás hacer. Y esto es lo principal de su ley evangélica y lo propio de ella; digo, aquello en que notablemente se diferencia de las otras sectas y leyes.

Para entendimiento de lo cual conviene saber que, por cuanto el oficio y ministerio de la ley es llevar los hombres a lo bueno y apartarlos de lo que es malo, así como esto se puede hacer por dos diferentes maneras, o enseñando el entendimiento o aficionando a la voluntad, así hay dos diferencias de leyes: la primera es de aquellas leyes que hablan con el entendimiento y le dan luz en lo que, conforme a razón, se debe o hacer o no hacer, y le enseñan lo que ha de seguir en las obras, y lo que ha de excusar en ellas mismas; la segunda es la de la ley, no que alumbra el entendimiento, sino que aficiona la voluntad imprimiendo en ella inclinación y apetito de aquello que merece ser apetecido por bueno, y, por el contrario, engendrándole aborrecimiento de las cosas torpes y malas. La primera ley consiste en mandamientos y reglas; la segunda, en una salud y cualidad celestial, que sana la voluntad y repara en ella el gusto bueno perdido, y no sólo la sujeta, sino la amista y reconcilia con la razón; y, como dicen de los buenos amigos, que tienen un no querer y querer, así hace que lo que la verdad dice en el entendimiento que es bueno, la voluntad aficionadamente lo ame por tal.

Porque a la verdad, en la una y en la otra parte quedamos miserablemente lisiados por el pecado primero, el cual oscureció el entendimiento, para que las menos veces conociese lo que convenía seguir, y estragó perdidamente el gusto y el movimiento de la voluntad, para que casi siempre se aficionase a lo que la daña más. Y así, para remedio y salud de estas dos partes enfermas, fueron necesarias estas dos leyes, una de luz y de reglas para el entendimiento ciego, y otra de espíritu y buena inclinación para la voluntad estragada. Mas, como arriba decíamos, diferéncianse estas dos maneras de leyes en esto: que la ley que se emplea en dar mandamientos y en luz, aunque alumbra el entendimiento, como no corrige el gusto corrupto de la voluntad, en parte le es ocasión de más daño; y, vedando y declarando, despierta en ella nueva golosina de lo malo que le es prohibido. Y así las más veces son contrarios en esta ley el suceso y el intento. Porque el intento es encaminar el hombre a lo bueno, y el suceso, a las veces, es dejarle más perdido y estragado. Pretende afear lo que es malo, y sucédele por nuestra mala ocasión hacerlo más deseable y más gustoso. Mas la segunda ley corta la planta del mal de raíz, y arranca, como dicen, de cuajo lo que más nos puede dañar. Porque inclina e induce y hace apetitosa y como golosa a nuestra voluntad de todo aquello que es bueno, y junta en uno lo honesto y lo deleitable, y hace que nos sea dulce lo que nos sana, y lo que nos daña, aborrecible y amargo.

    La primera se llama ley de mandamientos, porque toda ella es mandar y vedar. La segunda es dicha ley de gracia y de amor, porque no nos dice que hagamos esto o aquello, sino hácenos que amemos aquello mismo que debemos hacer. Aquélla es pesada y áspera porque condena por malo lo que la voluntad corrompida apetece por bueno; y así, hace que se encuentren el entendimiento y la voluntad entre sí, de donde se enciende en nosotros mismos una guerra mortal de contradicción. Mas ésta es dulcísima por extremo, porque nos hace amar lo que nos manda, o, por mejor decir, porque el plantar e ingerir en nosotros el deseo y la afición a lo bueno, es el mismo mandarlo; y porque, aficionándonos y, como si dijésemos, haciéndonos enamorados de lo que manda, por esa manera, y no de otra, nos manda. Aquélla es imperfecta, porque a causa de la contradicción que despierta, ella por sí no puede ser perfectamente cumplida, y así no hace perfecto a ninguno. Ésta es perfectísima, porque trae consigo y contiene en sí misma la perfección de sí misma. Aquélla hace temerosos, ésta amadores. Por ocasión de aquélla, tomándola a solas, se hacen en la verdad secreta del ánimo peores los hombres; mas por causa de ésta son hechos enteramente santos y justos. Y, como prosigue San Agustín largamente en los libros De la letra y del espíritu, poniendo siempre sus pisadas en lo que dejó hollado San Pablo, aquélla es perecedera, ésta es eterna; aquélla hace esclavos, ésta es propia de hijos. Aquélla es ayo triste y azotador, ésta es espíritu de regalo y consuelo. Aquélla pone en servidumbre, ésta es honra y libertad verdadera.

    Pues como sea esto así, como de hecho lo es, sin que ninguno en ello pueda dudar, digo que así Moisés como los demás que antes o después de él dieron leyes y ordenaron repúblicas, no supieron ni pudieron usar sino de la primera manera de leyes, que consiste más en poner mandamientos que en inducir buenas inclinaciones en aquellos que son gobernados. Y así su obra de todos ellos fue imperfecta y su trabajo careció de suceso, y lo que pretendía, que era hacer a la virtud a los suyos, no salieron con ello por la razón que está dicha.

    Mas Cristo, nuestro verdadero Redentor y legislador, aunque es verdad que en la doctrina de su Evangelio puso algunos mandatos, y renovó y mejoró otros algunos que el mal uso los tenía mal entendidos, pero lo principal de su ley y aquello en que se diferenció de todos los que pusieron leyes en los tiempos pasados, fue que mereciendo por sus obras y por el sacrificio que hizo de sí, el espíritu y la virtud del cielo para los suyos, y criándola Él mismo en ellos como Dios y Señor poderoso, trató no sólo con nuestro entendimiento, sino también con nuestra voluntad, y derramando en ella este espíritu y virtud divina que digo, y sanándola así, esculpió en ella una ley eficaz y poderosa de amor, haciendo que todo lo justo que las leyes mandan lo apeteciese, y, por el contrario, aborreciese todo lo que prohíben y vedan.

Y añadiendo continuamente de este su espíritu y salud y dulce ley en el alma de los suyos, que procuran siempre ayuntarse con él, crece en la voluntad mayor amor para el bien, y disminúyese de cada día más la contradicción que el sentido le hace; y de lo uno y de lo otro se esfuerza de continuo más esta santa y singular ley que decimos, y echa sus raíces en el alma más hondas, y apodérase de ella hasta hacer que le sea casi natural lo justo y el bien.

Y así, trae para sí Cristo y gobierna a los suyos, como decía un Profeta, «con cuerdas de amor, y no con temblores de espanto ni con ruido temeroso, como la ley de Moisés.» Por lo cual dijo breve y significantemente San Juan: «La ley fue dada por Moisés, mas la gracia por Jesucristo.» Moisés dio solamente ley de preceptos, que no podía dar justicia, porque hablaban con el entendimiento, pero no sanaban el alma, de que es como imagen la zarza del Éxodo, que ardía y no quemaba, porque era calidad de la ley vieja, que alumbraba el entendimiento, mas no ponía calor a la voluntad. Mas Cristo dio ley de gracia que, lanzada en la voluntad, cura su dañado gusto y la sana y la aficiona a lo bueno, como Jeremías lo profetizó divinamente diciendo: «Días vendrán, dice el Señor, y traeré a perfección sobre la casa de Israel y sobre la casa de Judá un nuevo testamento, no en la manera del que hice con sus padres en el día que los así de la mano para sacarlos de la tierra de Egipto, porque ellos no perseveraron en él y Yo los desprecié a ellos, dice el Señor. Éste, pues, es el testamento que Yo sentaré con la casa de Israel después de aquellos días, dice el Señor; asentaré mis leyes en su alma de ellos y escribirélas en sus corazones. Y Yo les seré Dios, y ellos me serán pueblo sujeto; y no enseñará alguno de allí adelante a su prójimo ni a su hermano, diciéndole: Conoce al Señor; porque todos tendrán conocimiento de Mí, desde el menor hasta el mayor de ellos, porque tendré piedad de sus pecados, y de sus maldades no tendré más memoria de allí en adelante.»

Pues éstas son las nuevas leyes de Cristo, y su manera de gobernación particular y nueva. Y no será menester que loe ahora yo lo que ello se loa, ni me será necesario que refiera los bienes y las ventajas grandes de esta gobernación adonde guía el amor y no fuerza el temor; adonde lo que se manda se ama, y lo que se hace se desea hacer; adonde no se obra sino lo que da gusto, ni se gusta sino de lo que es bueno; adonde el querer el bien y el entender son conformes; adonde para que la voluntad ame lo justo, en cierta manera no tiene necesidad que el entendimiento se lo diga y declare.

Y así de esto, como de todo lo demás que se ha dicho hasta aquí, se concluye que este Rey es sempiterno, y que la razón por que Dios le llama propiamente rey suyo, es porque los otros reyes y reinos, como llenos de faltas, al fin han de perecer, y, de hecho, perecen; mas éste, como reino que es libre de todo aquello que trae a perdición a los reinos, es eterno y perpetuo. Porque los reinos se acaban, o por tiranía de los reyes, porque ninguna cosa violenta es perpetua, o por la mala calidad de los súbditos, que no les consiente que entre sí se concierten, o por la dureza de las leyes y manera áspera de la gobernación; de todo lo cual, como por lo dicho se ve, este Rey y este reino carecen.

Que ¿cómo será tirano el que para ser compasivo de los trabajos y males que pueden suceder a los suyos, hizo primero experiencia en sí de todo lo que es dolor y trabajo? O ¿cómo aspirará a la tiranía quien tiene en sí todo el bien que puede caber en sus súbditos, y que así no es rey para ser rico por ellos, sino todos son ricos y bienaventurados por Él? Pues los súbditos entre sí ¿no estarán por ventura anudados con nudo perpetuo de paz, siendo todos nobles y nacidos de un padre, y dotados de un mismo espíritu de paz y nobleza? Y la gobernación y las leyes, ¿quién las desechará como duras, siendo leyes de amor, quiero decir, tan blandas leyes que el mandar no es otra cosa sino hacer amar lo que se manda? Con razón, pues, dijo el ángel de este Rey a la Virgen: «Y reinará en la casa de Jacob, y su reino no tendrá fin.» Y David, tanto antes de este su glorioso descendiente, cantó en el Salmo setenta y dos lo que Sabino, pues ha tornado este oficio, querrá decir en el verso en que lo puso su amigo. Y Sabino dijo luego:

-Debe ser la parte, según sospecho, adonde dice de esta manera:

> Serás temido Tú mientras luciere
> el sol y luna, y cuanto
> la rueda de los siglos se volviere.

Y de lo que toca a la blandura de su gobierno y a la felicidad de los suyos dice:

> Influirá amoroso
> cual la menuda lluvia, y cual rocío
> en prado deleitoso.
> Florecerá en su tiempo el poderío
> del bien, y una pujanza
> de paz que durará no un siglo sólo.

Y prosiguiendo luego Marcelo, añadió:

—Pues obra que dure siempre, y que ni el tiempo la gasta ni la edad la envejece, cosa clara es que es obra propia y digna de Dios, el cual, como es sempiterno, así se precia de aquellas cosas que hace que son de mayor duración. Y pues los demás reyes y reinos son, por sus defectos, sujetos a fenecer, y al fin miserablemente fenecen; y este Rey nuestro florece y se aviva más con la edad, sean todos los reyes de Dios, pero éste sólo sea propiamente su Rey, que reina sobre todos los demás, y que, pasados todos ellos y consumidos, tiene de permanecer para siempre.

Aquí Juliano, pareciéndole que Marcelo concluía ya su razón, dijo:

—Y aún podéis, Marcelo, ayudar esa verdad que decís, confirmándola con la diferencia que la Sagrada Escritura pone cuando significa los reinos de la tierra o cuando habla de este reino de Cristo, porque dice con ella muy bien.

—Eso mismo quería añadir —dijo entonces Marcelo— para con ello no decir más de este nombre. Y así decís muy bien, Juliano, que la manera diferente como la Escritura nombra estos reinos, ella misma nos dice la condición y perpetuidad del uno, y la mudanza y fin de los otros. Porque estos reinos que se levantan en la tierra, y se extienden por ella y la enseñorean y mandan, los profetas, cuando quieren hablar de ellos, signifícanlos por nombres de vientos o de bestias brutas y fieras; mas a Cristo y a su reino llámanle monte.

Daniel, hablando de las cuatro monarquías que ha habido en el mundo —los caldeos, los persas, los romanos, los griegos— dice que vio los cuatro vientos que peleaban entre sí, y luego pone por su orden cuatro bestias, unas de otras diferentes cada una en su significación. Y Zacarías, ni más ni menos, en el capítulo sexto, después de haber profetizado e introducido para el mismo fin de significación cuatro cuadregas de caballos diferentes en colores y pelo, dice: «Éstos son los cuatro vientos.» Con lo demás que después de esto se sigue. Porque, a la verdad, todo este poder temporal y terreno que manda en el mundo, tiene más de estruendo que de sustancia; y pásase, como el aire, volando, y nace de pequeños y ocultos principios.

Y como las bestias carecen de razón y se gobiernan por fiereza y por crueldad, así lo que ha levantado y levanta estos imperios de tierra es lo bestial que hay en los hombres: la ambición fiera y la codicia desordenada del mando, y la venganza sangrienta y el coraje, y la braveza y la cólera, y lo demás que, como esto, es fiero y bruto en nosotros; y así finalmente perecen.

Mas a Cristo y a su reino, el mismo Daniel una vez le significa por nombre de monte, como en el capítulo segundo y otras le llama hombre, como en el capítulo séptimo, de que ahora decíamos, donde se escribe que vino uno como hijo de hombre, y se presentó delante del anciano de días, al cual el anciano dio pleno y sempiterno poder sobre las gentes todas.

Para lo primero, del monte, mostrar la firmeza y no mudable duración de este reino; y en lo segundo, del hombre, declarar que esta santa monarquía no nace ni se gobierna, ni por afectos bestiales ni por inclinaciones del sentido desordenadas, sino que todo ello es obra de juicio y de razón; y para mostrar que es monarquía adonde reina, no la crueldad fiera, sino la clemencia humana en todas las maneras que he dicho.

Y habiendo dicho esto Marcelo, calló, como disponiéndose para comenzar otra plática; mas Sabino, antes que comenzase, le dijo:

-Si me dais licencia, Marcelo, y no tenéis más que decir acerca de este nombre, os preguntaré dos cosas que se me ofrecen, y de la una ha gran rato que dudo, y de la otra, me puso ahora duda esto que acabáis de decir.

-Vuestra es la licencia -respondió entonces Marcelo-, y gustaré mucho de saber qué dudáis.

-Comenzaré por lo postrero -respondió Sabino-, y la duda que se me ofrece es que Daniel y Zacarías, en los lugares que habéis alegado, ponen solamente cuatro imperios o monarquías terrenas, y en el hecho de la verdad parece que hay cinco; porque el imperio de los turcos y de los moros, que ahora florece, es diferente de los cuatro pasados, y no menos poderoso que muchos de ellos. Y si Cristo con su venida, y levantando su reino, había de quitar de la tierra cualquiera otra monarquía, como parece haberlo profetizado Daniel en la piedra que hirió en los pies de la estatua, ¿cómo se compadece que después de venido Cristo, y después de haberse derramado su doctrina y su nombre por la mayor parte del mundo, se levante un imperio ajeno de Cristo en él, y tan grande como éste que digo? Y la segunda duda es acerca de la manera blanda y amorosa con que habéis dicho que gobierna su reino Cristo. Porque en el Salmo segundo, y en otras partes, se dice de Él que regirá con vara de hierro, y que desmenuzará a sus súbditos como si fuesen vasos de tierra.

-No son pequeñas dificultades, Sabino, las que habéis movido -dijo Marcelo entonces-, y señaladamente la primera es cosa revuelta y de duda, y donde quisiera yo más oír el parecer ajeno que no dar el mío. Y aun es cosa que, para haberse de tratar de raíz, pide mayor espacio del que al presente tenemos. Pero por satisfacer a vuestra voluntad, diré con brevedad lo que al presente se ofrece, y lo que podrá bastar para el negocio presente.

Y luego, volviéndose a Sabino y mirándole, dijo:

-Algunos, Sabino, que vos bien conocéis, y a quien todos amamos y preciamos mucho por la excelencia de sus virtudes y letras, han querido decir que este imperio de los moros y de los turcos, que ahora se esfuerza tanto en el mundo, no es imperio diferente del romano, sino parte que procede de él y le constituye y compone. Y lo que dice Zacarías de la cuadrega cuarta, cuyos caballos dice que eran manchados y fuertes, lo declaran así: que sea esta cuadrega este postrero imperio de los romanos, el cual, por la parte de él que son los moros y turcos, se llama fuerte; y por la parte del occidental, que está en Alemania, adonde los emperadores no se suceden, sino se eligen de diferentes familias, se nombra vario o manchado.

Y a lo que yo puedo juzgar, Daniel, en dos lugares, parece que favorece algo a esta sentencia. Porque en el capítulo segundo, hablando de la estatua en que se significó el proceso y cualidades de todos los imperios terrenos, dice que las canillas de ella eran de hierro, y los pies de hierro y de barro mezclados, y las canillas y los pies, como todos confiesan, no son imagen de dos diferentes imperios, sino del imperio romano solo, el cual en sus primeros tiempos fue todo de hierro, por razón de la grandeza y fortaleza suya, que puso a toda la redondez debajo de sí; mas ahora en lo último, lo occidental de él es flaco y como de barro, y lo oriental, que tiene en Constantinopla su silla, es muy fuerte y muy duro.

Y que este hierro duro de los pies, que según este parecer representa a los turcos, nazca y proceda del hierro de las canillas, que son los antiguos romanos, y que así éstos como aquéllos pertenezcan a un mismo reino, parece que lo testificó Daniel en el mismo lugar, cuando, según el texto latino, dice que del tronco, o como si dijésemos, de la raíz del hierro de las canillas, nacía el hierro que se mezclaba con el barro en los pies.

Y ni más ni menos el mismo profeta, en el capítulo séptimo, en la cuarta bestia terrible, que sin duda son los romanos, parece que afirma lo mismo, porque dice que tenía diez cuernos, y que después le nació un otro cuerno pequeño, que creció mucho y quebrantó tres de los otros. El cual cuerno parece que es el reino del turco, que comenzó de pequeños y bajos principios, y con su gran crecimiento tiene ya quebrantadas y sujetadas a sí dos sillas poderosas del imperio romano, la de Constantinopla y la de los soldanes de Egipto, y anda cerca de hacer lo mismo con alguna de las otras que quedan. Y si este cuerno es el reino del turco, cierto es que este reino es parte del reino de los romanos, y parte que se encierra en él; pues es cuerno, como dice Daniel, que nace en la cuarta bestia, en la cual se representa el imperio romano, como dicho es. Así que algunos hay a quienes esto parece, según los cuales se responde fácilmente, Sabino, a vuestra cuestión.

Pero, si tengo de decir lo que siento, yo hallé siempre en ello grandísima dificultad. Porque, ¿qué hay en los turcos por donde se puedan llamar romanos, o su imperio pueda ser habido por parte del imperio romano? ¿Linaje? Por la historia sabemos que no lo hay. ¿Leyes? Son muy diferentes. ¿Forma de gobierno y de república? No hay cosa en que menos convengan. ¿Lengua, hábito, estilo de vivir o de religión? No se podrán hallar dos naciones que más se diferencien en esto. Porque decir que pertenece al imperio romano su imperio porque vencieron a los emperadores romanos, que tenían en Constantinopla su silla, y, derrocándolos de ella, les sucedieron; si juzgamos bien, es decir que todos los cuatro imperios no son cuatro diferentes imperios, sino sólo un imperio; porque a los caldeos vencieron los persas, y les sucedieron en Babilonia, que era su silla; en la cual los persas estuvieron asentados por muchos años, hasta que, sucediendo los griegos, y siendo su capitán Alejandro, se la dejaron a su pesar, y a los griegos, después, los romanos los depusieron. Y así, si el suceder en el imperio y asiento mismo hace que sea uno mismo el imperio de los que suceden y de aquellos a quienes se sucede, no ha habido más de un imperio jamás. Lo cual, Sabino, como vos veis, ni se puede entender bien ni decir. Por donde algunas veces me inclino a pensar que los profetas del Viejo Testamento hicieron mención de cuatro reinos solos, como, Sabino, decís, y que no encerraron en ellos el mando y poder de los turcos, ni por caso tuvieron luz de él. Porque su fin acerca de este artículo era profetizar el orden y sucesión de los reinos que había de haber en la tierra hasta que comenzase en ella a descubrirse el reino de Cristo, que era el blanco de su profecía, y aquello de cuyo feliz principio y suceso querían dar noticia a las gentes. Mas si después del nacimiento de Cristo y de su venida, y del comienzo de su reinar, y en el mismo tiempo en que va ahora reinando con la espada en la mano, y venciendo a sus enemigos, y escogiendo de entre ellos a su Iglesia querida para reinar Él solo en ella gloriosa y descubiertamente por tiempo perpetuo; así que, si en este tiempo que digo, desde que Cristo nació hasta que se cierren los siglos, se había de levantar en el mundo algún otro imperio terreno fuerte y poderoso, y no menor que los cuatro pasados, de eso, como de cosa que no pertenecía a su intento, no dijeron nada los que profetizaron antes de Cristo, sino dejólo eso la providencia de Dios para descubrirlo a los profetas del Testamento Nuevo, y para que ellos lo dejasen escrito en las Escrituras que de ellos la Iglesia tiene.

Y así San Juan, en el Apocalipsis, si yo no me engaño mucho, hace clara mención (clara, digo, cuanto le es dado al profeta) de este imperio del turco, y como de imperio que pertenece a ninguno de los cuatro de quienes en el Testamento Viejo se dice, sino, como de imperio diferente de ellos, y quinto imperio. Porque dice en el capítulo 13 que vio una bestia que subía de la mar, con siete cabezas y diez cuernos y otras tantas coronas; y que ella era semejante a un pardo en el cuerpo, y que los pies eran corno de oso y la boca semejante a la del león. Y no podemos negar sino que esta bestia es imagen de algún grande reino e imperio, así por el nombre de bestia, como por las coronas y cabezas y cuernos que tiene; y señaladamente porque, declarándose el mismo San Juan, dice poco después que le fue concedido a esta bestia que moviese guerra a los santos y que los venciese, y que le fue dado poderío sobre todas las tribus y pueblos y lenguas y gentes. Y así como es averiguado esto, así también es cosa evidente y notoria que esta bestia no es alguna de las cuatro que vio Daniel, sino muy diferente de todas ellas, así como la pintura que de ella hace San Juan es muy diferente. Luego si esta bestia es imagen de reino, y es bestia desemejante de las cuatro pasadas, bien se concluye que había de haber en la tierra un imperio quinto después del nacimiento de Cristo, además de los cuatro que vieron Zacarías y Daniel, que es este que vemos.

Y a lo que, Sabino, decís, que si Cristo, naciendo y comenzando a reinar por la predicación de su dichoso Evangelio, había de reducir a polvo y a nada los reinos y principados del suelo, como lo figuró Daniel en la piedra que hirió y deshizo la estatua, ¿cómo se compadecía que, después de nacido Él, no sólo durase el imperio romano, sino naciese y se levantase otro tan poderoso y tan grande? A esto se ha de decir (y es cosa muy digna de que se advierta y entienda), que este golpe que dio en la estatua la piedra, y este herir Cristo y desmenuzar los reinos del mundo, no es golpe que se dio en un breve tiempo y se pasó luego, o golpe que hizo todo su efecto junto en un mismo instante, sino golpe que se comenzó a dar cuando se comenzó a predicar el Evangelio de Cristo, y se dio después en el discurso de su predicación y se va dando ahora, y que durará golpeando siempre, y venciendo hasta que todo lo que le ha sido adverso, y en lo venidero le fuere, quede deshecho y vencido.

De manera que el reino del cielo, comenzando y saliendo a luz, poco a poco va hiriendo la estatua, y persevera hiriéndola por todo el tiempo que tardare él de llegar a su perfecto crecimiento, y de salir a su luz gloriosa y perfecta. Y todo esto es un golpe con el cual ha ido deshaciendo, y continuamente deshace, el poder que Satanás tenía usurpado en el mundo, derrocando ahora en una gente, ahora en otra, sus ídolos y deshaciendo su adoración. Y como va venciendo esta dañada cabeza, va también juntamente venciendo sus miembros, y no tanto deshaciendo el reino terreno, que es necesario en el mundo, cuanto derrocando todas las condiciones de reinos y de gentes que le son rebeldes, destruyendo a los contumaces y ganando para sí, y para mejor y más bienaventurada manera de reino, a los que se le sujetan y rinden. Y de esta manera, y de las caídas y ruinas del mundo, saca Él y allega su Iglesia, para, en teniéndola entera como decíamos, todo lo demás, como a paja inútil, enviarlo al eterno fuego, y Él sólo con ella sola, abierta y descubiertamente, reinar glorioso y sin fin. Y con esto mismo, Sabino, se responde a lo que últimamente preguntasteis.

Porque habéis de entender que este reino de Cristo tiene dos estados, así respecto de cada un particular en quien reina secretamente, como respecto de todos en común, y de lo manifiesto de él y de lo público. El un estado es de contradicción y de guerra; el otro será de triunfo y de paz. En el uno tiene Cristo vasallos obedientes, y tiene también rebeldes; en el otro todo le obedecerá y servirá con amor. En éste quebranta con vara de hierro a lo rebelde, y gobierna con amor a lo súbdito; en aquél todo le será súbdito de voluntad.

Y para declarar esto más, y tratando del reino que tiene Cristo en cada un alma justa, decimos que de una manera reina Cristo en cada uno de los justos aquí, y de otra manera reinará en el mismo después; no de manera que sean dos reinos, sino un reino que, comenzando aquí, dura siempre, y que tiene según la diferencia del tiempo diversos estados.

Porque aquí lo superior del alma está sujeto de voluntad a la gracia, que es corno una imagen de Cristo y lugarteniente suyo hecho por Él, y puesto en ella por Él, para que le presida y le dé vida, y la rija y gobierne. Mas rebélase contra ella, y pretende hacerle contradicción, siguiendo la vereda de su apetito, la carne y sus malos deseos y afectos. Mas pelea la gracia, o por mejor decir, Cristo en la gracia, contra estos rebeldes; y como el hombre consienta ser ayudado de ella, y no resista a su movimiento, poco a poco los doma y los sujeta, y va extendiendo el vigor de su fuerza insensiblemente por todas las partes y virtudes del alma; y, ganando sus fuerzas, derrueca sus malos apetitos de ella; y a sus deseos, que eran como sus ídolos, se los quita y deshace. Y, finalmente, conquista poco a poco a todo este reino nuestro interior, y reduce a su sola obediencia todas las partes de él; y queda ella hecha señora única, y reina resplandeciendo en el trono del alma, y no sólo tiene debajo de sus pies a los que le eran rebeldes, mas, desterrándolos del alma y desarraigándolos de ella, hace que no sean, dándoles perfecta muerte. Lo cual se pondrá por obra enteramente en la resurrección postrera, adonde también se acabará el primer estado de este reino, que hemos llamado estado de guerra y de pelea, y comenzará el segundo estado de triunfo y de paz.

Del cual tiempo dice bien San Macario: «Porque entonces, dice, se descubrirá por de fuera en el cuerpo lo que ahora tiene atesorado el alma dentro de sí, así como los árboles, en pasando el invierno, y habiendo tomado calor la fuerza que en ellos se encierra con el sol y con la blandura del aire, arrojan afuera hojas y flores y frutos. Y ni más ni menos como las yerbas en la misma sazón sacan afuera sus flores, que tenían encerradas en el seno del suelo, con que la tierra y las yerbas mismas se adornan. Que todas estas cosas son imágenes de lo que será en aquel día en los buenos cristianos. Porque todas las almas amigas de Dios, esto es, todos los cristianos de veras, tienen su mes de Abril, que es el día cuando resucitaren a vida; adonde, con la fuerza del Sol de justicia, saldrá afuera la gloria del Espíritu Santo, que cobijará a los justos sus cuerpos. La cual gloria tienen ahora encubierta en el alma; que lo que ahora tienen, eso sacarán entonces a la clara en el cuerpo. Pues digo que éste es el mes primero del año; éste el mes con que todo se alegra; éste viste los desnudos árboles desatando la tierra; éste en todos los animales produce deleite; y éste es el que regocija todas las cosas. Pues éste, por la misma manera, es en la resurrección su verdadero abril a los buenos, que les vestirá de gloria los cuerpos, de la luz que ahora contienen en sí mismas sus almas; esto es, de la fuerza y poder del espíritu, el cual, entonces, les será vestidura rica, y mantenimiento, y bebida, y regocijo, y alegría, y paz, y vida eterna.»

Esto dice Macario. Porque, de allí en adelante, toda el alma y todo el cuerpo quedarán sujetos perdurablemente a la gracia; la cual, así como será señora entera del alma, asimismo hará que el alma se enseñoree del todo del cuerpo. Y como ella, infundida hasta lo más íntimo de la voluntad y razón, y embebida por todo su ser y virtud, le dará ser de Dios y la transformará casi en Dios, así también hará que, lanzándose el alma por todo el cuerpo, y actuándole perfectísimamente, le dé condiciones de espíritu y casi le transforme en espíritu. Y así, el alma, vestida de Dios, verá a Dios, y tratará con Él conforme al estilo del cielo; y el cuerpo, casi hecho otra alma, quedará dotado de sus cualidades de ella, esto es, de inmortalidad, y de luz, y de ligereza, y de un ser impasible. Y ambos juntos, el cuerpo y el alma, no tendrán ni otro ser, ni otro querer, ni otro movimiento alguno más de lo que la gracia de Cristo pusiere en ellos, que ya reinará en ellos para siempre gloriosa y pacífica.

Pues lo que toca a lo público y universal de este reino, va también por la misma manera. Porque ahora, y cuanto durare la sucesión de estos siglos, reina en el mundo Cristo con contradicción, porque unos le obedecen y otros se le rebelan; y con los sujetos es dulce, y con los rebeldes y contradicientes tiene guerra perpetua. Por medio de la cual, y según las secretas y no comprensibles formas de su infinita providencia y poder, los ha ido ya y va deshaciendo.

Primero, como decía, derrocando las cabezas, que son los demonios, que en contradicción de Dios y de Cristo se habían levantado con el señorío de todos los hombres, sujetándolos a sus vicios e ídolos. Así que primero derrueca a éstos, que son como los caudillos de toda la infidelidad y maldad, como lo vimos en los siglos pasados, y ahora en el nuevo mundo lo vemos. Porque sola la predicación del Evangelio, que es decir la virtud y la palabra de sólo Cristo, es lo que siempre ha deshecho la adoración de los ídolos.

Pues derrocados éstos, lo segundo, a los hombres que son sus miembros de ellos, digo, a los hombres que siguen su voz y opinión, y que son en las costumbres y condiciones como otros demonios, los vence también o reduciéndolos a la verdad, o, si perseveran en la mentira duros, quebrándolos y quitándolos del mundo y de la memoria.

Así ha sido siempre desde su principio el Evangelio, y como el sol, que, moviéndose siempre y enviando siempre su luz, cuando amanece a los unos, a los otros se pone, así el Evangelio y la predicación de la doctrina de Cristo, andando siempre y corriendo de unas gentes a otras, y pasando por todas, y amaneciendo a las unas y dejando las que alumbraba antes en oscuridad, va levantando fieles y derrocando imperios, ganando escogidos y asolando los que no son ya de provecho ni fruto.

Y si permite que algunos reinos infieles crezcan en señorío y poder, hácelo para por su medio de ellos traer a perfección las piedras que edifican su Iglesia. Y así, aun cuando éstos vencen, Él vence y vencerá siempre, e irá por esta manera de continuo añadiendo nuevas victorias, hasta que, cumpliéndose el número determinado de los que tienen señalados para su reino, todo lo demás, como a desaprovechado e inútil, vencido ya y convencido por sí, lo encadene en el abismo donde no perezca sin fin. Que será cuando tuviere fin este siglo, y entonces tendrá principio el segundo estado de este gran reino, en el cual, desechadas y olvidadas las armas, sólo se tratará de descanso y de triunfo, y los buenos serán puestos en la posesión de la tierra y del cielo, y reinará Dios en ellos solo y sin término, que será estado mucho más feliz y glorioso de lo que ni hablar ni pensar se puede; y del uno y del otro estado escribió San Pablo maravillosamente aunque con breves palabras.

Dice a los de Corinto: «Conviene que reine Él hasta que ponga a todos sus enemigos debajo de sus pies; y, a la postre de todos, será destruida la muerte enemiga. Porque todo lo sujetó a sus pies; mas cuando dice que todo le está sujeto, sin duda se entiende todo, excepto Aquel que se lo sujetó. Pues cuando todo le estuviere sujeto, entonces el mismo Hijo estará sujeto a Aquel que le sujetó a Él todas las cosas, para que Dios sea en todos todas las cosas.»

Dice que conviene que reine Cristo hasta que ponga debajo de sus pies a sus enemigos, y hasta que deje en vacío a todos los demás señoríos. Y quiere decir que conviene que el reino de Cristo, en el estado que decimos de guerra y de contradicción, dure hasta que, habiéndolo sujetado todo, alcance entera victoria de todo. Y dice que, cuando hubiera vencido a lo demás, lo postrero de todo vencerá la muerte, último enemigo; porque, cerrados los siglos y deshechos todos los rebeldes, dará fin a la corrupción y a la mudanza, y resucitará los suyos gloriosos para más no morir, y con esto se acabará el primer estado de su reino de guerra, y nacerá la vida y la gloria; y, lleno de despojos y de vencimientos, presentará su Iglesia a su Padre, que reinará en ella juntamente con su Hijo en felicidad sempiterna.

Y dice que entonces, esto es, en aquel estado segundo, será Dios en todas las cosas, por dos razones. Una, porque todos los hombres y todas las partes y sentidos e inclinaciones que en cada uno de ellos hay, le estarán obedientes y sujetos, y reinará en ellos la ley de Dios sin contienda, que, como vemos en la oración que el Señor nos enseña, estas dos cosas andan juntas o casi son una misma, el reinar Dios y el cumplir nosotros su voluntad y su ley enteramente, así como se cumple en el cielo. Y la otra razón es porque será Dios entonces, Él solo y por sí, para su reino, todo aquello que a su reino fuere necesario y provechoso. Porque Él les será el príncipe y el corregidor, y el secretario y el consejero; y todo lo que ahora se gobierna por diferentes ministros, Él por sí solo lo administrará con los suyos, y Él mismo les será la riqueza y el dador de ella, el descanso, el deleite, la vida.

Y como Platón dice del oficio del rey, que ha de ser de pastor, así como llama Homero a los reyes, porque ha de ser para sus súbditos todo, como el pastor para sus ovejas lo es, porque él las apacienta y las guía, y las cura y las lava, y las trasquila y las recrea, así Dios será entonces con su dichoso ganado muy más perfecto pastor, o será alma en el cuerpo de su Iglesia querida; porque, junto entonces y enlazado con ella, y metido por toda ella por manera maravillosa hasta lo íntimo, así como ahora por nuestra alma sentimos, así en cierta manera entonces veremos, y sentiremos y entenderemos y nos moveremos por Dios, y Dios echará rayos de sí por todos nuestros sentidos, y nos resplandecerá por los rostros.

Y como en el hierro encendido no se ve sino fuego, así lo que es hombre casi no será sino Dios, que con su Cristo reinará enseñoreado perfectamente de todos. De cuyo reino, o de la felicidad de este su estado postrero, ¿qué podemos mejor decir que lo que dice el Profeta? «Di alabanzas, hija de Sión; gózate con júbilo, Israel; alégrate y regocíjate de todo tu corazón, hija de Jerusalén; que el Señor dio fin a tu castigo, apartó de ti su azote, retiró tus enemigos el Rey de Israel. El Señor en medio de ti, no temerás mal de aquí en adelante.»

O como otro profeta dijo: «No sonará ya de allí adelante en tu tierra maldad ni injusticia, ni asolamiento ni destrucción en tus términos; la salud se enseñoreará por tus muros, y en las puertas tuyas sonará voz de loor. No te servirás de allí adelante del sol para que te alumbre en el día, ni el resplandor de la luna será tu lumbrera; mas el Señor mismo te valdrá por sol sempiterno y será tu gloria y tu hermosura tu Dios. No se pondrá tu sol jamás, ni tu luna se amenguará; porque el Señor será tu luz perpetua, que ya se fenecieron de tu lloro los días. Tu pueblo todo serán justos todos, heredarán la tierra sin fin, que son fruto de mis posturas, obra de mis manos para honra gloriosa. El menor valdrá por mil, y el pequeñito más que una gente fortísima; que Yo soy el Señor, y en su tiempo Yo lo haré en un momento.»

Y en otro lugar: «Serán allí en olvido puestas las congojas primeras, y ellas se les esconderán de los ojos. Porque Yo criaré nuevos cielos y nueva tierra, y los pasados no serán remembrados ni subirán a las mientes. Porque Yo criaré a Jerusalén regocijo, y alegría a su pueblo, y me regocijaré Yo en Jerusalén, y en mi pueblo me gozaré. Voz de lloro ni voz lamentable de llanto no será ya allí más oída, ni habrá más en ella niño en días ni anciano que no cumpla sus años; porque el de cien años mozo perecerá, y el que de cien años pecador fuere, será maldito. Edificarán y morarán, plantarán viñas y comerán de sus frutos. No edificarán y morarán otros, no plantarán y será de otro comido. Porque conforme a los días del árbol de vida, será el tiempo del vivir de mi pueblo. Las obras de sus manos se envejecerán por mil siglos. Mis escogidos no trabajarán en vano, ni engendrarán para turbación y tristeza. Porque ellos son generaciones de los benditos de Dios, y es lo que de ellos nace, cual ellos. Y será que antes que levanten la voz, admitiré su pedido, y en el menear de la lengua Yo los oiré. El lobo y el cordero serán apacentados como uno, el león comerá heno así como el buey, y polvo será su pan de la sierpe. No maleficiarán, no contaminarán, dice el Señor, en toda la santidad de mi monte.»

Calló Marcelo un poco luego que dijo esto. Y luego tornó a decir:

-Bastará, si os parece, para lo que toca al nombre de Rey lo que hemos ahora dicho, dado que mucho más se pudiera decir; mas es bien que repartamos el tiempo con lo que resta.

Y tornó luego a callar. Y descansando, y como recogiéndose todo en sí mismo por un espacio pequeño, alzó después los ojos al cielo, que ya estaba sembrado de estrellas, y teniéndolos en ellas como enclavados, comenzó a decir así:

PRINCIPE DE PAZ

Explícase qué cosa es paz, cómo Cristo es su autor, y, por tanto, llamado Príncipe de paz

Cuando la razón no lo demostrara, ni por otro camino se pudiera entender cuán amable cosa sea la paz, esta vista hermosa del cielo que se nos descubre ahora, y el concierto que tienen entre sí estos resplandores que lucen en él, nos dan de ello suficiente testimonio. Porque ¿qué otra cosa es sino paz, o ciertamente una imagen perfecta de paz, esto que ahora vemos en el cielo y que con tanto deleite se nos viene a los ojos? Que si la paz es, como San Agustín breve y verdaderamente concluye, una orden sosegada o un tener sosiego y firmeza en lo que pide el buen orden, eso mismo es lo que nos descubre ahora esta imagen. Adonde el ejército de las estrellas, puesto como en ordenanza y como concertado por sus hileras, luce hermosísimo, y adonde cada una de ellas inviolablemente guarda su puesto, adonde no usurpa ninguna el lugar de su vecina ni la turba en su oficio, ni menos, olvidada del suyo, rompe jamás la ley eterna y santa que le puso la Providencia; antes, como hermanadas todas y como mirándose entre sí, y comunicándose sus luces las mayores con las menores, se hacen muestra de amor y, como en cierta manera, se reverencian unas a otras, y todas juntas templan a veces sus rayos y sus virtudes, reduciéndolas a una pacífica unidad de virtud, de partes y aspectos diferentes compuesta, universal y poderosa sobre toda manera.

Y si así se puede decir, no sólo son un dechado de paz clarísimo y bello, sino un pregón y un loor que con voces manifiestas y encarecidas nos notifica cuán excelentes bienes son los que la paz en sí contiene y los que hace en todas las cosas. La cual voz y pregón, sin ruido se lanza en nuestras almas, y de lo que en ellas lanzada hace, se ve y entiende bien la eficacia suya y lo mucho que las persuade. Porque luego, como convencidas de cuánto les es útil y hermosa la paz, se comienzan ellas a pacificar en sí mismas y a poner a cada una de sus partes en orden.

Porque si estamos atentos a lo secreto que en nosotros pasa, veremos que este concierto y orden de las estrellas, mirándolo, pone en nuestras almas sosiego, y veremos que con sólo tener los ojos enclavados en él con atención, sin sentir en qué manera, los deseos nuestros y las afecciones turbadas, que confusamente movían ruido en nuestros pechos de día, se van aquietando poco a poco y, como adormeciéndose, se reposan tomando cada una su asiento, y reduciéndose a su lugar propio, se ponen sin sentir en sujeción y concierto. Y veremos que así como ellas se humillan y callan, así lo principal y lo que es señor en el alma, que es la razón, se levanta y recobra su derecho y su fuerza, y como alentada con esta vista celestial y hermosa, concibe pensamientos altos y dignos de sí, y, como en una cierta manera, se recuerda de su primer origen, y al fin pone todo lo que es vil y bajo en su parte, y huella sobre ello. Y así, puesta ella en su trono como emperatriz, y reducidas a sus lugares todas las demás partes del alma, queda todo el hombre ordenado y pacífico.

Mas ¿qué digo de nosotros que tenemos razón? Esto insensible y esto rudo del mundo, los elementos y la tierra y el aire y los brutos, se ponen todos en orden y se aquietan luego que, poniéndose el sol, se les representa este ejército resplandeciente. ¿No veis el silencio que tienen ahora todas las cosas, y cómo parece que, mirándose en este espejo bellísimo, se componen todas ellas y hacen paz entre sí, vueltas a sus lugares y oficios, y contentas con ellos?

Es, sin duda, el bien de todas las cosas universalmente la paz; y así, dondequiera que la ven la aman. Y no sólo ella, mas la vista de su imagen de ella las enamora y las enciende en codicia de asemejársele, porque todo se inclina fácil y dulcemente a su bien. Y aun si confesamos, como es justo confesar, la verdad, no solamente la paz es amada generalmente de todos, mas sola ella es amada y seguida y procurada por todos. Porque cuanto se obra en esta vida por los que vivimos en ella, y cuanto se desea y afana, es para conseguir este bien de la paz; y este es el blanco adonde enderezan su intento, y el bien a que aspiran todas las cosas. Porque si navega el mercader y si corre los mares, es por tener paz con su codicia que le solicita y guerrea. Y el labrador, en el sudor de su cara y rompiendo la tierra, busca paz, alejando de sí cuanto puede al enemigo duro de la pobreza. Y por la misma manera, el que sigue el deleite, y el que anhela la honra, y el que brama por la venganza, y, finalmente, todos y todas las cosas buscan la paz en cada una de sus pretensiones. Porque, o siguen algún bien que les falta, o huyen algún mal que los enoja.

Y porque así el bien que se busca como el mal que se padece o se teme, el uno con su deseo y el otro con su miedo y dolor, turban el sosiego del alma y son como enemigos suyos que le hacen guerra, colígese manifiestamente que es huir la guerra y buscar la paz todo cuanto se hace. Y si la paz es tan grande y tan único bien, ¿quién podrá ser príncipe de ella, esto es, causador de ella y principal fuente suya, sino ese mismo que nos es el principio y el autor de todos los bienes, Jesucristo, Señor y Dios nuestro? Porque si la paz es carecer de mal que aflige y de deseo que atormenta, y gozar de reposado sosiego, sólo Él hace exentas las almas del temer, y las enriquece por tal manera, que no les queda cosa que poder desear.

Mas, para que esto se entienda, será bien que digamos por su orden qué cosa es paz y las diferentes maneras que de ella hay, y si Cristo es príncipe y autor de ella en nosotros según todas sus partes y maneras, y de la forma en cómo es su autor y su príncipe.

-Lo primero de esto que proponéis -dijo entonces Sabino- paréceme, Marcelo, que está ya declarado por vos en lo que habéis dicho hasta ahora, adonde lo probasteis con la autoridad y testimonio de San Agustín.

-Es verdad que dije -respondió luego Marcelo- que la paz, según dice San Agustín, no es otra cosa sino una orden sosegada o un sosiego ordenado. Y aunque no pienso ahora determinarla por otra manera, porque ésta de San Agustín me contenta, todavía quiero insistir algo acerca de esto mismo que San Agustín dice, para dejarlo más enteramente entendido.

Porque, como veis, Sabino, según esta sentencia, dos cosas diferentes son las de que se hace la paz, conviene a saber: sosiego y orden. Y hácese de ellas así, que no será paz si alguna de ellas, cualquiera que sea, le faltare. Porque, lo primero, la paz pide orden, o, por mejor decir, no es ella otra cosa sino que cada una cosa guarde y conserve su orden. Que lo alto esté en su lugar, y lo bajo, por la misma manera; que obedezca lo que ha de servir, y lo que es de suyo señor que sea servido y obedecido; que haga cada uno su oficio, y que responda a los otros con el respeto que a cada uno se debe. Pide, lo segundo, sosiego la paz. Porque, aunque muchas personas en la república, o muchas partes en el alma y en el cuerpo del hombre conserven entre sí su debido orden y se mantengan cada una en su puesto, pero si las mismas están como bullendo para desconcertarse, y como forcejeando entre sí para salir de su orden, aun antes que consigan su intento y se desordenen, aquel mismo bullicio suyo y aquel movimiento destierra la paz de ellas, y el moverse o el caminar al desorden, o siquiera el no tener en el orden estable firmeza, es, sin duda, una especie de guerra.

Por manera que la orden sola sin el reposo no hace paz; ni, al revés, el reposo y el sosiego, si le falta la orden. Porque una desorden sosegada (si puede haber sosiego en la desorden), pero, si le hay, como de hecho le parece haber en aquellos en quienes la grandeza de la maldad, confirmada con la larga costumbre, amortiguando el sentido del bien, hace asiento; así que el reposo en la desorden y mal, no es sosiego de paz, sino confirmación de guerra; y es, como en las enfermedades confirmadas del cuerpo, pelea y contienda y agonía incurable.

Es, pues, la paz sosiego y concierto. Y porque así el sosiego como el concierto dicen respecto a otro tercero, por eso propiamente la paz tiene por sujeto a la muchedumbre; porque en lo que es uno y del todo sencillo, si no es refiriéndolo a otro, y por respeto de aquello a quien se refiere, no se asienta propiamente la paz.

Pues, cuanto a este propósito pertenece, podemos comparar el hombre, y referirlo a tres cosas: lo primero a Dios; lo segundo a ese mismo hombre, considerando las partes diferentes que tiene, y comparándolas entre sí; y lo tercero, a los demás hombres y gentes con quienes vive y conversa. Y según estas tres comparaciones, entendemos luego que puede haber paz en él por tres diferentes maneras. Una, si estuviere bien concertado con Dios; otra, si él, dentro de sí mismo, viviere en concierto; y la tercera, si no se atravesare ni encontrare con otros.

La primera consiste en que el alma esté sujeta a Dios y rendida a su voluntad, obedeciendo enteramente sus leyes, y en que Dios, como en sujeto dispuesto, mirándola amorosa y dulcemente, influya el favor de sus bienes y dones. La segunda está en que la razón mande, y el sentido y los movimientos de él obedezcan sus mandamientos, y no sólo en que obedezcan, sino en que obedezcan con presteza y con gusto, de manera que no haya alboroto entre ellos ninguno ni rebeldía, ni procure ninguno por que la haya, sino que gusten así todos del estar a una, y les sea así agradable la conformidad, que ni traten de salir de ella, ni por ello forcejeen. La tercera es dar su derecho a todos cada uno, y recibir cada uno de todos aquello que se le debe sin pleito ni contienda.

Cada una de estas paces es para el hombre de grandísima utilidad y provecho, y de todas juntas se compone y fabrica toda su felicidad y bienandanza. La utilidad de la postrera manera de paz, que nos ajunta estrechamente y nos tiene en sosiego a los hombres unos con otros, cada día hacemos experiencia de ella, y los llorosos males que nacen de las contiendas y de las diferencias y de las guerras, nos la hacen más conocer y sentir.

El bien de la segunda, que es vivir concertada y pacíficamente consigo mismo, sin que el miedo nos estremezca ni la afición nos inflame, ni nos saque de nuestros quicios la alegría vana ni la tristeza, ni menos el dolor nos envilezca y encoja, no es bien tan conocido por la experiencia; porque, por nuestra miseria grande, son muy raros los que hacen experiencia de él; mas convéncese por razón y por autoridad claramente.

Porque ¿qué vida puede ser la de aquel en quien sus apetitos y pasiones, no guardando ley ni buena orden alguna, se mueven conforme a su antojo? ¿La de aquel que por momentos se muda con aficiones contrarias, y no sólo se muda, sino muchas veces apetece y desea juntamente lo que en ninguna manera se compadece estar junto: ya alegre, ya triste, ya confiado, ya temeroso, ya vil, ya soberbio? O ¿qué vida será la de aquel en cuyo ánimo hace presa todo aquello que se le pone delante?; ¿del que todo lo que se le ofrece al sentido desea?; ¿del que se trabaja por alcanzarlo todo, y del que revienta con rabia y coraje porque no lo alcanza?; ¿del que lo alcanza hoy, lo aborrece mañana, sin tener perseverancia en ninguna cosa más que en ser inconstante? ¿Qué bien puede ser bien entre tanta desigualdad? O ¿cómo será posible que un gusto tan turbado halle sabor en ninguna prosperidad ni deleite? O, por mejor decir, ¿cómo no turbará y volverá de su calidad malo y desabrido a todo aquello que en él se infundiere? No dice esto mal, Sabino, vuestro poeta:

A quien teme o desea sin mesura, su casa y su riqueza así le agrada como a la vista enferma la pintura, como a la gota el ser muy fomentada, o como la vihuela en el oído, que la podre atormenta amontonada. Si el vaso no está limpio, corrompido, aceda todo aquello que infundieres.

Y mejor mucho, y más brevemente, el Profeta, diciendo: «El malo, como mar que hierve, que no tiene sosiego.» Porque no hay mar brava, en quien los vientos más furiosamente ejecuten su ira, que iguale a la tempestad y a la tormenta que, yendo unas olas y viniendo otras, mueven en el corazón desordenado del hombre sus apetitos y sus pasiones. Las cuales, a las veces, le oscurecen el día, y le hacen temerosa la noche, y le roban el sueño, y la cama se la vuelven dura, y la mesa se la hacen trabajosa y amarga, y, finalmente, no le dejan una hora de vida dulce y apacible de veras. Y así concluye diciendo: «Dice el Señor: no cabe en los malos paz.» Y si es tan dañosa esta desorden, el carecer de ella y la paz que la contradice y que pone orden en todo el hombre, sin duda es gran bien. Y por semejante manera se conoce cuán dulce cosa es y cuán importante es el andar a buenas con Dios y el conservar su amistad, que es la tercera manera de paz que decíamos, y la primera de todas tres. Porque de los efectos que hace su ira en aquellos contra quienes mueve guerra, vemos por vista de ojos cuán provechosa e importante es su paz.

Jeremías, en nombre de Jerusalén, encarece con lloro el estrago que hizo en ella el enojo de Dios, y las miserias a que vino por haber trabado guerra con él: «Quebrantó, dice, con ira y braveza toda la fortaleza de Israel, hizo volver atrás su mano derecha delante del enemigo, y encendió en Jacob como una llama de fuego abrasante en derredor. Fechó su arco como contrario, refirmó su derecha como enemigo, y puso a cuchillo todo lo hermoso, y todo lo que era de ver en la morada de la hija de Sión; derramó como fuego su gran coraje. Volvióse Dios enemigo, despeñó a Israel, asoló sus muros, deshizo sus reparos, colmó a la hija de Judá de bajeza y miseria.» Y va por esta manera prosiguiendo muy largamente.

Mas en el libro de Job se ve como dibujado el miserable mal que pone Dios en el corazón de aquellos contra quienes se muestra enojado: «Sonido, dice, de espanto siempre en sus orejas; y, cuando tiene paz, se recela de alguna celada; no cree poder salir de tinieblas, y mira en derredor, recatándose por todas partes de la espada; atemorízale la tribulación y cércale a la redonda la angustia.» Y, sobre todos, refiriendo Job sus dolores, pinta singularmente en sí mismo el estrago que hace Dios en los que se enoja. Y decirlo he en la manera que nuestro común amigo, en verso castellano, lo dijo. Dice, pues:

Veo que Dios los pasos me ha tomado; cortado me ha la senda, y con oscura tiniebla mis caminos ha cerrado. Quitó de mi cabeza la hermosura del rico resplandor con que iba al cielo; desnudo me dejó con mano dura. Cortóme en derredor, y vine al suelo cual árbol derrocado; mi esperanza el viento la llevó con presto vuelo. Mostró de su furor la gran pujanza, airado, y, triste yo, como si fuera contrario, así de sí me aparta y lanza. Corrió como en tropel su escuadra fiera, y vino y puso cerco a mi morada, y abrió por medio de ella gran carrera.

Y si del tener por contrario a Dios y del andar en bandos con Él nacen estos daños, bien se entiende que carecerá de ellos el que se conservare en su paz y amistad; y no sólo carecerá de estos daños, mas gozará de señalados provechos. Porque como Dios enojado y enemigo es terrible, así amigo y pacífico es liberal y dulcísimo, como se ve en lo que Isaías en su persona de Él dice que hará con la congregación santa de sus amigos y justos: «Alegraos con Jerusalén, dice, y regocijaos con ella todos los que la queréis bien; gozaos, gozaos mucho con ella todos los que la llorabais, para que, a los pechos de su contento puestos, los gustéis y os hartéis, para que los exprimáis, y tengáis sobra de los deleites de su perfecta gloria. Porque el Señor dice así: Yo derivaré sobre ella como un río de paz, y como una avenida creciente la gloria de las gentes, de que gozaréis; traeros han a los pechos, y sobre las rodillas puestos, os harán regalos; como si una madre acariciase a su hijo, así Yo os consolaré a vosotros; con Jerusalén seréis consolados.»

Así que, cada una de estas tres paces es de mucha importancia. Las cuales, aunque parecen diferentes, tienen entre sí cierta conformidad y orden, y nacen de la una de ellas las otras por esta manera. Porque del estar uno concertado y bien compuesto dentro de sí, del tener paz consigo mismo, no habiendo en él cosa rebelde que a la razón contradiga, nace, como de fuente, lo primero el estar en concordia con Dios, y lo segundo el conservarse en amistad con los hombres.

Y digamos de cada una cosa por sí. Porque, cuanto a lo primero, cosa manifiesta es que Dios, cuando se nos pacifica y, de enemigo, se amista, y se desenoja y ablanda, no se muda Él, ni tiene otro parecer o querer de aquel que tuvo desde toda la eternidad sin principio, por el cual perpetuamente aborrece lo malo y ama lo bueno y se agrada de ello, sino el mudarnos nosotros usando bien de sus gracias y dones, y el poner en orden a nuestras almas, quitando lo torcido de ellas y lo contumaz y rebelde, y pacificando su reino y ajustándolas con la ley de Dios, y por este camino, el quitarnos del cuento y de la lista de los perdidos y torcidos que Dios aborrece, y traspasarnos al bando de los buenos que Dios ama, y ser del número de ellos, eso quita a Dios de enojo y nos torna en su buena gracia.

No porque se mude ni altere Él, ni porque comience a amar ahora otra cosa diferente de lo que amó siempre, sino porque, mudándonos nosotros, venimos a figurarnos en aquella manera y forma que a Dios siempre fue agradable y amable. Y así Él, cuando nos convida a su amistad por el Profeta, no nos dice que se mudará Él, sino pídenos que nos convirtamos a Él nosotros, mudando nuestras costumbres. «Convertíos a Mí, dice, y Yo me convertiré a vosotros.» Como diciendo: Volveos vosotros a Mí, que, haciendo vosotros esto, por el mismo caso Yo estoy vuelto a vosotros, y os miro con los ojos y con las entrañas de amor con que siempre estoy mirando a los que debidamente me miran. Que, como dice David en el Salmo: «Los ojos del Señor sobre los justos, y sus oídos en sus ruegos de ellos.»

Así que Él mira siempre a lo bueno con vista de aprobación y de amor. Porque, como sabéis, Dios y lo que es amado de Dios siempre se están mirando entre sí, y como si dijésemos, Dios en el que ama, y el que ama a Dios, en ese mismo Dios tiene siempre enclavados los ojos. Dios mira por él con particular providencia, y él mira a Dios para agradarle con solicitud y cuidado; de lo primero, dice David en el Salmo: «Los ojos del Señor sobre los justos, y sus oídos a sus ruegos de ellos.» De lo segundo dicen ellos también: «Como los ojos de los siervos miran con atención a las manos y a los semblantes de sus señores, así nuestros ojos los tenemos fijados en Dios.» Y en los Cantares pide el Esposo al alma justa que le muestre la cara porque ese es oficio del justo. Y a muchos justos, en las sagradas Letras en particular, para decirles Dios que sean justos y que perseveren y se adelanten en la virtud, les dice así y les pide que no se escondan de Él, sino que anden en su presencia y que le traigan siempre delante.

Pues cuando dos cosas en esta manera juntamente se miran, si es así que la una de ellas es inmudable, y si con esto acontece que se dejen de mirar algún tiempo, eso de necesidad vendrá, porque la otra que se podía torcer, usando de su poder, volvió a otra parte la cara; y, si tornaren a mirarse después, será la causa porque aquella misma que se torció y escondió, volvió otra vez su rostro hacia la primera, mudándose.

Y de esta misma manera, estándose Dios firme e inmudable en sí mismo, y no habiendo más alteración en su querer y entender que la hay en su vida y en su ser, porque en Él todo es una misma cosa, el ser y el querer, nuestra mudanza miserable y las veces de nuestro albedrío, que, como vientos diversos, juegan con nosotros, y nos vuelven al mal por momentos, nos llevan a la gracia de Dios ayudados de ella, y nos sacan de ella con su propia fuerza mil veces. Y mudándome yo, hago que parezca Dios mudarse conmigo, no mudándose Él nunca.

Así que, por el mismo caso que lo torcido de mi alma se destuerce, y lo alborotado de ella se pone en paz y se vuelve, vencidas las nieblas y la tempestad del pecado, a la pureza y a lo sereno de la luz verdadera, Dios luego se desenoja con ella. Y de la paz de ella consigo misma, criada en ella por Dios, nace la paz segunda que, como dijimos, consiste en que Dios y ella, puestos aparte los enojos, se amen y quieran bien.

Y de la misma manera, en tener uno paz consigo es principio certísimo para tenerla con todos los otros. Porque sabida cosa es que lo que nos diferencia y lo que nos pone en contienda y en guerra a unos con otros, son nuestros deseos desordenados, y que la fuente de la discordia y rencilla siempre es y fue la mala codicia de nuestro vicioso apetito. Porque todas las diferencias y enojos que los hombres entre sí tienen, siempre se fundan sobre la pretensión de alguno de estos bienes que llaman bienes los hombres, como son, o el interés o la honra o el pasatiempo y deleite; que, como son bienes limitados y que tienen su cierta tasa, habiendo muchos que los pretendan sin orden, no bastan a todos, o vienen a ser para cada uno menores, y así se embarazan y se estorban los unos a los otros aquellos que sin rienda los aman. Y del estorbo nace el disgusto, y de él el enojo; y al enojo se le siguen los pleitos y las diferencias, y, finalmente, las enemistades capitales y las guerras. Como lo dice Santiago, casi por estas mismas palabras: «¿De dónde hay en vosotros pleitos y guerras, sino por causa de vuestros deseos malos?»

Y, al revés, el hombre de ánimo bien compuesto y que conserva paz y buen orden consigo, tiene atajadas y como cortadas casi todas las ocasiones, y, cuanto es de su parte, sin duda todas las que le pueden encontrar con los hombres. Que si los otros se desentrañan por estos bienes, y si a rienda suelta y como desalentados siguen en pos del deleite, y se desvelan por las riquezas, y se trabajan y fatigan por subir a mayor grado y a mayor dignidad adelantándose a todos, este que digo no se les pone delante para hacerles dificultad o para cerrarles el paso, antes, haciéndose a su parte, y rico y contento con los bienes que posee en su alma, les deja a los demás campo ancho, y, cuanto es de su parte, bien desembarazado, adonde a su contento se espacien. Y nadie aborrece al que en ninguna cosa le daña. Y el que no ama lo que los otros aman, y ni quiere ni pretende quitar de las manos y de las uñas a ninguno su bien, no daña a ninguno.

Así que, como la piedra que en el edificio está asentada en su debido lugar, o, por decir cosa más propia, como la cuerda en la música, debidamente templada en sí misma, hace música dulce con todas las demás cuerdas, sin disonar con ninguna, así el ánimo bien concertado dentro de sí, y que vive sin alboroto, y tiene siempre en la mano la rienda de sus pasiones y de todo lo que en él puede mover inquietud y bullicio, consuena con Dios y dice bien con los hombres, y, teniendo paz consigo mismo, la tiene con los demás. Y, como dijimos, estas tres paces andan eslabonadas entre sí mismas, y de la una de ellas nacen, como de fuente, las otras, y ésta de quien nacen las demás es aquella que tiene su asiento en nosotros.

De la cual San Agustín dice bien en esta manera: «Vienen a ser pacíficos en sí mismos los que, poniendo primero en concierto todos los movimientos de su alma, y sujetándolos a la razón, esto es, a lo principal del alma, y espíritu, y teniendo bien domados los deseos carnales, son hechos reino de Dios, en el cual todo está ordenado; así que, mande en el hombre lo que en él es más excelente, y lo demás en que convenimos con los animales brutos no le contradiga; y eso mismo excelente, que es la razón, esté sujeta a lo que es mayor que ella, esto es, a la verdad misma, y al Hijo unigénito de Dios, que es la misma verdad. Porque no le será posible a la razón tener sujeto lo que es inferior, si ella, a lo que superior le es, no sujetare a sí misma. Y esta es la paz que se concede en el suelo a los hombres de buena voluntad, y la en que consiste la vida del sabio perfecto.»

Mas dejando esto aquí, averigüemos ahora y veamos -que ya el tiempo lo pide- qué hizo Cristo para poner el reino de nuestras almas en paz, y por dónde es llamado príncipe de ella. Que decir que es príncipe de esta obra, es decir no sólo que Él la hace, mas que es sólo Él que la puede hacer, y que es el que se aventaja entre todos aquellos que han pretendido el hacer este bien, lo cual ciertamente han pretendido muchos, pero no les ha sucedido a ninguno. Y así hemos de asentar por muy ciertas dos cosas: una, que la religión o la policía o la doctrina o maestría que no engendra en nuestras almas paz y composición de afectos y de costumbres, no es Cristo ni religión suya por ninguna manera; porque, como sigue la luz al sol, así este beneficio acompaña a Cristo siempre, y es infalible señal de su virtud y eficacia.

La otra cosa es que ninguno jamás, aunque lo pretendieron muchos, pudo dar este bien a los hombres sino Cristo y su ley. Por Manera que no solamente es obra suya esta paz, mas obra que Él sólo la supo hacer, que es la causa por donde es llamado su príncipe. Porque unos, atendiendo a nuestro poco saber, e imaginando que el desorden de nuestra vida nacía solamente de la ignorancia, parecióles que el remedio era desterrar de nuestro entendimiento las tinieblas del error, y así pusieron su cuidado y diligencia en solamente dar luz al hombre con leyes, y en ponerle penas que le indujesen con su temor a aquello que le mandaban las leyes. De esto, como ahora decíamos, trató la ley vieja, y muchos otros hombres que ordenaron leyes atendieron a esto, y mucha parte de los antiguos filósofos escribieron grandes libros acerca de este propósito.

Otros, considerando la fuerza que en nosotros tiene la carne y la sangre, y la violencia grande de sus movimientos, persuadiéronse que de la compostura y complexión del cuerpo manaban, como de fuente, la destemplanza y turbaciones del alma, y que se podría atajar este mal con sólo cortar esta fuente. Y porque el cuerpo se ceba y se sustenta con lo que se come, tuvieron por cierto que, con poner en ello orden y tasa, se reduciría a buen orden el alma, y se conservaría siempre en paz y salud. Y así vedaron unos manjares, lo que les pareció que, comidos, con su vicioso jugo, acrecentarían las fuerzas desordenadas y los malos movimientos del cuerpo, y de otros señalaron cuándo y cuánto de ellos se podía comer, y ordenaron ciertos ayunos y ciertos lavatorios, con otros semejantes ejercicios, enderezados todos a adelgazar el cuerpo, criando en él una santa y limpia templanza.

Tales fueron los filósofos indios, y muchos sabios de los bárbaros siguieron por este camino. Y en las leyes de Moisés algunas de ellas se ordenaron para esto también. Mas ni los unos ni los otros salieron con su pretensión, porque, puesto caso que estas cosas sobredichas todas ellas son útiles para conseguir este fin de paz que decimos, y algunas de ellas muy necesarias, mas ninguna de ellas, ni juntas todas, no son bastantes ni poderosas para criar en el alma esta paz enteramente, ni para desterrar de ella, o a lo menos para poner en concierto en ella, estas olas de pasiones y movimientos furiosos que la alteran y turban. Porque habéis de entender que en el hombre, en quien hay alma y hay cuerpo, y en cuya alma hay voluntad y razón, por el grande estrago que hizo en él el pecado primero, todas estas tres cosas quedaron miserablemente dañadas. La razón con ignorancias, el cuerpo y la carne con sus malos siniestros, dejados sin rienda, y la voluntad, que es la que mueve en el reino del hombre, sin gusto para el bien y golosa para el mal, y perdidamente inclinada, y como despojada del aliento del cielo, y como revestida de aquel malo y ponzoñoso espíritu de la serpiente, de quien esta mañana tantas veces y tan largamente decíamos.

Y con esto, que es cierto, habéis también de entender que de estos tres males y daños, el de la voluntad es como la raíz y el principio de todos. Porque, como en el primer hombre se ve, que fue el autor de estos males, y el primero en quien ellos hicieron prueba y experiencia de sí mismos, el daño de la voluntad fue el primero; y de allí se extendió, cundiendo la pestilencia, al entendimiento y al cuerpo. Porque Adán no pecó porque primero se desordenase el sentido en él, ni porque la carne, con su ardor violento llevase en pos de sí la razón, ni pecó por haberse cegado primero su entendimiento con algún grave error, que, como dice San Pablo, en aquel artículo no fue engañado el varón, sino pecó porque quiso lisamente pecar, esto es, porque abriendo de buena gana las puertas de su voluntad, recibió en ella el espíritu del demonio, y, dándole a él asiento, la sacó a ella de la obediencia de Dios y de su santa orden y de la luz y favor de su gracia. Y hecho una por una este daño, luego de él le nació en el cuerpo desorden y en la razón ceguedad. Así que la fuente de la desventura y guerra común es la voluntad dañada y como emponzoñada con esta maldad primera.

Y porque los que pusieron leyes para alumbrar nuestro error mejoraban la razón solamente, y los que ordenaron la dieta corporal, vedando y concediendo manjares, templaban solamente lo dañado del cuerpo, y la fuente del desconcierto del hombre y de estas desórdenes todas no tenía asiento ni en la razón ni en el cuerpo, sino, como hemos dicho, en la voluntad maltratada, como no atajaban la fuente ni atinaban ni podían atinar a poner medicina en esta podrida raíz, por eso careció su trabajo del fruto que pretendían. Sólo aquel lo consiguió que supo conocer esta origen, y, conocida, tuvo saber y virtud para poner en ella su medicina propia, que fue Jesucristo, nuestra verdadera salud. Porque lo que remedia este mal espíritu y este perverso brío con que se corrompió en su primer principio la voluntad, es un otro espíritu santo y del cielo, y lo que sana esta enfermedad y malatía de ella, es el don de la gracia, que es salud y verdad. Y esta gracia y este espíritu sólo Cristo pudo merecerlo y sólo Cristo lo da, porque, como decíamos acerca del nombre pasado -y es bien que se tome a decir para que se entienda mejor, porque es punto de grande importancia- no se puede falsear ni contrastar lo que dice San Juan: «Moisés hizo la ley, mas la gracia es obra de Cristo.» Como si en más palabras dijera: Esto, que es hacer leyes y dar luz con mandamientos al entendimiento del hombre, Moisés lo hizo, y muchos otros legisladores y sabios lo intentaron hacer, y en parte lo hicieron; y aunque Cristo también en esta parte sobró a todos ellos con más ciertas y más puras leyes que hizo, pero lo que puede enteramente sanar al hombre, y lo que es sola y propia obra de Cristo, no es eso -que muy bien se compadecen entendimiento claro y voluntad perversa, razón desengañada y mal inclinada voluntad-, mas es sola la gracia y el espíritu bueno, en el cual ni Moisés ni ningún otro sabio ni criatura del mundo tuvo poder para darlo, sino es sólo Cristo Jesús.

Lo cual es en tanta manera verdad (no sólo que Cristo es el que nos da esta medicina eficaz de la gracia, sino que sola ella es la que nos puede sanar enteramente, y que los demás medios de luz y ejercicios de vida jamás nos sanaron), que muchas veces aconteció que la luz que alumbraba el entendimiento, y las leyes que le eran como antorcha para descubrirle el camino justo, no sólo no remediaron el mal de los hombres, mas antes, por la disposición de ellos mala, les acarrearon daño y enfermedad notablemente mayor. Y lo que era bueno en sí, por la calidad del sujeto enfermo y malsano, se les convertía en ponzoña que los dañaba más, como lo escribe expresamente San Pablo en una parte, diciendo que la ley le quitó la vida del todo; y en otra, que por ocasión de la ley se acrecentó y salió el pecado como de madre; y en otra, dando la razón de esto mismo, porque dice: «El pecado que se comete habiendo ley es pecado en manera superlativa», esto es, porque se peca, cuando así se peca, más gravemente, y viene así a llegar a sus mayores quilates la malicia del mal.

Porque, a la verdad, como muestra bien Platón en el segundo Alcibiades, a los que tienen dañada la voluntad, o no bien aficionada acerca del fin último y acerca de aquello que es lo mejor, la ignorancia les es útil las más de las veces y el saber peligroso y dañoso; porque no les sirve de freno para que no se arrojen al mal -porque sobrepuja sobre todo el desenfrenamiento, y, como si dijésemos, el desbocamiento de su voluntad estragada-, sino antes les es ocasión, unas veces para que pequen más sin disculpa, y otras para que de hecho pequen los que sin aquella luz no pecaran. Porque, por su grande maldad, que la tienen ya como embebida en las venas, usan de la luz, no para encaminar sus pasos bien, sino para hallar medios e ingenios para traer a ejecución sus perversos deseos más fácilmente; y, aprovéchanse de la luz y del ingenio, no para lo que ello es, para guía del bien, sino para adalid o para ingeniero del mal, y, por ser más agudos y más sabios, vienen a corromperse más y a hacerse peores. De lo cual todo resulta que sin la gracia no hay paz ni salud, y que la gracia es obra nacida del merecimiento de Cristo.

Mas porque esto es claro y ciertísimo, veamos ahora qué cosa es gracia o qué fuerza es la suya, y en que manera, sanando la voluntad, cría paz en todo el hombre interior y exterior.

Y diciendo esto Marcelo, puso los ojos en el agua, que iba sosegada y pura, y relucían en ella como en espejo todas las estrellas y hermosura del cielo, y parecía como otro cielo sembrado de hermosos luceros; y, alargando la mano hacia ella, y como mostrándola, dijo luego así:

-Esto mismo que ahora aquí vemos en esta agua, que parece como un otro cielo estrellado, en parte nos sirve de ejemplo para conocer la condición de la gracia. Porque así como la imagen del cielo recibida en el agua, que es cuerpo dispuesto para ser como espejo, al parecer de nuestra vista la hace semejante a sí mismo, así, como sabéis, la gracia venida al alma y asentada en ella, no al parecer de los ojos, sino en el hecho de la verdad, la asemeja a Dios y le da sus condiciones de Él, y la transforma en el cielo, cuanto le es posible a una criatura que no pierde su propia sustancia, ser transformada. Porque es una cualidad, aunque criada, no de la cualidad ni del metal de ninguna de las criaturas que vemos, ni tal cuales son todas las que la fuerza de la naturaleza produce, que ni es aire ni fuego ni nacida de ningún elemento; y la materia del cielo y los cielos mismos le reconocen ventaja en orden de nacimiento y en grado más subido de origen. Porque todo aquello es natural y nacido por la ley natural, mas ésta es sobre todo lo que la naturaleza puede y produce. En aquella manera nacen las cosas con lo que les es natural y propio, y como debido a su estado y a su condición, mas lo que la gracia da, por ninguna manera puede ser natural a ninguna sustancia criada, porque, como digo, traspasa sobre todas ellas, y es como un retrato de lo más propio de Dios, y cosa que le retrae y remedia mucho, lo cual no puede ser natural sino a Dios.

De arte que la gracia es una como deidad y una como figura viva del mismo Cristo, que, puesta en el alma, se lanza en ella y la deifica, y, si se va a decir verdad, es el alma del alma. Porque, así como mi alma, abrazada a mi cuerpo y extendiéndose por todo él, siendo caedizo y de tierra, y de suyo cosa pesadísima y torpe, le levanta en pie y le menea, y le da aliento y espíritu, y así le enciende en calor que le hace como una llama de fuego y le da las condiciones del fuego, de manera que la tierra anda, y lo pesado discurre ligero, y lo torpísimo y muerto vive y siente y conoce; así en el alma, que por ser criatura tiene condiciones viles y bajas, y que por ser el cuerpo adonde vive de linaje dañado, está ella aún más dañada y perdida, entrando la gracia en ella y ganando la llave de ella, que es la voluntad, y lanzándosele en su seno secreto, y, como si dijésemos, penetrándola toda, y de allí extendiendo su vigor y virtud por todas las demás fuerzas del ánimo, la levanta de la afición de la tierra, y, convirtiéndola al cielo y a los espíritus que se gozan en él, le da su estilo y su vivienda, y aquel sentimiento y valor y alteza generosa de lo celestial y divino, y, en una palabra, la asemeja mucho a Dios en aquellas cosas que le son a Él más propias y más suyas, y, de criatura que es suya, la hace hija suya muy su semejante; y finalmente la hace un otro Dios, así adoptado por Dios que parece nacido y engendrado de Dios.

Y porque, como dijimos, entrando la gracia en el alma y asentándose en ella, adonde primero prende es en la voluntad, y porque en Dios la voluntad es la misma ley de todo lo justo (y eso es bien, lo que Dios quiere, y solamente quiere aquello que es bueno), por eso, lo primero que en la voluntad la gracia hace es hacer de ella una ley eficaz para el bien, no diciéndole lo que es bueno, sino inclinándola y como enamorándola de ello.

Porque, como ya hemos dicho, se debe entender que esto que llamamos «o ley o dar ley» puede acontecer en dos diferentes maneras. Una es la ordinaria y usada, que vemos que consiste en decir y señalar a los hombres lo que les conviene hacer o no hacer, escribiendo con pública autoridad mandamientos y ordenaciones de ello, y pregonándolas públicamente. Otra es que consiste no tanto en aviso como en inclinación, que se hace, no diciendo ni mandando lo bueno, sino imprimiendo deseo y gusto de ello. Porque el tener uno inclinación y prontitud para alguna otra cosa que le conviene, es ley suya de aquel que está en aquella manera inclinado, y así la llama la filosofía, porque es lo que le gobierna la vida, y lo que le induce a lo que le es conveniente, y lo que le endereza por el camino de su provecho, que todas son obras propias de ley. Así, es ley de la tierra la inclinación que tiene a hacer asiento en el centro, y del fuego el apetecer lo subido y lo alto, y de todas las criaturas sus leyes son aquello mismo a que las lleva su naturaleza propia.

La primera ley, aunque es buena, pero, como arriba está dicho, es poco eficaz cuando lo que se avisa es ajeno de lo que apetece el que recibe el aviso, como lo es en nosotros por razón de nuestra maldad. Mas la segunda ley es en grande manera eficaz, y ésta pone Cristo con la gracia en nuestra alma. Porque por medio de ella escribe en la voluntad de cada uno con amor y afición aquello mismo que las leyes primeras escriben en los papeles con tinta, y de los libros de pergamino y de las tablas de piedra o de bronce, las leyes que estaban esculpidas en ellas con cincel o buril, las traspasa la gracia y las esculpe en la voluntad. Y la ley que por de fuera sonaba en los oídos del hombre y le afligía el alma con miedo, la gracia se la encierra dentro del seno y se la derrama, como si dijésemos, tan dulcemente por las fuerzas y apetitos del alma, que se la convierte en su único deleite y deseo; y, finalmente, hace que la voluntad del hombre, torcida y enemiga de ley, ella misma quede hecha una justísima ley, y, como en Dios, así en ella su querer sea lo justo, y lo justo sea todo su deseo y querer, cada uno según su manera, como maravillosamente lo profetizó Jeremías en el lugar que está dicho.

Queda, pues, concluido que la gracia, como es semejanza de Dios, entrando en nuestra alma y prendiendo luego su fuerza en la voluntad de ella, la hace por participación, como de suyo es la de Dios, ley e inclinación y deseo de todo aquello que es justo y que es bueno. Pues hecho esto, luego por orden secreta y maravillosa se comienza a pacificar el reino del alma y a concertar lo que en ella estaba encontrado, y a ser desterrado de allí todo lo bullicioso y desasosegado que la turbara, y descúbrese entonces la paz, y muestra la luz de su rostro, y sube y crece, y, finalmente, queda reina y señora.

Porque, lo primero, en estando aficionada por virtud de la gracia en la manera que hemos dicho, la voluntad luego calla, y desaparece el temor horrible de la ira de Dios, que le movía cruda guerra, y que, poniéndosele a cada momento delante, la traía sobresaltada y atónita. Así lo dice San Pablo: «Justificados con la gracia, luego tenemos paz con Dios.» Porque no le miramos ya como a Juez airado, sino como a padre amoroso, ni le concebimos ya como a enemigo nuestro poderoso y sangriento, sino como a amigo dulce y blando. Y como, por medio de la gracia, nuestra voluntad se conforma y se asemeja con Él, amamos a lo que se nos parece, y confiamos por el mismo caso que nos ama Él como a sus semejantes.

Lo segundo, la voluntad y la razón, que estaban hasta aquel punto perdidamente discordes, hacen luego paz entre sí; porque de allí adelante lo que juzga la una parte, eso mismo desea la otra, y lo que la voluntad ama, eso mismo es lo que aprueba el entendimiento. Y así cesa aquella amarga y continua lucha, y aquel alboroto fiero, y aquel continuo reñir con que se despedazan las entrañas del hombre, que tan vivamente San Pablo con sus divinas palabras pintó cuando dice: «No hago el bien que juzgo, sino el mal que aborrezco y condeno. Juzgo bien de la ley de Dios según el hombre interior, pero veo otra ley en mi mismo apetito, que contradice a la ley de mi espíritu y me lleva cautivo en seguimiento de la ley de pecado, que en mis inclinaciones tiene asiento. Desventurado yo, quien me podrá librar de la maldad mortal de este cuerpo»?

Y no solamente convienen en uno de allí adelante la razón y la voluntad, mas con su bien guiado deseo de ella y con el fuego ardiente de amor con que apetece lo bueno, enciende en cierta manera luz con que la razón viene más enteramente en el conocimiento del bien, y de muy conformes y de muy amistados los dos, vienen a ser entre sí semejantes y casi a trocar entre sí sus condiciones y oficios; y el entendimiento levanta luz que aficione, y la voluntad enciende amor que guíe y alumbre, y, casi, enseña la voluntad, y el entendimiento apetece.

Lo tercero, el sentido y las fuerzas del alma más viles, que nos mueven con ira y deseos, con los demás apetitos y virtudes del cuerpo, reconocen luego el nuevo huésped que ha venido a su casa, y la salud y nuevo valor que para contra ellos le ha venido a la voluntad, y, reconociendo que hay justicia en su reino y quien levante vara en él poderosa para escarmentar con castigo a lo revoltoso y rebelde, recógense poco a poco, y como atemorizados se retiran, y no se atreven ya a poner unas veces fuego y otras veces hielo, y continuamente alboroto y desorden, bulliciosos y desasosegados como antes solían; y, si se atreven, con una sofrenada la voluntad santa los pacifica y sosiega, y crece ella cada día más en vigor, y creciendo siempre y entrañándose de continuo en ella más los buenos y justos deseos, y haciéndolos como naturales a sí, pega su afición y talante a las otras fuerzas menores, y, apartándolas insensiblemente de sus malos siniestros y como desnudándolas de ellos, las hace a su condición e inclinación de ella misma; y de la ley santa de amor en que está transformada por gracia, deriva también y comunica a los sentidos su parte; y como la gracia, apoderándose del alma, hace como un otro Dios a la voluntad, así ella, deificada y hecha del sentido como reina y señora, casi le convierte de sentido en razón.

Y como acontece en la naturaleza y en las mudanzas de la noche y del día, que, como dice David en el Salmo: «En viniendo la noche salen de sus moradas las fieras, y, esforzadas y guiadas por las tinieblas, discurren por los campos y dan estrago a su voluntad en ellos; mas, luego que amanece el día y que apunta la luz, esas mismas se recogen y encuevan»; así el desenfrenamiento fiero del cuerpo y la rebeldía alborotadora de sus movimientos, que cuando estaba en la noche de su miseria la voluntad nuestra caída, discurrían con libertad y lo metían todo a sangre y a fuego, en comenzando a lucir el rayo del buen amor, y en mostrándose el día del bien, vuelve luego el pie atrás y se esconde en su cueva, y deja que lo que es hombre en nosotros salga a luz, y haga su oficio sosegada y pacíficamente, y de sol a sol.

PRINCIPE DE PAZ (II)

Porque, a la verdad, ¿qué es lo que hay en el cuerpo que sea poderoso para desasosegar a quien es regido por una voluntad y razón semejante? ¿Por ventura el deseo de los bienes de esta vida le solicitará, o el temor de los males de ella le romperá su reposo? ¿Alterarse ha con ambición de honras o con amor de riquezas, o con la afición de los ponzoñosos deleites desalentado, saldrá de sí mismo? ¿Cómo le turbará la pobreza al que de esta vida no quiere más de una estrecha pasada? ¿Cómo le inquietará con su hambre el grado alto de dignidades y honras, al que huella sobre todo lo que se aprecia en el suelo? ¿Cómo la adversidad, la contradicción, las mudanzas diferentes, y los golpes de la fortuna, le podrán hacer mella al que a todos sus bienes los tiene seguros en sí?

Ni el bien le azozobra, ni el mal le amedrenta, ni la alegría lo engríe, ni el temor le encoge, ni las promesas lo llevan, ni las amenazas le desquician, ni es tal que lo próspero o lo adverso le mude. Si se pierde la hacienda, alégrase, como libre de una carga pesada. Si le faltan los amigos, tiene a Dios en su alma, con quien de continuo se abraza. Si el odio o si la envidia arma los corazones ajenos contra él, como sabe que no le pueden quitar su bien, no los teme. En las mudanzas está quedo y entre los espantos seguro. Y cuando todo a la redonda de él se arruine, él permanece más firme, y, como dijo aquel grande elocuente, luce en las tinieblas, e impelido de su lugar, no se mueve.

Y lo postrero con que aqueste bien se perfecciona últimamente, es otro bien que nace de aquesta paz interior y, naciendo de ella, acrecienta a esa misma paz de donde nace y procede. Y este bien es el favor de Dios que la voluntad así concertada tiene, y la confianza que se le despierta en el alma con este favor. Porque ¿quién pondrá alboroto o espanto en la conciencia que tiene a Dios de su parte? O ¿cómo no tendrá a Dios de su parte el que es una voluntad con Él y un mismo querer? Bien dijo Sófocles: Si Dios manda en mí, no estoy sujeto a cosa mortal. Y cierto es que no me puede dañar aquello a quien no estoy sujeto.

Así que de la paz del alma justa nace la seguridad del amparo de Dios, y de esta seguridad se confirma más y se fortifica la paz. Y así David juntó, a lo que parece, estas dos cosas, paz y confianza, cuando dijo en el Salmo: «En paz y en uno dormiré y reposaré.» Adonde, como veis, con la paz puso el sueño, que es obra, no de ánimo solícito, sino de pecho seguro y confiado. Sobre las cuales palabras, si bien me acuerdo, dice así San Crisóstomo:

«Esta es otra especie de merced que hace Dios a los suyos: que les da paz. De paz, dice, gozan los que aman tu ley, y ninguna cosa les es tropiezo. Porque ninguna cosa hace así paz, como es el conocimiento de Dios y el poseer la virtud, lo cual destierra del ánimo sus perturbaciones, que son su guerra secreta, y no permite que el hombre traiga bandos consigo. Que a la verdad, el que de esta paz no gozare, dado que en las cosas de fuera tenga gran paz y no sea acometido de ningún enemigo, será sin duda miserable y desventurado sobre todos los hombres. Porque ni los scitas bárbaros, ni los de Tracia, ni los sármatas, o los indios o moros, ni otra gente o nación alguna, por más fiera que sea, pueden hacer guerra tan cruda como es la que hace un malvado pensamiento cuando se lanza en lo secreto del ánimo, o una desordenada codicia, o el amor del dinero sediento, o el deseo entrañable de mayor dignidad, u otra afición cualquiera acerca de aquellas cosas que tocan a esta vida presente.

»Y la razón pide que sea así, porque aquella guerra es guerra de fuera, mas esta es guerra de dentro de casa. Y vemos en todas las cosas, que el mal que nace de dentro es mucho más grave que no aquello que acomete de fuera. Porque al madero la carcoma que nace dentro de él le consume más, y a la salud y fuerzas del cuerpo, las enfermedades que proceden de lo secreto de él, le son más dañosas que no los males que le advienen de fuera. Y a las ciudades y repúblicas no las destruyen tanto los enemigos de fuera cuanto las asuelan los domésticos y los que son de una misma comunidad y linaje. Y por la misma manera, a nuestra alma lo que la conduce a la muerte no son tanto los artificios e ingenios con que es acometida de fuera, cuanto las pasiones y enfermedades suyas y que nacen en ella.

»Por donde si algún temeroso de Dios compusiere los movimientos turbados del ánimo, y si les quitare a los malvados deseos, que son como fieras, que no vivan y alienten; y si, no les permitiendo que hagan cueva en su alma, apaciguare bien esta guerra, ese tal gozará de paz pura y sosegada. Esta paz nos dio Cristo viniendo al mundo. Esta misma desea San Pablo cuando dice en todas sus cartas: Gracia en vosotros y paz de Dios,

Padre nuestro. El que es señor de esta paz, no sólo no teme al enemigo bárbaro, mas ni al mismo demonio, antes hace burlar de él y de todo su ejército; vive sosegado y seguro, y alentado más que otro hombre ninguno, como aquel a quien ni la pobreza le aprieta, ni la enfermedad le es grave, ni le turba caso ninguno adverso de los que sin pensar acontecen; porque su alma, como sana y valiente, se vadea fácil y generosamente por todo.

»Y para que veáis a los ojos que es esto verdad, pongamos que es uno envidioso y que en lo demás no tiene enemigo ninguno: ¿qué le aprovechará no tenerle? Él mismo se hace guerra a sí mismo, él mismo afila contra sí sus pensamientos más penetrables que espada. Ofréndese de cuanto bien ve, y llágase a sí con cuantas buenas dichas suceden a otros; a todos los mira como a enemigos, y para con ninguno tiene su ánimo desenconado y amable. ¿Qué provecho, pues, le trae al que es como éste el tener paz por de fuera, pues la guerra grande que trae dentro de sí le hace andar discurriendo furioso y lleno de rabia, y tan acosado de ella, que apetece ser antes traspasado con mil saetas, o padecer antes mil muertes, que ver a alguno de sus iguales, o bien reputado o en otra alguna manera próspero?

»Demos otro que ame el dinero: cierto es que levantará en su corazón por momentos discordias innumerables y que, acosado de su turbada afición, ni aun respirar no podrá. No es así, no, el que está libre de semejantes pasiones; antes, como quien está en puerto seguro, de espacio y con reposo hinche su pecho de deleites sabios, ajeno de todas las molestias sobredichas.»

Esto dice, pues, San Crisóstomo.

Y en lo postrero que dice descubre otro bien y otro fruto que de la paz se recoge, y que en nuestro discurso será lo postrero, que es el gozo santo que halla en todo el que está pacífico en sí; porque el que tiene consigo guerra, no es posible que en ninguna cosa halle contento puro y sencillo. Porque, así como el gusto mal dispuesto por la demasía de algún humor malo que le desordena, en ninguna cosa halla el sabor que ella tiene, así al que trae guerra entre sí no le es posible gozar de lo puro y de la verdad del buen gusto. En el ánimo con paz sosegado, como en agua reposada y pura, cada cosa sin engaño ni confusión se muestra cual es, y así de cada una coge el gozo verdadero que tiene, y goza de sí mismo, que es lo mejor.

Porque así como de la salud y buena afición de la voluntad que Cristo por medio de su gracia pone en el hombre, como decíamos, se pacifica luego el alma con Dios y cesa la rencilla que antes de esto había entre el entender y el querer, y también el sentido se rinde, y lo bullicioso de él o se acaba o se esconde, y de toda esta paz nace el andar el hombre libre y bien animado y seguro, así de todo este amontonamiento de bien nace este gran bien, que es gozar el hombre de sí y poder vivir consigo mismo, y no tener miedo de entrar en su casa, como debajo de hermosas figuras, conforme a su costumbre, lo profetiza Miqueas, diciendo lo que en la venida de Cristo al mundo, y en la venida del mismo en el alma de cada uno, había de acontecer a los suyos: «No levantará, dice, espada una nación contra otra, y olvidarán de allí adelante las artes de guerra, y cada uno, asentado debajo de su vid y debajo de su higuera, gozará de ella, y no habrá quien de allí con espanto le aparte.» Adonde, juntamente con la paz hecha por Cristo, pone el descanso seguro con que gozará de sí y de sus bienes el que en esta manera tuviere paz.

Mas David en el Salmo, vuelto a la Iglesia y a cada uno de los justos que son parte de ella, con palabras breves, pero llenas de significación y de gozo, comprende todo cuanto hemos dicho muy bien. Dice: «Alaba, Jerusalén, al Señor.» Esto es, todos los que sois Jerusalén, poseedores de paz, alabad al Señor. Y aunque les dice que alaben, y aunque parece que así se lo manda, este mandar propiamente es profetizar lo que de esta paz acontece y nace, porque, como dijimos, al punto que toma posesión de la voluntad, luego el alma hace paces con Dios, de donde se sigue luego el amor y el loor.

Mas añade David: «Porque fortaleció las cerraduras de tus puertas, y bendijo a tus hijos en ti.» Dice la otra paz que se sigue a la primera paz de la voluntad, que es la conformidad y el estar a una entre sí todas las fuerzas y potencias del alma, que son como hijos de ella y como las puertas por donde le viene o el mal o el bien. Y dice maravillosamente que está fortalecido y cerrado dentro de sus puertas el que tiene esta paz. Porque, como tiene rendido el deseo a la razón, y, por el mismo caso, como no apetece desenfrenadamente ninguno de los bienes de fuera, no puede venirle de fuera ni entrarle en su casa, sin su voluntad, cosa ninguna que le dañe o enoje, sino cerrado dentro de sí, y abastecido y contento con el bien de Dios que tiene en sí mismo, y como dice el poeta del sabio, liso y redondo, no halla en él asidero ninguno de la fuerza enemiga.

Porque ¿cómo dañará el mundo al que no tiene ningunas prendas en él? Y en lo que luego David añade se ve más claramente esto mismo; porque dice así: «Y puso paz en tus términos.» Porque de tener en paz el alma a todo aquello que vive dentro de sus murallas y de su casa, de necesidad se sigue que tendrá también pacífica su comarca, que es decir que no tiene cosa en que los que andan fuera de ella y al derredor de ella dañarla puedan. Tiene paz en su comarca porque en ninguna cosa tiene competencia con su vecino, ni se pone a la parte en las cosas que precia el mundo y desea; y así nadie le mueve guerra, ni en caso que la quisiesen mover, tienen en qué hacerla, porque su comarca aun por esta razón es pacífica, porque es campiña rasa y estéril, que no hay viñedos en ella, ni sembrados fértiles, ni minas ricas, ni arboledas, ni jardines, ni caserías deleitosas e ilustres, ni tiene el alma justa cosa que precie que no la tenga encerrada dentro de sí; por eso goza seguramente de sí, que es el fruto último, como decíamos, y el que significa luego este Salmo en las palabras que añade: «Y te mantiene con hartura con lo apurado del trigo.»

Porque, a la verdad, los que sin esta paz viven, por más bien afortunados que vivan, no comen lo apurado del pan. Salvados son sus manjares, el desecho del bien es aquello por quien andan golosos; su gusto y su mantenimiento es lo grosero y lo moreno y lo feo, y sin duda las escorias de lo que es sustancia y verdad; y aun eso mismo, tal cual es y en la manera que es, no se les da con hartura. El pacífico sólo es el que come con abundancia y el que come lo apurado del bien; para él nace el día bueno, y el sol claro él es el que solamente le ve. En la vida, en la muerte, en lo adverso, en lo próspero, en todo halla su gusto; y el manjar de los ángeles es su perpetuo manjar, y goza de él alegre y sin miedo que nadie le robe; y, sin enemigo que le pueda ser enemigo, vive en dulcísima y abundosísima paz: Divino bien y excelente merced hecha a los hombres solamente por Cristo.

Por lo cual, tornando a lo primero del Salmo, le debemos celebrar con continuos y soberanos loores, porque Él salió a nuestra causa perdida, y tomó sobre sí nuestra guerra, y puso nuestro desconcierto en su orden, y nos amistó con el cielo, y encarceló a nuestro enemigo el demonio, y nos libertó de la codicia y del miedo, y nos aquietó y pacificó cuanto hay de enemigo y de adverso en la tierra; y el gozo, y el reposo, y el deleite de su divina y riquísima paz Él nos le dio, el cual es la fuente y el manantial de donde nace, y su autor único, por donde con justísima razón es llamado su príncipe.

Y, habiendo dicho esto, Marcelo calló. Y Juliano, incontinente, viéndole callar, dijo:

-Es sin duda, Marcelo, príncipe de paz Jesucristo por la razón que decís; mas no mudando eso que es firme, sino añadiendo sobre ello, paréceme a mí que le podemos también llamar así porque con sólo Él se puede tener esto que es paz.

Aquí Sabino, vuelto a Juliano, y como maravillado de lo que decía:

-No entiendo bien -dice-, Juliano, lo que decís, y traslúceme que decís gran verdad: y así, si no recibís pesadumbre, me holgaría que os declarásedes más.

-Ninguna -respondió Juliano-, mas decidme, pues así os place, Sabino: ¿entendéis que todos los que nacen y viven en esta vida son dichosos en ella y de buena suerte, o que unos lo son y otros no?

-Cierto es -dijo Sabino- que no lo son todos.

-Y ¿son lo algunos? -añadió Juliano.

Respondió Sabino:

-Sí son.

Y luego Juliano dijo:

-Decidme, pues: ¿el serlo así es cosa con que se nace, o caso de suerte, o viéneles por su obra e industria?

-No es nacimiento ni suerte -dijo Sabino- sino cosa que tiene principio en la voluntad de cada uno y en su buena elección.

-Verdad es -dijo Juliano-, y habéis dicho también que hay algunos que no vienen a ser dichosos ni de buena suerte.

-Sí he dicho -respondió.

-Pues decidme -dijo Juliano-: esos que no lo son, ¿no lo quieren ser o no lo procuran ser?

-Antes -dijo Sabino- lo procuran y lo apetecen con ardor grandísimo.

-Pues -replicó Juliano- ¿escóndeseles por ventura la buena dicha, o no es una misma?

-Una misma es -dijo Sabino-, y a nadie se esconde; antes, cuanto es de su parte, ella se les ofrece a todos y se les entra en su casa, mas no la conocen todos, y así algunos no la reciben.

-Por manera que decís, Sabino -dijo Juliano-, que los que no vienen a ser dichosos no conocen la buena dicha, y por esta causa la desechan de sí.

-Así es -respondió Sabino.

-Pues decidme -dijo Juliano-: ¿puede ser apetecido aquello de quien el que lo ha de amar no tiene noticia?

-Cierto es -dijo Sabino- que no puede.

-¿Y decís que los que no alcanzan la buena dicha no la conocen? -dijo Juliano.

Respondió Sabino que era así.

-Y también habéis dicho -añadió Juliano- que esos mismos que no lo son apetecen y aman el ser bienaventurados.

Concedió Sabino que lo había dicho.

-Luego -dijo Juliano- apetecen lo que no saben ni conocen; y así se concluye una de dos cosas: o que lo no conocido puede ser amado, o que los de mala suerte no aman la buena suerte; que cada una de ellas contradice a lo que, Sabino, habéis dicho. Ved ahora si queréis mudar algunas de ellas.

Reparó entonces Sabino un poco, y dijo luego:

-Parece que de fuerza se habrá de mudar.

Mas Juliano, tornando a tomar la mano, dijo así:

-Id conmigo, Sabino, que podría ser que por esta manera llegásemos a tocar la verdad. Decidme: la buena dicha, ¿es ella alguna cosa que vive o que tiene ser en sí misma o que manera de cosa es?

-No entiendo bien, Juliano -respondió Sabino-, lo que me preguntáis.

-Ahora -dijo Juliano- lo entenderéis: el avariento, decidme, ¿ama algo?

-Sí ama -dijo Sabino.

-¿Qué? -dijo Juliano.

-El oro sin duda -dijo Sabino-, y las riquezas.

—Y el que las gasta -añadió Juliano- en fiestas y en banquetes, ¿en aquello que hace busca y apetece algún bien?

—No hay duda de eso -dijo Sabino.

—Y ¿qué bien apetece? -preguntó Juliano.

—Apetece -respondió Sabino-, a mi parecer, su gusto propio y su contento.

—Bien decís, Sabino -dijo Juliano luego-. Mas, decidme, el contento que nace del gastar las riquezas y esas mismas riquezas, ¿tienen una misma manera de ser? ¿No os parece que el oro y plata es una cosa que tiene sustancia y tomo, que la veis con los ojos y la tocáis con las manos? Mas el contento no es así, sino como un accidente que sentís en vos mismo, o que os imagináis que sentís, y no es cosa que o la sacáis de las minas, o que el campo -o de suyo o con vuestra labor- la produce, y, producida, la cogéis de él y la encerráis en el arca, sino otra cosa que resulta en vos de la posesión de alguna de las cosas que son de tomo, que o poseéis u os imagináis poseer.

—Verdad es -dijo Sabino- lo que decís.

—Pues ahora -dijo Juliano- entenderéis mi pregunta, que es: si la buena dicha tiene ser como las riquezas y el oro, o como las cosas que llamamos gusto y contento.

—Como el gusto y el contento -dijo Sabino luego-. Y aun me parece a mí que la buena dicha no es otra cosa sino un perfecto y entero contento, seguro de lo que se teme, y rico de lo que se ama y apetece.

—Bien habéis dicho -dijo Juliano-; mas si es como el contento o es el contento mismo, y hemos dicho que el contento es una cosa que resulta en nosotros de algún bien de sustancia, que o tenemos o nos imaginamos tener, necesaria cosa será que de la buena dicha haya alguna cosa de tomo, que sea como su fuente y raíz, de manera que le dé ser dichoso al que la poseyere, cualquiera que él sea.

—Eso -dijo Sabino- no se puede negar.

—Pues decidme, ¿hay fuente sola o hay muchas fuentes?

—Parece -dijo Sabino- que haya una sola.

—Con razón os parece así -dijo Juliano entonces- porque el entero contento del hombre en una sola manera puede ser, y por la misma razón no tiene sino una sola causa. Mas esta causa, que llamamos fuente, y que, como decís, es una, ¿ámanla y búscanla todos?

—No la aman -dijo Sabino.

—¿Por qué? -respondió Juliano.

Y Sabino dijo:

—Porque no la conocen.

—Y, ¿ninguno -dijo Juliano- deja de amar, como antes decíamos, lo que es buena dicha?

—Así es -respondió.

-Y no se ama -replicó- lo que no se conoce; luego habéis de decir, Sabino, que los que aman el ser dichosos y no lo alcanzan, conocen lo general del descanso y del contento, mas no conocen la particular y verdadera fuente de donde nace, ni aquello uno en que consiste y lo que produce; y habéis de decir que, llevados, por una parte, del deseo, y, por otra parte, no sabiendo el camino, ni pueden parar ni les es posible atinar, al revés de los que hallan la buena suerte. Mas decidme, Sabino: los que buscan ser dichosos y nunca vienen a serlo, ¿no aman ellos algo también, y lo procuran haber como a fuente de su buena dicha, la que ellos pretenden?

-Aman -dijo Sabino-, sin duda.

-Y ese su amor -dijo Juliano- ¿hácelos dichosos?

-Ya está dicho que no los hace -respondió Sabino- porque la cosa a quien se allegan, y a quien le piden su contento y su bien, no es la fuente de él ni aquello de donde nace.

-Pues si ese amor no les da buena dicha -dijo Juliano ¿hace en ellos otra cosa alguna, o no hace nada?

-¿No bastará -dijo Sabino- que no les dé buena dicha?

-Por mí -dijo Juliano- baste en buena hora, que no deseo su daño; mas no os pido aquello con que yo por ventura quedaría contento si fuese el repartidor, sino lo que la razón dice, que es juez que no se dobla.

-Paréceme -dijo Sabino- que como el hijo de Príamo que puso su amor en Elena y la robó a su marido, persuadiéndose que llevaba con ella todo su descanso y su bien, no sólo no halló allí el descanso que se prometía, mas sacó de ella la ruina de su patria y la muerte suya, con todo lo demás que Homero canta, de calamidad y miseria; así, por la misma manera, los no dichosos por fuerza vienen a ser desdichados y miserables, porque aman como a fuente de su descanso lo que no lo es; y, amándolo así, pídenselo y búscanlo en ello, y trabájanse miserablemente por hallarlo, y al fin no lo hallan; y así, los atormenta juntamente, y como en un tiempo, el deseo de haberlo y el trabajo de buscarlo y la congoja de no poderlo hallar; de donde resulta que no sólo no consiguen la buena dicha que buscan, mas, en vez de ella, caen en infelicidad y miseria.

-Recojamos -dijo Juliano entonces- todo lo que hemos dicho hasta ahora; y así podremos después mejor ir en seguimiento de la verdad. Pues tenemos de todo lo sobredicho: lo uno, que todos aman y pretenden ser dichosos; lo otro, que no lo son todos; lo tercero, que la causa de esta diferencia está en el amor de aquellas cosas que llamamos fuentes o causas, entre las cuales la verdadera es sola una, y las demás son falsas y engañosas; y lo último, tenemos que, como el amor de la verdadera hace buena suerte, así hace no sólo falta de ella, sino miseria extremada, el amor de las falsas.

-Todo eso está dicho; mas de todo eso -dijo Sabino- ¿qué queréis, Juliano, inferir?

-Dos cosas infiero -dijo Juliano luego-: la una, que todos aman (los buenos y los malos, los felices y los infelices), y que no se puede vivir sin amar; la otra, que como el amor en los unos es causa de su buena andanza, así en los otros es la fuente de su miseria, y siendo en todos amor, hace en los unos y en los otros, efectos muy diferentes, o, por decir verdad, claramente contrarios.

-Así se infiere -dijo Sabino.

-Mas decidme -añadió Juliano- ¿atreveos habéis, Sabino, a buscar conmigo la causa de esta desigualdad y contrariedad que en sí encierra el amor?

-¿Qué causa decís, Juliano? -respondió Sabino.

-El por qué -dijo Juliano- el amor, que nos es tan necesario y tan natural a todos, es en unos causa de miseria y en otros de felicidad y buena suerte.

-Claro está eso -dijo Sabino luego-, porque, aunque en todos se llama amor, no es en todos uno mismo; mas en unos es amor de lo bueno, y así les viene el bien de él, y en otros de lo malo, y así les fructifica miseria.

-¿Puede -replicó Juliano- amar nadie lo malo?

-No puede -dijo Sabino- como no puede desamar a sí mismo. Mas el amor malo que digo, llámole así, no porque lo que ama es en sí malo, sino porque no es aquel bien que es la fuente y el minero del sumo bien.

-Eso mismo -dijo Juliano- es lo que hace mi duda y mi pregunta más fuerte.

-¿Más fuerte? -respondió Sabino-; y ¿en qué manera?

-De esta manera -dijo Juliano-: porque si los hombres pudieran amar la miseria, claro y descubierto estaba el por qué el amor hacía miserables a los que la amaban; mas amando todos siempre algún bien, aunque no sea aquel bien de donde nace el sumo bien, ya que este su amor no los hace enteramente dichosos, a lo menos, pues es bien lo que aman, justo y razonable sería que el amor de él les hiciese algún bien; y así, no parece verdad lo que poco antes asentamos por muy cierto: que el amor hace también a las veces miseria en los hombres.

-Así parece -respondió Sabino.

-No os rindáis -dijo Juliano- tan presto, sino id conmigo inquiriendo el ingenio y la condición del amor, que, si la hallamos, ella nos podrá descubrir la luz que buscamos.

-¿Qué ingenio es ese? -respondió Sabino-, o ¿cómo se ha de inquirir?

-Muchas veces habréis oído decir, Sabino -respondió Juliano-, que el amor consiste en una cierta unidad.

-Sí he -dijo Sabino- oído y leído que es unión el amor y que es unidad, y que es como un lazo estrecho entre los que juntamente se aman, y que, por ser así, se transforma el que ama en lo que ama por tal manera que se hace con él una misma cosa.

-Y ¿paréceos -dijo Juliano- que todo el amor es así?

-Sí parece -respondió Sabino.

-Apolo -dijo Juliano- a vuestro parecer, ¿amaba cuando en la fábula, como canta el poeta, sigue a Dafne que le huye? O el otro de la comedia, cuando pregunta dónde buscará, dónde descubrirá, a quién preguntará, cuál camino seguirá para hallar a quien había perdido de vista, pregunto, ¿amaba también?

-Así -dijo- parece.

-Y ambos -replicó Juliano- estaban tan lejos de ser unos con los que amaban, que el uno era aborrecido de ello, y el otro no hallaba manera para alcanzarlo.

-Verdad es -dijo Sabino- cuanto al hecho, mas cuanto al deseo ya lo eran, porque esa unidad era lo que apetecían si amaban.

-Luego -dijo Juliano- ¿ya el amor no será él la unidad, sino un apetito y deseo de ella?

-Así -dijo- parece.

-Pues decidme -añadió Juliano-: estos mismos, si consiguieran su intento, u otros cualesquiera que aman, y que lo que aman lo consiguen y alcanzan, y vienen a ser uno mismo con ello, ¿dejan de amarlo luego, o ámanlo todavía también?

-Como puede uno no amar a sí mismo, así podrán -dijo Sabino- dejar de amar al que ya es una misma cosa con ellos.

-Bien decís -dijo Juliano-, mas decidme, Sabino, ¿será posible que desee alguno aquello mismo que tiene?

-No es posible -dijo Sabino.

-Y habéis dicho -añadió Juliano- que ya estos tales han venido a tener unidad.

-Sí han venido -dijo.

-Luego habéis de decir -repitió Juliano- que ya no la desean ni apetecen.

-Así es -dijo- verdad.

-Y es verdad que se aman -añadió Juliano-; luego no es decir que el amar es desear la unidad.

Estuvo entonces sobre sí Sabino un poco, y dijo luego:

-No sé, Juliano, qué fin han de tener hoy estas redes vuestras, ni qué es lo que con ellas deseáis prender. Mas pues así me estrecháis, dígoos que hay dos amores o dos maneras de amar, una de deseo y otra de gozo. Y dígoos que en el uno y en el otro amor hay su cierta unidad: el uno la desea, y, cuanto es de su parte, la hace, y el otro la posee y la abraza, y se deleita y aviva con ella misma. El uno camina a este bien, y el otro descansa y se goza en él; el uno es como el principio, y el otro es como lo sumo y lo perfecto; y así el uno como el otro se rodea, como sobre quicio, sobre la unidad sola: el uno haciéndola y el otro como gozando de ella.

-No han hecho mala presa estas que llamáis mis redes, Sabino -dijo Juliano entonces-, pues han cogido de vos esto que decís ahora, que está muy bien dicho, y con ello estoy yo más cerca del fin que pretendo, de lo que vos, Sabino, pensáis. Porque, pues es así que todo amor, cada uno en su manera, o es unidad, o camina a ella y la pretende; y pues es así que es como el blanco y el fin del bien querer el ser unos los que se quieren, cosa cierta será que todo aquello que fuere contrario, o en alguna forma dañoso a esta unidad, será desabrido enemigo para el amor; y que el que amare, por el mismo caso que ama, padecerá tormento gravísimo todas las veces que, o le aconteciere algo de lo que divide el amor, o temiere que le puede acontecer. Porque, como el cuerpo siempre que se corta o que se divide lo uno de él y lo que está ayuntado y continuo, se descubre luego un dolor agudo, así todo lo que en el amor, que es unidad, se esfuerza a poner división, pone por el mismo caso en el alma que ama una miseria y una congoja viva, mayor de lo que declarar se puede.

-Esa es verdad en que no hay duda -dijo entonces Sabino.

-Pues si en esto no hay duda -añadió Juliano-, ¿podréisme decir, Sabino, cuántas y cuáles sean las cosas que tiene esta fuerza, o que la pretenden tener, de cortar y dividir aquello con que el amor se anuda y se hace uno?

-Tiene -dijo Sabino- esa fuerza todo aquello que a cualquiera de los que aman, o le deshace en el ser, o le muda y le trueca en la voluntad, o totalmente o en parte, como son, en lo primero, la enfermedad y la vejez y la pobreza y los desastres, y finalmente la muerte. Y en lo segundo, la ausencia, el enojo, la diferencia de pareceres, la competencia en unas mismas cosas, el nuevo querer y la liviandad nuestra natural. Porque, en lo primero, la muerte deshace el ser, y así aparta aquello que deshace de aquello que queda con vida; y la enfermedad y vejez y pobreza y desastres, así como disponen para la muerte, así también son ministros y como instrumentos con que este apartamiento se obra. Y en lo segundo, cierto es que la ausencia hace olvido, y que el enojo divide, y que la diferencia de pareceres pone estorbo en la conversación, y así, apartando el trato, enajena poco a poco las voluntades, y las desata para que cada una se vaya por sí; pues con el nuevo amor, claro es que se corta el primero, y manifiesto es que nuestro natural mudable es como una lima secreta que, de continuo, con deseo de hacer novedad, va dividiendo lo que está bien ajuntado.

-No se dará bien, conforme a eso, Sabino -dijo Juliano entonces-, el amor en cualquier suelo.

Respondió Sabino:

-¿Cómo no se dará?

Y Juliano dijo:

—Como dicen de algunos frutales, que, plantados en Persia, su fruta es ponzoña, y, nacidos en estas provincias nuestras, son de manjar sabroso y saludable, así digo que se concluye de lo que hasta ahora está dicho, que el amor y la amistad, todas las veces que se plantare en lo que estuviere sujeto a todos o a algunos de esos accidentes que habéis contado, Sabino, como planta puesta en lugar no sólo ajeno de su condición, mas contrario y enemigo de la cualidad de su ingenio, producirá, no fruto que recree, sino tósigo que mate. Y si, como poco antes decíamos, para venir a ser dichosos y de buena suerte, nos conviene que amemos algo que no sea como fuente de esta buena ventura; y si la naturaleza ordenó que fuese el medio y el tercero de toda la buena dicha el amor, bien se conoce ya lo que arriba dudábamos: que el amor que se empleare en aquello que está sujeto a las mudanzas y daños que dicho habéis, no sólo no dará a su dueño ni el sumo bien ni aquella parte de bien, cualquiera que ella se sea, que posee en sí aquello a quien se endereza, mas le hará triste y miserable del todo. Porque el dolor que le traspasará las entrañas, cuando alguno de los casos y de los accidentes que dijisteis, Sabino, pues no se excusan, le aconteciere, y el temor perpetuo de que cada hora le pueden acontecer, le convertirán el bien en continua miseria. Y no le valdrá tanto lo bueno que tiene aquello que ama para acarrearle algún gusto, cuanto será poderoso lo quebradizo y lo vil y lo mudable de su condición, para le afligir con perpetuo e infinito tormento.

Mas si es tan perjudicial el amor cuando se emplea mal, y si se emplea mal en todo lo que está sujeto a mudanza, y si todo lo semejante le es suelo enemigo, adonde, si prende, produce frutos de ponzoña y miseria, ya veis, Sabino, la razón por qué dije al principio que sólo Cristo es aquel con quien se puede tener paz y amistad; porque Él solo es el no mudable y el bueno, y Aquel que cuanto de su parte es, jamás divide la unidad del amor que con Él se pone; y así Él es sólo el sujeto propio y la tierra natural y feliz adonde florece bienaventuradamente, y adonde hace buen fruto esta planta; porque ni en su condición hay cosa que lo divida, ni se aparta de Él por las mudanzas y desastres a que está sujeta la nuestra, como nosotros libremente no lo apartemos dejándole. Que ni llega a Él la vejez, ni la enfermedad le enflaquece, ni la muerte le acaba, ni puede la fortuna, con sus desvaríos, poner calidad en Él que la haga menos amable. Que, como dice el salmista: «Aunque Tú, Señor, mismo desde el principio cimentaste la tierra, y aunque son obra de tus manos los cielos, ellos perecerán y Tú permanecerás; ellos se envejecerán, como se envejece la ropa, y como se pliega la capa los plegarás y serán plegados; mas Tú eres siempre uno mismo, y tus años nunca desmenguan.» Y: «tu. trono, Señor, por siglos y siglos, vara de derechezas la vara de tu gobierno.» Esto es en el ser, que en su voluntad para con nosotros, si nosotros no le huimos primero, no puede caber desamor. Porque si viniéremos a pobreza y a menos estado, nos amará, y si el mundo nos aborreciere, Él conservará su amor con nosotros. En las calamidades, en los trabajos y en las afrentas, en los tiempos temerosos y tristes, cuando todos nos huyan, Él con mayores regalos nos recogerá a sí. No temeremos que podrá venir a menos su amor por ausencia, pues está siempre lanzado en nuestra alma y presente. Ni cuando, Sabino, se marchitare en vos esa flor de la edad, ni cuando, corriendo los años y haciendo su obra, os desfiguraren la belleza del rostro; ni en las canas, ni en la flaqueza, ni en el temblor de los miembros, ni en el frío de la vejez, se resfriará su amor en ninguna cosa para con vos. Antes rico para hacer siempre bien, y de riquezas que no se agotan haciéndole, y deseosísimo continuamente de hacerlo, cuando se os acabare todo, se os dará todo Él, y renovará vuestra edad como el águila, y vistiéndoos de inmortalidad y de bienes eternos, como esposo verdadero vuestro, os ayuntará del todo consigo con lazo que jamás faltará, estrecho y dulcísimo.

-Mas esto ya os toca a vos, Marcelo -dijo Juliano prosiguiendo y volviéndose a él-, porque es del nombre de Esposo de que últimamente habéis de decir, y de que yo de propósito os he detenido que no dijeseis con esto que he dicho, no tanto por añadir cosa que importase a vuestras razones, cuanto para que reposaseis entretanto en vos, y así entraseis con nuevo aliento en esto que os resta.

-Vos, Juliano -dijo Marcelo entonces-, siempre que hablareis, será con propósito y provecho mucho; y lo que habéis hablado ahora ha sido tal, que hacéis mal en no llevarlo adelante. Y pues ello mismo os había metido en el nombre de Esposo, fuera justo que lo prosiguierais vos, a lo menos siquiera porque, entre tanto malo como he dicho yo, tuviera tan buen remate esta plática; que yo os confieso que en este nombre no puede decir lo que hay en él quien no lo ha sabido sentir, de mí ya conocéis cuán lejos estoy de todo buen sentimiento.

-Ya conocemos -dijeron juntos Juliano y Sabino- cuán mal sentís de estas cosas, y por esta causa os queremos oír en ellas; demás de que es justo que sea de un paño todo.

-Justo es -dijo Marcelo- que sea todo de sayal, y que a cosa tan grosera no se añada pieza más fina. Mas, pues es forzoso, será necesario que, como suelen hacer los poetas en algunas partes de sus poesías, adonde se les ofrece algún sujeto nuevo o más dificultoso que lo pasado, o de mayor calidad, que tornan a invocar el favor de sus musas; así yo ahora torne a pedir a Cristo su favor y su gracia para poder decir algo de lo que en un misterio como éste se encierra, porque sin él no se puede entender ni decir.

Y con esto humilló Marcelo templadamente la cabeza hacia el suelo, y como encogiendo los hombros, calló por un espacio pequeño; y luego, tornándola a alzar y tendiendo el brazo derecho, y en la mano de él que tenía cerrada, abriendo ciertos dedos de ella y extendiéndolos, dijo:

ESPOSO

Llámase Cristo Esposo, y explícase cómo lo es de la Iglesia y las circunstancias de este desposorio

Tres cosas son, Juliano y Sabino, las de que este nombre de Esposo nos da a entender, y las que nos obliga a tratar: el ayuntamiento y la unidad estrecha que hay entre Cristo y la Iglesia, la dulzura y deleite que en ella nace de esta unidad; los accidentes, y como si dijésemos, los aparatos y las circunstancias del desposorio.

Porque si Cristo es esposo de toda la Iglesia y de cada una de las almas justas, como de hecho lo es, manifiesto es que han de concurrir en ello estas tres cosas. Porque el desposorio, o es un estrecho nudo en que dos diferentes se reducen en uno, o no se entiende sin él; y es nudo por muchas maneras dulce, y nudo que quiere su cierto aparato, y a quien le anteceden siempre y le siguen algunas cosas dignas de consideración. Y aunque entre los hombres hay otros títulos y otros conciertos, u ordenados por su voluntad de ellos mismos, o con que naturalmente nacen así, con que se ayuntan en uno unas veces más y otras menos (porque el título de deudo o de padre es unidad que hace la naturaleza con el parentesco, y los títulos de rey y de ciudadano y de amigo son respetos de estrechezas con que por su voluntad los hombres se adunan); mas aunque esto es así, el nombre de Esposo y la verdad de este nombre hace ventaja a los demás en dos cosas: la primera, en que es más estrecho y de más unidad que ninguno; la segunda, en que es lazo más dulce y causador de mayor deleite que todos los otros.

Y en este artículo es muy digna de considerar la maravillosa blandura con que ha tratado Cristo a los hombres; que, con ser nuestro padre, y con hacerse nuestra cabeza, y con regirnos como pastor, y curar nuestra salud como médico, y allegarse a nosotros, y ayuntarnos a sí con otros mil títulos de estrecha amistad, no contento con todos, añadió a todos ellos este nudo y este lazo también, y quiso decirse y ser nuestro Esposo: que para lazo es el más apretado lazo; y para deleite, el más apacible y más dulce; y para unidad de vida, el de mayor familiaridad; y para conformidad de voluntades, el más uno; y para amor, el más ardiente y el más encendido de todos.

Y no sólo en las palabras, mas en el hecho es así nuestro Esposo. Que toda la estrecheza de amor y de conversación y de unidad de cuerpos que en el suelo hay entre dos, marido y mujer, comparada con aquella con que se enlaza con nuestra alma este Esposo, es frialdad y tibieza pura. Porque en el otro ayuntamiento no se comunica el espíritu, mas en éste su mismo espíritu de Cristo se da y se traspasa a los justos, como dice San Pablo: «El que se ayunta a Dios, hácese un mismo espíritu con Dios.»

En el otro, así dos cuerpos se hacen uno, que se quedan diferentes en todas sus cualidades; mas aquí así se ayuntó la persona del Verbo a nuestra carne, que osa decir San Juan que «se hizo carne.»

Allí no recibe vida el un cuerpo del otro; aquí vive y vivirá nuestra carne por medio del ayuntamiento de la carne de Cristo. Allí, al fin, son dos cuerpos en humores e inclinaciones diversos; aquí ayuntando Cristo su cuerpo a los nuestros, los hace de las condiciones del suyo, hasta venir a ser con Él casi un cuerpo mismo, por tan estrecha y secreta manera que apenas explicarse puede. Y así lo afirma y encarece San Pablo: «Ninguno, dice, aborreció jamás a su carne; antes la alimenta y la abriga como Cristo a la Iglesia, porque somos miembros de su cuerpo, de su carne de Él y de sus huesos de Él. Por esto dejará el hombre a su padre y a su madre, y se ayuntará a su mujer, y serán dos en una carne; este es un secreto y un sacramento grandísimo, mas entiéndolo yo en la Iglesia con Cristo.»

Pero vamos declarando poco a poco, cuanto nos fuere posible, cada una de las partes de esta unidad maravillosa, por la cual todo el hombre se enlaza estrechamente con Cristo, y todo Cristo con él. Porque primeramente, el alma del hombre justo se ayunta y se hace una con la divinidad y con el alma de Cristo, no solamente porque las anuda el amor, esto es, porque el justo ama a Cristo entrañablemente, y es amado de Cristo por no menos cordial y entrañable manera, sino también por otras muchas razones. Lo uno, porque imprime Cristo en su alma de él, y le dibuja una semejanza de sí mismo viva, y un retrato eficaz de aquel grande bien que en sí mismas contienen sus dos naturalezas, humana y divina. Con la cual semejanza figurado nuestro ánimo, y como vestido de Cristo, parece otro Él, como poco ha decíamos, hablando de la virtud de la gracia. Lo otro, porque demás de esta imagen de gracia que pone Cristo como de asiento en nuestra alma, le aplica también su fuerza y su vigor vivo, y que obra y lánzalo por ella toda; y, apoderado así de ella, dale movimiento y despiértala y hácele que no repose, sino que, conforme a la santa imagen suya que impresa en sí tiene, así obre y se menee y bulla siempre, y como fuego arda y levante llama, y suba hasta el cielo, ensalzándose.

Y como el artífice que, como alguna vez acontece, primero hace de la materia que le conviene lo que le ha de ser instrumento en su arte, figurándolo en la manera que debe para el fin que pretende, y después, cuando lo toma en la mano, queriendo usar de él, le aplica su fuerza y le menea, y le hace que obre conforme a la forma de instrumento que tiene, y conforme a su calidad y manera, y en cuanto está así el instrumento es como un otro artífice vivo, porque el artífice vive en él y le comunica cuanto es posible la virtud de su arte, así Cristo, después que con la gracia, semejanza suya, nos figura y concierta en la manera que cumple, aplica su mano a nosotros, y lanza en nosotros su virtud obradora, y, dejándonos llevar de ella nosotros sin le hacer resistencia, obra Él, y obramos con Él y por Él lo que es debido al ser suyo que en nuestra alma está puesto, y a las condiciones hidalgas y al nacimiento noble que nos ha dado, y hechos así otro Él, o, por mejor decir, envestidos en Él, nace de Él y de nosotros una obra misma, y ésa cual conviene que sea la que es obra de Cristo.

Mas ¿por ventura parará aquí el lazo con que se anuda Cristo a nuestra alma? Antes pasa adelante, porque (y sea esto lo tercero, y lo que ha de ser forzosamente lo último), porque no solamente nos comunica su fuerza y el movimiento de su virtud en la forma que he dicho, mas también, por una manera que apenas se puede decir, pone presente su mismo Espíritu Santo en cada uno de los ánimos justos. Y no solamente se junta con ellos por los buenos efectos de gracia y de virtud y de bien obrar que allí hace, sino porque el mismo espíritu divino suyo está dentro de ellos presente, abrazado y ayuntado con ellos por dulce y bienaventurada manera.

Que así como en la Divinidad el Espíritu Santo, inspirado juntamente de las personas del Padre y del Hijo, es el amor, y, como si dijésemos, el nudo dulce y estrecho de ambas, así Él mismo, inspirado a la Iglesia, y con todas las partes justas de ella enlazado y en ellas morando, las vivifica y las enciende, y las enamora y las deleita, y las hace entre sí y con Él una cosa misma. «Quien me amare, dice Cristo, será amado de mi Padre, y vendremos a Él y haremos morada en Él.» Y San Pablo: «La caridad de Dios nos es infundida en nuestros corazones por el Espíritu Santo, que nos es dado.» Y en otra parte dice que nuestros cuerpos son templo suyo, y que vive en ellos y en nuestros espíritus. Y en otra, que nos dio el espíritu de su Hijo, que en nuestras almas y corazones a boca llena le llama Padre y más Padre. Y como aconteció a Eliseo con el hijo de la huéspeda muerto, que le aplicó primero su báculo, y se ajustó con él después, y lo último de todo le comunicó su aliento y espíritu, así en su manera es lo que pasa en este ayuntamiento y en este abrazo de Dios: que primero pone Dios en el alma sus dones, y después aplica a ella sus manos y rostro, y últimamente le infunde su aliento y espíritu, con el cual la vuelve a la vida del todo, y viviendo a la manera que Dios vive en el cielo, y viviendo por él, dice con San Pablo: «Vivo yo, mas no yo, sino vive en mí Jesucristo.»

Esto, pues, es lo que hace en el alma. Y no es menos maravilloso que esto lo que hace con el cuerpo, con el cual ayunta el suyo estrechísimamente. Porque, demás de que tomó nuestra carne en la naturaleza de su humanidad, y la ayuntó con su persona divina con ayuntamiento tan firme que no será suelto jamás (el cual ayuntamiento es un verdadero desposorio, o por mejor decir, un matrimonio indisoluble celebrado entre nuestra carne y el Verbo, y el tálamo donde se celebró fue, como dice San Agustín, el vientre purísimo), así que, dejando esta unión aparte que hizo con nuestra carne haciéndola carne suya, y vistiéndose de ella, y saliendo en pública plaza en los ojos de todos los hombres abrazado con ella, también esta misma carne y cuerpo suyo, que tomó de nosotros, lo ayunta con el cuerpo de su Iglesia y con todos los miembros de ella, que debidamente le reciben en el Sacramento del altar, allegando su carne a la carne de ellos, y haciéndola, cuanto es posible, con la suya una misma. «Y serán, dice, dos en una carne. Gran Sacramento es éste, pero entiéndolo yo de Cristo y de la Iglesia.» No niega San Pablo decirse con verdad de Eva y de Adán aquello: «Y serán una carne los dos», de los cuales al principio se dijo, pero dice que aquella verdad fue semejanza de este otro hecho secreto, y dice que en aquello la razón de ello era manifiesta y descubierta razón, mas aquí dice que es oculto misterio.

Y a este ayuntamiento real y verdadero de su cuerpo y el nuestro, miran también claramente aquellas palabras de Cristo: «Si no comiereis mi carne y bebiereis mi sangre, no tendréis vida en vosotros.» Y luego, o en el mismo lugar: «El que come mi carne y bebe mi sangre, queda en Mí, y Yo en él.» Y ni más ni menos lo que dice San Pablo: «Todos somos un cuerpo los que participamos de un mismo mantenimiento.»

De lo cual se concluye que, así como por razón de aquel tocamiento son dichos ser una carne Eva y Adán, así, y con mayor razón de verdad, Cristo, Esposo fiel de su Iglesia, y ella, esposa querida y amada suya por razón de este ayuntamiento que entre ellos se celebra, cuando reciben los fieles dignamente en la hostia su carne, son una carne y un cuerpo entre sí. Bien y brevemente Teodoreto, sobre el principio de los Cantares y sobre aquellas palabras de ellos: «Béseme de besos de su boca», en este propósito, dice de esta manera: «No es razón que ninguno se ofenda de esta palabra de beso, pues es verdad que al tiempo que se dice la Misa, y al tiempo que se comulga en ella, tocamos al cuerpo de nuestro Esposo, y le besamos y le abrazamos, y, como con esposo, así nos ayuntamos con Él.» Y San Crisóstomo dice más larga y más claramente lo mismo: «Somos, dice, un cuerpo y somos miembros suyos, hechos de su carne y hechos de sus huesos. Y no sólo por medio del amor somos uno con Él, mas realmente nos ayunta y como convierte en su carne por medio del manjar de que nos ha hecho merced. Porque, como quisiese declararnos su amor, enlazó y como mezcló con su cuerpo el nuestro, e hizo que todo fuese uno, para que así quedase el cuerpo unido con su cabeza, lo cual es muy propio de los que mucho se aman. Y así Cristo, para obligarnos con mayor amor y para mostrar más para con nosotros su buen deseo, no solamente se deja ver de los que le aman, sino quiere ser también tocado de ellos y ser comido, y que con su carne se ingiera la de ellos, como diciéndoles: Yo deseé y procuré ser vuestro hermano, y así por este fin me vestí, como vosotros, de carne y de sangre, y eso mismo con que me hice vuestro deudo y pariente, eso mismo Yo ahora os lo doy y comunico.»

Aquí Juliano, asiendo de la mano a Marcelo, le dijo:

—No os canséis en eso, Marcelo, que lo mismo que dicen Teodoreto y Crisóstomo, cuyas palabras nos habéis referido, lo dicen por la misma manera casi toda la antigüedad de los Santos, San Ireneo, San Hilario, San Cipriano, San Agustín, Tertuliano, Ignacio, Gregorio Niseno, Cirilo, León, Focio y Teofilacto. Porque así como es cosa notoria a los fieles que la carne de Cristo, debajo de los accidentes de la hostia recibida por los cristianos, y pasada al estómago por medio de aquellas especies, toca a nuestra carne, y es nuestra carne tocada de ella, así también es cosa en que ninguno que lo hubiere leído puede dudar, que así las sagradas Letras como los santos doctores usan por esta causa de esta forma de hablar, que es decir que somos un cuerpo con Cristo, y que nuestra carne es de su carne, y de sus huesos los nuestros, y que no solamente en los espíritus, mas también en los cuerpos estamos todos ayuntados y unidos. Así que estas dos cosas ciertas son y fuera de toda duda están puestas.

Lo que ahora, Marcelo, os conviene decir, si nos queréis satisfacer, o, por mejor decir, si deseáis satisfacer al sujeto que habéis tomado y a la verdad de las cosas, es declarar cómo por sólo que se toque una carne con otra, y sólo porque el un cuerpo con el otro cuerpo se toquen, se puede decir con verdad que son ambos cuerpos un cuerpo y ambas carnes una misma carne, como las sagradas Letras y los santos doctores, que así las entienden, lo dicen. ¿Por ventura no toco yo ahora con mi mano a la vuestra, mas no por eso son luego un mismo cuerpo y una misma carne vuestra mano y mi mano?

—No lo son, sin duda —dijo Marcelo entonces—, ni menos es un cuerpo y una carne la de Cristo y la nuestra, solamente porque se tocan cuando recibimos su cuerpo, ni los santos por sólo ese tocamiento ponen esta unidad de cuerpos entre Él y nosotros, que los pecadores que indignamente le reciben también se tocan con Él, sino porque, tocándose ambos por razón de haber recibido dignamente la carne de Cristo, y por medio de la gracia que se da por ella, viene nuestra carne a remedar en algo a la de Cristo, haciéndosele semejante.

-Eso -dijo Juliano entonces, dejando a Marcelo- nos dad más a entender.

Y Marcelo, callando un poco, respondió luego de esta manera:

-Quedará muy entendido si yo, Juliano, hiciere ahora clara la verdad de dos cosas: la primera, que para que se diga con verdad que dos cosas son una misma, basta que sean muy semejantes entre sí; la segunda, que la carne de Cristo, tocando a la carne del que le recibe dignamente en el Sacramento, por medio de la gracia que produce en el alma, hace en cierta manera semejante nuestra carne a la suya.

-Si vos probáis eso, Marcelo -respondió Juliano-, no quedará lugar de dudar, porque, si una grande semejanza es bastante para que se digan ser unos lo que son dos, y si la carne de Cristo, tocando a la nuestra, la asemeja mucho a sí misma, clara cosa es que se puede decir con verdad que por medio de este tocamiento venimos a ser con Él un cuerpo y una carne. Y a lo que a mí me parece, Marcelo, en la primera de esas dos cosas propuestas no tenéis mucho que trabajar ni probar, porque cosa razonable y conveniente parece que lo muy semejante se llame uno mismo, y así lo solemos decir.

-Es conveniente -respondió Marcelo- y conforme a razón, y recibido en el uso común de los que bien sienten y hablan. De dos, cuando mucho se aman, ¿por ventura no decimos que son uno mismo, y no por más de porque se conforman en la voluntad y querer? Luego si nuestra carne se despojare de sus cualidades, y vistiere de las condiciones de la carne de Cristo, serán como una ella y la carne de Cristo, y demás de muchas otras razones, será también por esta razón carne de Cristo la nuestra, y como parte de su cuerpo y parte muy ayuntada con Él. De un hierro muy encendido decimos que es fuego, no porque en sustancia lo sea, sino porque en las cualidades, en el ardor, en el encendimiento, en el color y en los efectos lo es; pues así, para que nuestro cuerpo se diga cuerpo de Cristo, aunque no sea una sustancia misma con Él, bien lo debe bastar el estar acondicionado como Él. Y para traer a comparación lo que más vecino es y más semejante, ¿no dice a boca llena San Pablo que el que se ayunta con Dios se hace un espíritu con Él? Y ¿no es cosa cierta que el ayuntarse con Dios el hombre no es cosa sino recibir en su alma la virtud de la gracia, que, como ya tenemos dicho otras veces, es una cualidad celestial que, puesta en el alma, pone en ella mucho de las condiciones de Dios y la figura muy a su semejanza? Pues si al espíritu de Dios y al nuestro espíritu los dice ser uno el predicador de las gentes por la semejanza suya que hace en el nuestro el de Dios, bien bastará, para que se diga nuestra carne y la carne de Cristo ser una carne, el tener la nuestra, si lo tuviere, algo de lo que es propio y natural a la carne de Cristo.

Son un cuerpo de república y de pueblo mil hombres en linaje extraños, en condiciones diversos, en oficios diferentes, y en voluntades e intentos contrarios entre sí mismos, porque los ciñe un muro y porque los gobierna una ley; y dos carnes tan juntas, que traspasa, por medio de la gracia, mucho de su virtud y de su propiedad la una en la otra, y casi la embebe en sí misma, ¿no serán dichas ser una?

Y si en esto no hay que probar, por ser manifiesto, como, Juliano, decís, ¿cómo puede ser oscuro o dudoso lo segundo que propuse, y que después de esto se sigue? Un guante oloroso traído por un breve tiempo en la mano, pone un buen olor en ella, y, apartado de ella, lo deja allí puesto; y la carne de Cristo, virtuosísima y eficacísima, estando ayuntada con nuestro cuerpo e hinchiendo de gracia nuestra alma, ¿no comunicará su virtud a nuestra carne? ¿Qué cuerpo estando junto a otro cuerpo no le comunica sus condiciones? Este aire fresco que ahora nos toca nos refresca, y poco antes de ahora, cuando estaba encendido, nos comunicaba su calor y encendía. Y no quiero decir que esta es obra de naturaleza, ni digo que es virtud que naturalmente obra la que acondiciona nuestro cuerpo y le asemeja al cuerpo de Cristo, porque, si fuese así, siempre y con todos aquellos a quienes tocase sucedería lo mismo; mas no es con todos así, como parece en aquellos que le reciben indignos. En los cuales, el pasar atrevidamente a sus pechos sucios el cuerpo santísimo de Jesucristo, demás de los daños del alma, les es causa en el cuerpo de malos accidentes y de enfermedades, y a las veces de muerte, como claramente nos lo enseña San Pablo.

Así que no es obra de naturaleza ésta, mas es muy conforme a ella y a lo que naturalmente acontece a los cuerpos cuando entre sí mismos se ayuntan. Y si por entrar la carne de Cristo en el pecho no limpio ni convenientemente dispuesto, como ahora decía, justamente se le destempla la salud corporal a quien así le recibe, cuando, por el contrario, estuviere bien dispuesto el que le recibiere, ¿cómo no será justo que con maravillosa virtud no sólo le santifique el alma, mas también con la abundancia de la gracia que en ella pone, le apure el cuerpo y le avecine a sí mismo todo cuanto pudiere?

Que no es más inclinado al daño que al bien el que es la misma bondad, ni el bien hacer le es dificultoso al que con el querer sólo lo hace. Y no solamente es conforme a lo que la naturaleza acostumbra, mas es muy conveniente y muy debido a lo que piden nuestras necesidades. ¿No decíamos esta mañana que el soplo de la serpiente, y aquel manjar vedado y comido, nos desconcertó el alma y nos emponzoñó el cuerpo? Luego convino que este manjar, que se ordenó contra aquél, pusiese no solamente justicia en el alma, sino también por medio de ella santidad y pureza celestial en la carne; pureza, digo, que resistiese a la ponzoña primera, y la desarraigase poco a poco del cuerpo, como dice

San Pablo: «Así como en Adán murieron todos, así cobraron vida en Jesucristo.»

En Adán hubo daño de carne y de espíritu, y hubo inspiración del demonio espiritual para el alma, y manjar corporal para el cuerpo. Pues si la vida se contrapone a la muerte, y el remedio ha de ir por las pisadas del daño, necesario es que Cristo en ambas a dos cosas produzca salud y vida: en el alma con su espíritu, y en la carne ayuntando a ella su cuerpo. Aquella manzana, pasada al estómago, así destempló el cuerpo, que luego se descubrieron en él mil malas cualidades más ardientes que el fuego; esta carne santa, allegada debidamente a la nuestra por virtud de su gracia, produzca en ella frescor y templanza. Aquel fruto atosigó nuestro cuerpo, con que viene a la muerte; esta carne, comida, enriquézcanos así con su gracia, que aun descienda su tesoro a la carne, que la apure y le dé vida y la resucite.

Bien dice acerca de esto San Gregorio Niseno: «Así como en aquellos que han bebido ponzoña y que matan su fuerza mortífera con algún remedio contrario, conviene que, conforme a como hizo el veneno, asimismo la medicina penetre por las entrañas, para que se derrame por todo el cuerpo el remedio, así nos conviene hacer a nosotros, que, pues comimos la ponzoña que nos desata, recibamos la medicina que nos repara, para que con la virtud de ésta desechemos el veneno de aquélla. Mas esta medicina, ¿cuál es? Ninguna otra sino aquel santo cuerpo que sobrepujó a la muerte y nos fue causa de vida. Porque así como un poco de levadura, como dice el Apóstol, asemeja a sí a toda la masa, así aquel cuerpo a quien Dios dotó de inmortalidad, entrando en el nuestro, le traspasa en sí todo y le muda. Y así como lo ponzoñoso, con lo saludable mezclado, hace a lo saludable dañoso, así, al contrario, este cuerpo inmortal a aquel de quien es recibido le vuelve semejantemente inmortal.» Esto dice el Niseno.

Mas, entre todos, San Cirilo lo dice muy bien: «No podía, dice, este cuerpo corruptible traspasarse por otra manera a la inmortalidad y a la vida sino siendo ayuntado a aquel cuerpo a quien es como suyo el vivir. Y si a mí no me crees, da fe a Cristo, que dice: Sin duda os digo que si no comiereis la carne del Hijo del hombre, y si no bebiereis su sangre, no tendréis vida en vosotros. Que el que come mi carne y bebe mi sangre, tiene vida eterna, y Yo le resucitaré en el postrero día. Bien oyes cuán abiertamente te dice que no tendrás vida si no comes su carne y bebes su sangre. No la tendréis, dice, en vosotros; esto es, dentro de vuestro cuerpo no la tendréis. Mas ¿a quién no tendréis? A la vida. Vida llama convenientemente a su carne de vida, porque ella es la que en el día último nos ha de resucitar. Y deciros he cómo. Esta carne viva, por ser carne del Verbo unigénito, posee la vida, y así no la puede vencer el morir, por donde, si se junta a la nuestra, lanza de nosotros la muerte, porque nunca se aparta de su carne el Hijo de Dios. Y porque está junto y es como uno en ella, y por eso dice: Y Yo le resucitaré en el día postrero.» Y en otro lugar el mismo doctor dice así: «Es de advertir que el agua, aunque es de su naturaleza muy fría, sobreviniéndole el fuego, olvidada su frialdad natural, no cabe en sí de calor. Pues nosotros, por la misma manera, dado que por la naturaleza de nuestra carne somos mortales, participando de aquella vida que nos retira de nuestra natural flaqueza, tornamos a vivir por su virtud propia de ella; porque convino que no solamente el alma alcanzase la vida por comunicársele el Espíritu Santo, mas que también este cuerpo tosco y terreno fuese hecho inmortal con el gusto de su metal y con el tacto de ello y con el mantenimiento. Pues como la carne del Salvador es carne vivífica por razón de estar ayuntada al Verbo, que es vida por naturaleza, por eso, cuando la comemos, tenemos vida en nosotros, porque estamos unidos con aquello que está hecho vida. Y por esta causa Cristo, cuando resucitaba a los muertos, no solamente usaba de palabra y de mando como Dios, mas algunas veces les aplicaba a su carne como juntamente obradora, para mostrar con el hecho que también su carne, por ser suya y por estar ayuntada con Él, tenía virtud de dar vida.» Esto es de Cirilo.

Así que la mala disposición que puso en nosotros el primer manjar nos obliga a decir que el cuerpo de Cristo, que es su contrario, es causa que haya en el nuestro, por secreta y maravillosa virtud, nueva pureza y nueva vida; y lo mismo podemos ver si ponemos los ojos en lo que se puso por blanco Cristo en cuanto hizo, que es declararnos su amor por todas las maneras posibles. Porque el amor, como platicabais ahora, Juliano y Sabino, es unidad, o todo su oficio es hacer unidad, y cuanto es mayor y mejor la unidad, tanto es mayor y más excelente el amor. Por donde, cuanto por más particulares maneras fueren en uno mismo dos entre sí, tanto sin duda ninguna se tendrán más amor.

Pues si en nosotros hay carne y espíritu, y si con el espíritu ayunta el suyo Cristo por tantas maneras, poniendo en él su semejanza y comunicándole su vigor y derramando por él su espíritu mismo, ¿no os parecerá, Juliano, forzoso el decir, o que hay falta en su amor para con nosotros, o que ayunta tan bien su cuerpo con el nuestro cuanto es posible ayuntarse dos cuerpos? Mas ¿quién se atreverá a poner mengua en su amor en esta parte, el cual por todas las demás partes es, sobre todo encarecimiento, extremado? Porque, me pregunto: ¿o no le es posible a Dios hacer esta unión, o, hecha, no declara ni engrandece su amor, o no se precia Dios de engrandecerle? Claro es que es posible; y manifiesto que añade quilates; y notorio y sin duda que se precia Dios de ser en todo lo que hace perfecto.

Pues si es esto cierto, ¿cómo puede ser dudoso, si hace Dios lo que puede ser hecho, y lo que importa que se haga para el fin que pretende? El mismo Cristo dice, rogando a su Padre: «Señor, quiero que Yo y los míos seamos una misma cosa, así como Yo soy una misma cosa contigo.» No son una misma cosa el Padre y el Hijo solamente porque se quieren bien entre sí, ni sólo porque son, así en voluntades como en juicios, conformes, sino también porque son una misma sustancia; de manera que el Padre vive en el Hijo, y el Hijo vive por el Padre, y es un mismo ser y vivir el de entrambos.

Pues así, para que la semejanza sea perfecta cuanto ser puede, conviene sin duda que a nosotros los fieles, entre nosotros, y a cada uno de nosotros con Cristo, no solamente nos anude y haga uno la caridad que el espíritu en nuestros corazones derrama, sino que también en la manera del ser, así en la del cuerpo como en la manera del alma, seamos todos uno, cuanto es hacedero y posible, y conviene que, siendo muchos en personas, como de hecho lo somos, empero por razón de que mora en nuestras almas un espíritu mismo, y por razón que nos mantiene un individuo y solo manjar, seamos todos uno en un espíritu y en un cuerpo divino; los cuales espíritu y cuerpo divino, ayuntándose estrechamente con nuestros propios cuerpos y espíritus, los cualifiquen y los acondicionen a todos de una misma manera, y a todos de aquella condición y manera que le es propia a aquel divino cuerpo y espíritu: que es la mayor unidad que se puede hacer o pensar en cosas tan apartadas de suyo.

De manera que, como una nube en quien ha lanzado la fuerza de su claridad y de sus rayos el Sol, llena de luz y, si esta palabra aquí se permite, en luz empapada, por dondequiera que se mire es un sol, así, ayuntando Cristo, no solamente su virtud y su luz, sino su mismo espíritu y su mismo cuerpo con los fieles y justos, y, como mezclando en cierta manera su alma con la suya de ellos, y con el cuerpo de ellos su cuerpo, en la forma que he dicho, les brota Cristo y les sale afuera por los ojos y por la boca y por los sentidos, y sus figuras todas y sus semblantes y sus movimientos son Cristo, que los ocupa así a todos, y se enseñorea de ellos tan íntimamente que, sin destruirles o corromperles su ser, no se verá en ellos en el último día ni se descubrirá otro ser más del suyo, y un mismo ser en todos; por lo cual, así Él como ellos, sin dejar de ser Él y ellos, serán un Él y uno mismo.

Grande nudo es éste, Sabino, y lazo de unidad tan estrecho, que en ninguna cosa de las que, o la naturaleza ha compuesto o el arte inventado, las partes diversas que tiene se juntaron jamás con juntura tan delicada o que así huyese la vista, como es esta juntura. Y, cierto, es ayuntamiento de matrimonio, tanto mayor y mejor, cuanto se celebra por modo más uno y más limpio; y la ventaja que hace al matrimonio o desposorio de la carne en limpieza, esa o mucho mayor ventaja le hace en unidad y estrecheza. Que allí se inficionan los cuerpos, y aquí se deifica el alma y la carne; allí se aficionan las voluntades, aquí toda es una voluntad y un querer; allí adquieren derecho el uno sobre el cuerpo del otro; aquí, sin destruir su sustancia, convierte en su cuerpo, en la manera que he dicho, el Esposo

Cristo a su esposa; allí se yerra de ordinario, aquí se acierta siempre; allí de continuo hay solicitud y cuidado, enemigo de la conformidad y unidad; aquí seguridad y reposo, ayudador y favorecedor de aquello que es uno; allí se ayuntan para sacar luz a otro tercero; aquí por un ayuntamiento se encamina a otro, y el fruto de esta unidad es afinarse en ser uno, y el abrazarse es para más abrazarse; allí el contento es aguado y el deleite breve y de bajo metal; aquí lo uno y lo otro tan grande, que baña el cuerpo y el alma; tan noble, que es gloria; tan puro, que ni antes le precede ni después se le sigue, ni con él jamás se mezcla o se ayunta el dolor.

Del cual deleite (pues hemos dicho ya del ayuntamiento, que es lo que propusimos primero, lo que el Señor nos ha comunicado) será bien que digamos ahora lo que se pudiere decir, aunque no sé si es de las cosas que no se han de decir: a lo menos, cierto es que, cómo ello es y cómo pasa, ninguno jamás lo supo ni pudo decir.

Y así, sea esta la primera prueba y el argumento primero de su no medida grandeza, que nunca cupo en lengua humana, y que el que más lo prueba lo calla más, y que su experiencia enmudece el habla, y que tiene tanto de bien que sentir, que ocupa el alma toda su fuerza en sentirlo, sin dejar ninguna parte de ella libre para hacer otra cosa; de donde la Sagrada Escritura, en una parte adonde trata de este gozo y deleite, le llama maná escondido; y en otro nombre nuevo que no lo sabe leer sino aquel solo que lo recibe; y, en otra, introduciendo como en imagen una figura de estos abrazos, venido a este punto de declarar sus deleites de ellos, hace que se desmaye y quede muda y sin sentido la esposa que lo representa; porque así como en el desmayo se recoge el vigor del alma a lo secreto del cuerpo, y ni la lengua, ni los ojos, ni los pies, ni las manos hacen su oficio, así este gozo, al punto que se derrama en el alma, con su grandeza increíble la lleva toda a sí, por manera que no le deja comunicar lo que siente a la lengua.

Mas, ¿qué necesidad hay de rastrear por indicios lo que abiertamente testifican las sagradas Letras y lo que por clara y llana razón se convence? David dice en su divina Escritura: «¡Cuán grande es, Señor, la muchedumbre de tu dulzura, la que escondiste para los que te temen!» Y en otra parte: «Serán, Señor, vuestros siervos embriagados con la abundancia de los bienes de vuestra casa, y daréisles a beber del arroyo impetuoso de vuestros deleites.» Y en otra parte: «Gustad y ved cuán dulce es el Señor.» Y en otra: «Un río de avenida baña con deleite la ciudad de Dios.» Y: «Voz de salud y alegría suena en las moradas de los justos.» Y: «Bienaventurado es el pueblo que sabe qué es jubilación.» Y finalmente, Isaías: «Ni los ojos lo vieron, ni lo oyeron los oídos, ni pudo caber en humano corazón lo que Dios tiene aparejado para los que esperan en Él.»

Y conviene que, como aquí se dice, así sea por necesaria razón, y tan clara que se tocará con las manos, si primero entendiéremos qué es y cómo se hace esto que llamamos deleite; porque deleite es un sentimiento y movimiento dulce, que acompaña y como remata todas aquellas obras en que nuestras potencias y fuerzas, conforme a sus naturalezas o a sus deseos, sin impedimento ni estorbo se emplean, porque todas las veces que obramos así, por el medio de estas obras alcanzamos alguna cosa, que, o por naturaleza, o por disposición y costumbre, o por elección y juicio nuestro, nos es conveniente y amable. Y como cuando no se posee y se conoce algún bien, la ausencia de él causa en el corazón una agonía y deseo, así es necesario decir que, por el contrario, cuando se posee y se tiene, la presencia de él en nosotros y el estar ayuntado y como abrazado con nuestro apetito y sentidos, conociéndolos nosotros así, los halaga y regala; por manera que el deleite es un movimiento dulce del apetito.

Y la causa del deleite son, lo primero, la presencia, y, como si dijésemos, el abrazo del bien deseado; al cual abrazo se viene por medio de alguna obra conveniente que hacemos, y es, como si dijésemos, el tercero de esta concordia, o, por mejor decir, el que la saborea y sazona, el conocimiento y el sentido de ella. Porque a quien no siente ni conoce el bien que posee, ni si lo posee, no le puede ser el bien ni deleitoso ni apacible.

Pues esto presupuesto de esta manera, vamos ahora mirando estas fuentes de donde mana el deleite, y examinando a cada una de ellas por sí, que adondequiera que las descubriéremos más, y en todas aquellas cosas adonde halláremos mayores y más abundantes mineros de él, en aquellas cosas, sin duda, el deleite de ellas será de mayores quilates. Es, pues, necesario para el deleite, y como fuente suya de donde nace lo primero, el conocimiento y sentido; lo segundo, la obra por medio de la cual se alcanza el bien deseado; lo tercero, ese mismo bien; lo cuarto y lo último, su presencia y ayuntamiento de él con el alma. Y digamos del conocimiento primero y después diremos de lo demás por su orden.

El conocimiento, cuanto fuere más vivo, tanto cuanto es de su parte será causa de más vivo y más acendrado deleite, porque, por la razón que no pueden gozar de él todas aquellas cosas que no tienen sentido, por esa misma se convence que las que le tienen, cuanto más de él tuvieren, tanto sentirán la dulzura más, conforme a como la experiencia lo demuestra en los animales. Que en la manera que a cada uno de ellos, conforme a su naturaleza y especie, o más o menos se les comunica en el sentido, así o más o menos les es deleitable y gustoso el bien que poseen; y cuanto en cada un orden de ellos está la fuerza del sentido más bota, tanto cuanto se deleitan es menor su deleite. Y no solamente se ve esto entre las cosas que son diferentes, comparándolas entre sí mismas, mas en un linaje mismo de cosas y en los particulares que en sí contiene se ve.

Porque los hombres, los que son de más buen sentido, gustan más del deleite; y en un hombre sólo, si, o por acaso o por enfermedad, tiene amortecido el sentido del tacto en la mano, aunque la tenga fría y la allegue a la lumbre, no le hará gusto el calor, y como se fuere en ella, por medio de la medicina o por otra alguna manera, despertando el sentir, así por los mismos pasos y por la medida misma crecerá en ella el poder gozar del deleite. Por donde, si esto es así, ¿quién no sabe ya cuán más subido y agudo sentido es aquel con que se comprenden y sienten los gozos de la virtud que no aquel de quien nacen los deleites del cuerpo? Porque el uno es conocimiento de razón, y el otro sentido de carne; el uno penetra hasta lo último de las cosas que conoce, el otro para en la sobrehaz de lo que siente; el uno es sentir bruto y de aldea, el otro es entender espiritual y de alma. Y conforme a esta diferencia y ventaja, así son diferentes y se aventajan entre sí los deleites que hacen.

Porque el deleite que nace del conocer del sentido es deleite ligero o como sombra de deleite, y que tiene de él como una vislumbre o sobrehaz solamente, y es tosco y aldeano deleite; mas el que nos viene del entendimiento y razón es vivo gozo y macizo gozo, y gozo de sustancia y verdad. Y así como se prueba la grande sustancia de estos deleites del alma por la viveza del entendimiento que lo siente y conoce, así también se ve su nobleza por el metal de la obra que nos ayunta al bien de do nacen. Porque las obras por cuya mano metemos a Dios en nuestra casa, que, puesto en ella, la hinche de gozo, son el contemplarle y el amarle, y el ocupar en Él nuestro pensamiento y deseo, con todo lo demás que es santidad y virtud. Las cuales obras, ellas en sí mismas, son, por una parte, tan propias de aquello que en nosotros verdaderamente es ser hombre, y por otras tan nobles en sí, que ellas mismas por sí, dejado aparte el bien que nos traen, que es Dios, deleitan al alma, que con sola su posesión de ellas se perfecciona y se goza. Como, al revés, todas las obras que el cuerpo hace, por donde consigue aquello con que se deleita el sentido, sean obras o no propias del hombre, o así toscas y viles que nadie las estimaría ni se alegraría con ellas por sí solas, si, o la necesidad pura o la costumbre dañada, no le forzase.

Así que, en lo bueno, antes que ello deleite, hay deleite; y eso mismo que va en busca del bien y que lo halla y le echa las manos, es ello en sí bien que deleita, y por un gozo se camina a otro gozo, por el contrario de lo que acontece en el deleite del cuerpo adonde los principios son intolerable trabajo, los fines, enfado y hastío, los frutos, dolor y arrepentimiento.

Mas cuando acerca de esto faltase todo lo que hasta ahora se ha dicho, para conocer que es verdad basta la ventaja sola que hace el bien de donde nacen estos espirituales deleites a los demás bienes que son cebo de los sentidos. Porque si la pintura hermosa presente a la vista deleita los ojos, y si los oídos se alegran con la suave armonía, y si el bien que hay en lo dulce o en lo sabroso o en lo blanco causa contentamiento en el tacto, y si otras cosas menores y menos dignas de ser nombradas pueden dar gusto al sentido, injuria será que se hace a Dios poner en cuestión si deleita, o qué tanto deleita al alma que se abraza con Él.

Bien lo sentía esto aquel que decía: «¿Qué hay para mí en el cielo? Y fuera de Vos, Señor, ¿qué puedo desear en la tierra?» Porque si miramos lo que, Señor, sois en Vos, sois un océano infinito de bien, y el mayor de los que por acá se conocen y entienden, es una pequeña gota comparado con Vos, y es como una sombra vuestra oscura y ligera. Y si miramos lo que para nosotros sois y en nuestro respeto, sois el deseo del alma, el único paradero de nuestra vida, el propio y solo bien nuestro, para cuya posesión somos criados y en quien sólo hallamos descanso, y a quien, aun sin conoceros, buscamos en todo cuanto hacemos.

Que a los bienes del cuerpo, y casi a todos los demás bienes que el hombre apetece, apetécelos como a medios para conseguir algún fin, y como a remedios y medicinas de alguna falta o enfermedad que padece. Busca el manjar porque le atormenta el hambre; allega riquezas por salir de pobreza; sigue el son dulce, y vase en pos de lo proporcionado hermoso, porque sin esto padecen mengua el oído y la vista.

Y por esta razón los deleites que nos dan estos bienes son deleites menguados y no puros: lo uno, porque se fundan en mengua y en necesidad y tristeza; y lo otro, porque no duran más de lo que ella dura; por donde siempre la traen junto a sí, y como mezclada consigo. Porque si no hubiese hambre no sería deleite el comer, y en faltando ella falta él juntamente. Y así no tienen más bien de cuanto dura el mal para cuyo remedio se ordenan. Y, por la misma razón, no puede entregarse ninguno a ellos sin rienda; antes es necesario que los use, el que de ellos usar quisiere, con tasa, si le han de ser, conforme a como se nombran, deleites; porque lo son hasta llegar a un punto cierto, y, en pasando de él, no lo son.

Mas vos, Señor, sois todo el bien nuestro y nuestro soberano fin verdadero. Y aunque sois el remedio de nuestras necesidades, y aunque hacéis llenos todos nuestros vacíos, para que os ame el alma mucho más que a sí misma, no le es necesario que padezca mengua, que Vos, por Vos merecéis todo lo que es el querer y el amor. Y cuanto el que os amare, Señor, estuviere más rico y más abastado de Vos, tanto os amará con más veras. Y así como Vos en Vos no tenéis fin ni medida, así el deleite que nace de Vos en el alma que consigo os abraza dichosa, es deleite que no tiene fin, y que cuanto más crece es más dulce; y deleite en quien el deseo, sin recelo de caer en hartura, puede alargar la rienda cuanto quisiere; porque, como testificáis de vos mismo, «Quien bebiere de vuestra dulzura, cuanto más bebiere, tendrá de ella más sed.»

Y por esta misma razón, si, Juliano, no os desagrada (y según que ahora a la imaginación se me ofrece), en la sagrada Escritura este deleite que Dios en los suyos produce es llamado con nombres de avenida y de río, como cuando el Salmista decía que da de beber Dios a los suyos un río de deleite grandísimo. Porque en decirlo así, no solamente quiere decir que les dará Dios a los suyos grande abundancia de gozo, sino también nos dice y declara que ni tiene límite este gozo, ni menos es gozo que hasta un cierto punto es sabroso, y, pasado de él, no lo es; ni es, como lo son los deleites que vemos, agua encerrada en vaso que tiene su hondo, y que, fuera de aquellos términos con que cerca, no hay agua, y que se agota y se acaba bebiéndola, sino que es agua en río, que corre siempre y que no se agota bebida, y que, por más que se beba, siempre viene fresca a la boca, sin poder jamás llegar a algún paso adonde no haya agua, esto es, adonde aquel dulzor no lo sea. De manera que, por razón de ser Dios bien infinito, y bien que sobrepuja sin ninguna comparación a todos los bienes, se entiende que, en el alma que le posee, el deleite que hace es entre todos los deleites el mayor deleite, y, por razón de ser de nuestro último fin, se convence que jamás este deleite da en cara.

ESPOSO (II)

Y si esto es por ser Dios el que es, ¿qué será por razón del querer que nos tiene, y por el estrecho nudo de amor con que con los suyos se enlaza? Que si el bien presente y poseído deleita, cuanto más presente y más ayuntado estuviere, sin ninguna duda deleitará más. Pues ¿quién podrá decir la estrecheza no comparable de este ayuntamiento de Dios? No quiero decir lo que ahora he ya dicho, repitiendo las muchas y diversas maneras como se ayunta Dios con nuestros cuerpos y almas; mas digo que cuando estamos más metidos en la posesión de los bienes del cuerpo y somos hechos más de ellos señores, toda aquella unión y estrechez es una cosa floja y como desatada en comparación de este lazo. Porque el sentido y lo que se junta con el sentido, solamente se tocan en los accidentes de fuera: que ni veo sino lo colorado, ni oigo sino el retintín del sonido, ni gusto sino lo dulce o amargo, ni percibo tocando sino es la aspereza o blandura. Mas Dios, abrazado con nuestra alma, penetra por ella toda y se lanza a sí mismo por todos sus apartados secretos, hasta ayuntarse con su más íntimo ser, adonde, hecho como alma de ella y enlazado con ella, la abraza estrechísimamente. Por cuya causa, en muchos lugares la Escritura dice que mora Dios en el medio del corazón. Y David en el Salmo le compara al aceite que, puesto en la cabeza del Sacerdote, viene al cuello y se extiende a la barba y desciende corriendo por las vestiduras todas hasta los pies. Y en el libro de la Sabiduría, por esta misma razón, es comparado Dios a la niebla, que por todo penetra.

Y no solamente se ayunta mucho Dios con el alma, sino ayúntase todo, y no todo sucediéndose unas partes a otras, sino todo junto y como de un golpe, y sin esperarse lo uno a lo otro. Lo que es al revés en el cuerpo, a quien sus bienes (los que él llama bienes) se le allegan despacio y repartidamente, y sucediéndose unas partes a otras, ahora una y después de ésta otra; y cuando goza de la segunda, ha perdido ya la primera. Y como se reparten y se dividen aquéllos, ni más ni menos se corrompen y acaban, y cuales ellos son, tal es el deleite que hacen: deleite como exprimido por fuerza, y como regateado, y como dado blanca a blanca con escasez, y deleite, al fin, que vuela ligerísimo y que desvanece como humo y se acaba. Mas el deleite que hace Dios, viene junto y persevera junto y estable, y es como un todo no divisible, presente siempre todo a sí mismo; y por eso dice la Escritura en el Salmo que deleita Dios con río y con ímpetu a los vecinos de su ciudad; no gota a gota, sino con todo el ímpetu del río así junto.

De todo lo cual se concluye, no solamente que hay deleite en este desposorio y ayuntamiento del alma y de Dios, sino que es un deleite que, por dondequiera que se mire, vence a cualquier otro deleite. Porque ni se mezcla con necesidad, ni se agua con tristeza, ni se da por partes, ni se corrompe en un punto, ni nace de bienes pequeños ni de abrazos tibios o flojos, ni es deleite tosco o que se siente a la ligera, como es tosco y superficial el sentido, sino divino bien y gozo íntimo, y deleite abundante y alegría no contaminada, que baña el alma toda y la embriaga y anega por tal manera, que, cómo ello es, no se puede declarar por ninguna.

Y así la Escritura divina, cuando nos quiere ofrecer alguna como imagen de este deleite, porque no hay una que se le asemeje del todo, usa de muchas semejanzas e imágenes. Que unas veces, como antes de ahora decíamos, le llama maná escondido. Maná, porque es deleite dulcísimo, y dulcísimo no de una sola manera ni sabroso con un solo sabor, sino como del maná se escribe en la Sabiduría: «hecho al gusto del deseo y lleno de innumerables sabores.» Maná escondido, porque está secreto en el alma y porque, si no es quien lo gusta, ninguno otro entiende bien lo que es. Otras veces le llama aposento de vino, como en el libro de los Cantares, y otras, el vino mismo, y otras, licor mejor mucho que el vino. Aposento de vino, como quien dice amontonamiento y tesoro de todo lo que es alegría. Más que el vino porque ninguna alegría ni todas juntas se igualan con ésta.

Otras veces nos le figura, como en el mismo libro, por nombre de pechos; porque no son los pechos tan dulces ni tan sabrosos al niño como los deleites de Dios son deleitables a aquel que los gusta. Y porque no son deleites que dañan la vida o que debilitan las fuerzas del cuerpo, sino deleites que alimentan el espíritu y le hacen que crezca, y deleites por cuyo medio comunica Dios al alma la virtud de su sangre hecha leche, esto es, por manera sabrosa y dulce. Otras veces son dichos mesa y banquete (como por Salomón y David) para significar su abastanza y la grandeza y variedad de sus gustos, y la confianza y el descanso y el regocijo, y la seguridad y esperanzas ricas que ponen en el alma del hombre. Otras los nombra sueño porque se repara en ellos el espíritu de cuanto padece y lacera en la continua contradicción que la carne y el demonio le hace. Otras los compara a guija o a piedrecilla pequeña y blanca y escrita de un nombre que sólo el que le tiene le lee, porque, así como, según la costumbre antigua, en las causas criminales, cuando echaba el juez una piedra blanca en el cántaro era dar vida, y como los días buenos y de sucesos alegres los antiguos los contaban con pedrezuelas de esta manera, asimismo el deleite que da Dios a los suyos es como una prenda sensible de su amistad y como una sentencia que nos absuelve de su ira, que por nuestra culpa nos condenaba al dolor y a la muerte, y es voz de vida en nuestra alma, y día de regocijo para nuestro espíritu, y de suceso bienaventurado y feliz. Y finalmente, otras veces significa estos deleites con nombres de embriaguez y de desmayo y de enajenamiento de sí, porque ocupan toda el alma, que con el gusto de ellos se mete tan adelante en los abrazos y sentimientos de Dios, que desfallece al cuerpo y casi no comunica con él su sentido, y dice y hace cosas el hombre que parecen fuera de toda naturaleza y razón.

Y a la verdad, Juliano, de las señales que podemos tener de la grandeza de estos deleites los que deseamos conocerlos y no merecemos tener su experiencia, una de las más señaladas y ciertas es el ver los efectos y las obras maravillosas, y fuera de todo orden común, que hacen en aquellos que experimentan su gusto. Porque, si no fuera dulcísimo incomparablemente el deleite que halla el bueno con Dios, ¿cómo hubiera sido posible o a los mártires padecer los tormentos que padecieron, o a los ermitaños durar en los yermos por tan luengos años en la vida que todos sabemos?

Por manera que la grandeza no medida de este dulzor, y la violencia dulce con que enajena y roba para sí toda el alma, fue quien sacó a la soledad a los hombres, y los apartó de casi todo aquello que es necesario al vivir, y fue quien los mantuvo con yerbas y sin comer muchos días, desnudos al frío y descubiertos al calor y sujetos a todas las injurias del cielo. Y fue quien hizo fácil y hacedero y usado lo que parecía en ninguna manera posible. Y no pudo tanto ni la naturaleza con sus necesidades, ni la tiranía y crueldad con sus no oídas cruezas, para retraerlos del bien, que no pudiese mucho más para detenerlos en él este deleite; y todo aquel dolor que pudo hacer el artificio y el cielo, la naturaleza y el arte, el ánimo encruelecido y la ley natural poderosa, fue mucho menor que este gozo. Con el cual esforzada el alma, y cebada y levantada sobre sí misma, y hecha superior sobre todas las cosas, llevando su cuerpo tras sí, le dio que no pareciese ser su cuerpo.

Y si quisiésemos ahora contar por menudo los ejemplos particulares y extraños que de esto tenemos, primero que la historia se acabaría la vida; y así, baste por todos uno, y éste sea el que es la imagen común de todos, que el Espíritu Santo nos dibujó en el libro de los Cantares para que, por las palabras y acontecimientos que conocemos, veamos como en idea todo lo que hace Dios con sus escogidos.

Porque ¿qué es lo que no hace la esposa allí, para encarecer aqueste su deleite que siente, o lo que el Esposo no dice para este mismo propósito? No hay palabra blanda, ni dulzura regalada, ni requiebro amoroso, ni encarecimiento dulce de cuantos en el amor jamás se dijeron o se pueden decir, que o no lo diga allí o no lo oiga la esposa.

Y si por palabras o por demostraciones exteriores se puede declarar el deleite del alma, todas las que significan un deleite grandísimo, todas ellas se dicen y hacen allí; y, comenzando de menores principios, van siempre subiendo, y, esforzándose siempre más el soplo del gozo, al fin, las velas llenas, navega el alma justa por un mar de dulzor, y viene, al fin, a abrasarse en llamas de dulcísimo fuego, por parte de las secretas centellas que recibió al principio en sí misma.

Y acontécele, cuanto a este propósito, al alma con Dios como al madero no bien seco cuando se le avecina el fuego le aviene. El cual, así como se va calentando del fuego y recibiendo en sí su calor, así se va haciendo sujeto apto y dispuesto para recibir más calor, y lo recibe de hecho. Con el cual calentando, comienza primero a despedir humo de sí y a dar de cuando en cuando algún estallido, y corren algunas veces gotas de agua por él, y procediendo en esta contienda, y tomando por momentos el fuego en él mayor fuerza, el humo que salía se enciende de improviso en llama, que luego se acaba, y dende a poco se torna a encender otra vez y a apagarse también; y así hace la tercera y la cuarta, hasta que al fin el fuego, ya lanzado en lo íntimo del madero y hecho señor de todo él, sale todo junto y por todas partes afuera, levantando sus llamas, las cuales, prestas y poderosas y a la redonda bullendo, hacen parecer un fuego el madero.

Y por la misma manera, cuando Dios se avecina al alma y se junta con ella y le comienza a comunicar su dulzura, ella, así como la va gustando, así la va deseando más, y con el deseo se hace a sí misma más hábil para gustarla, y luego la gusta más, y así, creciendo en ella este deleite por puntos, al principio la estremece toda, y luego la comienza a ablandar, y suenan de rato en rato unos tiernos suspiros, y corren por las mejillas a veces y sin sentir algunas dulcísimas lágrimas; y, procediendo adelante, enciéndese de improviso como una llama compuesta de luz y de amor, y luego desaparece volando, y toma a repetirse el suspiro, y torna a lucir y a cesar otro no sé qué resplandor, y acreciéntase el lloro dulce, y anda así por un espacio haciendo mudanzas el alma, traspasándose unas veces y otras veces tornándose a sí, hasta que, sujeta ya del todo al dulzor, se traspasa del todo, y, levantada enteramente sobre sí misma, y no cabiendo en sí misma, expira amor y terneza y derretimiento por todas sus partes, y no entiende ni dice otra cosa sino es: «Luz, amor, vida, descanso sumo, belleza infinita, bien inmenso y dulcísimo, dame que me deshaga yo y que me convierta en Ti toda, Señor.» Mas callemos, Juliano, lo que por mucho que hablemos no se puede hablar.

Y calló, diciendo esto, Marcelo un poco; y tornó luego a decir:

-Dicho he del nudo y del deleite de este desposorio lo que he podido; quédame por decir lo que supiere de las demás circunstancias y requisitos suyos. Y no quiero referir yo ahora las causas que movieron a Cristo, ni los accidentes de donde tomó ocasión para ser nuestro Esposo, porque ya en otros lugares hemos dicho hoy acerca de esto lo que conviene; ni diré de los terceros que intervinieron en estos conciertos, porque el mayor y el que a todos nos es manifiesto, fue la grandeza de su piedad y bondad. Mas diré de la manera como se ha habido con esta su esposa por todo el espacio que, desde que se prometieron, corre hasta el día del matrimonio legítimo; y diré de los regalos y dulces tratamientos que por este tiempo le hace, y de las prendas y joyas ricas, y por ventura de las leyes de amor y del tálamo, y de las fiestas y cantares ordenados para aquel día. Porque, así como acontece a algunos hombres que se desposan con mujeres muy niñas, y que para casarse con ellas aguardan a que lleguen a legítima edad, así nos conviene entender que Cristo se desposó con la Iglesia luego en naciendo ella, o, por mejor decir, que la crió e hizo nacer para esposa suya, y que se ha de casar con ella a su tiempo.

Y hemos de entender que, como aquellos cuyas esposas son niñas las regalan y las hacen caricias primero, como a niñas, y así por consiguiente, como va creciendo la edad, van ellos también creciendo en la manera de amor que les tienen y en las demostraciones de él que les hacen, así Cristo a su esposa la Iglesia le ha ido criando y acariciando conforme a sus edades de ella, y diferentemente según sus diferencias de tiempos: primero como a niña y después como a algo mayor, y ahora la trata como a doncelleja ya bien entendida y crecida y casi ya casadera.

Porque toda la edad de la Iglesia, desde su primer nacimiento hasta el día de la celebridad de sus bodas, que es todo el tiempo que hay desde el principio del mundo hasta su fin, se divide en tres estados de la Iglesia y tres tiempos. El primero que llamamos de naturaleza, y el segundo de ley, y el tercero y postrero de gracia. El primero fue como la niñez de esta esposa. En el segundo vino a algún mayor ser. En este tercero que ahora corre se va acercando mucho a la edad de casar. Pues como ha ido creciendo la edad y el saber, así se ha habido con ella diferentemente su Esposo, midiendo con la edad los favores y ajustándolos siempre con ella por maravillosa manera, aunque siempre por manera llena de amor y de regalo, como se ve claramente en el libro, de quien poco antes decía, de los Cantares; el cual no es sino un dibujo vivo de todo este trato amoroso y dulce que ha habido hasta ahora, y de aquí adelante ha de haber, entre estos dos, Esposo y esposa, hasta que llegue el dichoso día del matrimonio, que será el día cuando se cerraren los siglos.

Digo que es una imagen compuesta por la mano de Dios, en que se nos muestran por señales y semejanzas visibles y muy familiares al hombre las dulzuras que entre estos dos esposos pasan, y las diferencias de ellas conforme a los tres estados y edades diferentes que he dicho. Porque en la primera parte del libro, que es hasta casi la mitad del segundo capítulo, dice Dios lo que hace significación de las condiciones de esta su esposa en aquel su estado primero de naturaleza, y la manera de los amores que le hizo entonces su Esposo. Y desde aquel lugar, que es donde se dice en el segundo capítulo: «Veis, mi amado me habla y dice: Levántate y apresúrate y ven», hasta el capítulo quinto, adonde torna a decir: «Yo duermo y mi corazón vela», se pone lo que pertenece a la edad de la ley. Mas desde allí hasta el fin, todo cuanto entre estos dos se platica es imagen de las dulzuras de amor que hace Cristo a su esposa en este postrero estado de gracia.

Porque, comenzando por lo primero y tocando tan solamente las cosas, y como señalándolas desde lejos (porque decirlas enteramente sería negocio muy largo, y no de este breve tiempo que resta); así que, diciendo de lo que pertenece a aquel estado primero, como era entonces niña la esposa, y le era nueva y reciente la promesa de Dios de hacerse carne como ella y de casarse con ella, como tierna y como deseosa de un bien tan nunca esperado, del cual entonces comenzaba a gustar, entra, con la licencia que le da su niñez y con la impaciencia que en aquella edad suele causar el deseo, pidiendo apresuradamente sus besos: «Béseme, dice, de besos de su boca; que mejores son los tus pechos que el vino.»

En que debajo de este nombre de besos, le pide ya su palabra y el aceleramiento de la promesa de desposarla en su carne, que apenas le acaba de hacer. Porque desde el tiempo que puso Dios con el hombre de vestirse de su carne de él, y de así vestido ser nuestro esposo, desde ese punto el corazón del hombre comenzó a haberse regalada y familiarmente con Dios; y comenzaron desde entonces a bullir en él unos sentimientos de Dios nuevos y blandos, y, por manera nunca antes vista, dulcísimos. Y hace significación de esta misma niñez lo que luego dice y prosigue: «Las niñas doncellitas te aman.» Porque las doncellitas y la esposa son una misma. Y el aficionarse al olor, y el comparar y amar al Esposo como un ramillete florido, y el no poderse aún tener bien en los pies, y el pedir al Esposo que le dé la mano, diciendo: «Llévame en pos de Ti, correremos»; y el prometerle el Esposo tortolicas y sartalejos, todo ello demuestra lo niño y lo imperfecto de aquel amor y conocimiento primero.

Y porque tenía entonces la Iglesia presentes y como delante de los ojos dos cosas, la una su culpa y pérdida, y la otra la promesa dichosa de su remedio, como mirándose a sí, por eso dice allí así: «Negra soy, más hermosa, hijas de Jerusalén, como los tabernáculos de Cedar y como las tiendas de Salomón.» Negra por el desastre de mi culpa primera, por quien he quedado sujeta a las injurias de mis penalidades, más hermosa por la grandeza de dignidad y de rica esperanza a que por ocasión de este mal he subido. Y si el aire y el agua me maltratan de fuera, la palabra que me es dada y la prenda que de ella en el alma tengo, me enriquece y alegra. Y si los hijos de mi madre se encendieron contra mí, porque viniendo de un mismo padre el ángel y yo, el ángel malo, encendido de envidia, convirtió su ingenio en mi daño; y si me pusieron por guarda de viñas sacándome de mi felicidad al polvo y al sudor y al desastre continuo de esta larga miseria; y si la mi viña, esto es, la mi buena dicha primera, no la supe guardar... como sepa yo ahora adónde, oh Esposo, sesteas, y como tenga noticia y favor para ir a los lugares bienaventurados adonde está de tu rebaño su pasto, yo quedaré mejorada.

Y así, por esta causa misma, el Esposo entonces no se le descubre del todo, ni le ofrece luego su presencia y su guía, sino dícele que si le ama como dice, y si le quiere hallar, que siga la huella de sus cabritos. Porque la luz y el conocimiento que en aquella edad dio guía a la Iglesia fue muy pequeño y muy flaco conocimiento en comparación del de ahora. Y porque ella era pequeña entonces, esto es, de pocas personas en número, y esas esparcidas por muchos lugares y rodeadas por todas partes de infidelidad, por eso la llama allí, y por regalo la compara a la rosa, que las espinas la cercan. Y también es rosa entre espinas porque, casi ya al fin de esta niñez suya, y cuando comenzaba a florecer y brotaba ya afuera su hermosa figura, haciendo ya cuerpo de república y de pueblo fiel con muchedumbre grandísima (que fue estando en Egipto, y poco antes que saliese de allí), fue verdaderamente rosa entre espinas, así por razón de los egipcios infieles que la cercaban, como por causa de los errores y daños que se le pegaban de su trato y conversación, como también por respeto de la servidumbre con que la oprimían. Y no es lejos de esto, que en sola aquella parte del libro la compara el Esposo a cosas de las que en Egipto nacían, como cuando le dice: «A la mi yegua en los carros de Faraón te asemejé, amiga mía.» Porque estaba sujeta ella a Faraón entonces, y como uncida al carro trabajoso de su servidumbre.

Mas llegando a este punto, que es el fin de su edad la primera y el principio de la segunda, la manera como Dios la trató, es lo que luego y en el principio de la segunda parte del libro se dice: «Levántate y apresúrate, amiga mía, y ven; que ya se pasó el invierno y la lluvia ya se fue» con lo que después de esto se sigue. Lo cual todo por hermosas figuras declara la salida de esta santa esposa de Egipto. Porque llamándola el Esposo a que salga, significa el Espíritu Santo, no sólo que el Esposo la saca de allí, mas también la manera como la hace salir. Levántate, dice, porque con la carga del duro tratamiento estaba abatida y caída. Y apresúrate, porque salió con grandísima prisa de Egipto, como se cuenta en el Éxodo. Y ven, porque salió siguiendo a su Esposo. Y dice luego todo aquello que la convida a salir. Porque ya, dice, el invierno y los tiempos ásperos de tu servidumbre han pasado, y ya comienza a aparecer la primavera de tu mejor suerte. Y ya, dice, no quiero que te me demuestres como rosa entre espinas, sino como paloma en los agujeros de la barranca, para significar el lugar desierto y libre de compañías malas a do la sacó.

Y así ella, como ya más crecida y osada, responde alegremente a este llamamiento divino, y deja su casa y sale en busca de aquel a quien ama. Y para declarárnoslo, dice: «En mi lecho, y en la noche de mi servidumbre y trabajo, busqué y levanté el corazón a mi Esposo; busquéle, mas no le hallé. Levantéme y rodeé la ciudad y pregunté a las guardas de ella por Él.» Y dice esto así para declarar todas las dificultades y trabajos nuevos que se le recrecieron con los de Egipto y con sus príncipes de ellos, desde que comenzó a tratar de salir de su tierra hasta que de hecho salió. Mas luego, en saliendo, halló como presente, en figura de nube y en figura de fuego, a su Esposo, y así añade y le dice: «En pasando las guardas hallé al que ama mi alma; asíle y no le dejaré hasta que le encierre en casa de mi madre y en la recámara de la que me engendró.» Porque hasta que entró con Él en la tierra prometida, adonde caminaba por el desierto, siempre le llevó como delante de sí. Y porque se entienda que se habla aquí de aquel tiempo y camino, poco más abajo le dice: «¿Quién es ésta que sube por el desierto, como varilla de humo de mirra y de incienso y de todos los buenos olores?» Y lo que después se dice del lecho de Salomón y de las guardas de él, con quien es comparada la Esposa, es la guarda grande y las velas que puso el Esposo para la salud y defensa suya por todo aquel camino y desierto. Y lo de la litera que Salomón hizo, y la pintura de sus riquezas y obra, es imagen de la obra del arca y del santuario que en aquel mismo lugar y camino ordenó para regalo de esta su esposa.

Y cuando luego, por todo el capítulo cuarto, dice de ella su Esposo encarecidos loores, cantando una por una todas sus figuras y partes, en la manera del loor y en la calidad de las comparaciones que usa, bien se deja entender que el que allí habla, aquello de que habla lo concebía como una grande muchedumbre de ejército asentado en su real, y levantadas sus tiendas y divididas en sus estancias por orden, en la manera como seguía su viaje entonces el pueblo desposado con Dios.

Porque, como en el libro de los Números vemos, el asiento del real de aquel pueblo, cuando peregrinó en el desierto, estaba repartido en cuatro cuarteles de esta manera: en la delantera tenían sus tiendas y asientos los de la tribu de Judá, con los de Isacar y Zabulón a sus lados. A la mano derecha tenían su cuartel los de Rubén con los de Simeón y de Gad juntamente. A la izquierda moraban con los de Dan los de Aser y Neftalí. Lo postrero ocupaban Efraim con las tribus de Benjamín y de Manasés. Y en medio de este cuadro estaba fijado el tabernáculo del testimonio, y, alrededor de él, por todas partes, tenían sus tiendas los levitas y sacerdotes. Y conforme a este orden de asiento seguían su camino cuando levantaban el real. Porque lo primero de todo iba la columna de nube, que les era su guía. En pos de ella seguían, sus banderas tendidas, Judá con sus compañeros. A éstos sucedían luego los que pertenecían al cuartel de Rubén. Luego iban el tabernáculo con todas sus partes, las cuales llevaban repartidas entre sí los levitas. Efraim y los suyos iban después. Y los de Dan iban en la retaguardia de todos.

Pues teniendo como delante los ojos el Esposo este orden, y como deleitándose en contemplar esta imagen, en el lugar que digo lo va loando como si loara en una persona sola y hermosa sus miembros. Porque dice que sus ojos, que eran la nube y el fuego que les servían de guía, eran como de paloma. Y sus cabellos, que es lo que se descubre primero y el cuartel de los que iban delante, como hatos de cabras. Y sus dientes, que son Gad y Rubén, como manadas de ovejas. Y sus labios y habla, que eran los levitas y sacerdotes por quien Dios les hablaba, como hilo de carmesí. Y por la misma manera llama mejillas a los de Efraim, y a los de Dan cuello. Y a los unos y a los otros los alaba con hermosos apodos.

Y a la postre dice maravillas de sus dos pechos, esto es, de Moisés y Aarón, que eran como el sustento de ellos y como los caminos por donde venía a aquel pueblo lo que los mantenía en vida y en bien. Y porque el paradero de este viaje era el llegar a la tierra que les estaba guardada, y el alcanzar la posesión pacífica de ella, por eso, en habiendo alabado la orden hermosa que guardaban en su real y camino, llégalos a la fin del camino y métolos como de la mano en sus casas y tierras. Y por esto le dice: «Ven del Líbano, amiga mía, esposa mía; ven del Líbano, ven, y serás coronada de la cumbre de Amana y de la altura de Sanir y de Hermón, de las cuevas de los leones, de los montes de las onzas», que es como una descripción de la región de Judea.

En la cual región, después que de ella se apoderó Dios y su pueblo, creció y fructificó por muchos siglos, con grandes acrecentamientos de santidad y virtudes, la Iglesia. Por donde el Esposo, luego que puso a la esposa en la posesión de esta tierra, contemplando los muchos frutos de Religión que en ella produjo, para darlo a entender le dice que es huerto y le dice que es fuente; y de lo uno y de lo otro dice en esta manera: «Huerto cercado, hermana mía, esposa, huerto cercado, fuente sellada. Tus plantas, vergeles son de granados y de lindos frutales; el cipro y el nardo, y la canela y el cinamomo, con todos los árboles del Líbano; la mirra y el sándalo, con los demás árboles del incienso.»

Y finalmente, diciendo y respondiéndose a veces, concluyen todo lo que a la segunda edad pertenece. Y concluido, luego se comienza el cuento de lo que en esta tercera de gracia pasa entre Cristo y su esposa. Y comienza diciendo: «Voz de mi amado que llama: Ábreme, hermana mía, amiga mía, paloma mía; que mi cabeza llena está de rocío, y las mis guedejas con las gotas de la noche.» Que por cuanto Cristo, en el principio de esta edad que decimos, nació cubierto de nuestra carne y vino así a descubrirse visiblemente a su esposa, vestido de su librea de ella, y sujeto, como ella lo es, a los trabajos y a las malas noches que en la oscuridad de esta vida se pasan, por eso dice que viene maltratado de la noche y calado del agua y del rocío.

Lo cual hasta aquel punto nunca de sí dijo el Esposo, ni menos dijo otra cosa que se pareciese a ello o que tuviese significación de lo mismo. Pues ruégale que le abra la puerta porque sabía la dificultad con que aquel pueblo donde nació, y donde en aquel tiempo se sustentaba este nombre de esposa, le había de recibir en su casa. Y esta dificultad y mal acogimiento es lo que luego incontinente se sigue: «Desnudéme la mi camisa, ¿cómo tornaré a vestírmela? Lavé los mis pies, ¿cómo los ensuciaré?» Y así, mal recibido, se pasa adelante a buscar otra gente.

Y porque algunos de los de aquel pueblo, aunque los menos de ellos, le recibieron, por eso dice que al fin salió la esposa en su busca. Y porque los que le recibieron padecieron por la confesión y predicación de su fe muchos y muy luengos trabajos, por eso dice que lo rodeó todo buscándole y que no le halló, y que la hallaron a ella las guardas que hacían la ronda, y que la despojaron y que la hirieron con golpes. Y las voces que da llamando a su Esposo escondido y las gentes que movidas de sus voces acuden a ella, y le preguntan qué busca y por quién vocea con ansia tan grande, no es otra cosa sino la predicación de Cristo, que, ardiendo en su amor, hicieron por toda la gentilidad los Apóstoles; y los que se allegan a la esposa, y los que le ofrecen su ayuda y compañía para buscar al que ama, son los mismos gentiles, todos aquellos que, abriendo los oídos del alma a la voz del Santo Evangelio y dando asiento a las palabras de salud en su corazón, se juntaron con fe viva a la esposa, y se encendieron con ella en un mismo amor y deseo de ir en seguimiento de Cristo.

Y como llegaba ya la Iglesia a su debido vigor, y estaba, como si dijésemos, en la flor de su edad, y había, conforme a la edad, crecido en conocimiento, y el Esposo mismo se había manifestado hecho hombre, da señas de Él allí la esposa y hace pintura de sus facciones todas, lo que nunca antes hizo en ninguna parte del libro; porque el conocimiento pasado, en comparación de la luz presente, y lo que supo de su Esposo la Iglesia en la naturaleza y la ley, puesto con lo que ahora sabe y conoce, fue como una niebla cerrada y como una sombra oscurísima.

Pues como es ahora su amor de la esposa y su conocimiento mayor que antes, así ella en esta tercera parte está más aventajada que nunca en todo género de espiritual hermosura; y no está, como estaba antes, encogida en un pueblo sólo, sino extendida por todas las naciones del mundo.

En significación de lo cual, el Esposo, en esta parte -lo que no había hecho en las partes primeras-, la compara a ciudades, y dice que es semejante a un grande y bien ordenado escuadrón y repite todo lo que había dicho antes loándola, y añade sobre lo dicho otros nuevos y más soberanos loores. Y no solamente él la alaba, sino también, como a cosa ya hecha pública por todas las gentes y puesto en los ojos de todas ellas, alábanla con el Esposo otros muchos. Y la que antes de ahora no era alabada sino desde la cabeza hasta el cuello, es loada ahora de la cabeza a los pies, y aun de los pies es loada primero, porque lo humilde es lo más alto en la Iglesia. Y la que antes de ahora no tenía hermana porque estaba, como he dicho, sola en un pueblo, ahora ya tiene hermana y casa y solicitud y cuidado de ella, extendiéndose por innumerables naciones.

Y ama ya a su bien y es amada de él por diferente y más subida manera; que no se contenta con verle y abrazarle a sus solas, como antes hacía, sino en público y en los ojos de todos, y sin mirar en respetos y en puntos, como trae una mozuela a su niño y hermano en los brazos, y como se abalanza a él, a doquiera que le ve, desea traerle ella a sí siempre y públicamente anudado con su corazón, como de hecho le trae en la Iglesia todo lo que merece perfectamente este nombre de esposa. Que es lo que da a entender cuando dice: «Quién te me diese como hermano mamante pechos de mi madre. Hallaríate fuera y besaríate, y cierto no me despreciarían a mí; asiré de ti y te llevaré a casa de la mi madre, y tú me besarás y yo te regalaré.»

Y porque, llegando aquí, ha venido a todo lo que en razón de esposa puede llegar, no le queda sino que desee y que pida la venida de su Esposo a las bodas, y el día feliz en que se celebrará este matrimonio dichoso. Y así lo pide finalmente diciendo: «Huye, amado mío, y asoméjate a la cabra y al cervatillo sobre los montes.» Porque el huir es venir a prisa y volando; y el venir sobre los montes es hacer que el sol, que sobre ellos amanece, nos descubra aquel día. Del cual día y de su luz, a quien nunca sucede noche, y de sus fiestas que no tendrán fin, y del aparato soberano del tálamo, y de los ricos arreos con que saldrán en público el novio y la novia, dice San Juan en el Apocalipsis cosas maravillosas que no quiero yo ahora decir; ni, si va a decir verdad, puedo decirlas, porque las fuerzas me faltan.

Y valga por todo lo que David acerca de esto dice en el Salmo cuarenta y cuatro, que es propio y verdadero cantar de estas bodas, y cantar adonde el Espíritu Santo habla con los dos novios por divina y elegante manera. Y dígalo Sabino por mí, pues yo no puedo ya, y el decirlo le toca a él.

Y con esto Marcelo acabó. Y Sabino dijo luego:

SALMO XLIV

Un rico y soberano pensamiento
me bulle dentro el pecho;
a Ti, divino Rey, mi entendimiento

dedico, y cuanto he hecho
a Ti yo lo enderezo; y celebrando
mi lengua tu grandeza,
irá, como escribano, volteando
la pluma con presteza.
Traspasas en beldad a los nacidos,
en gracia estás bañado;
que Dios en Ti, a sus bienes escogidos,
eterno asiento ha dado.
¡Sus! Ciñe ya tu espada, poderoso,
tu prez y hermosura;
tu prez, y sobre carro glorioso
con próspera ventura.
Ceñido de verdad y de clemencia
y de bien soberano,
con hechos hazañosos su potencia
dirá tu diestra mano.
Los pechos enemigos tus saetas
traspasen herboladas,
y besen tus pisadas las sujetas
naciones derrocadas;
y durará, Señor, tu trono erguido
por más de mil edades,
y de tu reino el cetro esclarecido,
cercado de igualdades.
Prosigues con amor lo justo y bueno,
lo malo es tu enemigo;
y así te colmó ¡oh Dios! tu Dios el seno
más que a ningún tu amigo;
las ropas de tu fiesta, producidas
de los ricos marfiles,
despiden en Ti puestas, descogidas,
olores mil gentiles.
Son ámbar, son mirra, y preciosa
algalia sus olores;
rodéate de infantas copia hermosa,
ardiendo en tus amores,
y la querida Reina está a tu lado,
vestida de oro fino.
Pues ¡oh tú! ilustre hija, pon cuidado,
atiende de contino;
atiende, y mira, y oye lo que digo:
si amas tu grandeza,

olvidarás de hoy más tu pueblo amigo
y tu naturaleza;
que el Rey por ti se abrasa, y tú le adora,
que Él sólo es señor tuyo,
y tú también por Él serás señora
de todo el gran bien suyo.
El Tiro y los más ricos mercaderes,
delante ti humillados,
te ofrecen, desplegando sus haberes,
los dones más preciados;
y anidará en ti toda la hermosura,
y vestirás tesoro,
y al Rey serás llevada en vestidura
y en recamados de oro.
Y juntamente al Rey serán llevadas
contigo otras doncellas;
irán siguiendo todas tus pisadas,
y tú delante de ellas;
y con divina fiesta y regocijos
te llevarán al lecho,
do, en vez de tus abuelos, tendrás hijos
de claro y alto hecho,
a quien del mundo todo repartido
darás el cetro y mando.
Mi canto, por los siglos extendido,
tu nombre irá ensalzando;
celebrarán tu gloria eternamente
toda nación y gente.
Y dicho esto, y ya muy de noche, los tres se volvieron
    a su lugar.

TOMO TERCERO

DEDICATORIA DEL MAESTRO

A don Pedro Portocarrero, del Consejo de Su Majestad y del de la Santa y General Inquisición

Se da solución a algunos reparos que se hicieron sobre los dos libros anteriores, y se hace la apología del castellano

De los dos libros pasados que publiqué para probar en ellos lo que se juzgaba de aqueste escribir, he entendido, muy ilustre Señor, que algunos han hablado mucho y por diferente manera. Porque unos se maravillan que un teólogo, de quien, como ellos dicen, esperaban algunos grandes tratados llenos de profundas cuestiones, haya salido al fin con un libro en romance. Otros dicen que no eran para romance las cosas que se tratan en estos libros, porque no son capaces de ellas todos los que entienden romance. Y otros hay que no los han querido leer, porque están en su lengua; y dicen que, si estuvieran en latín, los leyeran. Y de aquellos que los leen, hay algunos que hallan novedad en mi estilo, y otros que no quisieran diálogos, y otros que quisieran capítulos; y que, finalmente, se llegaran más a la manera de hablar vulgar y ordinaria de todos, porque fueran para todos más tratables y más comunes.

Y porque juntamente con estos libros publiqué una declaración del capítulo último de los Proverbios, que intitulé La perfecta casada, no ha faltado quien diga que no era de mi persona ni de mi profesión decirles a las mujeres casadas lo que deben hacer. A los cuales todos responderé, si son amigos, para que se desengañen; y, si no lo son, para que no se contenten. A los unos, porque justo es satisfacerlos; y a los otros, porque gusten menos de no estar satisfechos; a aquéllos, para que sepan lo que han de decir; a éstos, para que conozcan lo poco que nos dañan sus dichos.

Porque los que esperaban mayores cosas de mí, si las esperaban porque me estiman en algo, yo les soy muy deudor; mas, si porque tienen en poco éstas que he escrito, no crean ni piensen que en la Teología, que llaman, se tratan ningunas ni mayores que las que tratamos aquí, ni más dificultosas, ni menos sabidas, ni más dignas de serlo. Y es engaño común tener por fácil y de poca estima todo lo que se escribe en romance, que ha nacido o de lo mal que usamos de nuestra lengua, no la empleando sino en cosas sin ser, o de lo poco que entendemos de ella creyendo que no es capaz de lo que es de importancia. Que lo uno es vicio y lo otro engaño, y todo ello falta nuestra, y no de la lengua ni de los que se esfuerzan a poner en ella todo lo grave y precioso que en alguna de las otras se halla.

Así que no piensen, porque ven romance, que es de poca estima lo que se dice; mas, al revés, viendo lo que se dice, juzguen que puede ser de mucha estima lo que se escribe en romance, y no desprecien por la lengua las cosas, sino por ellas estimen la lengua, si acaso las vieron, porque es muy de creer que los que esto dicen no las han visto ni leído. Más noticia tienen de ellas, y mejor juicio hacen los segundos que las quisieran ver en latín, aunque no tienen más razón que los primeros en lo que piden y quieren. Porque, pregunto: ¿por qué las quieren más en latín? No dirán que por entenderlas mejor, ni hará tan del latino ninguno que profese entenderlo mas que a su lengua; ni es justo decir que, porque fueran entendidas de menos, por eso no las quisieran ver en romance, porque es envidia no querer que el bien sea común a todos, y tanto más fea cuanto el bien es mejor.

Mas dirán que no lo dicen sino por las cosas mismas que, siendo tan graves, piden lengua que no sea vulgar, para que la gravedad del decir se conforme con la gravedad de las cosas. A lo cual se responde que una cosa es la forma del decir, y otra la lengua en que lo que se escribe se dice. En la forma del decir, la razón pide que las palabras y las cosas que se dicen por ellas sean conformes, y que lo humilde se diga con llaneza, y lo grande con estilo más levantado, y lo grave con palabras y con figuras cuales convienen. Mas, en lo que toca a la lengua, no hay diferencia, ni son unas lenguas para decir unas cosas, sino en todas hay lugar para todas; y esto mismo de que tratamos no se escribiera como debía por sólo escribirse en latín, si se escribiera vilmente; que las palabras no son graves por ser latinas, sino por ser dichas como a la gravedad le conviene, o sean españolas o sean francesas.

Que si, porque a nuestra lengua la llamamos vulgar, se imaginan que no podemos escribir en ella sino vulgar y bajamente, es grandísimo error; que Platón escribió no vulgarmente ni cosas vulgares en su lengua vulgar, y no menores ni menos levantadamente las escribió Cicerón en la lengua que era vulgar en su tiempo; y, por decir lo que es más vecino a mi hecho, los santos Basilio y Crisóstomo y Gregorio Nacianceno y Cirilo, con toda la antigüedad de los griegos, en su lengua materna griega (que, cuando ellos vivían, la mamaban con la leche los niños y la hablaban en la plaza las vendedoras), escribieron los misterios más divinos de nuestra fe, y no dudaron de poner en su lengua lo que sabían que no había de ser entendido por muchos de los que entendían la lengua: que es otra razón en que estriban los que nos contradicen, diciendo que no son para todos los que saben romance estas cosas que yo escribo en romance. Como si todos los que saben latín, cuando yo las escribiera en latín, se pudieran hacer capaces de ellas, o como si todo lo que se escribe en castellano, fuese entendido de todos los que saben castellano y lo leen. Porque cierto es que en nuestra lengua, aunque poco cultivada por nuestra culpa, hay todavía cosas, bien o mal escritas, que pertenecen al conocimiento de diversas artes, que los que no tienen noticia de ellas, aunque las lean en romance, no las entienden.

Mas a los que dicen que no leen estos mis libros por estar en romance, y que en latín los leyeran, se les responde que les debe poco su lengua, pues por ella aborrecen lo que, si estuviera en otra, tuvieran por bueno.

Y no sé yo de dónde les nace el estar con ella tan mal; que ni ella lo merece, ni ellos saben tanto de la latina que no sepan más de la suya, por poco que de ella sepan, como de hecho saben de ella poquísimo muchos. Y de éstos son los que dicen que no hablo en romance porque no hablo desatadamente y sin orden, y porque pongo en las palabras concierto, y las escojo y les doy su lugar; porque piensan que hablar romance es hablar como se habla en el vulgo; y no conocen que el bien hablar no es común, sino negocio de particular juicio, así en lo que se dice como en la manera como se dice. Y negocio que de las palabras que todos hablan elige las que convienen, y mira el sonido de ellas, y aun cuenta a veces las letras, y las pesa, y las mide y las compone, para que, no solamente digan con claridad lo que se pretende decir, sino también con armonía y dulzura. Y si dicen que no es estilo para los humildes y simples, entiendan que, así como los simples tienen su gusto, así los sabios y los graves y los naturalmente compuestos no se aplican bien a lo que se escribe mal y sin orden, y confiesen que debemos tener cuenta con ellos, y señaladamente en las escrituras que son para ellos solos, como aquesta lo es.

Y si acaso dijeren que es novedad, yo confieso que es nuevo y camino no usado para los que escriben en esta lengua poner en ella número, levantándola del decaimiento ordinario. El cual camino quise yo abrir, no por la presunción que tengo de mí -que sé bien la pequeñez de mis fuerzas-, sino para que los que las tienen, se animen a tratar de aquí adelante su lengua como los sabios y elocuentes pasados, cuyas obras por tantos siglos viven, trataron las suyas; y para que la igualen en esta parte que le falta con las lenguas mejores, a las cuales, según mi juicio, vence ella en otras muchas virtudes. Y por el mismo fin quise escribir en diálogo, siguiendo en ello el ejemplo de los escritores antiguos, así sagrados como profanos, que más grave y elocuentemente escribieron.

Resta decir algo a los que dicen que no fue de mi cualidad ni de mi hábito el escribir del oficio de la casada, que no lo dijeran si consideraran primero que es oficio del sabio, antes que hable, mirar bien lo que dice. Porque pudieran fácilmente advertir que el Espíritu Santo no tiene por ajeno de su autoridad escribirles a los casados su oficio, y que yo, en aquel libro, lo que hago solamente es poner las mismas palabras que Dios escribe y declarar lo que por ellas les dice, que es propio oficio mío, a quien por título particular incumbe el declarar la Escritura.

Demás de que del teólogo y del filósofo es decir a cada estado de personas las obligaciones que tienen; y, si no es del fraile encargarse del gobierno de las casas ajenas, poniendo en ello sus manos, como no lo es sin duda ninguna, es propio del fraile sabio y del que enseña las leyes de Dios, con la especulación traer a luz lo que debe cada uno hacer, y decírselo. Que es lo que yo allí hago, y lo que hicieron muchos sabios y santos, cuyo ejemplo, que he tenido por blanco así en esto como en lo demás que me oponen, puede conmigo más para seguir lo comenzado que para retraerme de ello estas imaginaciones y dichos que, además de ser vanos, son de pocos. Y cuando fueran de muchos, el juicio sólo de V. M. y su aprobación es de mayor peso que todos. Con lo cual alentado, con buen ánimo proseguiré lo que resta, que es lo que los de Marcelo hicieron y platicaron después, que fue lo que ahora sigue.

INTRODUCCIÓN

Reanudan el diálogo en el soto, y el día de la festividad de San Pablo, por la tarde

E l día que sucedió, en que la Iglesia hace fiesta particular al apóstol San Pablo, levantándose Sabino más temprano de lo acostumbrado, al romper del alba salió a la huerta, y, de allí, al campo que está a mano derecha de ella, hacia el camino que va a la ciudad, por donde, habiendo andado un poco rezando, vio a Juliano que descendía para él de la cumbre de la cuesta que, como dicho he, sube junto a la casa. Y maravillándose de ello, y saliéndole al encuentro, le dijo:

-No he sido yo el que hoy ha madrugado, que, según me parece, vos, Juliano, os habéis adelantado mucho más, y no sé por qué causa.

-Como el exceso en las cenas suele quitar el sueño -respondió Juliano-, así, Sabino, no he podido reposar esta noche, lleno de las cosas que oímos ayer a Marcelo, que, demás de haber sido muchas, fueron tan altas que mi entendimiento, por apoderarse de ellas, apenas ha cerrado los ojos. Así que, verdad es que os he ganado por la mano hoy, porque mucho antes que amaneciese ando por estas cuestas.

-Pues ¿por qué por las cuestas? -replicó Sabino-. ¿No fuera mejor por la ribera del río en tan calurosa noche?

-Parece -respondió Juliano- que nuestro cuerpo naturalmente sigue el movimiento del sol, que a esta hora se encumbra, y a la tarde se derrueca en la mar; y así es más natural el subir a los altos por las mañanas, que el descender a los ríos, a que la tarde es mejor.

—Según eso —respondió Sabino—, yo no tengo que ver con el sol, que derecho me iba al río si no os viera.

—Debéis —dijo Juliano— de tener que ver con los peces.

—Ayer —dijo Sabino— decía que yo era pájaro.

—Los pájaros y los peces —respondió Juliano— son de un mismo linaje, y así viene bien.

—¿Cómo de un linaje mismo? —dijo Sabino.

—Porque Moisés dice —respondió Juliano— que crió Dios en el quinto día, del agua, las aves y los peces.

—Verdad es que lo dice —dijo Sabino—, mas bien disimulan el parentesco, según se parecen poco.

—Antes se parecen mucho —respondió Juliano entonces—, porque el nadar es como el volar, y, como el vuelo corta el aire, así el que nada hiende por el agua; y las aves y los peces por la mayor parte nacen de huevos; y, si miráis bien, las escamas en los peces son como las plumas en las aves, y los peces tienen también sus alas, y con ellas y con la cola se gobiernan cuando nadan, como las aves cuando vuelan lo hacen.

—Mas las aves —dijo riendo Sabino— son por la mayor parte cantoras y parleras, y los peces todos son mudos.

—Ordenó Dios esa diferencia —respondió Juliano— en cosas de un mismo linaje para que entendamos los hombres que, si podemos hablar, debemos también poder y saber callar, y que conviene que unos mismos seamos aves y peces, mudos y elocuentes, conforme a lo que el tiempo pidiere.

—El de ayer a lo menos —dijo Sabino—, no sé si pedía, siendo tan caluroso, que se hablase tanto; mas yo, que lo pedí, sé que deseo algo más.

—¿Más decís? Y ¿qué hubo en aquel argumento que Marcelo no lo dijese?

—En lo que se propuso —dijo Sabino—, a mi parecer habló Marcelo como ninguno de los que yo he visto hablar. Y aunque le conozco, como sabéis, y sé cuánto se adelanta en ingenio, cuando le pedí que hablase, nunca esperé que hablara en la forma y con la grandeza que habló; mas lo más que digo es, no en los nombres de que trató, sino en uno que dejó de tratar; porque, hablando de los nombres de Cristo, no sé cómo no apuntó en su papel el nombre propio de Cristo, que es Jesús: que de razón había de ser o el principal o el primero.

—Razón tenéis —respondió Juliano— y será justo que se cumpla esa falta, que de tal nombre aun el sonido sólo deleita; y no es posible sino que Marcelo, que en los demás anduvo tan grande, tiene acerca de este nombre recogidas y advertidas muchas grandezas. Mas ¿qué medio tendremos que parece no buen comedimiento pedírselo, que estará muy cansado, y con razón?

—El medio está en vuestra mano, Juliano —dijo Sabino luego.

—¿Cómo en mi mano? —respondió.

-Con hacer vos -dijo Sabino- lo que no os parece justo que se pida a Marcelo; que estas cuestas y esta vuestra madrugada tan grande, no son en balde, sin duda.

-La causa fue -respondió Juliano- la que dije; y el fruto, el asentar en el entendimiento y en la memoria lo que oí con vos juntamente; y si, fuera de ello, he pensado en otra cosa, no toca a ese nombre, que nunca advertí hasta ahora en el olvido que de él se tuvo ayer. Mas atrevámonos, Sabino, a Marcelo; que, como dicen, a los osados la fortuna.

-En buena hora -dijo Sabino.

Y con esta determinación ambos se volvieron a la huerta, y en la casa supieron que no se había levantado Marcelo; y, entendiendo que reposaba, y no le queriendo desasosegar, se tornaron a la huerta, paseándose por ella por un buen espacio de tiempo; hasta que, viendo que Marcelo no salía y que el sol iba bien alto, Sabino, con algún recelo de la salud de Marcelo, fue a su aposento, y Juliano con él. Adonde, entrados, le hallaron que estaba en la cama; y preguntándole si se detenía en ella por alguna mala disposición que sintiese, y respondiéndoles él que solamente se sentía un poco cansado y que en lo demás estaba bueno, Sabino añadió:

-Mucho me pesara, Marcelo, que no fuera así, por tres cosas: por vos principalmente, y después por mí que os había dado ocasión, y lo postrero porque se nos desbarataba un concierto.

Aquí Marcelo, sonriéndose un poco, dijo:

-¿Qué concierto, Sabino? ¿Habéis por caso hallado hoy otro papel?

-No otro -dijo Sabino-, mas en el de ayer he hallado qué culparle, que entre los nombres que puso olvidó el de Jesús, que es el propio de Cristo, y así es vuestro lo el suplir por él. Y habemos concertado Juliano y yo que sea hoy, por hacer con ello, en este día suyo, fiesta a San Pablo, que sabéis cuán devoto fue de este nombre, y las veces que en sus escritos le puso, hermoseándolos con él como se hermosea el oro con los esmaltes y con las perlas.

-¡Bueno es -respondió Marcelo- hacer concierto sin la parte! Ese santo nombre dejóle el papel, no por olvido, sino por lo mucho que han escrito de él algunas personas; mas si os agrada que se diga, a mí no me desagradará oír lo que Juliano acerca de él nos dijere, ni me parece mal el respeto de San Pablo y de su día que, Sabino, decís.

-Ya eso está andado -respondió al punto Sabino- y Juliano se excusa.

-Bien es que se excuse hoy -dijo Marcelo- quien puso ayer su palabra y no la cumplió.

Aquí, como Juliano dijese que no la había cumplido por no hacer agravio a las cosas, y como pasasen acerca de esto algunas demandas y respuestas entre los dos, excusándose cada uno en lo más que podía, dijo Sabino:

-Yo quiero ser juez en este pleito, si me lo consentís, y si os ofrecéis a pasar por lo que juzgare.

-Yo consiento -dijo Juliano.

Y Marcelo dijo que también consentía, aunque le tenía por algo sospechoso juez, y Sabino respondió luego:

-Pues porque veáis, Marcelo, cuán igual soy, yo os condeno a los dos: a vos que digáis del nombre de Jesús, y a Juliano que diga de otro o de otros nombres de Cristo, que yo le señalaré o que él se escogiere.

Riéronse mucho de esto Juliano y Marcelo y, diciendo que era fuerza obedecer al juez, asentaron que, caída la siesta, en el soto, como el día pasado, primero Juliano y después Marcelo dijesen. Y en lo que tocaba a Juliano, que dijese del nombre que le agradase más. Y con esto, se salieron fuera del aposento Juliano y Sabino, y Marcelo se levantó.

Y después de haber dado a Dios lo que el día pedía, pasaron hasta que fue hora de comer en diversas razones, las más de las cuales fueron sobre lo que había juzgado Sabino, de que se reía Marcelo mucho. Y así, llegada la hora, y habiendo dado su refección al cuerpo con templanza y al ánimo con alegría moderada, poco después, Marcelo se recogió a su aposento a pasar la siesta, y Juliano se fue a tenerla entre los álamos que en la huerta había, estanza fresca y apacible; y Sabino, que no quiso escoger ni lugar ni reposo, como más mozo, decía que advirtió de Juliano que todo el tiempo que estuvo en la alameda, que fue más de dos horas, lo pasó sin dormir, unas veces arrimado y otras paseándose, y siempre metidos los ojos en el suelo y pensando profundísimamente. Hasta que él, pareciéndole hora, despertó al uno de su pensamiento y al otro de su reposo; y diciéndoles que su oficio era, no sólo repartirles la obra, sino también apresurarlos a ella y avisarlos del tiempo, ellos con él, y en el barco, se pasaron al soto y al mismo lugar del día de antes. Adonde, asentados, Juliano comenzó así:

HIJO DE DIOS

De cuán propiamente se llama Cristo Hijo de Dios, por hallarse en Él todas las condiciones quese requieren para serlo

Pues me toca el hablar primero, y está en mi elección lo de que tengo que hablar, paréceme tratar de un nombre que Cristo tiene, demás de los que ayer se dijeron de Él, y de otros muchos que no se han dicho, y éste es el nombre de Hijo, que así se llama Cristo por particular propiedad. Y si hablara de mi voluntad, o no hablara delante de quien tan bien me conoce, buscara alguna manera con que, deshaciendo mi ingenio y excusando mis faltas, y haciéndome opinión de modestia ganara vuestro favor. Mas, pues esto no sirve, y vuestra atención es cual las cosas lo piden, digamos en buen, punto, y con el favor que el Señor nos diere, eso mismo que Él nos ha dado a entender.

Pues digo que este nombre de Hijo se le dan a Cristo las divinas Letras en muchos lugares. Y es tan común nombre suyo en ellas, que por esta causa casi no lo echamos de ver cuando las leemos, con ser cosa de misterio y digna de ser advertida.

Mas entre otros, en el Salmo setenta y uno, adonde, debajo de nombre de Salomón, refiere David y celebra muchas de las condiciones y accidentes de Cristo, le es dado este nombre por manera encubierta y elegante. Porque donde leemos: «Y su nombre será eternamente bendito, y delante del sol durará siempre su nombre», por lo que decimos durar o perseverar, la palabra original a quien éstas responden dice propiamente lo que en castellano no se dice con una voz; porque significa el adquirir uno, naciendo, el ser y el nombre de hijo, o el ser hecho y producido, y no en otra manera que hijo. Por manera que dirá así: «Y antes que el sol, le vendrá por nacimiento el tener nombre de Hijo.» En que David no solamente declara que es hijo Cristo, sino dice que su nombre es ser Hijo. Y no solamente dice que se llama así por haberle sido puesto este nombre, sino que es nombre que le viene de nacimiento y de linaje y de origen; o, por mejor decir, que nace en Él y con Él este nombre, y no sólo que nace en Él ahora, o que nació con Él al tiempo que Él nació de la Virgen, sino que nació con Él aún cuando no nacía el sol, que es decir antes que fuese el sol o que fuesen los siglos.

Y ciertamente, San Pablo, en la epístola que escribe a los Hebreos, comparando a Cristo con los ángeles y con las demás criaturas, y diferenciándole de ellas y aventajándole a todas, usa de este nombre de Hijo y toma argumento de él para mostrar, no solamente que Cristo es Hijo de Dios, sino que, entre todos, le es propio a Él este nombre. Porque dice de esta manera: «Y hízole Dios tanto mayor que los ángeles, cuanto por herencia alcanzó sobre ellos nombre diferente. Porque, ¿a cuál de los ángeles dijo: Tú eres mi Hijo, yo te engendré hoy?» En que se debe advertir que, según lo que San Pablo dice, Cristo no solamente se llama Hijo, sino, como decíamos, se llama así por herencia, y que es heredad suya, y como su legítima, el ser llamado Hijo entre todos. Y que con ser así que en la divina Escritura llama Dios a algunos hombres sus hijos, como a los judíos en Isaías, cuando les dice: «Engendré hijos, y ensalcé los que me despreciaron después»; y en el otro Profeta que dice: «Llamé a mi Hijo de Egipto»; y, con ser también los ángeles nombrados hijos, como en el libro de Job, y en el libro de la Creación, y en otros muchos lugares, dice osadamente y a boca llena San Pablo, y como cosa averiguada y en que no puede haber duda, que Dios a ninguno, sino a sólo Cristo, lo llamó Hijo suyo.

Mas veamos este secreto, y procuremos, si posible fuere entender por qué razón o razones, entre tantas cosas a quien les conviene este nombre, le es propio a Cristo el ser y llamarse Hijo; y veamos también qué será aquello que, dándole a Cristo este nombre, nos enseña Dios a nosotros.

Aquí Sabino:

—Cuanto a la naturaleza divina de Cristo —dice—, no parece, Juliano, gran secreto el por qué Cristo, y sólo Cristo, se llama Hijo, porque en la divinidad no hay más de uno a quien le puede convenir este nombre.

—Antes —respondió Juliano— lo oscuro y lo hondo, y lo que no se puede alcanzar de este secreto, es eso mismo que, Sabino, decís; conviene saber: ¿cómo, o por qué manera y razón, la persona divina de Cristo, sola ella en la divinidad, es Hijo y se llama así, habiendo en la divinidad la persona del Espíritu Santo, que procede del Padre también, y le es semejante, no menos que el Hijo lo es? Y aunque muchos, como sabéis, se trabajan por dar de esto razón, no sé yo ahora si es razón de las que los hombres no pueden alcanzar; porque, a la verdad, es de las cosas que la fe reserva para sí sola. Mas no turbemos la orden sino veamos primero qué es ser hijo, y sus condiciones cuáles son, y qué cosas se le consiguen como anejas y propias; y veremos luego cómo se halla esto en Cristo, y las razones que hay en Él para que sea llamado Hijo a boca llena entre todos.

Y cuanto a lo primero, hijo, como sabéis, llamamos, no lo que es hecho de otro como quiera, sino lo que nace de la sustancia de otro, semejante en la naturaleza al mismo de quien nace, y semejante así que el mismo nacer le hace semejante y le pinta, como si dijésemos, de los colores y figuras del padre, y pasa en él sus condiciones naturales. Por manera que el mismo ser engendrado sea recibir un ser, no como quiera, sino un ser retratado y hecho a la imagen de otro. Y, como en el arte, el pintor que retrata en el hacer del retrato mira al original, y por la obra del arte pasa sus figuras en la imagen que hace, y no es otra cosa el hacer la imagen sino el pasar en ella las figuras originales, que se pasan a ella por esa misma obra con que se forma y se pinta, así en lo natural el engendrar de los hijos es hacer unos retratos vivos que, en la sustancia de quien los engendra, su virtud secreta, como en materia o como en tabla dispuesta, los va figurando semejantes a su principio. Y eso es el hacerlos: el figurarlos y el asemejarlos a sí.

Mas como, entre las cosas que son, haya unas de vida limitada y otras que permanecen sin fin, las primeras ordenó la naturaleza que engendrasen y tuviesen hijos para que en ellos, como en retratos suyos y del todo semejantes a ellos, lo corto de su vida se extendiese y lo limitado pasase adelante, y se perpetuasen en ellos los que son perecederos en sí; mas en las segundas, cuando los tienen, o las que de ellas los tienen, el tenerlos y el engendrarlos no se encamina a que viva el que es padre en el hijo, sino a que se demuestre en él y parezca y salga a luz y se vea.

Como en el sol lo podemos ver, cuyo fruto, o, si lo hemos de decir así, cuyo hijo es el rayo que de él sale, que es de su misma calidad y sustancia, y tan lucido y tan eficaz como él. En el cual rayo no vive el sol después de haber muerto, ni se le dio ni le produce él para fin de que quedase otro sol en él cuando el sol pereciese, porque el sol no perece; mas si no se perpetúa en él, luce en él y resplandece y se nos viene a los ojos; y así, le produce, no para vivir en él, sino para mostrarse en él y para que, comunicándole toda su luz, veamos en el rayo quién es el sol. Y no solamente le veamos en el rayo, mas también le gocemos y seamos particioneros de todas sus virtudes y bienes. Por manera que el hijo es como un retrato vivo del padre, retratado por él en su misma sustancia, hecho en las cosas que son eternas y perpetuas, para el fin de que el padre salga afuera en el hijo, y aparezca y se comunique.

Y así, para que uno se diga y sea hijo de otro, conviene, lo primero, que sea de su misma sustancia; lo segundo, que le sea en ella igual y semejante del todo; lo tercero, que el mismo nacer le haya hecho así, semejante; lo cuarto, que, o sustituya por su padre cuando faltare él, o, si durare siempre, le represente siempre en sí y le haga manifiesto y le comunique con todos. A lo cual se consigue que ha de ser una voluntad y un mismo querer el del padre y del hijo; que su estudio de él y todo su oficio ha de ser emplearse en lo que es agradable a su padre; que no ha de hacer sino lo que su padre hace porque, si es diferente, ya no le es semejante, y, por el mismo caso, en aquello no es hijo; que siempre mire a él como a su dechado, no sólo para figurarse de él, sino para volverle con amor lo que recibió con deleite, y para enlazarse en un querer puro y ardiente y recíproco el hijo y el padre.

Pues siendo esto así, y en la forma que dicho hemos, como de hecho lo es, claramente se ve la razón por que Cristo, entre todas las cosas, es llamado Hijo de Dios a boca llena. Pues es manifiesto que concurren en sólo Él todas las propiedades de hijo que he dicho, y que en ninguno otro concurren. Porque lo primero, Él sólo, según la parte divina que en sí contiene, nace de la sustancia de Dios, semejante por igualdad a Aquel de quien nace, y semejante porque el mismo nacer y la misma forma y manera como nace Dios, le asemeja a Dios y le figura como Él, tan perfecta y acabadamente que le hace una misma cosa con Él; como Él mismo lo dice: «Yo y el Padre somos una cosa», de que diremos después más copiosamente.

Pues según la otra parte nuestra que en sí tiene, ya que no es de la sustancia de Dios, mas, como Marcelo ayer decía, parécese mucho a Dios, y es casi otro Él por razón de los infinitos tesoros de celestiales y divinísimos bienes que Dios en ella puso; por donde Él mismo decía: «Felipe, quien a mí me ve, a mi Padre ve.» Demás de esto, el fin para que las cosas eternas, si tienen hijo, le tienen (que es para hacerse manifiestas en él y, como si dijésemos, para resplandecer por él en la vista de todos), Cristo sólo es el que lo puede poner por obra y el que de hecho lo pone. Porque Él sólo nos ha dado a conocer a su Padre, no solamente poniendo su noticia verdadera en nuestros entendimientos, sino también metiendo y asentando en nuestras almas con suma eficacia sus condiciones de Dios, y sus mañas y su estilo y virtudes. Según la naturaleza divina, hace este oficio; y, según que es hombre, sirvió y sirve en este ministerio a su Padre: que en ambas naturalezas es voz que le manifiesta, y rayo de luz que le descubre, y testimonio que le saca a luz, e imagen y retrato que nos le pone en los ojos.

En cuanto Dios, escribe San Pablo de Él que «es resplandor de la gloria, y figura de su Padre y de su sustancia.» En cuanto hombre, dice Él mismo de sí: «Yo para esto vine al mundo: para dar testimonio de la verdad.» Y en otra parte también: «Padre, manifesté a los hombres tu nombre.» Y conforme a esto es lo que San Juan escribe de Él: «Al Padre nadie lo vio jamás; el Unigénito, que está en su seno, ése es el que nos dio nuevas de Él.» Y como Cristo es Hijo de Dios solo y singular en lo que hemos dicho hasta ahora, asimismo lo es en lo que resta y se sigue. Porque Él solo, según ambas naturalezas, es de una voluntad y querer con Él mismo. ¿No dice Él de sí: «Mi mantenimiento es el hacer la voluntad de mi Padre», y David de Él en el Salmo: «En la cabeza del libro está escrito de Mí que hago tu voluntad, y que tu ley reside en medio de mis entrañas»? Y en el huerto, combatido de todas partes, ¿qué dice?: «No lo que me pide el deseo, sino lo que Tú quieres, eso, Señor, se haga.»

Y por la misma manera, siempre hace y siempre hizo solamente aquello que vio hacer a su Padre. «No puede el Hijo, dice, hacer de sí mismo ninguna cosa más de lo que ve que su Padre hace.» Y en otra parte: «Mi doctrina no es mi doctrina, sino de Aquel que me envía.» Su Padre reposa en Él con un agradable descanso y Él se retorna todo a su Padre con una increíble dulzura, y van y vienen del uno al otro llamas de amor ardientes y deleitosas. Dice el Padre: «Este es mi querido Hijo, en quien me satisfago y descanso.» Dice el Hijo: «Padre, Yo te he manifestado sobre la tierra, ca perfeccionado he la obra que me encomendaste que hiciese.»

Y si el amor es obrar, y si en la obediencia del que ama a quien ama se hace cierta prueba de la verdad del amor, ¿cuánto amó a su Padre quien así le obedeció como Cristo? «Obedecióle, dice, hasta la muerte, y hasta la muerte de cruz», que es decir no solamente que murió por obedecer, sino que, por servir a la obediencia, el que es fuente de vida dio en sí entrada a la muerte, y halló manera para morir el que morir no podía, y que se hizo hombre mortal siendo Dios, y que, siendo hombre libre de toda culpa, y por la misma razón ajeno de la pena de muerte, se vistió de todos nuestros pecados para padecer muerte por ellos; que puso en cárcel su valor y poder para que le pudiesen prender sus contrarios; que se desamparó, si se puede decir, a sí mismo para que la muerte cortase el lazo que anudaba su vida.

Y porque ni podía morir Dios, ni al hombre se le debía muerte, sino en pena de culpa, ni el alma, que vivía de la vista de Dios, según consecuencia natural podía no dar vida a su cuerpo, se hizo hombre, se cargó de las culpas del hombre, puso estanco a su gloria para que no pasase los límites de su alma ni se derramase a su cuerpo, exentándole de la muerte; hizo maravillosos ingenios sólo para sujetarse al morir, y todo por obedecer a su Padre, del cual Él sólo con justísima razón es llamado Hijo entre todas las cosas, porque Él solo le iguala y le demuestra, y le hace conocido e ilustre, y le ama y le remeda, y le sigue y le respeta, y le complace y le obedece tan enteramente, cuanto es justo que el Padre sea obedecido y amado. Esto quede dicho en común. Mas descendamos ahora a otras más particulares razones.

Tiene nombre de Hijo Cristo porque el hijo nace y porque le es a Cristo tan propio y, como si dijésemos, tan de su gusto el nacer, que sólo Él nace por cinco diferentes maneras, todas maravillosas y singulares. Nace, según la divinidad, eternamente del Padre. Nació de la madre Virgen, según la naturaleza humana, temporalmente. El resucitar después de muerto a nueva y gloriosa vida para más no morir, fue otro nacer. Nace, en cierta manera, en la Hostia cuantas veces en el altar los sacerdotes consagran aquel pan en su cuerpo. Y últimamente nace y crece en nosotros mismos siempre que nos santifica y renueva. Y digamos por su orden de cada uno de estos nacimientos por sí.

-Grande tela -dijo al punto Sabino- me parece, Juliano, que urdís; y, si no me engaño, maravillosas cosas se nos aparejan.

-Maravillosas son, sin duda, las que se encierran en lo que ahora propuse -respondió Juliano-, mas ¿quién las podrá sacar todas a luz? Y en caso que alguno pueda, conocido tenéis, Sabino, que yo no seré. De la grandeza de Marcelo, si vos fuereis buen juez, era propiamente este argumento.

-Dejad -dijo Sabino- a Marcelo ahora, que ayer le cansamos y hoy se cansará. Y vos no sois tan pobre de lo que Marcelo con tanta ventaja tiene, que os sea necesaria su ayuda.

Marcelo entonces dijo, sonriéndose:

-Hoy el mandar es de Sabino, y nuestro el obedecer; seguid, Juliano, su voluntad, que el descanso que me ordena a mí, le recibo, no tanto en callar yo, como en oíros vos.

-Yo la seguiré -dijo.

Y tornó luego a callar, y deteniéndose un poco, comenzó a decir así:

-Cristo Dios nace de Dios, y es verdadera y propiamente Hijo suyo. Y así en la manera del nacer, como en lo que recibe naciendo, como en todas las circunstancias del nacimiento, hay infinitas cosas de consideración admirable. Porque aunque parecerá a alguno, como a los fieles parece, que a Dios, siendo como es en el vivir eterno y en la perfección infinito y cabal en sí mismo, ni le era necesario el tener Hijo, ni menos le convenía engendrarlo, pero considerando, por otra parte, como es la verdad, que la esterilidad es un género de flaqueza y pobreza, y que, por la misma causa, lo rico y lo perfecto y lo abundante y lo poderoso y lo bueno, conforme a derecha razón, anda siempre junto con lo fecundo, se ve luego que Dios es fecundísimo, pues no es solamente rico y poderoso, sino tesoro infinito de toda la riqueza y poder, o, por mejor decir, la misma bondad y poderío y riqueza infinita. De manera que, por ser Dios tan cabal y tan grande, es necesario que sea fecundo y que engendre, porque la soledad era cosa tristísima. Y porque Dios es sumamente perfecto en todo cuanto es, fue menester que la manera como engendra, y pone en ejecución la infinita fecundidad que en sí tiene fuese sumamente perfecta, de arte que, no sólo careciese de faltas, sino también se aventajase a todas las otras cosas que engendran, con ventajas que no se pudiesen tasar.

Porque, lo primero, es así que Dios, para engendrar a su Hijo, no usa de tercero de quien lo engendre con su virtud, como acontece en los hombres, mas engéndralo de sí mismo y prodúcelo de su misma sustancia con la fuerza de su fecundidad eficaz. Y porque es infinitamente fecundo Él mismo, como si dijésemos, se es el padre y la madre.

Y así, para que lo entendiésemos en la manera que los hombres podemos (que entendemos solamente lo que el cuerpo nos pinta), la sagrada Escritura le atribuye vientre a Dios; y dice en ella Él a su Hijo en el Salmo, según la letra latina: «Del vientre, antes que naciese el lucero, Yo te engendré.» Para que, así como en llamarle Padre la divina Escritura nos dice que es su virtud la que engendra, así, ni más ni menos, en decir que le engendra en su vientre, nos enseña que lo engendra de su sustancia misma, y que Él basta sólo para producir este bien. Lo otro, no aparta Dios de sí lo que engendra, que eso es imperfección de los que engendran así, porque no pueden poner toda su semejanza en lo que de sí producen, y así es otro lo que engendran. Y el hombre, aunque engendra hombre, engendra otro hombre apartado de sí; que, dado que se le parece y allega en algunas cosas, en otras se le diferencia y desvía, y al fin se aparta y divide y desemeja, porque la división es ramo de desemejanza y principio de disensión y desconformidad.

Por donde, así como fue necesario que Dios tuviese Hijo, porque la soledad no es buena, así convino también que el Hijo no estuviese fuera del Padre, porque la división y apartamiento es negocio peligroso y ocasionado y porque en la verdad, el Hijo, que es Dios, no podía quedar sino en el seno, y, como si dijésemos, en las entrañas de Dios, porque la divinidad forzosamente es una y no se aparta ni divide. Y así dice Cristo de sí que Él está en su Padre, y su Padre en Él. Y San Juan dice de Él mismo que está siempre en el seno de su Padre. Por manera que es Hijo engendrado, y está en el seno del que lo engendra. En que, por ser Hijo engendrado, se concluye que no es la misma persona del Padre que le engendró, sino otra y distinta persona; y por estar en el seno de Él, se convence que no tiene diferente naturaleza de Él ni distinta. Y así el Padre y el Hijo son distintos en personas para compañía y uno en esencia de divinidad para descanso y concordia.

Lo tercero, esta generación y nacimiento no se hace partidamente ni poco a poco, ni es cosa que se hizo una vez y quedó hecha y no se hace después, sino, por cuanto es en sí limitado todo lo que se comienza y acaba, y lo que es Dios no tiene límite, desde toda la eternidad el Hijo ha nacido del Padre y eternamente está naciendo, y siempre nace todo y perfecto, y tan grande como es grande su Padre. Por donde a este nacimiento, que es uno, la sagrada Escritura le da nombre de muchos. Como es lo que escribe Miqueas, y dice: «De ti, Belén, me saldrá capitán para ser rey en Israel, y sus manantiales desde ya antes, desde los días de la eternidad.» Sus manantiales dice, porque manó y mana y manará, o por mejor decir, porque es un manantial que siempre manó y que mana siempre. Y así parecen muchos, siendo uno y sencillo, que siempre es todo, y que nunca se comienza ni nunca se acaba.

Lo otro, en esta generación no se mezcla pasión alguna ni cosa que perturbe la serenidad del juicio; antes se celebra toda con pureza y luz y sencillez, y es como un manar de una fuente y como una luz que sale con suavidad del cuerpo que luce y como un olor que, sin alterarse, expiran de sí las rosas. Por lo cual la Escritura dice de este divino Hijo, en una parte: «Es un vapor de la virtud de Dios y una emanación de la claridad del Todopoderoso, limpia y sincera.» Y en otra: «Yo soy como canal de agua perpetua, como regadera que salió del río, como arroyo que sale del paraíso.» De arte que aquí no se turba el ánimo, ni el entendimiento se anubla.

Antes, y sea lo quinto, el entendimiento de Dios, espejado y clarísimo, es el que la celebra, como los santos antiguos lo dicen expresamente y como las sagradas Letras lo dan bien a entender. Porque Dios entiende, por cuanto todo Él es mente y entendimiento, y se entiende a sí mismo porque en Él sólo se emplea su entendimiento como debe. Y entendiéndose a sí, y siéndole natural, por ser suma bondad, el apetecer la comunicación de sus bienes, ve todos sus bienes, que son infinitos, y ve y comprende según qué formas los puede comunicar, que son también infinitas, y de sí y de todo esto que ve en sí dice una palabra que lo declara, esto es, forma y dibuja en sí mismo una imagen viva, en la cual pone a sí y a todo lo que ve en sí, así como lo ve menuda y distintamente; y pasa en ella su misma naturaleza entendida y cotejada entre sí misma y considerada en todas aquellas maneras que comunicarse puede, y, como si dijésemos, conferida y comparada con todo lo que de ella puede salir. Y esta imagen producida en esta forma es su Hijo.

Porque, como un grande pintor, si quisiese hacer una imagen suya que lo retratase, volvería los ojos a sí mismo primero, y pondría en su entendimiento a sí mismo, y, entendiéndose menudamente, se dibujaría allí primero que en la tabla y más vivamente que en ella, y este dibujo suyo, hecho, como decimos, en el entendimiento y por él, sería como un otro pintor y, si le pudiese dar vida, sería un otro pintor de hecho, producido del primero, que tendría en sí todo lo que el primero tiene y lo mismo que el primero tiene, pero allegado y hecho vecino al arte y a la imagen de fuera, así Dios, que necesariamente se entiende y que apetece el pintarse, desde que se entiende, que es desde toda su eternidad, se pinta y se dibuja en sí mismo; y después, cuando le place, se retrata de fuera. Aquella imagen es el Hijo; el retrato que después hace fuera de sí son las criaturas, así cada una de ellas como todas las allegadas y juntas. Las cuales, comparadas con la figura que produjo Dios en sí y con la imagen del arte, son como sombras oscuras y como partes por extremo pequeñas, y como cosas muertas en comparación de la vida.

Y como, insistiendo todavía en el ejemplo que he dicho, si comparamos el retrato que de sí pinta en la tabla el pintor con el que dibujó primero en sí mismo, aquél es una tabla tosca y unos colores de tierra y unas rayas y apariencias vanas que carecen de ser en lo secreto, y éste, si es vivo como dijimos, es un otro pintor, así toda esta criatura es una ligera vislumbre y una cosa vana y más de apariencia que de sustancia, en comparación de aquella viva y expresa y perfecta imagen de Dios. Y, por esta razón, todo lo que en este mundo inferior nace y se muere, y todo lo que en el cielo se muda y, corriendo siempre en torno, nunca permanece en un ser, en esta imagen de Dios tiene su ser sin mudanza y su vida sin muerte, y es en ella de veras lo que en sí mismo es cuasi de burlas. Porque el ser que allí las cosas tienen es ser verdadero y macizo, porque es el mismo de Dios; mas el que tienen en sí es trefe y baladí, y como decimos, en comparación de aquél es sombra de ser. Por donde ella misma dice de sí: «En mí está la manida de la vida y de la verdad, en mí toda la esperanza de la vida y de la virtud.»

En que, diciendo que está toda la vida en ella, manifiesta que tiene ella en sí el ser de las cosas, y diciendo que está la verdad, dice la ventaja que el ser de las cosas que tiene hace al que ellas mismas tienen en sí mismas: que aquél es verdad y éste, en su comparación, es engaño. Y para la misma ventaja dice también: «Yo moro en las alturas y me asiento sobre la columna de nube; como cedro del Líbano me empiné, y como en el monte Sión el ciprés; ensalcéme como la palma de Gades y como los rosales de Jericó, como la oliva vistosa en los campos y como el plátano a las corrientes del agua.» Y San Juan dice de ella, en el capítulo primero de su Evangelio que «todo lo hecho era vida en el Verbo»; en que dice dos cosas: que estaba en esta imagen lo criado todo, y que, como en ella estaba, no solamente vivía como en sí vive, sino que era la vida misma.

Y por la misma razón, esta viva imagen es sabiduría puramente, porque es todo lo que sabe de sí Dios, que es el perfecto saber, y porque es el dechado y, como si dijésemos, el modelo de cuanto Dios hacer sabe, porque es la orden y la proporción, y la medida y la decencia y la compostura y la armonía y el límite, y el propio ser y razón de todo lo que Dios hace y puede. Por lo cual San Juan, en el principio de su Evangelio, le llama Logos por nombre, que, como sabéis, es palabra griega que significa todo esto que he dicho. Y por consiguiente, esta imagen puso las manos en todo cuando Dios lo crió, no solamente porque era ella el dechado a quien miraba el Padre cuando hizo las criaturas, sino porque era dechado vivo y obrador y que ponía en ejecución el oficio mismo que tiene.

Que, aunque tornemos al ejemplo que he puesto otra y tercera vez, si la imagen que el pintor dibujó en sí de sí mismo tuviese ser que viviese, y si fuese sustancia capaz de razón, cuando el pintor se quisiese retratar en la tabla, claro es que no solamente menearía el pintor la mano mirando a su imagen, mas ella misma, por sí misma, le regiría el pincel, y se pasaría ella a sí misma en la tabla; pues así San Pablo dice de esta imagen divina que hizo el Padre por ella los siglos. Y ella ¿qué dice?: «Yo salí de la boca del Alto, engendrada primero que criatura ninguna; Yo hice que naciese en el cielo la luz que nunca se apaga, y como niebla me extendí por toda la tierra.»

Y, ni más ni menos, de aquesto se ve con cuánta razón esta imagen es llamada Hijo, y Hijo por excelencias, y solo Hijo entre todas las cosas. Hijo porque procede, como dicho es, del entendimiento del Padre, y es la misma naturaleza y sustancia del Padre, expresada y viva con la misma vida de Dios. Hijo por excelencia, no solamente porque es el primero y el mejor de los hijos de Dios, sino porque es el que más iguala a su Padre entre todos. Hijo solo, porque Él solo representa enteramente a su Padre, y porque todas las criaturas que hace Dios, cada una por sí, en este Hijo las parió, como si digamos, primero todas mejoradas y juntas, y así Él solo es el parto de Dios cabal y perfecto, y todo lo demás que Dios hace nació primero en este su Hijo.

Y de la manera que lo que en las criaturas tiene nombre de padre y de primera origen y de primero principio, lo tiene según que el Padre del cielo se comunica con Él, y la paternidad criada es una comunicación de la paternidad eterna, como el Apóstol significa do dice: «De quien se deriva toda la paternidad de la tierra y del cielo»; por la misma manera, cuanto en lo criado es y se llama hijo de Dios, de este Hijo le viene que lo sea; porque en Él nació todo primero, y por eso nace en sí mismo después, porque nació eternamente primero en Él.

¿Qué dice acerca de esto San Pablo?: «Es imagen de Dios invisible, primogénito de todas las criaturas, porque todas se produjeron por Él, así las de los cielos como las de la tierra, las visibles y las invisibles.» Dice que es imagen de Dios, para que se entienda que es igual a Él y Dios como Él. Y porque consideréis el ingenio del Apóstol San Pablo, y el acuerdo con que pone las palabras que pone, y cómo las ordena y las traba entre sí, dice que esta imagen es imagen de Dios invisible, para dar a entender que Dios, que no se ve, por esta imagen se muestra, y que su oficio de ella es, según que decíamos, sacar a luz y poner en los ojos públicos lo que se encubre sin ella. Y porque dice que era imagen, añade que es engendrado, porque, como está dicho, siempre lo engendrado es muy semejante. Y dice que es engendrado primero, o que es primogénito, no sólo para decir que antecede en tiempo el que es eterno en nacer, sino para decir que es el original universal engendrado, y como la idea eternamente nacida de todo lo que puede por el discurso de los tiempos nacer, y el padrón vivo de todo, y el que tiene en sí y el que deriva de sí a todas las cosas su nacimiento y origen. Y así, porque dice esto, añade luego a propósito de ello y para declararlo mejor: «Porque en Él se produjeron todas las cosas, así las de los cielos como las de la tierra, las visibles y las invisibles.» En Él, dice; que quiere decir: en Él y por Él. En Él primero y originalmente, y por Él después como por maestro y artífice.

Así que, comparándolo con todas las criaturas, Él solo sobre todas es Hijo; y comparándolo con la tercera persona de la Trinidad, el Espíritu Santo, sola esta imagen es la que se llama Hijo con propiedad y verdad. Porque aunque el Espíritu Santo sea Dios como el Padre, y tenga en sí la misma divinidad y esencia que Él tiene, sin que en ninguna cosa de ella se diferencie ni desemeje de Él, pero no la, tiene como imagen y retrato del Padre, sino como inclinación a Él y como abrazo suyo; y así, aunque sea semejante, no es semejanza según su relación particular y propia, ni su manera de proceder tiene por blanco el hacer semejante, y, por la misma razón, no es engendrado ni es hijo.

Quiero decir que, como yo me puedo entender a mí mismo, y me puedo amar después de entendido, y como del entenderme a mí nace de mí una imagen de mí, y del amarme se hace también en mí un peso que me lleva a mí mismo, y una inclinación a mí que se abraza conmigo, así Dios desde su eternidad se entiende y se ama, y, entendiéndose, como dijimos, y comprendiendo todo lo que su infinita fecundidad comprende engendra en sí una imagen viva de todo aquello que entiende; y de la misma manera, amándose a sí mismo, y abrazando en sí a todo cuanto en sí entiende, produce en sí una inclinación a todo lo que ama así, y produce, como dicho hemos, un abrazo de todo ello.

Mas diferimos en esto: que en mí esta imagen y esta inclinación son unos accidentes sin vida y sin sustancia, mas en Dios, a quien no puede advenir por accidente ninguna cosa, y en quien, todo lo que es, es divinidad y sustancia, esta imagen es viva y es Dios, y esta inclinación o abrazo que decimos es abrazo vivo y que está sobre sí.

Aquella imagen es Hijo, porque es imagen, y esta inclinación no es hijo porque no es imagen, sino Espíritu, porque es inclinación puramente. Y estas tres personas, Padre y Hijo y Espíritu Santo, son Dios y un mismo Dios, porque hay en todos tres una naturaleza divina sola, en el Padre de suyo, en el Hijo recibida del Padre, en el Espíritu recibida del Padre y del Hijo. Por manera que esta única naturaleza divina, en el Padre está como fuente y original, y en el Hijo como en retrato de sí misma, y en el Espíritu como en inclinación hacia sí. Y en un cuerpo, como si dijésemos, y en un bulto de luz, reverberando ella en sí misma por inefable y diferente manera, resplandecen tres cercos. ¡Oh sol inmenso y clarísimo!

Y porque dije, Sabino, sol, ninguna de las cosas visibles nos representa más claramente que el sol las condiciones de la naturaleza de Dios y de esta su generación que decimos. Porque así como el sol es un cuerpo de luz que se derrama por todo, así la naturaleza de Dios, inmensa, se extiende por todas las cosas. Y así como el sol, alumbrando, hace que se vean las cosas que las tinieblas encubren y que, puestas en oscuridad, parecen no ser, así la virtud de Dios, aplicándose, trae del no ser a la luz del ser a las cosas. Y así como el sol de suyo se nos viene a los ojos, y, cuanto de su parte es, nunca se esconde porque es él la luz y la manifestación de todo lo que se manifiesta y se ve, así Dios siempre se nos pone delante y se nos entra por nuestras puertas si nosotros no le cerramos la puerta, y lanza rayos de claridad por cualquiera resquicio que halle. Y como al sol juntamente le vemos y no le podemos mirar (vémosle, porque en todas las cosas que vemos, miramos su luz; no le podemos mirar, porque, si ponemos en él los ojos, los encandila), así de Dios podemos decir que es claro y oscuro, oculto y manifiesto. Porque a Él en sí no le vemos y, si alzamos el entendimiento a mirarle, nos ciega; y vémosle en todas las cosas que hace, porque en todas ellas resplandece su luz.

Y (porque quiero llegar esta comparación a su fin) así como el sol parece una fuente que mana y que lanza claridad de continuo con tanta prisa y agonía que parece que no se da a manos, así Dios, infinita bondad, está siempre como bullendo por hacemos bien, y enviando como a borbollones bienes de sí sin parar ni cesar. Y, para venir a lo que es propio de ahora, así como el sol engendra su rayo (que todo este bulto de resplandor y de luz que baña el cielo y la tierra, un rayo sólo es que envía de sí todo el sol), así Dios engendra un solo Hijo de sí, que reina y se extiende por todo. Y como este rayo del sol que digo tiene en sí toda la luz que el sol tiene y esa misma luz que tiene el sol, y así su imagen del sol es su rayo, así el Hijo que nace de Dios tiene toda la sustancia de Dios, y esa misma sustancia que Él tiene, y es, como decíamos, la sola y perfecta imagen del Padre. Y así como en el sol, que es puramente luz, el producir de su rayo es un enviar luz de sí, de manera que la luz, dando luz, le produce, esto es, que le produce la luz figurándose y pintándose y retratándose, así el Padre Eterno, figurándose su ser en sí mismo, engendra a su Hijo. Y como el sol produce siempre su rayo, que no lo produjo ayer y cesó hoy de producirlo, sino siempre le produce y, con producirle siempre, no le produce por partes, sino siempre y continuamente sale de él entero y perfecto, así Dios siempre, desde toda su eternidad, engendró y engendra y engendrará a su Hijo, y siempre enteramente. Y como, estándose en su lugar, su rayo nos le hace presente, y, en él y por él, se extiende por todas las cosas el sol, y es visto y conocido por él, así Dios, de quien San Juan dice que no es visto de nadie, en el Hijo suyo que engendra nos resplandece y nos luce, y, como Él lo dice de sí, Él es el que nos manifiesta a su Padre. Y finalmente, así como el sol, por la virtud de su rayo, obra adonde quiera que obra, así Dios lo crió todo y lo gobierna todo en su Hijo, en quien, si lo podemos decir, están como las simientes de todas las cosas.

Mas oigamos en qué manera, en el libro de los Proverbios, Él mismo dice aquesto mismo de sí: «El Señor me adquirió en el principio de sus caminos. Antes de sus obras, desde entonces. Desde siempre fui ordenada, desde el comienzo, de enantes de los comienzos de la tierra. Cuando no abismos, concebida Yo; cuando no fuentes, golpes grandes de aguas. Enantes que se aplomasen los montes, primero Yo que los collados formada. Aún no había hecho la tierra, los tendidos, las cabezas de los polos del mundo. Cuando aparejaba los cielos, allí estaba Yo; cuando señalaba círculo en redondo sobre la haz del abismo. Cuando fortificaba el cielo estrellado en lo alto, y ponía en peso las fuentes del agua. Cuando Él ponía su ley a los mares, y a las aguas que no traspasasen su orilla. Cuando establecía el cimiento a la tierra. Y junto con Él estaba Yo componiéndolo; y un día y cada día era dulces regalos. Jugando delante de Él de continuo, jugando en la redondez de su tierra; y deleites míos con hijos de hombres.»

En las cuales palabras, en lo primero que dice, que la adquirió Dios en la cabeza de sus caminos, lo uno entiende que no caminara Dios fuera de sí, quiero decir, que no hiciera fuera de sí las criaturas que hizo, a quienes comunicó su bondad, si antes y desde toda la eternidad no engendrara a su Hijo que, como dicho tenemos, es la razón y la traza, y el artificio y el artífice de todo cuanto se hace. Y lo otro, decir que la adquirió, es decir que usó de ella Dios cuando produjo las cosas, y que no las produjo acaso o sin mirar lo que hacía, sino con saber y con arte. Y lo tercero, pues dice que Dios la adquirió, da bien a entender que ni la engendró apartada de sí, ni, engendrándola en sí, le dio casa aparte después, sino que la adquirió, esto es, que, nacida de Él, queda dentro del mismo.

HIJO DE DIOS (II)

Y dice con propiedad adquirir, que es allegar y ayuntar por menudo. Porque, como dijimos, no engendra a su Hijo el Padre entendiendo a bulto y confusamente su esencia, sino entendiéndola apuradamente y con cabal distinción, y con particularidad de todo aquello a que se extiende su fuerza. Y porque lo que digo adquirir, en el original es una palabra que hace significación de riquezas y de tesoro que se posee, podríamos decir de esta forma que Dios en el principio la atesoró, para que se entendiese que hizo tesoro de sí el Padre engendrando su Hijo. De sí, digo, y de todo lo que de Él puede salir, por cualquiera manera que sea, que es el sumo tesoro. Y, como decimos que Dios la adquirió en el principio de su camino, el original da licencia que digamos también, como dijeron los que lo trasladaron en griego, que Dios la formó principio y cabeza de su camino, que es decir que el Hijo divino es el príncipe de todo lo que Dios cría después, porque están en Él las razones de ello y su vida. Y ni más ni menos, en lo que se sigue: «Antes de sus obras, desde entonces»; se puede decir también: «Soy la antigüedad de sus obras.» Porque, en lo que de Dios procede, lo que va con el tiempo es moderno, la antigüedad es lo que eternamente procede de Él; y porque estas mismas obras presentes y que saca a luz a sus tiempos, que en sí son modernas, son en el Hijo muy ancianas y antiguas.

Pues en lo que añade: «Desde siempre fui ordenada», lo que dice nuestro texto ordenada, se debe entender que es palabra de guerra, conforme a lo que se hace en ella cuando se ponen los escuadrones en orden, en que tiene sobre todos su lugar el capitán. Y así, ordenada es aquí lo mismo que puesta en el grado más alto, y como en el tribunal y en el principado de todo; porque la palabra original quiere decir hacer príncipe. Y porque significa también lo que los plateros llaman vaciar, que es infundir en el molde el oro o la plata derretida para hacer la pieza principal que pretenden, entrando el metal en el molde y ajustándose a él, podremos decir aquí que la sabiduría divina dice de sí que fue vaciada por el Padre desde la eternidad, porque es imagen suya, que la pintó, no apartándola de sí, sino amoldándola en sí y ajustándose del todo con ella.

Y, en lo que dice después, acrecienta lo general que había dicho, especificándolo por sus partes en particular, y diciendo que la engendró cuando no había comienzos de tierra, ni abismos ni fuentes; antes que los montes se afirmasen con su peso natural, y que los collados subiesen, y que se extendiesen los campos, y que los quicios del mundo tuviesen ser. Y dice no solamente que había nacido de Dios antes que Dios hiciese estas cosas, sino que, cuando las hizo, cuando obró los cielos y fijó las estrellas y dio su lugar a las nubes y enfrenó el mar y fundó la tierra, estaba en el seno del Padre y junto con Él componiéndolas.

Y como decimos componiéndolas, da licencia el original que digamos alentándolas y abrigándolas y regalándolas y trayéndolas en los brazos, como el que llamamos ayo, o ama de cría, suele traer a su niño. Que como nacían en su principio tiernas y como niñas las criaturas entonces, respondiendo a esta semejanza, dice la divina Sabiduría de sí que no sólo las crió con el Padre, sino que se apropió a sí el oficio de ser como su aya de ellas o como su ama. Y, llevando la semejanza adelante, dice que era ella dulzuras y regocijos todos los días; esto es, que como las amas dicen a sus niños dulzuras, y se estudian y esmeran en hacerles regalos, y los muestran, y a los que los muestran les dicen que «miren ¡cuán lindos!», así se esmeraba ella, al criar de las cosas, en regalar las criadas y en hacer como regocijos con ellas, y en decir, como quien las toma en la mano y las muestra y enseña, que eran buenas, muy buenas. «Y vio, dice, Dios todo lo que hecho había, y era muy bueno.» Que a este regalo, que al mundo reciente se debía, miró, Sabino, también vuestro Poeta donde dice:

Verano era aquél, verano hacía el mundo en general, porque templaron los vientos en rigor y fuerza fría. Cuando primero de la luz gozaron las fieras y los hombres, gente dura, del duro suelo el cuello levantaron. Y cuando de las selvas la espesura poblada de alimañas, cuando el cielo de estrellas fue sembrado y hermosura. Que no pudiera el flaco y tierno suelo, ni las cosas recientes producidas durar a tanto ardor, a tanto hielo, si no fueran las tierras y las vidas, templando entre lo frío y caluroso, con regalo tan blando recibidas.

Y dice, según la misma forma e imagen, que hacía juegos de continuo delante del Padre, como delante de los padres hacen las amas que crían. Y concluye con esta razón, porque dice: «Y mis deleites, hijos de hombres», como diciendo que entendía en su regalo porque se deleitaba de su trato; y deleitábase de tratarlos porque tenía determinado consigo de, venido su tiempo, nacer uno de ellos.

Del cual nacimiento segundo que nació este divino Hijo en la carne, es bien que ya digamos, pues hemos dicho del primero; que aunque es también segundo en quilates, no por eso no es extraño y maravilloso por dondequiera que le miremos, o miremos el qué, o el cómo o el porqué.

Y diciendo de lo primero, el qué de este nacimiento o lo que en este nacimiento se hizo, todo ello es nuevo, no visto antes ni imaginado que podía ser visto, porque en él nace Dios hecho hombre. Y con tener las personas divinas una sola divinidad, y con ser tan uno todas tres, no nacieron hechas hombres todas tres, sino la persona del Hijo solamente. La cual así se hizo hombre, que no dejó de ser Dios, ni mezcló con la naturaleza del hombre la naturaleza divina suya, sino quedó una persona sola en dos distintas naturalezas: una que tenía Dios, y otra que recibió de los hombres de nuevo. La cual no la crió de nuevo ni la hizo de barro, como formó la primera, sino hízola de la sangre virgen de una Virgen purísima, en su vientre de ella misma, sin amancillar su pureza, y hizo que fuese la naturaleza del linaje de Adán y sin la culpa de Adán, y formó, de la sangre que digo, carne, y de la carne hizo cuerpo humano con todos sus miembros y órganos, y en el cuerpo puso alma de hombre dotada de entendimiento y razón, y con el entendimiento y con el alma y con el cuerpo ayuntó su persona, y derramó sobre el alma mil tesoros de gracia, y diole juicio y discurso libre, y hízola que viese y que gozase de Dios, y ordenó que la misma que gozaba de Dios con el entendimiento, sintiese disgusto en los sentidos, y que fuese juntamente bienaventurada y pasible.

Y toda esta compostura de cuerpo y infusión de alma y ayuntamiento de su persona divina, y la santificación y el uso de la razón, y la vista de Dios y la habilidad para sentir dolor y pesares que dio a lo que a su persona ayuntaba, lo hizo todo en un momento y en el primero en que se concibió aquella carne; y de un golpe y en un instante sólo, salió en el tálamo de la Virgen a la luz de esta vida un Hombre Dios, un niño ancianísimo, una suma santidad en miembros tiernos de infante, un saber perfecto en un cuerpo que aun hablar no sabía, y resultó en un punto, con milagro nunca visto, un niño y gigante, un flaco muy fuerte, un saber, un poder, un valor no vencible, cercado de desnudez y de lágrimas.

Y lo que en el vientre santo se concibió, corriendo los meses, salió de él sin poner dolor en él y dejándole santo y entero. Y como el que nacía era, según su divinidad rayo, como ahora decíamos, y era resplandor que manaba con pureza y sencillez de la luz de su Padre, dio también a su humanidad condiciones de luz, y salió de la madre como el rayo del sol pasa por la vidriera sin daño, y vimos una mezcla admirable: carne con condiciones de Dios y Dios con condiciones de carne, y divinidad y humanidad juntas, y hombre y Dios, nacido de padre y de madre, y sin padre y sin madre -sin madre en el cielo y sin padre en la tierra- y, finalmente, vimos junta en uno la universalidad de lo no criado y criado.

¿Qué dice San Juan? «El Verbo se hizo carne, y mora en nosotros lleno de gracia y de verdad; y vimos su gloria, gloria cual convenía a quien es Unigénito del Padre Eterno.». Y Isaías, ¿qué dice? «El nacido nos ha nacido a nosotros, y el Hijo a nosotros es dado, y sobre su hombro su mando, y su nombre será llamado Admirable, Consejero, Dios, Valiente, Padre de la eternidad, Príncipe de paz.» El nacido, dice, no es nacido; esto es, el engendrado eternamente de Dios ha nacido por otra manera diferente para nosotros; y el que es Hijo, en quien nació todo el edificio del mundo, se nos da nacido entre los del mundo como Hijo. Y aunque niño, es rey, y aunque es recién nacido, tiene hombros para el gobierno: que se llama Admirable por nombre, porque es una maravilla todo Él, compuesto de maravillas grandísimas. Y llámase también Consejero porque es el ministro y la ejecución del consejo divino, ordenado para la salud de los hombres. Y es Dios, y es Valiente, y Padre del nuevo siglo, y único autor de reposo y de paz.

Y lo que dijimos, que no tuvo padre humano en este segundo nacer, ayer lo probó bastantemente Marcelo. Y que, naciendo, no puso daño en su madre, ¿por ventura no lo vio Salomón cuando dijo: «Tres cosas se me esconden, y cuatro de que nada no sé; el camino del águila por el aire, el camino de la culebra en la peña, el camino de la nave en la mar, y el camino del varón en la Virgen?» En que, por comparación de tres cosas que, en pasando, nadie puede saber por dónde pasaron porque no dejan rastro de sí, significa que cuando salió este niño varón, que decimos, del sagrario virginal de su Madre, salió sin quebrar el sagrario y sin hacer daño en él ni dejar de su salida señal; como ni la deja de su vuelo el ave en el aire, ni la serpiente de su camino en la peña, ni en los mares la nave. Esto, pues, es el qué de este nacimiento santísimo.

El cómo se hizo, esto es de las cosas que no se pueden decir. Porque las maneras ocultas por donde sabe Dios aplicar su virtud para los efectos que quiere, ¿quién las sabe entender? Bien dice San Agustín que en estas cosas, y en las que son como éstas, la manera y la razón del hecho es el infinito poder del que lo hace. ¿En qué manera se hizo Dios hombre? Porque es de poder infinito. ¿Cómo una misma persona tiene naturaleza de hombre y naturaleza de Dios? Porque es de poder infinito. ¿Cómo crece en el cuerpo y es perfecto varón en el alma, tiene los sentidos de niño, y ve a Dios con el entendimiento, se concibe en mujer y sin hombre, sale naciendo de ella y la deja virgen? Porque es de poder infinito. No hiciera Dios por nosotros mucho, si no hiciera más de lo que nuestro sentido traza y alcanza.

¿Qué cosa es hacer mercedes a gentes de poco saber y de pecho angosto que, porque exceden a lo que ellos hicieran, ponen en duda si se las hacen?

¿Cómo se hizo Dios hombre? Digo que amando al hombre. ¿Por ventura es cosa nueva que el amor vista del amado al que ama, que le ayunte con él, que le transforme? Quien se inclina mucho a una cosa, quien piensa en ella de continuo, quien conversa siempre con ella, quien la remeda, fácilmente queda hecho ella misma. ¿Qué decía poco ha el Verbo de sí? ¿No decía que era su deleite el tratar con los hombres? Y no solamente tratar con ellos, mas vestirse de su figura aun antes que tomase su carne. Que con Adán habló en el paraíso en figura de hombre, como San León papa y otros muchos doctores santos lo dicen; y con Abraham cuando descendió a destruir Sodoma, y con Jacob en la lucha, y con Moisés en la zarza, y con Josué, el capitán de Israel. Pues salióle el trato a la cara y, haciendo del hombre, salió hecho hombre, y, gustando de disfrazarse con nuestra máscara, quedó con la figura verdadera a la fin, y pararon los ensayos en hechos.

¿Cómo está la deidad en la carne? Responde el divino Basilio: «Como el fuego en el hierro, no mudando lugares, sino derramando sus bienes; que el fuego no camina hacia el hierro, sino, estando en él, pone en él su cualidad, y, sin disminuirse en sí, le hinche todo de sí y le hace partícipe. Y el Verbo de Dios de la misma manera hizo morada en nosotros, sin mudar la suya y sin apartarse de sí. No te imagines algún descendimiento de Dios, que no se pasa de un lugar a otro lugar como se pasan los cuerpos; ni pienses que la deidad, admitiendo en sí alguna mudanza, se convirtió en carne, que lo inmortal no es mudable. Pues ¿cómo nuestra carne no le pegó su infección? Como ni el fuego recibe las propiedades del hierro. El hierro es frío y es negro, mas, después de encendido, se viste de la figura del fuego y toma luz de él y no le ennegrece, y arde con su calor y no le comunica su frialdad. Y, ni más ni menos, la carne del hombre: ella recibió cualidades divinas, mas no apegó a la divinidad sus flaquezas. ¿Qué? ¿No concederemos a Dios que obre lo que obra este fuego que muere?» Esto dice Basilio.

Y, porque los ejemplos dan luz, como el arca del Testamento era de madera y de oro, de madera que no se corrompía y de oro finísimo; ella, hecha de madera y vestida de oro por todas partes, de arte que era arca de madera y arca de oro, y era una arca sola, y no dos, así en este nacimiento segundo, el arca de la humanidad inocente salió ayuntada a la riqueza de Dios. La riqueza la cubría toda, mas no le quitaba el ser ni ella lo perdía, y, siendo dos naturalezas, no eran dos personas, sino una persona.

Y como en el monte de Siná, cuando daba Dios la ley a Moisés en lo alto, estaba rodeado de llamas del cielo y se vestía de la gloria de Dios que allí reposaba y hablaba, y en las raíces padecía temblores y humo, así Cristo, naciendo hombre, que es monte, en lo alto de su alma ardía todo en llamas de amor y gozaba de la gloria de Dios alegre y descansadamente, mas en la parte suya más baja temblaba y humeaba, dando lugar en sí a las penalidades del hombre. Y como el patriarca Jacob cuando, en el camino de Mesopotamia, ocupado de la noche, se puso a dormir en el campo, en el parecer de fuera era un mozo pobre que, tendido en la tierra dura y tomando reposo, parecía estar sin sentido, mas en lo secreto del alma contemplaba en aquella misma sazón el camino abierto desde la tierra hasta el cielo, y a Dios en él y a los ángeles que andaban por él, así, en este nacimiento, apareció por de fuera un niño flaco puesto en un pesebre, que no hablaba y lloraba, y en lo secreto vivía en Él la contemplación de todas las grandezas de Dios. Y como en el río Jordán, cuando se puso en medio de él el arca de la ley vieja para hacer paso al pueblo que caminaba al descanso, en la parte de arriba de él las aguas que venían se amontonaron creciendo, lo en la parte de abajo siguieron su curso natural y corrieron, así, naciendo en la naturaleza humana de Cristo Dios, y entrándose en ella, lo alto de ella siempre miró para el cielo, mas en lo inferior corrió como corremos todos, cuanto a lo que es padecer dolores y males.

Por donde, debidamente, en el Apocalipsis, San Juan, al Verbo nacido hombre le ve como cordero y como degollado cordero, que es lo sencillo y lo simple y lo manso de él, y lo muy sufrido que en él se descubría a la vista, y juntamente le vio que tenía siete ojos y siete cuernos, y que Él solo llegaba a Dios y tomaba de sus manos el libro sellado y le abría, que es lo grande, lo fuerte, lo sabio, lo poderoso que encubría en sí mismo y que se ordenaba para abrir los siete sellos del libro, que es el por qué se hizo este nacimiento, y la tercera y última maravilla suya; porque fue para poner en ejecución y para hacer con la eficacia de su virtud claro y visible el consejo de Dios, oculto antes y escondido y como sellado con siete sellos.

En el cual, siendo abierto, lo primero que se descubre es un caballo y caballero blancos con letra de victoria; y luego otro bermejo, que deshacía la paz del suelo y lo ponía en discordia; y otro en pos de éste, negro, que pone peso y tasa en lo que fructifica la tierra; y después otro descolorido y ceniciento, a quien acompañaban el infierno y la muerte; y en el quinto lugar se descubrieron los afligidos por Dios, que le piden venganza, y se les daba un entretenimiento y consuelo, y en el sexto se estremece todo y se hunde la tierra; y en el séptimo queda sereno el cielo y se hace silencio.

Porque el secreto sellado de Dios es el artificio que ordenó para nuestra santificación y salud. En la cual, lo primero, sale y viene a nuestra alma la pureza blanca de la gracia del cielo, con fuerza para vencer siempre; sucédele lo segundo el celo de fuego que rompe la mala paz del sentido y mete guerra entre la razón y la carne, a quien ya no obedece la razón, antes le va a la mano y se opone a sus desordenados deseos. A este celo se sigue el estudio de la mortificación triste y denegrido, y que pone en todo estrecha tasa y medida. Levántase aquí luego el infierno y hace alarde de sus valedores que, armados de sus ingenios y fuerzas, acometen a la virtud y la maltratan y turban, afligiendo muchas veces y derrocando por el suelo a los que la poseen, y haciendo de su sangre de ellos y de su vida su cebo.

Mas esconde Dios, después de esto, debajo de su altar a los suyos y, defendiéndoles el alma debajo de la paciencia de su virtud, adonde le sacrifican la vida, consuélalos y entretiénelos y, con particulares gozos, los rodea y los viste en cuanto se llega el tiempo de su buena y perfecta ventura. Y probados y aprobados así, alarga a su misericordia la rienda, y estremece todo lo que contra ellos se empinaba en el suelo, y va al hondo la tierra maldita, condenada a dar fruto de espinas. Después de lo cual, para todo en sosiego y en un silencio del cielo. Mas porque ninguna criatura, como San Juan dice, no podía abrir estos sellos ni poner en luz y en efecto esta obra, convino que el que los hubiese de abrir y de poner en ejecución su virtud, fuese cordero, que es flaco y sencillo, por una parte; y, por otra, tuviese siete ojos y siete cuernos, que son todo el saber y poder, y que se juntasen en uno la fortaleza de Dios con la flaqueza del hombre, para que, por ser hombre flaco, pudiese morir, y, por ser masa santa, fuese su morir aceptable, y por ser Dios fuese para nosotros su muerte vida y rescate.

De manera que nació Dios hecho carne, como Basilio dice, «para que diese muerte a la muerte que en ella se escondía; que, como las medicinas que son contra el veneno, ayuntadas al cuerpo, vencen lo venenoso y mortal, y como las tinieblas que ocupan la casa, metiendo en ella la luz, desaparecen, así la muerte que se apoderaba del hombre, juntándose Dios con él, se deshizo. Y como el hielo se enseñorea en el agua en cuanto dura la oscuridad de la noche, mas, luego que el sol sale y calienta, le deshace su rayo, así la muerte reinó hasta que Cristo vino; mas después que apareció la gloria saludable de Dios, y después que amaneció el Sol de Justicia, quedó sumida en su victoria la muerte, porque no pudo hacer presa en la vida. ¡Oh grandeza de la bondad y del amor de Dios con los hombres! Somos libertados, ¿y preguntamos cómo y para qué, debiendo gracias por beneficio tan grande? ¿Qué te hemos, hombre, de hacer? ¿No buscabas a Dios cuando se escondía en el cielo, no le recibes cuando desciende y te conversa en la tierra, sino preguntas en qué manera o para qué fin se quiso hacer como tú? Conoce y aprende: por eso es Dios carne, porque era necesario que esta carne tuya, que era maldita carne, se santificase; esta flaca se hiciese valiente; esta enajenada de Dios se hiciese semejante con Él; ésta, a quien echaron del paraíso, fuese puesta en el cielo.» Hasta aquí ha dicho Basilio.

Y, a la verdad, es así que, porque Dios quería hacer un reparo general de lo que estaba perdido, se metió Él en el reparo para que tuviese virtud. Y porque el Verbo era el artífice por quien el Padre crió todas las cosas, fue el Verbo el que se ayuntó con lo que se hacía para el reparo de ellas. Y porque, de lo que era capaz de remedio, el más dañado era el hombre, por eso lo que se ordenó para medicina de lo perdido fue una naturaleza de hombre. Y porque lo que se hacía para dar a lo enfermo salud había de ser en sí sano, la naturaleza que se escogió fue inocente y pura de toda culpa. Y porque el que era una persona con Dios convenía que gozase de Dios, por eso, desde que comenzó a tener ser aquella dichosa alma, comenzó también a ver la divinidad que tenía. Y porque, para remediar nuestros males, le convenía que los sintiese, así gozaba de Dios en lo secreto de su seno, que no cerraba por eso la puerta a los sentimientos amargos y tristes. Y porque venía a reparar lo quebrado, no quiso hacer ninguna quiebra en su Madre. Y porque venía a ser limpieza general, no fue justo que amancillase su tálamo en alguna manera. Y porque era Verbo que nació con sencillez de su Padre y sin poner en Él ninguna pasión, nació también de su Madre, hecho carne con pureza y sin dolor de ella. Y finalmente, porque en la divinidad es uno en naturaleza con el Padre y con el Espíritu Santo, y diferente en persona, cuando nació hecho hombre, en una persona juntó a la naturaleza de su divinidad la naturaleza diferente de su alma y su cuerpo. Al cual cuerpo y a la cual alma, cuando la muerte las apartó, consintiéndolo Él, Él mismo las tomó a juntar con nuevo milagro después de tres días, y hizo que naciese a luz otra vez lo que ya había desatado la muerte.

Del cual nacimiento suyo, que es el tercero de los cinco que puse al principio, lo primero que ahora decir debemos es que fue nacimiento de veras, quiero decir nacimiento que se llama así en la Sagrada Escritura. Porque, como ayer se decía, el Padre, en el Salmo segundo hablando de esta resurrección de su Hijo, como San Pablo lo declara, le dice: «Tú eres mi Hijo que en este día te engendré.» Porque así como formó la virtud de Dios, en el vientre de la Virgen y de su sangre sin mancilla, el cuerpo de Jesucristo con disposición conveniente para que fuese aposento del alma, ni más ni menos en el sepulcro, cuando se llegó la sazón al cuerpo, a quien las causas de la muerte habían agujereado y herido y quitado la sangre, sin la cual no se vive, y la muerte misma lo había enfriado y hecho morada inútil del alma, el mismo poder de Dios, abrazándolo y fomentándolo en sí, lo tornó a calentar, y le regó con sangre las venas, y le encendió la fornaza del corazón nuevamente, en que se tornaron luego a forjar espíritus que se derramaron por las arterias palpitando y bullendo; y luego el calor de la fragua alzó las costillas del pecho, que dieron lugar al pulmón, y el alma se lanzó luego en él como en conveniente morada, más poderosa y eficaz que primero. Porque dio licencia a su gloria que descendiese por toda ella, y que se comunicase a su cuerpo y que la bañase del todo, con que se apoderó de la carne perfectamente, y redujo a su voluntad todas sus obras, y le dio condiciones y cualidades de espíritu; y, dejándole perfecto el sentir, la libró del mal padecer, y a cada una de las partes del cuerpo les conservó ella por sí, con perpetuidad no mudable, el ser en que las halló, que es el propio de cada una.

De manera que, sin mantenimiento, da sustancia a la carne y tiene vivo el calor del corazón sin cebarle, y sustenta los espíritus sin que se evaporen o se consuman del uso. Y así desarraigó de allí todas las raíces de muerte, y desterróla del todo y destruyóla en su reino, y cuando se tenía por fuerte. Y traspasó su gloria por la carne, que, como dicho he, la tenía apurada y sujeta a su fuerza; y resplandecióle el rostro y el cuerpo, y descargóla de su peso natural, y diole alas y vuelo, y renació el muerto más vivo que nunca, hecho vida, hecho luz, hecho gloria, y salió del sepulcro, como quien sale del vientre, vivo, y para vivir para siempre, poniendo espanto a la naturaleza con ejemplo no visto.

Porque en el nacimiento segundo que hizo en la carne, cuando nació de la Virgen, aunque muchas cosas de él fueron extraordinarias y nuevas, en otras se guardó en él la orden común: que la materia de que se formó el cuerpo de Cristo fue sangre, que es la natural de que se forman los otros; y, después de formado, la Virgen, con la sangre suya y con sus espíritus, hinchó de sangre las venas del cuerpo del Hijo y las arterias de espíritu como hacen las otras madres; y su calor de ella, conforme a lo natural, abrigó a aquel cuerpo tiernísimo y se lanzó todo por él y le encendió fuego de vida en el corazón, con que comenzó a arder en su obra, como hace siempre la madre.

Ella de su sustancia le alimentó, según lo que se usa, en cuanto le tuvo en su vientre, y Él creció en el cuerpo por todo aquel tiempo por la misma forma que crecen los niños. Y así como hubo en esta generación mucho de lo natural y de lo que se suele hacer, así lo que fue engendrado por ella salió con muchas condiciones de las que tienen los que por vía ordinaria se engendran: que tuvo necesidad de comer para reparo de lo que en Él gastaba el calor y obraba en el mantenimiento su cuerpo, y le cocía, y le coloraba, y le apuraba hasta mudarle en sí mismo, y sentía el trabajo, y conocía el hambre, y le cansaba el movimiento excesivo, y podía ser herido y lastimado y llagado; y, como los nudos con que se ataba aquel cuerpo los había anudado la fuerza natural de su madre, podían ser desatados con la muerte, como de hecho lo fueron.

Mas en este nacimiento tercero todo fue extraordinario y divino: que ninguna fuerza natural pudo dar calor al cuerpo helado en la huesa, ni fue natural el tomar a él la sangre vertida, ni los espíritus que discurren por el cuerpo y le avivan se los pudo prestar ningún otro tercero; el poder sólo de Dios y la fuerza eficaz de aquella dichosa alma, dotada de gloriosísima vida, encendió maravillosamente lo frío, y hinchó lo vacío, y compuso lo maltratado, y levantó lo caído, y ató lo desatado con nudo inmortal, y dio abastanza en un ser a lo mendigo y mudable. Y como ella estaba llena de la vida de Dios, y sujeta a Él, y vestida de Él, y arraigada en Él con firmeza que mudar no se puede, así hizo lleno de vida a su cuerpo, y le bañó todo de alma, y le penetró enteramente, y le puso debajo de su mano de tal manera que nadie se le puede sacar; y le vistió finalmente de sí, de su gloria, de su resplandor, desde la cabeza a los pies, lo secreto y lo público, el pecho y la cara, que de sí lanzaba más claros resplandores que el sol. Por donde mucho antes David, hablando de este hecho, decía: «En resplandores de santidad, del vientre y de la aurora, el rocío de tu nacimiento contigo.» Que aunque ayer por la mañana lo declarasteis, Marcelo, y con mucha verdad, del nacimiento de Cristo en la carne, bien entendéis que con la misma verdad se puede entender de este nacimiento también.

Porque el Espíritu Santo, que lo ve todo junto, junta muchas veces en unas palabras muchas y diferentes verdades. Pues dice que nació Cristo cuando resucitó del vientre de la tierra, en el amanecer de la aurora, por su propia virtud, porque tenía consigo el rocío de su nacimiento, con que reverdecieron y florecieron sus huesos. Y esto en resplandores de santidad, o, como podemos también decir, en hermosuras santísimas, porque se juntaron en Él entonces y enviaron sus rayos e hicieron públicas sus hermosuras tres resplandores bellísimos: la divinidad, que es la lumbre; el alma de Cristo, santa y rodeada de luz; el cuerpo, también hermoso y como hecho de nuevo, que echaba rayos de sí. Porque el resplandor infinito de Dios reverberaba su hermosura en el alma, y el alma, con este resplandor hecha una luz, resplandecía en el cuerpo que, vestido de lumbre, era como una imagen resplandeciente de los resplandores divinos.

Y aún dice que entonces nació Cristo con resplandores de santidad o con bellezas, santas, porque, cuando así nació del sepulcro, no nació solo Él, como cuando nació de la Virgen en carne, sino nacieron juntamente con Él y en Él las vidas y las santidades y las glorias resplandecientes de muchos, lo uno porque trajo consigo a vida de luz y a libertad de alegría las almas santas, que sacó de las cárceles; lo otro y más principal, porque, como ayer de vos, Marcelo, aprendí, en el misterio de la última cena, y cuando caminaba a la cruz, ayuntó consigo por espiritual y estrecha manera a todos los suyos, y, como si dijésemos, fecundóse de todos y cerrólos a todos en sí para que, en la muerte que padecía en su carne pasible, muriese la carne de ellos mala y pecadora, y por eso condenada a la muerte, y para que, renaciendo Él glorioso después, renaciesen también ellos en Él a vida de justicia y de gloria.

Por donde, por hermosa semejanza, a propósito de este nacimiento, dice Él de sí mismo: «Si el grano de trigo puesto en la tierra no muere, quédase él; mas si muere, produce gran fruto.» Porque así como el grano sembrado, si atrae para sí el humor de la tierra y se impregna de su jugo y se pudre, saca en sí a luz cuando nace mil granos, y sale ya no un grano solo, sino una espiga de granos, así y por la misma manera Cristo, metido muerto en la tierra, por virtud de la muerte allegó la tierra de los hombres a sí y, apurándola en sí y vistiéndola de sus cualidades, salió resucitando a la luz, hecho espiga, y no grano.

Así que no nació un rayo solo la Mañana que amaneció del sepulcro este Sol, mas nacieron en Él una muchedumbre de rayos y un amontonamiento de resplandores santísimos, y la vida y la luz y la reparación de todas las cosas, a las cuales todas abrazó consigo muriendo, para sacarlas, resucitando, todas vivas en sí. Por donde aquel día fue de común alegría, porque fue día de nacimiento común. El cual nacimiento hace ventaja al primero que Cristo hizo en la carne, no solamente en que, como decimos, en aquél nació pasible y en éste para más no morir, y no solamente en que lo que se hizo en éste fue todo extraordinario y maravilloso, y hecho por solas las manos de Dios, y en aquél tuvo la naturaleza su parte, y no solamente en que fue nacimiento, no de uno solo, como el primero, sino de muchos en uno, mas también le hace ventaja en que fue nacimiento después de muerte, y gloria después de trabajos, y bonanza después de tormenta gravísima. Que a todas las cosas la vecindad y el cotejo de su contrario las descubre más y las hace salir. Y la buena suerte es mayor cuando viene después de alguna desventura muy grande.

Y no solamente es más agradable este nacimiento porque sucede a la muerte, sino, en realidad de verdad, la muerte que le precede le hace subir en quilates, porque en ella se plantaron las raíces de esta dichosa gloria, que fueron el padecer y el morir. Que porque cayó se levantó, y porque descendió torna a subir en alto, y porque bebió del arroyo alzó la cabeza y porque obedeció hasta la muerte vivió para enseñorearse del cielo. Y así, cuanto fueron mayores los fundamentos y más firmes las raíces, tanto hemos de entender que es mayor lo que de estas raíces nace. Y a la medida de aquellos tantos dolores, de aquel desprecio no visto, de aquellas invenciones de penas, de aquel desamparo, de aquel escarnio, de aquella fiera agonía, entendamos que la vida a que Cristo nació por ello, es por todo extremo altísima y felicísima vida.

Mas ¡cuán no comprensibles son las maravillas de Dios! El que nació, resucitando, tan claro, tan glorioso, tan grande, y el que vive para siempre dichoso en resplandores y en luz, halló manera para tornar a nacer cada día encubierto y disimulado en las manos del sacerdote en la Hostia, como saboreándose en nacer este solo Hijo, este propiamente Hijo, este Hijo que tantas veces y por tantas maneras es Hijo. Porque el estar Cristo en su Sacramento, y el comenzar a ser cuerpo suyo lo que antes era pan y, sin dejar el cielo y sin mudar su lugar, comenzar de nuevo a ser allí adonde antes no era, convirtiendo toda la sustancia del pan en su santísima carne, mostrándose la carne como si fuese pan, vestida de sus accidentes, es como un nacer allí en cierta manera. Así que parece que Cristo nace allí, porque comienza a ser de nuevo allí, cuando el sacerdote consagra. Y parece que la Hostia es como el vientre adonde se celebra este nacimiento, y que las palabras son como la virtud que allí le pone, y que es, como la sustancia, toda la materia y toda la forma del pan que en Él se convierte. Y es señal y prueba de que este nacimiento lo es en la forma que digo, el llamar a Cristo Hijo la sagrada Escritura en este mismo caso y artículo. Porque bien sabéis que en el Salmo setenta y dos leemos así: «Y habrá firmeza en la tierra, en las cumbres de los collados.» Adonde la palabra firmeza, según la verdad, significa el trigo. Que la Escritura lo suele llamar firmeza, porque da firmeza al corazón, como David en otro Salmo lo dice. Y bien sabéis que muchos de los nuestros, y aun algunos de los que nacieron antes que viniese Cristo, entienden este paso de este sagrado pan del altar.

Y bien sabéis que las palabras originales, por quien nosotros leemos firmeza, son éstas: PISATH-BAR, que quieren puntualmente decir partecilla o puñado de trigo escogido; y que BAR, como significa trigo escogido y mondado, también significa hijo. Y así dice el Profeta que en el reino del Mesías, y cuando floreciere su ley, entre muchas cosas singulares y excelentes, habrá también un puñado o una partecilla de trigo y de hijo, esto es, que será el hijo lo que parecerá un limpio y pequeño trigo, porque saldrá a luz en figura de él, y le veremos así hecho y amoldado como si fuese un panecito pequeño.

Y no solamente este consagrarse Cristo en el pan es un cierto nacer, mas es como una suma de sus nacimientos los otros en que hace retrato de ellos, y los dibuja y los pinta. Porque así como en la Divinidad nace como palabra que la dice el entendimiento divino, así aquí se consagra y comienza a ser de nuevo en la Hostia por virtud de la palabra que el sacerdote pronuncia. Y como en la resurrección nació del sepulcro con su carne verdadera, pero hecha a las condiciones del alma y vestida de sus maneras y gloria, así consagrado en la Hostia está la verdad de su cuerpo en realidad de verdad, mas está como si fuera espíritu, todo en la Hostia toda, y en cada parte de ella todo también. Y como cuando nació de la Virgen salió bienaventurado en la más alta parte del alma, y pasible en el cuerpo, y sujeto a dolores y muerte -y en lo secreto era la verdadera riqueza, y en la apariencia y en lo que de fuera se veía era un pobre y humilde-, así aquí por de fuera parece un pequeño pan despreciado, y en lo escondido es todos los tesoros del cielo. Según lo que parece, puede ser partido y quebrado y comido; mas según lo que encubre, no puede ni el mal ni el dolor llegar a Él.

Y como cuando nació de Dios se forjaron en Él, como en sus ideas, las criaturas en la manera que he dicho, y cuando nació en la carne la recibió para limpiar y librar la del hombre, y cuando nació del sepulcro nos sacó a la vida a todos juntamente consigo, y en todos sus nacimientos siempre hubo algún respeto a nuestro bien y provecho, así en este de la consagración de su cuerpo tuvo respeto al mismo bien. Porque puso en él no solamente su cuerpo verdadero, sino también el místico de sus miembros, y, como en los demás nacimientos suyos nos ayuntó siempre a sí mismo, también en éste quiso contenemos en sí, y quiso que, encerrados en Él y pasando a nuestras entrañas su carne, nos comunicásemos unos con otros, para que por Él viniésemos todos a ser, por unión de espíritu, un cuerpo y un alma.

HIJO DE DIOS (III)

Por lo cual, el pan caliente que estaba de continuo en el templo y delante del arca de Dios (que tuvo figura de este pan divinísimo) le llama pan de faces la Sagrada Escritura, para enseñar que este pan verdadero, a quien aquella imagen miraba, tiene faces innumerables, quiero decir que contiene en sí a sus miembros y que, como en la Divinidad abraza en sí por eminente manera todas las criaturas, así en la humanidad y en este Sacramento santísimo, donde se encierra, encierra consigo a los suyos. Y así, hizo en éste lo que en los demás nacimientos hizo, que fue nuestro bien, que consiste en andar siempre juntos con Él, o, por decir lo que parece más propio, trajo a efecto y puso como en ejecución lo que se pretendía en los otros.

Porque aquí, hecho mantenimiento nuestro, y pasándose en realidad de verdad dentro de nuestras entrañas, y juntando con nuestra carne la suya, si la halla dispuesta, mantiene el alma y purifica la carne, y apaga el fuego vicioso, y pone a cuchillo nuestra vejez, y arranca de raíces el mal, y nos comunica su ser y su vida, y, comiéndole nosotros, nos come Él a nosotros y nos viste de sus cualidades y, finalmente, casi nos convierte en sí mismo. Y trae aquí a fruto y a espiga lo que sembró en los demás nacimientos primeros. Y como dice en el salmo David: «Hizo memorial de sus maravillas el Señor misericordioso y piadoso: dio a los que le temen manjar.»

Porque en este manjar, que lo es propiamente para los que le temen, recapituló todas sus grandezas pasadas que en Él hizo ejemplo clarísimo de su infinito poder, ejemplo de su saber infinito y de su misericordia y de su amor con los hombres; ejemplo jamás oído ni visto. Que no contento ni de haber nacido hombre por ellos, ni de haber muerto por ponerlos en vida, ni de haber renacido para subirlos a la gloria, ni de estar juntos siempre y a la diestra del Padre para su defensa y amparo, para su regalo y consuelo, y para que le tengan siempre no solamente presente, sino le puedan abrazar consigo mismos, y ponerlo en su pecho y encerrarlo dentro de su corazón, y como chuparle sus bienes y atraerlos a sí, se les presenta en manjar y, como si dijésemos, les nace en figura de trigo para que así le coman y traguen y traspasen a sus entrañas, adonde encerrado y ceñido con el calor del espíritu, fructifique y nazca en ellos en otra manera, que será ya la quinta y la última de las que prometimos decir, y de que será justo que ya digamos si, Sabino, os parece.

Y calló.

Y Sabino dijo, sonriéndose:

-Huelgo, Juliano, que me conozcáis por mayor. Y bien decía yo que urdíais grande tela, porque, sin duda, habéis dicho grandes cosas hasta ahora, sin lo que os resta, que no debe ser menos; aunque en ello tengo una duda aun antes que lo digáis.

-¿Qué? -respondió Juliano-. ¿No entendéis que nace en nosotros Cristo cuando Dios santifica nuestra alma?

-Bien entiendo -dijo Sabino- que San Pablo dice a los Gálatas: «Hijuelos míos, que os torno a parir hasta que se forme Cristo en vosotros», que es decir que, así como el alma que era antes pecadora se convierte al bien y se va desnudando de su malicia, así Cristo se va formando en ella y naciendo. Y de los que le aman y cumplen su voluntad dice Cristo que son su Padre y su Madre. Pero, como cuando el ánima que era mala se santifica, se dice que nace en ella Jesucristo, así también se dice que ella nace en Él; por manera que es lo mismo, a lo que parece, nacer nosotros en Cristo y nacer Cristo en nosotros, pues la razón por que se dice es la misma; y de nuestro nacimiento en Jesucristo ayer dijo Marcelo lo que se puede decir. Y así no parece, Juliano, que tenéis más que decir en ello. Y esta es mi duda.

Juliano entonces dijo:

-En eso que dudáis, Sabino, habéis dado principio a mi razón; porque es verdad que esos nacimientos andan juntos, y que siempre que nacemos nosotros en Dios, nace Cristo en nosotros; y que la santidad y la justicia y la renovación de nuestra alma es en medio de ambos nacimientos. Mas aunque por andar juntos parecen uno, todavía el entendimiento atento y agudo los divide, y conoce que tienen diferentes razones. Porque el nacer nosotros en Cristo es propiamente, quitada la mancha de culpa con que nuestra alma se figuraba como demonio, recibir la gracia y la justicia que cría Dios en nosotros, que es como una imagen de Cristo, y con que nos figuramos de su manera. Mas nacer Cristo en nosotros es no solamente venir el don de la gracia a nuestra alma, sino el mismo espíritu de Cristo venir a ella y juntarse con ella, y, como si fuese alma del alma, derramarse por ella; y derramado y como embebido en ella, apoderarse de sus potencias y fuerzas, no de paso ni de corrida ni por un tiempo breve, como acontece en los resplandores de la contemplación y en los arrobamientos del espíritu, sino de asiento y con sosiego estable, y como se reposa el alma en el cuerpo. Que Él mismo lo dice así: «El que me amare será amado de mi Padre, y vendremos a él y haremos asiento en él.»

Así que nacer nosotros en Cristo es recibir su gracia y figurarnos de ella; mas nacer en nosotros Él, es venir Él por su espíritu a vivir en nuestras almas y cuerpos. Venir, digo, a vivir, y no sólo a hacer deleite y regalo. Por lo cual, aunque ayer Marcelo dijo de cómo nacemos nosotros en Dios, queda lugar para decir hoy del nacimiento de Cristo en nosotros. Del cual, pues hemos ya dicho que se diferencia y cómo se diferencia del nuestro, y que propiamente consiste en que comience a vivir el espíritu de Cristo en el alma, para que se entienda esto mismo mejor, digamos, lo primero, cuán diferentemente vive en ella cuando se le muestra en la oración; y después diremos cuándo y cómo comienza Cristo a nacer en nosotros, y la fuerza de este nacer y vivir en nosotros, y los grados y crecimiento que tiene.

Porque, cuanto a lo primero, entre esta venida y ayuntamiento del espíritu de Cristo a nosotros, que llamamos nacimiento suyo, y entre las venidas que hace al alma del justo y las demostraciones que en el negocio de la oración le hace de sí, de las diferencias que hay, la principal es, que en esto que llamamos nacer, el espíritu de Cristo se ayunta con la esencia del alma y comienza a ejecutar su virtud en ella, abrazándose con ella sin que ella lo sienta ni entienda, y reposa allí como metido en el centro de ella, como dice Isaías: «Regocijate: y alaba hija de Sión, porque el Señor de Israel está en medio de ti.» Y reposando allí como desde el medio, derrama los rayos de su virtud por toda ella, y la mueve secretamente y con su movimiento de Él y con la obediencia del alma a lo que es de Él movida, se hace por momentos mayor lugar en ella, y más ancho y más dispuesto aposento.

Mas en las luces de la oración y en sus gustos, todo su trato de Cristo es con las potencias del alma, con el entendimiento, con la voluntad y memoria, de las cuales, a las veces, pasa a los sentidos del cuerpo y se les comunica por diversas y admirables maneras, en la forma que les son posibles estos sentimientos a un cuerpo. Y de la copia de dulzores que el alma siente y de que está colmada, pasan al compañero las sobras. Por donde esas luces o gustos, o este ayuntamiento gustoso del alma con Cristo en la oración, tiene condición de relámpago; digo que luce y se pasa en breve. Porque nuestras potencias y sentidos, en cuanto esta vida mortal dura, tienen precisa necesidad de divertirse a otras contemplaciones y cuidados, sin los cuales ni se vive ni se puede ni debe vivir.

Y júntase también con esta diferencia otra diferencia: que en el ayuntamiento del espíritu de Cristo con el nuestro, que llamamos nacimiento de Cristo, el espíritu de Cristo tiene vez de alma respecto de la nuestra, y hace en ella obra de alma, moviéndola a obrar como debe en todo lo que se ofrece, y pone en ella ímpetu para que se menee, y así obra Él en ella y la mueve, que ella, ayudada de Él, obra con Él juntamente. Mas en la presencia que de sí hace en la oración a los buenos por medio de deleite y de luz, por la mayor parte, el alma y sus potencias reposan, y Él solo obra en ellas por secreta manera un reposo y un bien que decir no se puede. Y así, aquel primer ayuntamiento es de vida, mas este segundo es de deleite y regalo; aquél es el ser y el vivir, éste es lo que hace dulce el vivir; allí recibe vivienda y estilo de Dios el alma, aquí gusta algo de su bienandanza; y así, aquello se da con asiento y para que dure, porque, si falta, no se vive; mas esto se da de paso y a la ligera, porque es más gustoso que necesario, y porque en esta vida, que se nos da para obrar, este deleite, en cuanto dura, quita el obrar y le muda en gozar. Y sea esto lo uno.

Y cuanto a lo segundo que decía, digo de esta manera: Cristo nace en nosotros cuando quiera que nuestra alma, volviendo los ojos a la consideración de su vida, y viendo las fealdades de sus desconciertos, y aborreciéndolos, y considerando el enojo merecido de Dios, y doliéndose de él, ansiosa por aplacarle, se convierte con fe, con amor, con dolor a la misericordia de Dios y al rescate de Cristo. Así que Cristo nace en nosotros entonces. Y dícese que nace en nosotros, porque entonces entra en nuestra alma su mismo espíritu, que, en entrando, se entraña en ella, y produce luego en ella su gracia, que es como un resplandor y como un rayo que resulta de su presencia, y que se asienta en el alma y la hace hermosa. Y así comienza a tener vida allí Cristo, esto es, comienza a obrar en el alma y por el alma lo que es justo que obre Cristo, porque lo más cierto y lo más propio de la vida es la obra.

Y de esta manera, Él que es en sí siempre, y Él que vive en el seno del Padre antes de todos los siglos, comienza, como digo y cuando digo, a vivir en nosotros; y Él que nació de Dios perfecto y cabal, comienza a ser en nosotros como niño. No porque en sí lo sea, o porque en su espíritu, que está hecho alma del nuestro, haya en realidad de verdad alguna disminución o menoscabo, porque el mismo que es en sí, ese mismo es el que en nosotros nace tal y tan grande, sino porque, en lo que hace en nosotros, se mide con nuestro sujeto, y aunque está en el alma todo Él, no obra en ella luego que entra en ella todo lo que vale y puede, sino obra conforme a como se le rinde y se desnuda de su propiedad, para el cual rendimiento y desnudez Él mismo la ayuda; y así decimos que nace entonces como niño. Mas cuanto el alma, movida y guiada de Él, se le rinde más y se desnuda más de lo que tiene por suyo, tanto crece en ella más cada día, esto es, tanto va ejecutando más en ella su eficacia y descubriéndose más y haciéndose más robusto, hasta que llega en nosotros, como dice San Pablo, «a edad de perfecto varón, a la medida de la grandeza de Cristo», esto es, hasta que llega Cristo a ser, en lo que es y hace en nosotros y con nosotros, perfecto cual lo es en sí mismo.

Perfecto, digo, cual es en sí, no en igualdad precisa, sino en manera semejante. Quiero decir que el vivir y el obrar que tiene en nuestra alma Cristo, cuando llega a ser en ella varón perfecto, no es igual en grandeza al vivir y al obrar que tiene en sí, pero es del mismo metal y linaje. Y así, aunque reposa en nuestra alma todo el espíritu de Cristo desde el primer punto que nace en ella, no por eso obra luego en ella todo lo que es y lo que puede, sino primero como niño, y luego como más crecido, y después como valiente y perfecto. Y de la manera que nuestra alma en el cuerpo, desde luego que nace en él, nace toda, mas no hace, luego que en él nace, prueba de sí totalmente, ni ejercita luego toda su eficacia y su vida, sino después y sucesivamente, así como se van enjugando con el calor los órganos con que obra, y tomando firmeza hábil para servir al obrar, así es lo que decimos de Cristo, que aunque pone en nosotros todo su espíritu cuando nace, no ejercita luego en nosotros toda su vida, sino conforme a como, movidos de Él, le seguimos y nos apuramos de nosotros mismos, así Él va en su vivir continuamente subiendo. Y como cuando comienza a vivir en nuestra alma se dice que nace en ella, así se dice que crece cuando vive más; y cuando llega a vivir allí al estilo que vive en sí, entonces es lo perfecto.

De suerte que, según esto, tiene tres grados este nacimiento y crecimiento de Cristo en nosotros. El primero de niño, en que comprendemos la niñez y la mocedad, lo principiante y lo aprovechante, que decir solemos; el segundo, de más perfecto; el último, de perfecto del todo. En el primero nace y vive en la más alta parte del alma; en el segundo, en aquella y en la que llamamos parte inferior; en el tercero, en esto y en todo el cuerpo del todo. Al primero podemos llamar estado de ley por las razones que diremos luego; el segundo es estado de gracia; y el tercero y último, estado de gloria.

Y digamos de cada uno por sí, presuponiendo primero que en nuestra alma, como sabéis, hay dos partes: una divina, que de su hechura y metal mira al cielo y apetece cuanto de suyo es (si no la estorban o oscurecen o llevan) lo que es razón y justicia; inmortal de su naturaleza, y muy hábil para estar sin mudarse en la contemplación y en el amor de las cosas eternas. Otra de menos quilates, que mira a la tierra y que se comunica con el cuerpo, con quien tiene deudo y amistad, sujeta a las pasiones y mudanzas de él, que la turban y alteran con diversas olas de afectos; que teme, que se acongoja, que codicia, que llora, que se engríe y ufana, y que, finalmente, por el parentesco que con la carne tiene, no puede hacer sin su compañía estas obras.

Estas dos partes son como hermanas nacidas de un vientre, en una naturaleza misma, y son de ordinario entre sí contrarias, y riñen y se hacen guerra. Y siendo la ley que esta segunda se gobierne siempre por la primera, a las veces, como rebelde y furiosa, toma las riendas ella del gobierno y hace fuerza a la mejor, lo cual le es vicioso, así como le es natural el deleite y el alegrarse y el sentir en sí los demás afectos que la parte mayor le ordenare; y son propiamente la una como el cielo, y la otra como la tierra, y como un Jacob y un Esaú concebidos juntos en un vientre, que entre sí pelean, como diremos más largamente después.

Esto así dicho, decimos ahora que cuando el alma aborrece su maldad, y Cristo comienza a nacer en ella, pone su espíritu, como decíamos, en el medio y en el centro, que es en la sustancia del alma, y prende luego su virtud en la primera parte de ella, la parte que de estas dos que decíamos es la más alta y la mejor. Y vive Cristo allí en el primer estado de este nacimiento, ejercitando en aquella parte su vida, esto es, alumbrándola y enderezándola y renovándola y componiéndola y dándole salud y fuerzas para que con valor ejercite su oficio. Mas a la otra parte menor, en este primer estado, el espíritu de Cristo, que en lo alto del alma vive, no le desarraiga sus bríos, porque aún no vive en esta parte baja; mas aunque no viva en ella como señor pacífico, dale ayo y maestro que gobierne aquella niñez, y el ayo es la parte mayor en que él ya vive, o él mismo, según que vive en ella, es el ayo de esta parte menor, que desde su lugar alto le da leyes por donde viva, y le hace que se conozca, y le va a la mano si se mueve contra lo que se le manda, y la riñe y la aflige con amenazas y miedos; de donde resulta contradicción y agonía, y servidumbre y trabajo.

Y Cristo, que vive en nosotros, y desde el lugar donde vive, en este artículo se ha con esta menor parte como Moisés, que le da ley, y la amonesta y la riñe, y la amenaza y la enfrena, mas aún no la libra de su flaqueza ni la sana de sus malos movimientos, por donde a este grado o estado le llamamos de ley. En que, como Moisés en el tiempo pasado gozaba del habla de Dios, y en la cumbre del monte conversaba con Él, y recibía su gracia, y era alumbrado de su lumbre, y descendía después al pueblo carnal e inquieto y sujeto a diferentes deseos, y que estaba a la falda de la sierra, adonde no veía sino el temblor y las nubes, y, descendiendo a él, le ponía leyes de parte de Dios, y le avisaba que pusiese a sus deseos freno, y él se los enfrenaba cuanto podía con temores y penas, así la parte más alta nuestra, luego al principio que Cristo en ella nace, santificada por Él y viviendo por su espíritu como subida en el monte con Dios, al pueblo que está en la falda, esto es, a la parte inferior, que, por los muchos movimientos de apetitos y pasiones diferentes que bullen en ella, es una muchedumbre de pueblo bullicioso y carnal e inclinado a hacer lo peor, le escribe leyes y le enseña lo que le conviene hacer o huir, y le gobierna las riendas, a veces alargándolas, y a veces recogiéndolas hacia sí, y finalmente la hinche de temor y de amenazas.

Y como contra Moisés se rebeló por diferentes veces el pueblo, y como siempre con dificultad puso al yugo su mal domada cerviz, de donde nacieron contradicciones en ellos y alborotos y ejemplos de señalados castigos, así esta parte baja, en el estado que digo, oye mal muchas veces las amonestaciones de su hermana mayor, en que ya Cristo vive, y luchan las dos a veces, y despiertan entre sí crueles peleas. Mas como Moisés, para llevar aquella gente al asiento de su descanso, les persuadió primero que saliesen de Egipto, y los metió en la soledad del desierto, y los guió haciendo vueltas por él por largo espacio de tiempo, y con quitarles el regalo y el amparo de los hombres y darles el amparo de Dios en la nube, en la columna de fuego, en el maná que les llovían los cielos y en el agua que les manaba la piedra, los iba levantando hacia Dios, hasta que al fin pasaron con Josué, su capitán, el Jordán y limpiaron de enemigos la tierra, y reposaron en ella hasta que vino últimamente Cristo a nacer en su carne, así su espíritu, que ha nacido ya en lo que es principal en el alma, para reducir a su obediencia la parte que resta, que tiene las condiciones y flaquezas y carnalidades que he dicho, desde la razón donde vive, como otro Moisés, induciéndola a que se despida de los regalos de Egipto, y lavándola con las tribulaciones, y destetándola poco a poco de sus toscos consuelos, y quitándole de los ojos cada día más las cosas que ama, y haciéndola a que ame la pobreza y la desnudez del desierto, y dándole allí su maná, y pasando a cuchillo a muchas de sus enemigas pasiones, y acostumbrándola al descanso y reposo santo, va creciendo en ella y aprovechando y mitigando sus bríos, y haciéndola cada día más hábil para poner su vida en su carne, y al fin la pone y, como si dijésemos, se encarna en ella y la hinche de sí como hizo a la mayor y primera, y no le quita lo que le es natural, como son los sentimientos medidos, y el poder padecer y morir, sino desarráigale lo vicioso, si no del todo, a lo menos casi del todo.

Y este es el grado segundo que dijimos, en el cual el espíritu de Cristo vive en las dos partes del alma: en la primera, que es la celestial, santificándola, o, si lo hemos de decir así, haciéndola como Dios; y en la segunda, que mira a la carne, apurándola y mortificándola de lo carnal y vicioso, y, en vez de la muerte que ella solía dar con su vicio al espíritu, Cristo ahora pone en ella a cuchillo casi todo lo que es contumaz y rebelde. Y como se hubo con sus discípulos cuando anduvo con ellos, que los conversó primero y, dado que los conversaba, duraban en ellos los afectos de carne, de que los corregía poco a poco por diferentes maneras, con palabras, con ejemplos, con dolores y penas; y finalmente, después de su resurrección, teniéndolos ya conformes y humildes y juntos en Jerusalén, envió sobre ellos en abundancia su espíritu, con que los hizo perfectos y santos, así, cuando en nosotros nace, trata primero con la razón y fortifícala para que no la venza el sentido y, procediendo después por sus pasos contados, derrama su espíritu como dice Joel «sobre toda la carne», con que se rinde y se sujeta al espíritu.

Y cúmplese entonces lo que en la oración le pedimos, «que se haga su voluntad, así como en el cielo, en la tierra», porque manda entonces Dios en el cielo del alma, y en lo terreno de ella es obedecido casi ni más ni menos, y baña el corazón de sí mismo, y hace ya Cristo en toda el alma oficio enteramente de Cristo, que es oficio de ungir, porque la unge desde la cabeza a los pies, y la beatifica en cierta manera. Porque, aunque no le comunica su vista, comunícale mucho de la vida que le ha de durar para siempre, y sostiénela ya con el vivir de su espíritu, con que ha de ser después sostenida sin fin. Y este es el mantenimiento y el pan que por consejo suyo pedimos a Dios cada día cuando decimos «y nuestro pan», como si dijésemos «el de después» -que eso quiere decir la palabra del original griego epiosión-, «dánosle hoy», esto es, aquel pan nuestro: nuestro, porque nos le promete; nuestro, porque sin él no se vive; nuestro, porque sólo él hinche nuestro deseo. Así que este pan y esta vida que prometida nos tienes, acorta los plazos, Señor, y dánosla ya, y viva ya tu Hijo en nosotros del todo, dándonos entera vida, porque Él es el pan de la vida.

De manera que, cuando viene a este estado el nacimiento de Cristo en nosotros, y cuando su vida en mí ha subido a este punto, entonces Cristo es lisamente en nosotros el Mesías prometido de Dios, por la razón sobredicha. Y el estado es de gracia, porque la gracia baña a casi toda el alma; y no es estado de ley ni de servidumbre ni de temor, porque todo lo que se manda se hace con gusto: porque en la parte que solía ser rebelde y que tenía necesidad de miedo y de freno, vive ya Cristo que la tiene casi pura de su rebeldía.

Y es estado de Evangelio, porque el nacer y vivir Cristo en ambas las partes del alma, y la santificación de toda ella con muerte de lo que era en ella vejez, es el efecto de la buena nueva del Evangelio, y el reino de los cielos que en él se predica, y la obra propia y señalada y que reservó para sí solo el Hijo de Dios y el Mesías que la ley prometía. Como Zacarías en su cántico dice: «Juramento que juró a Abraham, nuestro padre, de darse a nosotros, para que, librándonos de nuestros enemigos, le sirvamos sin miedo, le sirvamos en santidad y justicia y en su presencia la vida toda.»

Y es estado de gozo, por cuanto reina en toda el alma el espíritu, y así hace en ella sin impedimento sus frutos, que son, como San Pablo dice, «caridad y gozo, y paz, y paciencia, y larga esperanza en los males.» Por donde, en persona de los de este grado, dice el Profeta Isaías: «Gozando me gozaré en el Señor, y regocijaráse mi alma en el Dios mío, porque me vistió vestiduras de salud y me cercó con vestidura de justicia; como a esposo me hermoseó con corona, y como a esposa adornada con sus joyeles.»

Y también, en cierta manera, es estado de libertad y de reino, porque es el que deseaba San Pablo a los Colosenses en el lugar donde escribe: «Y la paz de Dios alce bandera y lleve la corona en vuestros corazones.» Porque en el primer grado estaba la gracia y paz de Dios, como quien residía en frontera y vecina a los enemigos, encerrada y recatada y solícita; mas ahora ya se espacia y se alegra y se extiende como señora ya del campo.

Y ni más ni menos, es estado de muerte y de vida; porque la vida que Cristo vive en los que llegan aquí, da vida a lo alto del alma, y da muerte y degüella a casi todos los afectos y pasiones malas del cuerpo, de que dice el Apóstol: «Si Cristo está en vosotros, vuestro cuerpo, sin duda, ha muerto cuanto al pecado, mas el espíritu vive por virtud de la justicia.»

Y finalmente, es estado de amor y de paz, porque se hermanan en él las dos partes del alma que decimos, y el sentido ama servir a la razón, y Jacob y Esaú se hacen amigos, que fueron imagen de esto, como antes decía. Porque, Sabino, como sabéis, Rebeca, mujer de Isaac, concibió de un vientre estos dos hijos, que, antes que naciesen, peleaban entre sí mismos; por donde ella, afligida, consultó el caso con Dios, que le respondió que tenía en su vientre dos linajes de gentes contrarias, que pelearían siempre entre sí, y que el menor en salir a luz vencería al que primero naciese.

Llegado el tiempo, nació primero un niño bermejo y velloso; y, después de él y asido de su pie de él, nació luego otro de diferente calidad del primero. Este postrero fue llamado Jacob, y el primero Esaú. Su inclinación fue diferente, así como su figura lo era. Esaú, aficionado a la caza y al campo; Jacob, a vivir en su casa. En ella compró un día, por cierto caso, a su hermano el derecho del mayorazgo, que se le vendió por comer. Poco después, con artificio, le ganó la bendición de su padre, que creyó que bendecía al mayor. Quedaron por esta causa enemigos; aborrecía de muerte Esaú a Jacob; amenazábale siempre. El mozo santo, aconsejado de la madre, huyó la ocasión, desamparó la casa del padre, caminó para Oriente, vio en el camino el cielo sobre sí abierto, sirvió en casa de su suegro por Lía y por Raquel, y casado, tuvo abundancia de hijos y de hacienda; y, volviendo con ella a su tierra, luchó con el ángel, y fue bendecido de él; y, enflaquecido en el muslo, mudó el andar con el nombre, y luego le vino al encuentro Esaú, su hermano, ya amigo y pacífico.

Pues conforme a esta imagen, son de un parto las dos partes del alma y riñen en el vientre, porque de su naturaleza tienen apetitos contrarios, y porque, sin duda, después nacen de ellas dos linajes de gentes enemigas entre sí: las que siguen en el vivir el querer del sentido, y las que miden lo que hacen por razón y justicia. Nace el sentido primero, porque se ve su obra primero; tras él viene luego el uso de la razón. El sentido es teñido de sangre y vestido de los frutos de ella, y ama el robo, y sigue siempre sus pasiones fieras por alcanzarlas, mas la razón es amiga de su morada, adonde reposa contemplando la verdad con descanso. Aquí le vienen a las manos la bendición y el mayorazgo. Mas enójanse los sentidos y descubren sus deseos sangrientos contra el hermano, que, guiado de la sabiduría para vencerlos, los huye y corta las ocasiones del mal; y enajénase el hombre de los padres y de la casa, y, puestos los ojos en el Oriente, camina a él la razón, a la cual en este camino se le aparece Dios y le asegura su amparo, y con esto le mueve y guía a servir muchos años y con mucho fruto por Raquel y por Lía; hasta que, finalmente, acercándose ya a su verdadera tierra, viene a abrazarse con Dios y como a luchar con el ángel, pidiéndole que le santifique y bendiga y ponga en paz sus sentidos; y sale con su porfía al fin, y con la bendición muere el muslo, porque en el morir del sentido vicioso consiste el quedar enteramente bendito; y cojea luego el hombre, y es Israel. Israel, porque se ve en él y se descubre la eficacia de la vida divina que ya posee; cojo, porque anda en las cosas del mundo con sólo el pie de la necesidad, sin que le lleve el deleite. Y así, en llegando a este punto el sentido, sirve a la razón y se pacifica con ella y la ama, y gozan ambas, cada una según su manera, de riquezas y bienes, y son buenos hermanos Esaú y Jacob, y vive, como en hermanos conformes, el espíritu de Cristo que se derrama por ellos. Que es lo que se dice en el Salmo: «Cuán bueno es, y cuán lleno de alegría, el morar en uno los hermanos, como el ungüento bueno sobre la cabeza, que desciende a la barba, a la barba del sacerdote, y desciende al gorjal de su vestidura; como rocío en Hermón, que desciende sobre los montes de Sión. Porque allí instituyó el Señor la bendición, las vidas por los siglos.» Porque todo el descanso y toda la dulzura y toda la utilidad de esta vida entonces es: cuando estas dos partes nuestras, que decimos hermanas, viven también como hermanas en paz y concordia.

Y dice que es suave y provechosa esta paz, como lo es el ungüento oloroso derramado, y el rocío que desciende sobre los montes de Hermón y de Sión, porque en el hecho de la verdad, el Hijo de Dios que nace y que vive en estas dos partes, y que es unción y rocío, como ya muchas veces decimos, derramándose en la primera de ellas, y de allí descendiendo a la otra y bañándola, hace en ellas esta paz provechosa y gustosa. De las cuales partes la una es bien como la cabeza, y la otra como la barba áspera y como la boca o la margen de la vestidura; y la una es verdaderamente Sión, adonde Dios se contempla, y la otra Hermón, que es asolamiento, porque consiste su salud en que se asuele en ella cuanto levanta el demasiado y vicioso deseo.

Y cierto, cuando Cristo llega a nacer y vivir en alguno de esta manera, aquel en quien así vive dice bien con San Pablo: «Vivo yo, ya no yo, pero vive en mí Jesucristo.» Porque vive y no vive: no vive por sí, pero vive porque en él vive Cristo, esto es, porque Cristo, abrazado con él y como infundido por él, le alienta y le mueve, y le deleita y le halaga, y le gobierna las obras y es la vida de su feliz vida. Y de los que aquí llegaron dice propiamente Isaías: «Alegráronse con tu presencia como la alegría en la siega, como se regocijaron al dividir del despojo.» De la siega dice que es señalada alegría porque se coge en ella el fruto de lo trabajado, y se conoce que la confianza que se hizo del suelo no salió vacía, y se halla, como por la largueza de Dios, mejorado y acrecentado lo que parecía perdido. Y así es alegría grandísima la de los que llegan aquí, porque comienzan a coger el fruto de su fe y penitencia, y ven que no les burló su esperanza, y sienten la largueza de Dios en sí mismos y un amontonamiento de no pensados bienes.

Y dice del dividir los despojos, porque entonces alegran a los vencedores tres cosas: el salir del peligro, el quedar con honra, el verse con tanta riqueza. Y las mismas alegran a los que ahora decimos; porque, vencido y casi muerto del todo lo que en el sentido hace guerra, y esto porque el espíritu de Cristo nace y se derrama por él, no solamente salen de peligro, sino se hallan improvisamente dichosos y ricos. Y por eso dice que se alegran en su presencia, porque la presencia suya en ellos, que es el nacer y vivir de Cristo en toda su alma, les acarrea este bien, que es el que añade luego, diciendo: «Porque el yugo de pesadumbre y la vara de su hombro y el cetro del ejecutor en él, lo quebrantaste como en el día de Madián.»

Que a la ley dura que puso el pecado en nuestra carne y a lo que heredamos del primer hombre y que es hombre viejo en nosotros, lo llama bien «yugo de pesadumbre» porque es carga muy enlazada a nosotros y que mucho nos enlaza; y «vara de su hombro» porque con ella, como con vara de castigo, nos azota el demonio. Y dice «de su hombro», por semejanza de los verdugos y ministros antiguos de justicia, que traían al hombro el manojo de varas con que herían a los condenados. Y es «cetro de ejecutor», y en nosotros, porque, por medio de la mala inclinación del viejo hombre, que reside en nuestra carne, ejecuta el enemigo su voluntad en nosotros. Lo cual todo quebranta Cristo cuando de lo alto del alma extiende su vida a la parte baja de ella, y viene como a nacer en la carne.

Y quebrántalo, «como en el día de Madián». Que ya sabéis en qué forma alcanzó victoria Gedeón de los madianitas, sin sus armas y con sólo quebrar los cántaros y resplandecer la luz que encerraban y con tocar las trompetas. Porque comenzar Cristo a nacer en nosotros no es cosa de nuestro mérito, sino obra de su mucha virtud, que primero, como luz metida en el medio del alma, se encierra allí, y después se descubre y resplandece, quebrantando lo terreno y carnal del sentido. A cuyo resplandor, y al sonido que hace la voz de Cristo en el alma, huyen los enemigos y mueren. Y como en el sueño que entonces vio uno de los del pueblo contrario, un pan de cebada y cocido entre la ceniza, que se revolvía por el real de los enemigos, tocando las tiendas, las derrocaba, así aquí Cristo, que es pan despreciado al parecer y cocido en trabajos, revolviéndose por los sentidos del alma, pone por el suelo los asientos de la maldad que nos hacen guerra; y, finalmente, los abrasa y consume, como dice luego el Profeta: «Que toda la presa o pelea peleada con alboroto, y la vestidura revuelta en las sangres, será para ser quemada, será mantenimiento de fuego.» Y dice bien «la pelea peleada con alboroto», cuales son las contradicciones que los deseos malos, cuando se encienden, hacen a la razón, y las polvaredas que levantan, y su alboroto y su ruido.

Y dice bien «el vestido revuelto en la sangre», que es el cuerpo y la carne que nos vestimos, manchada con la sangre de sus viciosas pasiones, porque todo ello, en este caso, lo apura el santo fuego que Cristo en el Evangelio dice que vino a poner en la tierra. Y lo que el mismo profeta en otro capítulo escribe, también pertenece a este negocio, porque dice de esta manera: «Porque el pueblo en Sión habitará en Jerusalén. No llorará, llorando; apiadando, se apiadará de ti. A la voz de tu grito, en oyéndola, te responderá. Y daros ha el Señor pan estrecho y agua apretada, y no volará más tu maestro, y a tu maestro tus ojos le contemplarán, y tus orejas oirán a las espaldas tuyas palabra que te dirá: este es el camino, andad en él, no inclinéis a la derecha o a la izquierda.» Que es imagen de esto mismo que digo, adonde el pueblo que estaba en Sión hace ya morada en Jerusalén.

Y la vida de Cristo, que vivía en el alcázar del alma, se extiende por toda la cerca de ella y la pacifica; y el que residía en Sión, hace ya su morada en la paz; y cesa el lloro que es lloro, porque se usa ya con ellos de la piedad, que es perfecta. Y como vive ya Cristo en ellos, óyelos en llamando, o, por mejor decir, lo que Él pide en ellos, eso es lo que piden, porque está en ellos su maestro metido, que no se les aparta ni ausenta, y que, en hablando ellos, los oye, y dales entonces Dios pan estrecho y agua apretada, porque verdaderamente les da el pan y el agua que dan vida verdadera: su cuerpo y su espíritu, que se derrama por ellos y los sustenta. Mas dáselo con brevedad y estrechez: lo uno, porque, de ordinario, mezcla Dios con este pan que les da, adversidad y trabajos; lo otro, porque es pan que sustenta en medio de los trabajos y de las apreturas el alma; y lo último, porque en esta vida este pan vive como escondido y como encogido en los justos. Que, como dice de ellos San Pablo: «Nuestra vida está escondida con Cristo en Dios, mas cuando Él apareciere que es vuestra vida, entonces le pareceréis a Él en la gloria.» Porque entonces acabará de crecer en los suyos Cristo perfectamente y del todo, cuando los resucitare del polvo inmortales y gloriosos, que será el grado tercero y el último de los que arriba dijimos. Adonde su espíritu y vida de Él se comunicará de lo alto del alma a la parte más baja de ella, y de ella se extenderá por el cuerpo, no solamente quitando de él lo vicioso, sino también desterrando de él lo quebradizo y lo flaco, y vistiéndolo enteramente de sí.

De manera que todo su vivir, su querer, su entender, su parecer y resplandecer será Cristo, que será entonces varón perfecto enteramente en todos los suyos, y será uno en todos, y todos serán hijos cabales de Dios por tener en sí el ser y el vivir de este Hijo, que es único y solo Hijo de Dios, y lo que es Hijo de Dios en todos los que se llaman sus hijos. Y así como Cristo nace en todas estas maneras, así también en las Escrituras sagradas hebreas es llamado Hijo con cinco nombre diversos.

Porque, como sabéis, Isaías le llama Ieled, y David, en el Salmo segundo, le llama Bar, y en el Salmo setenta y uno le llama Nin, y de David y de Isaías es llamado Ben, y llámale Sil Jacob en la bendición de su hijo Judas, en el libro de la Creación de las cosas.

De manera que como Cristo nace cinco veces así también tiene cinco nombres de Hijo, que todos significan lo mismo que Hijo, aunque con sonidos diferentes y con origen diversa. Porque Ieled es, como si dijésemos, el engendrado; Bar, el criado, apurado, escogido; Nin, el que se va levantando; Ben, el edificio; y Sil, el pacífico o el enviado. Que todas son cualidades que generalmente se dicen bien de los hijos, por donde los hebreos tomaron nombres de ellas para significar lo que es hijo; porque el hijo es engendrado y criado y sacado a luz, y es como lo apurado y lo ahechado que sale del mezclarse los padres, y el que se levanta en su lugar cuando ellos fallecen, sustentando su nombre, y es como un edificio; por donde, aun en español, a los hijos y descendientes les damos nombre de casa, y es la paz el hijo, y como el nudo de concordia entre el padre y la madre.

Mas dejando lo general, con señalada propiedad son estos nombres de sólo aqueste Hijo que digo. Porque Él es el engendrado según el nacimiento eterno, y el sacado a luz según el nacimiento de la carne, y lo apurado y lo ahechado de toda culpa según ella misma, y el que se levantó de los muertos, y el edificio que encierra en la hostia, donde se pone, a todos sus miembros, y el que nace en el centro de sus almas, de donde envía poco a poco por todas sus partes de ellas la virtud de su espíritu, que las apura y aviva y pacifica y abastece de todos sus bienes. Y finalmente, Él es el Hijo de Dios, que sólo es hijo de Dios en sí y en todos los demás que lo son. Porque en Él se criaron y por Él se reformaron, y por razón de lo que de Él contienen en sí son dichos sus hijos. Y eso es ser nosotros hijos de Dios: tener a este su divino Hijo en nosotros. Porque el Padre no tiene sino a Él solo por Hijo, ni ama como a hijos sino a los que en sí le contienen y son una misma con Él, un cuerpo, un alma, un espíritu. Y así, siempre ama a solo Él en todas las cosas que ama.

Y acabó Juliano aquí, y dijo luego:

-Hecho he, Sabino, lo que me pediste, y dicho lo que he sabido decir; mas si os tengo cansado, por eso proveíste bien que Marcelo sucediese luego; que con lo que dijere nos descansará a todos.

-A Sabino -dijo entonces Marcelo- yo fío que no le habéis cansado, mas habéisme puesto en trabajo a mí, que, después de vos, no sé qué podré decir que contente. Sólo hay este bien, que me vengaré ahora, Sabino, de vos en quitaros el buen gusto que os queda.

Dijo Marcelo esto, y quería Sabino responderle, mas estorbóselo un caso que sucedió, como ahora diré.

En la orilla contraria de donde Marcelo y sus compañeros estaban, en un árbol que en ella había, estuvo asentada una avecilla de plumas y de figura particular, casi todo el tiempo que Juliano decía, como oyéndole, y, a veces, como respondiéndole con su canto, y esto con tanta suavidad y armonía, que Marcelo y los demás habían puesto en ella los ojos y los oídos. Pues al punto que Juliano acabó, y Marcelo respondió lo que he referido, y Sabino le quería replicar, sintieron ruido hacia aquella parte; y, volviéndose, vieron que lo hacían dos grandes cuervos que, revolando sobre el ave que he dicho y cercándola alrededor, procuraban hacerle daño con las uñas y con los picos. Ella, al principio, se defendía con las ramas del árbol, encubriéndose entre las más espesas. Mas creciendo la porfía, y apretándola siempre más a do quiera que iba, forzada se dejó caer en el agua gritando y como pidiendo favor. Los cuervos acudieron también al agua y, volando sobre la haz del río, la perseguían malamente, hasta que al fin el ave se sumió toda en el agua, sin dejar rastro de sí. Aquí Sabino alzó la voz y, con un grito, dijo:

-¡Oh la pobre, y cómo se nos ahogó!

Y así lo creyeron sus compañeros, de que mucho se lastimaron. Los enemigos, como victoriosos, se fueron alegres luego. Mas como hubiese pasado un espacio de tiempo, y Juliano con alguna risa consolase a Sabino, que maldecía los cuervos, y no podía perder la lástima de su pájara, que así la llamaba, de improviso, a la parte adonde Marcelo estaba, y casi junto a sus pies, la vieron sacar del agua la cabeza, y luego salir del arroyo a la orilla, toda fatigada y mojada. Como salió, se puso sobre una rama baja que estaba allí junto, adonde extendió sus alas y las sacudió del agua, y después, batiéndolas con presteza, comenzó a levantarse por el aire cantando con una dulzura nueva. Al canto, como llamadas otras muchas aves de su linaje, acudieron a ella de diferentes partes del soto. Cercábanla y, como dándole el parabién, le volaban al derredor. Y luego juntas todas y como en señal de triunfo, rodearon tres o cuatro veces el aire con vueltas alegres, y después se levantaron en alto poco a poco hasta que se perdieron de vista.

Fue grandísimo el regocijo y alegría que de este suceso recibió Sabino. Mas decíame que, mirando en este punto a Marcelo, le vio demudado en el rostro y turbado algo y metido en gran pensamiento, de que mucho se maravilló; y que riéndole preguntar qué sentía, viole que, levantando al cielo los ojos, como entre los dientes y con un suspiro disimulado, dijo:

-Al fin, Jesús es Jesús.

Y que luego, sin dar lugar a que ninguno le preguntase más, se volvió a él y le dijo:

-Atended, pues, Sabino, a lo que pedisteis.

CORDERO

De cómo Cristo es llamado Cordero, y por qué le conviene este nombre

El nombre de Cordero, de que tengo de decir, es nombre tan notorio de Cristo, que es excusado probarlo. Que ¿quién no oye cada día en la misa lo que refiere el Evangelio haberle dicho el Bautista: «Éste es el Cordero de Dios, que lleva sobre sí los pecados del mundo?»

Mas si esto es fácil y claro, no lo es lo que encierra en sí toda la razón de este nombre, sino escondido y misterioso, mas muy digno de luz. Porque Cordero, pasándolo a Cristo, dice tres cosas: mansedumbre de condición, y pureza e inocencia de vida, y satisfacción de sacrificio y ofrenda, como San Pedro juntó casi en este propósito hablando de Cristo: «El que, dice, no hizo pecado, ni se halló engaño en su boca; que, siendo maldecido, no maldecía, y, padeciendo, no amenazaba; antes se entregaba al que juzgaba injustamente; el que llevó a la cruz sobre sí nuestros pecados.» Cosas que encierran otras muchas en sí y en que Cristo se señaló y aventajó por maravillosa manera.

Y digamos por sí de todas tres.

Pues, cuanto a lo primero, Cordero dice mansedumbre, y esto se nos viene a los ojos luego que oímos Cordero, y con ello la mucha razón con que de Cristo se dice, por el extremo de mansedumbre que tiene, así en el trato como en el sufrimiento; así en lo que por nosotros sufrió como en lo que cada día nos sufre.

Del trato, Isaías decía: «No será bullicioso ni inquieto ni causador de alboroto.» Y Él de sí mismo: «Aprended de mí, que soy manso, y de corazón humilde.» Y respondió bien con las palabras la blandura de su acogimiento con todos los que se llegaron a Él por gozarle cuando vivió nuestra vida: con los humildes, humilde; con los más despreciados y más bajos, más amoroso; y con los pecadores que se conocían, dulcísimo. La mansedumbre de este Cordero salvó a la mujer adúltera que la ley condenaba, y, cuando se la puso en su presencia la malicia de los fariseos y le consultó de la pena, no parece que le cupo en la boca palabra de muerte, y tomó ocasión para absolverla el faltarle acusador, pudiendo sólo Él ser acusador y juez y testigo. La misma mansedumbre admitió a la mujer pecadora, hizo que se dejase tocar de una infame, y consintió que le lavasen sus lágrimas, y dio limpieza a los cabellos que le limpiaban sus pies. Esa misma puso en su presencia los niños que sus discípulos apartaban de ella, y, siendo quien era, dio oídos a las largas razones de la samaritana, y fue causa que no desechase de sí a ninguno, ni se cansase de tratar con los hombres, siendo Él quien era, y siendo su trato de ellos tan pesado y tan impertinente como sabemos.

Mas ¿qué maravilla que no se enfadase entonces, cuando vivía en el suelo, el que ahora en el cielo, donde vive tan exento de nuestras miserias y declarado por Rey universal de todas las cosas, tiene por bueno de venirse en el Sacramento a vivir con nosotros, y lleva con mansedumbre verse rodeado de mil impertinencias y vilezas de hombres, y no hay aldea de tan pocos vecinos adonde no sea casi como uno de sus vecinos en su iglesia nuestro Cordero, blando, manso, sufrido a todos los estados?

Y aunque leemos en el Evangelio que castigó Cristo a algunas personas con palabras, como a San Pedro una vez, y muchas a los fariseos, y con las manos también, como cuando hirió con el azote a los que hacían mercado en su templo; mas en ninguna encendió su corazón en fiereza ni mostró semblante bravo, sino en todas, con serenidad de rostro, conservó el sosiego de mansedumbre, desechando la culpa y no desdiciendo de su gravedad afable y dulce. Que como en la divinidad, sin moverse, lo mueve todo, y sin recibir alteración, riñe y corrige; y, durando en quietud y sosiego, lo castiga y altera, así en la humanidad, que como más se le allega, así es la criatura que más se le parece, nunca turbó la dulzura de su ánimo manso el hacer en los otros lo que el desconcierto de sus razones o de sus obras pedía; y reprendió sin pasión, y castigó sin enojo, y fue aun en el reñir un ejemplo de amor.¿Qué dice la Esposa?: «Su garganta suavísima, y amable todo Él y todas las cosas.»

-Y aquella voz - dijo Sabino aquí-, ¿paréceos, Marcelo, que será muy amable: «Id, malditos de mi Padre, al fuego eterno aparejado para el demonio»? ¿O será voz que se podrá decir sin braveza u oír sin espanto? Y si tan manso es el trato todo de Cristo, ¿qué le queda para ser León, como en la Escritura se dice?

-Bien decís -respondió Marcelo-. Mas en lo primero, creo yo muy bien que les será muy espantable a los malos aquella tan horrible sentencia, y que el parecer ante el juez, y el rostro y el mirar del juez les será de increíble tormento. Mas también habéis de entender que será sin alteración del alma de Cristo, sino que, manso en sí, bramará en los oídos de aquéllos, y, dulce en sí mismo y en su rostro, les encandilará con terriblez y fiereza los ojos. Y, a la verdad, lo que más me declara el infinito mal de la obstinación del pecado es ver que trae a la mansedumbre y al amor y a la dulzura de Cristo a términos de decir tal sentencia, y que pone en aquella boca palabras de tanto amargor; y que quien se hizo hombre por los hombres y padeció lo que padeció por salvarlos, y el que dice que su deleite es su trato, y el que, vivo y muerto, mortal y glorioso, ni piensa ni trata sino de su reposo y salud, y el que todo cuanto es, ordena a su bien, los pueda apartar de sí con voz tan horrible; y que la pura fuerza de aquella no curable maldad mudará la voz al Cordero. Y siendo lo ordinario de Dios con los malos esconderles su cara, que es alzar la vista de su favor, y dejarlos para que sus designios con sus manos los labren, conforme a lo que decía el Profeta: «Ascondiste de nosotros tu cara, y con la mano de nuestra maldad nos quebrantaste», aquí el celo del castigo merecido le hace que la descubra, y que tome la espada en la mano y en la boca tan amarga y espantable sentencia.

Y a lo segundo del León, que, Sabino, dijistes, habéis de entender que, como Cristo lo es, no contradice, antes se compadece bien con él, ser para con nosotros Cordero. Porque llámase Cristo y es León por lo que a nuestro bien y defensa toca, por lo que hace con los demonios enemigos nuestros y por la manera como defiende a los suyos. Que, en lo primero, para librarnos de sus manos, les quitó el mando y derrocóles de su tiranía usurpada; y asolóles los templos e hizo que los blasfemasen los que poco antes los adoraban y servían, y bajó a sus reinos oscuros y quebrantóles las cárceles y sacóles mil prisioneros; y entonces y ahora y siempre se les muestra fiero, y los vence y les quita de las uñas la presa. A que mira San Juan para llamarle León, cuando dice: «Venció el león de Judá.»

Y en lo segundo, así como nadie se atreve a sacar de las uñas del león lo que prende, así no es poderoso ninguno a quitarle a Cristo de su mano los suyos. ¡Tanta es la fuerza de su firme querer! «Mis ovejas, dice Él, ninguno me las sacará de las manos.» E Isaías en el mismo propósito: «Porque dice el Señor: Así como cuando brama el león y el cachorro del león sobre su presa, no teme para dejarla; si le sobreviene multitud de pastores, a sus voces no teme ni a su muchedumbre se espanta; así el Señor descenderá y peleará sobre el monte de Sión, sobre el collado suyo.» Así que ser Cristo León le viene de ser para nosotros amoroso y manso Cordero; y porque nos ama y sufre con amor y mansedumbre infinita, por eso se muestra fiero con los que nos dañan, y los desama y maltrata. Y así, cuando a aquéllos no sufre, nos sufre; y cuando es con ellos fiero, con nosotros es manso.

Y hay algunos que son mansos para llevar las importunidades ajenas, pero no para sufrir sus descomedimientos; y otros que, si sufren malas palabras, no sufren que les pongan las manos; mas Cristo, como en todo, así en esto perfecto Cordero, no solamente llevó con mansedumbre nuestro trato importuno, mas también sufrió con igualdad nuestro atrevimiento injurioso. «Como Cordero dice Isaías, delante del que le trasquila.»

¿Qué no sufrió de los hombres por amor de los hombres? ¿De qué injuria no hicieron experiencia en Él los que vivían por Él? Con palabras le trataron descomedidas, con testimonios falsísimos; pusieron sus manos sacrílegas en su divina persona; añadieron a las bofetadas azotes, y a los azotes espinas, y a las espinas clavos y cruz dolorosa, y, como a porfía, probaron en hacerle mal sus descomulgados ingenios y fuerzas. Mas ni la injuria mudó la voluntad, ni la paciencia y mansedumbre hizo mella el dolor. Y si, como dice San Agustín, mi Padre, es manso el que da vado a los hechos malvados y que no resiste al mal que le hacen, antes le vence con el bien, Cristo, sin duda, es el extremo de mansedumbre. Porque ¿contra quién se hicieron tantos hechos malvados?, ¿o en cúyo daño se esforzó más la maldad?, ¿o quién le hizo menos resistencia que Cristo, o la venció con retorno de beneficios mayores? Pues a los que le huyen busca, y a los que le aborrecen abraza, y a los que le afrentan y dan dolorosa muerte, con esa misma muerte los santifica, los lava con esa misma sangre que enemigamente le sacan. Y es puntualmente en este nuestro Cordero, lo que en el Cordero antiguo, que de él tuvo figura, que todos le comían y despedazaban y con todo él se mantenían: la carne y las entrañas y la cabeza y los pies. Porque no hubo cosa en nuestro Bien adonde no llegase el cuchillo y el diente: al costado, a los pies, a las manos, a la sagrada cabeza, a los oídos y a los ojos, y a la boca con gusto amarguísimo; y pasó a las entrañas el mal, y afligió por mil maneras su ánima santa, y le tragó con la honra la vida.

Mas con cuanto hizo, nunca pudo hacer que no fuese Cordero, y no Cordero solamente, sino provechoso Cordero, no solamente sufrido y manso, sino, en eso mismo que tan mansa e igualmente sufría, bienhechor utilísimo. Siempre le espinamos nosotros, y siempre Él trabaja por traernos a fruto. Y como Dios, en el Profeta de sí mismo dice: «Adán es mi ejemplo desde mi mocedad.» Porque como en la manera que fue por Dios sentenciado y mandado que Adán trabajase y labrase la tierra, y la tierra labrada y trabajada le fructificase abrojos y espinas, así con su mansedumbre nos sufre y nos torna a labrar, aunque le fructifiquemos ingratitud.

Y no sólo en cuanto anduvo en el suelo, mas ahora en el cielo, glorioso y Emperador sobre todo y Señor universal declarado, nos ve que despreciamos su sangre y que, cuanto es por nosotros, hacemos sus trabajos inútiles y pisamos, como el Apóstol dice, su riquísima satisfacción y pasión, y nos sufre con paciencia, y nos aguarda con sufrimiento, y nos llama y despierta y solicita con mansedumbre y amor entrañable.

Y a la verdad, porque es tan amoroso, por eso es tan manso, y porque es excesivo el amor, por eso es la mansedumbre en exceso. Porque la caridad, como el Apóstol dice, de su natural es sufrida, y así conservan una regla y guardan una medida misma el querer y el sufrir. De manera que, cuando no hubiera otro camino, por este solo del amor entendiéramos la grandeza de la mansedumbre de Cristo; porque cuanto nos quiere bien, tanto se ha con nosotros mansa y sufridamente; y quiérenos cuanto ve que su Padre nos quiere, el cual nos ama por tan rara y maravillosa manera, que dio por nuestra salud la vida de su unigénito Hijo. Que, como el Apóstol dice: «Así amó al mundo Dios, que dio su Hijo unigénito, para que no perezca quien creyere en Él.» Porque dar aquí es entregar a la muerte. Y en otro lugar: «Quien no perdonó a su Hijo propio, antes le entregó por nosotros, ¿qué cosa, de cuantas hay, dejó de darnos con Él?»

Así que es sin medida el amor que Cristo nos tiene, y por el mismo caso la mansedumbre es sin medida, porque corren a las parejas lo amoroso y lo manso. Aunque, si no lo fuera así, ¿cómo pudiera ser tan universal Señor y tan grande? Porque un señorío y una alteza de gobierno semejante a la suya, si cayera, o en un ánimo bravo, o mal sufrido y colérico, intolerable fuera, porque todo lo asolara en un punto. Y así la misma naturaleza de las cosas pide y la razón del gobierno y mando, que cuanto uno es mayor señor y gobierna a más gentes, y se encarga de más negocios y oficios, tanto sea más sufrido y más manso. Por donde la Divinidad, universal emperatriz de las cosas, sufre y espera y es mansa, lo que no se puede encarecer con palabras. Y así ella usó de muchas, cuando quiso declarar esta su condición a Moisés, que le dijo: «Soy piadoso, misericordioso, sufrido, de larguísima espera, muy ancho de narices y que extiendo por mil generaciones mi bien.» Y del mismo Moisés, que fue su lugarteniente, y cabeza puesta por Él sobre todo su pueblo, se escribe que fue mansísimo sobre todos los de su tiempo. Por manera que la razón convence que Cristo tiene mansedumbre de Cordero infinita: lo uno, porque es su poderío infinito, y lo otro, porque se parece a Dios más que otra criatura ninguna, y así le imita y retrata en esta virtud, como en las demás, sobre todos.

Y si es Cordero por la mansedumbre, ¿cuán justamente lo será por la inocencia y pureza? Que es lo segundo de tres cosas que decir propuse.

Que dice San Pedro «Redimidos, no con oro y plata que se corrompe, sino con la sangre sin mancilla del Cordero inocente.» Que en el fin porque lo dice, declara y engrandece la suma inocencia de este Cordero nuestro. Porque lo que pretende es persuadirnos que estimemos nuestra redención y que, cuando ninguna otra cosa nos mueva, a lo menos, por haber sido comprados con una vida tan justa y lavados del pecado con una sangre tan pura, porque tal vida no haya padecido sin fruto, y tal sangre no se derrame de balde, y tal inocencia y pureza, ofrecida por nosotros a Dios, no carezca de efecto, nos aprovechemos de Él y nos conservemos en Él y, después de redimidos, no queramos ser siervos. Dice Santiago que «es perfecto el que no tropieza en las palabras y lengua». Pues de nuestro Cordero dirá que «ni hizo pecado, ni en su boca fue hallado engaño», como dice San Pedro. Cierta cosa es que lo que Dios en sus criaturas ama y precia más es santidad y pureza, porque el ser puro uno es andar ajustado con la ley que le pone Dios y con aquello que su naturaleza le pide, y eso mismo es la verdad de las cosas, decir cada uno con lo que es y responder el ser con las obras. Y lo que Dios manda, eso ama; y porque de ello se contenta, lo manda; y al que es el ser mismo, ninguna cosa le es más agradable o conforme a lo que con su ser responde, que es lo verdadero y lo cierto, porque lo falso y engañoso no es. Por manera que la pureza es verdad de ser y de ley, y la verdad es lo que más agrada al que es puro ser.

Pues si Dios se agrada más de la humanidad santa de Cristo, concluido queda que es más santa y pura que todas las criaturas, y que se aventaja en esto a todas tanto, cuantas son y cuan grandes son las ventajas con que de Dios es amada. ¿Qué? ¿No es ella el Hijo de su amor, que Dios llama, y en él de quien únicamente se complace, como certificó a los discípulos en el monte, y el Amado, por cuyo amor y para cuyo servicio hizo lo visible y lo invisible que crió? Luego, si va fuera de toda comparación el amor, no la puede haber en la santidad y pureza, ni hay lengua que la declare ni entendimiento que comprenda lo que es.

Bien se ve que no tiene su grandeza medida, en la vecindad que con Dios tiene, o por decir verdad, en la unidad o en el lazo estrecho de unión con que Dios consigo mismo le enlaza. Que si es más claro lo que al sol se avecina más ¿qué resplandores no tendrá de santidad y virtud el que está y estuvo desde su principio, y estará para siempre, lanzado y como sumido en el abismo de esa misma luz y pureza? En las otras cosas resplandece Dios, mas con la humanidad que decimos está unido personalmente; las otras lléganse a Él, mas ésta tiénela lanzada en el seno; en las otras reverbera este sol, mas en ésta hace un sol de su luz. En el sol, dice, puso su morada, porque la luz de Dios puso en la humanidad de Cristo su asiento, con que quedó en puro sol transformada. Las otras centellean hermosas, ésta es de resplandor un tesoro; a las otras les adviene la pureza y la inocencia de fuera, ésta tiene la fuente y el abismo de ella en sí misma; finalmente, las otras reciben y mendigan virtud, ésta, riquísima de santidad en sí, la derrama en las otras. Y pues todo lo santo y lo inocente y lo puro nace de la santidad y pureza de Cristo, y cuanto de este bien las criaturas poseen es partecilla que Cristo les comunica, claro es, no solamente ser más santo, más inocente, más puro que todas juntas, sino también ser la santidad y la pureza y la inocencia de todas, y, por la misma razón, la fuente y el abismo de toda la pureza e inocencia.

Pero apuremos más aquesta razón, para mayor claridad y evidencia. Cristo es universal principio de santidad y virtud de donde nace toda la que hay en las criaturas santas, y bastante para santificar todas las criadas, y otras infinitas que fuese Dios continuamente criando. Y, ni más ni menos, es la víctima y sacrificio aceptable y suficiente a satisfacer por todos los pecados del mundo, y de otros mundos sin número. Luego fuerza es decir que ni hay grado de santidad ni manera de ella, que no le haya en el alma de Cristo; ni menos pecado, ni forma, ni rastro, de que del todo Cristo no carezca. Y fuerza es también decir que todas las bondades, todas las perfecciones, todas las buenas maneras y gracias que se esparcen y podrían esparcir en infinitas criaturas que hubiesen, están ayuntadas y amontonadas y unidas, sin medida ni cuenta, en el manantial de ellas, que es Cristo, y que no se aparta tanto el ser del no ser, ni se aleja tanto de las tinieblas la luz, cuanto de Él mismo toda especie, todo género, todo principio, toda imaginación de pecado, hecho o por hacer, o en alguna manera posible, está apartado y lejísimo. Porque necesario es, y la ley no mudable de la naturaleza lo pide, que quien cría santidades, las tenga, y quien quita los pecados, ni los tenga ni pueda tenerlos. Que como la naturaleza a los ojos, para que pudiese recibir los colores, cría limpios de todos ellos; y el gusto, si de suyo tuviese algún sabor infundido, no percibiría todas las diferencias del gusto, así no pudiera ser Cristo universal principio de limpieza y justicia, si no se alejara de Él todo asomo de culpa, y si no atesorara en sí toda la razón de justicia y limpieza.

Que porque había que quitar en nosotros los hechos malos que oscurecen el alma, no puede haber en Él ningún hecho desconcertado y oscuro. Y porque había de borrar en nuestras almas los malos deseos, no pudo haber en la suya deseo que no fuese del cielo. Y porque reducía a orden y a buen concierto nuestra imaginación varia y nuestro entendimiento turbado, el suyo fue un cielo sereno, lleno de concierto y de luz. Y porque había de corregir nuestra voluntad malsana y enferma, era necesario que la suya fuese una ley de justicia y salud. Y porque reducía a templanza nuestros encendidos y furiosos sentidos, fueron necesariamente los suyos la misma moderación y templanza. Y porque había de poner freno y desarraigar finalmente del todo nuestras malas inclinaciones, no pudo haber en Él ni movimiento ni inclinación que no fuese justicia. Y porque era limpieza y perdón general del pecado primero, no hubo ni pudo haber, ni en su principio ni en su nacimiento, ni en el discurso de sus obras y vida, ni en su alma, ni en sus sentidos y cuerpo, alguna culpa, ni su culpa de Él ni sus reliquias y rastros. Y porque, a la postre, y en la nueva resurrección de la carne, la virtud eficaz de su gracia había de hacer no pecables los hombres, forzoso fue que Cristo no sólo careciese de toda culpa, mas que fuese desde su principio impecable. Y porque tenía en sí bien y remedio para todos los pecados, y para en todos los tiempos, y para en todos los hombres, no sólo en todos los que son justos, mas en todos los demás que no lo son, y lo podrían ser si quisiesen, no sólo en los que nacerán en el mundo, mas en todos los que podrían nacer en otros mundos sin cuento, convino y fue menester que todos los géneros y especies del mal actual -lo de original, lo de imaginación, lo del hecho, lo que es y lo que camina a que sea, lo que será y lo que pudiera ser por el tiempo, lo que pecan los que son y lo que los pasados pecaron, los pecados venideros y los que, si infinitos hombres nacieran, pudieran suceder y venir; finalmente, todo ser, todo asomo, toda sombra de maldad o malicia- estuviese tan lejos de Él, cuanto las tinieblas de la luz, la verdad de la mentira, de la enfermedad la medicina, están lejos.

Y convino que fuese un tesoro de inocencia y limpieza, porque era y había de ser el único manantial de ella, riquísimo. Y, como en el sol, por más que penetréis por su cuerpo, no veréis sino una apurada pureza de resplandor y de lumbre, porque es de las luces y resplandores la fuente, así en este Sol de justicia, de donde manó todo lo que es rectitud y verdad, no hallaréis, por más que lo divida y penetre el ingenio, por más que desmenuce sus partes, por más agudamente que las examine y las mire, sino una sencillez pura y una rectitud sencilla, una pureza limpia, que siempre está bullendo en pureza, una bondad perfecta entrañada en cuerpo y en alma, y en todas las potencias de ambos, en los tuétanos de ellos, que por todos ellos lanza rayos de sí. Porque veamos cada parte de Cristo, y veremos cómo cada una de ellas no sólo está bañada en la limpieza que digo, mas sirve para ella y la ayuda.

En Cristo consideramos cuerpo y consideramos alma; y en su alma podemos considerar lo que es en sí para el cuerpo, y los dones que tiene en sí por gracia de Dios, y el estar unida con la propia persona del Verbo.

Y cuanto a lo primero del cuerpo, como unos cuerpos sean de su mismo natural más bien inclinados que otros, según sus composturas y formas diferentes, y según la templanza diferente de sus humores (que unos son de suyo coléricos, otros mansos, otros alegres y otros tristes, unos honestos y vergonzosos, otros poco honestos y mal inclinados, modestos unos y humildes, otros soberbios y altivos), cosa fuera de toda duda es que el cuerpo de Cristo, de su misma cosecha, era de inclinaciones excelentes, y en todas ellas fue loable, honesto, hermoso y excelente. Que se convence, así de la materia de que se compuso como del artífice que le fabricó.

Porque la materia fue la misma pureza de la sangre santísima de la Virgen, criada y encerrada en sus limpias entrañas. De la cual habemos de entender que, aun en la ley de sangre, fue la más apurada, y la más delgada y más limpia, y más apta para criarla, y más ajena de todo afecto bruto, y de más buenas calidades de todas. Porque, allende de lo que el alma puede obrar y obra en los humores del cuerpo, que sin duda los altera y califica según sus afectos, y que, por esta parte, el alma santísima de la Virgen hacía santidad en su sangre, y sus inclinaciones celestiales de ella, y los bienes del cielo sin cuento que en sí tenía la espiritualizaban y santificaban en una cierta manera, así que, allende de esto, de suyo era la flor de la sangre, quiero decir, la sangre más ajena de las condiciones groseras del cuerpo, y más adelgazada en pureza que en género de sangre, después de la de su Hijo, jamás hubo en la tierra.

Porque se ha de entender que todas las santificaciones y purificaciones y limpiezas de la ley de Moisés, el comer estos manjares y no aquéllos, los lavatorios, los ayunos, el tener en cuenta en los días, todo se ordenó para que adelgazando y desnudando de sus afectos brutos la sangre y los cuerpos, y de unos en otros apurándose siempre más, como en el arte del destilar acontece, viniese últimamente una doncella a hacer una sangre virginal por todo extremo limpísima, que fuese material del cuerpo, purísimo sobre todo extremo, de Cristo. Y todo aquel artificio viejo y antiguo fue como un destilatorio que, de un licor puro sacando otro más puro, por medio de fuego y vasos diferentes, llegue a la sutileza y pureza postrera.

Así que la sangre de la Virgen fue la flor de la sangre, de que se compuso todo el cuerpo de Cristo. Por donde, aun en ley de cuerpo y por parte de su misma materia, fue inclinado al bien perfectamente y del todo. Y no sólo esta sangre virginal le compuso mientras estuvo en el vientre sagrado, mas, después que salió de él, le mantuvo, vuelta en leche en los pechos santísimos. De donde la divina Virgen, aplicando a ellos a su Hijo de nuevo, y enclavando en Él los ojos y mirándole, y siendo mirada de él, dulcemente encendida o, a la verdad, abrasada en nuevo y castísimo amor, se la daba, si decir se puede, más santa y más pura. Y como se encontraban por los ojos las dos almas bellísimas, y se trocaban los espíritus que hacen paso por ellos con los del Hijo, deificada la Madre más, daba al Hijo más deificada su leche. Y como en la Divinidad nace luz del Padre, que es luz, así también cuanto a lo que toca a su cuerpo, nace, de pureza, pureza.

Y si esto es cuanto a la materia de que se compone, ¿qué podremos decir por parte del Artífice que le compuso? Porque, como los otros cuerpos humanos los componga la virtud del varón, que la madre con su calor contiene en su vientre, en este edificio del santísimo cuerpo de Cristo, el Espíritu Santo hizo las veces de esta virtud, y formó por su mano Él, y sin que interviniese otro ninguno, este cuerpo. Y si son perfectas todas las obras que Dios hace por sí, ésta que hizo para sí, ¿qué será? Y si el vino que hizo en las bodas fue vino bonísimo, porque sin medio de otra causa le hizo del agua Dios por su poder, a quien toda la materia, por indispuesta que sea, obedece enteramente sin resistencia, ¿qué pureza, qué limpieza, qué santidad tendrá el cuerpo que fabricó el infinitamente Santo, de materia tan santa?

Cierto es que le amasó con todo el extremo de limpieza posible, quiero decir, que le compuso, por una parte, tan ajeno de toda inclinación o principio o estreno de vicio, cuanto es ajena de las tinieblas la luz; y, por otra, tan hábil, tan dispuesto, tan hecho, tan de sí inclinado a todo lo bueno, lo honesto, lo decente, lo virtuoso, lo heroico y divino, cuanto, sin dejar de ser cuerpo en todo género de pasibilidad, se sufría.

Y de esto mismo se ve cuánto era, de su cosecha, pura su alma, y de su natural inclinada a toda excelencia de bien, que es la otra fuente de esta inocencia y limpieza de que platicamos ahora. Porque, como sabéis, Juliano, en la filosofía cierta, las almas de los hombres, aunque sean de una especie todas, pero son más perfectas en sí y en su sustancia unas que otras, por ser de su natural hechas para ser formas de cuerpos, y para vivir en ellos, y obrar por ellos, y darles a ellos el obrar y el vivir. Que como no son todos los cuerpos hábiles en una misma manera para recibir este influjo y acto del alma, así las almas no son todas de igual virtud y fuerza para ejecutar esta obra, sino medida cada una para el cuerpo que la naturaleza le da.

De manera que, cual es la hechura y compostura y habilidad de los cuerpos, tal es la fuerza y poderío natural para ellos del alma, y según lo que en cada cuerpo y por el cuerpo puede ser hecho, así cría Dios hecha y trazada y ajustada cada alma. Que estaría como violentada si fuese al revés. Y si tuviese más virtud de informar y dar ser de lo que el cuerpo, según su disposición, sufre ser informado, no sería nudo natural y suave el del alma y del cuerpo, ni sería su casa del alma la carne fabricada por Dios para su perfección y descanso, sino cárcel para tormento y mazmorra. Y como el artífice que encierra en oro alguna piedra preciosa la conforma a su engaste, así Dios labra las ánimas y los cuerpos de manera que sean conformes, y no encierra ni engasta ni enlaza en un cuerpo duro, y que no puede ser reducido a alguna obra, un alma muy virtuosa y muy eficaz para ella, sino, pues los casa, aparéalos, y pues quiere que vivan juntos, ordena cómo vivan en paz. Y como vemos en la lista de todo lo que tiene sentido, y en todos sus grados, que, según la dureza mayor o menor de la materia que los compone, y según que está organizada y como amasada mejor, así tienen unos animales naturalmente ánima de más alto y perfecto sentido (que de suyo y en sí misma la ánima de la concha es más torpe que la del pez, y el ánima de las aves es de más sentido que las de los que viven en el agua; y, en la tierra, la de las culebras es superior al gusano, y la del perro a los topos, y la de los caballos al buey, y la de los simios a todos), y pues vemos en una especie de cuerpos humanos tantas y tan notables diferencias de humores, de complexiones, de hechuras, que, con ser de una especie todos, no parecen ser de una masa, justamente diremos, y será muy conforme a razón, que sus almas, por aquella parte que mira a los cuerpos, están hechas en diferencias diversas, y que son de un grado en espíritu, y más o menos perfectas en razón de ser formas.

Pues si hay este respecto y condición en las almas, la de Cristo, fabricada de Dios para ser la del más perfecto cuerpo, y mas dispuesto y más hábil para toda manera de bien que jamás se compuso, forzosamente diremos que de suyo y de su naturaleza misma está dotada sobre todas las otras de maravillosa virtud y fuerza para toda santidad y grandeza, y que no hubo género ni especie de obras, o morales o naturales, perfectas y hermosas, a que, así como su cuerpo de Cristo era hábil, así no fuese de suyo valerosa su alma. Y como su cuerpo estaba dispuesto y fue sujeto naturalmente apto para todo valor, así su alma por la natural perfección y vigor que tenía, aspiró siempre a todo lo excelente y perfecto.

Y como aquel cuerpo era de suyo honestísimo y templado de pureza y limpieza, así el alma que se crió para él era de su cosecha esforzada a lo honesto. Y como la compostura del cuerpo era para mansedumbre dispuesta, así el alma de su misma hechura era mansa y humilde. Y como el cuerpo por el concierto de sus humores era hecho para gravedad y mesura, así el alma de suyo era alta y gravísima. Y como de sus calidades era hábil el cuerpo para lo fuerte y constante, así el alma de su vigor natural era hábil para lo generoso y valiente. Y finalmente, como el cuerpo era hecho para instrumento de todo bien, así el alma tuvo natural habilidad para ser ejecutora de toda grandeza, esto es, tuvo lo sumo en la perfección de toda la latitud de su especie.

Y si, por su natural hechura, era aquesta sacratísima alma tan alta y tan hermosa, tan vigorosa y tan buena, ¿qué podremos decir de ella con lo que en ella la gracia sobrepone y añade? Que si es condición de los bienes del cielo, cualesquiera que ellos sean, mejorar aun en lo natural su sujeto, y la semilla de la gracia, en la buena tierra puesta, da ciento por uno, en naturales no sólo tan corregidos, sino tan perfectos de suyo y tan santos, ¿qué hará tanta gracia? Porque ni hay virtud heroica, ni excelencia divina, ni belleza de cielo, ni dones y grandezas de espíritu, ni ornamento admirable y nunca visto, que no resida en su alma y no viva en ella sin medida ni tasa.

Que, como San Juan dice: «No le dio Dios con mano limitada su espíritu.» Y como el Apóstol dice: «Mora en Él la plenitud de la Divinidad toda.» E Isaías: «Y reposará sobre Él el espíritu del Señor.» Y en el Salmo: «Tu Dios te ungió, oh Dios, con unción de alegría sobre todos tus particioneros.» Y con grande razón puso más en Él que juntos en todos, pues eran particioneros suyos, esto es, pues había de venir por Él a ellos, y habían de ser ricos de sus migajas y sobras. Porque la gracia y la virtud divina que el alma de Cristo atesora, no sólo era mayor en grandeza que las virtudes y gracias finitas, y hechas una, de todos los que han sido justos, y son ahora y serán adelante, mas es fuente de donde manaron ellas, que no se disminuye enviándolas, y que tiene manantiales tan no agotables y ricos, que en infinitos hombres más, y en infinitos mundos que hubiese, podría derramar en todos y sobre todos excelencia de virtud y justicia, como un abismo verdadero de bien.

Y como este mundo criado, así en lo que se nos viene a los ojos como en lo que nos encubre su vista, está variado y lleno de todo género y de toda especie y diferencias de bienes, así esta divina alma, para quien y para cuyo servicio esta máquina universal fue criada, y que es, sin ninguna duda, mejor que ella y más perfecta, en sí abraza y contiene lo bueno todo, lo perfecto, lo hermoso, lo excelente y lo heroico, lo admirable y divino. Y como el divino Verbo es una imagen del Padre viva y expresa, que contiene en sí cuantas perfecciones Dios tiene, así esta alma soberana que, como a Él más cercana y enlazada con Él, y que, no sólo de continuo, mas tan de cerca le mira y se remira en Él, y se espeja, y, recibiendo en sí sus resplandores divinos, se fecunda y figura y viste, y engrandece y embellece con ellos, y traspasa a sí sus rayos cuanto es a la criatura posible, y le, remeda y se asemeja, y le retrae tan al vivo que, después de Él, que es la imagen cabal, no hay imagen de Dios como el alma de Cristo. Y los querubines más altos, y todos juntos y hechos uno los ángeles, son rascuños imperfectos, y sombras oscurísimas, y verdaderamente tinieblas en su comparación.

¿Qué diré, pues, de lo que se añade y sigue a esto, que es el lazo que con el Verbo divino tiene, y la personal unión? Que ella sola, cuando todo lo demás faltara, es justicia y riqueza inmensa. Porque ayuntándose el Verbo con aquella dichosa alma, y por ella también con el cuerpo, así la penetra toda y embebe en sí mismo, que con suma verdad no sólo mora Dios en Él, mas es Dios aquel hombre, y tiene aquella alma en sí todo cuanto Dios es: su ser, su saber, su bondad, su poder. Y no solamente en sí lo tiene, mas tan enlazado y tan estrechamente unido consigo mismo, que ni puede desprenderse de Él o desenlazarse, ni es posible que, mientras de Él presa estuviere, o con Él unida en la manera que digo, no viva y se conserve en suma perfección de justicia. Que, como el hierro que la fragua enciende, penetrado y poseído del fuego, y que parece otro fuego, siempre que está en la hornaza es y parece así, y, si de ella no pudiese salir, no tendría, ni tener podría, ni otro parecer ni otro ser, así lanzada toda aquella feliz humanidad y sumida en el abismo de Dios, y poseída enteramente y penetrada por todos sus poros de aquel fuego divino, y firmado con no mudable ley que ha de ser así siempre, es un hombre que es Dios, y un hombre que será Dios cuanto Dios fuere; y cuanto está lejos de no lo ser, tanto está apartada de no tener en su alma toda inocencia y rectitud y justicia.

Que como ella es medianera entre Dios y su cuerpo (porque con él se ayunta Dios por medio del alma) y como los medios comunican siempre con los extremos y tienen algo de la naturaleza de ambos, por eso el alma de Cristo que, como forma de la carne, dice con ella y se le avecina y allega, como mente criada para unirse y enlazarse con Dios, y para recibir en sí y derivar de sí en su cuerpo, así natural como místico, los influjos de la divinidad, fue necesario que se asemejase a Dios, y se levantase en bondad y justicia más ella sola que juntas las criaturas. Y convino que fuese un espejo de bien, y un dechado de aquella suma bondad, y un sol encendido y lleno de aquel sol de justicia, y una luz de luz, y un resplandor de resplandor, y un piélago de bellezas cebado de un abismo bellísimo. Y rodeado y enriquecido con toda aquesta hermosura, y justicia y inocencia y mansedumbre, nuestro santo Cordero como tal, y para serlo cabalmente y del todo, se hizo nuestro único y perfecto sacrificio, aceptando y padeciendo, por darnos justicia y vida, muerte afrentosa en la cruz. En que se ofrece a la lengua infinito; mas digamos sólo el cómo fue sacrificio, y la forma de esta expiación. Que cuando San Juan de este Cordero dice que «quita los pecados del mundo», no solamente dice que los quita, sino que, según la fuerza de la propia palabra, así los quita de nosotros, que los carga sobre sí mismo y les hace como suyos, para ser Él castigado por ellos y que quedásemos libres. De manera que cuanto al cómo fue sacrificio, decimos que lo fue no solamente padeciendo por nuestros pecados, sino tomando primero a nosotros y a nuestros pecados en sí, y juntándolos consigo y cargándose de ellos, para que, padeciendo Él, padeciesen los que con Él estaban juntos, y fuesen allí castigados. En que es gran maravilla que, si padeciéramos en nosotros mismos, doliéranos mucho y valiéranos poco. Y más: como acaece a los árboles que son sin fruto en el suelo do nacen, y trasplantados de él fructifican, así nosotros, traspasados en Cristo, morimos sin pena, y fuenos fructuosa la muerte. Que la maldad de nuestra culpa había pasado tan adelante en nosotros, y extendídose y cundido tanto en el alma, que lo tenía estéril todo y inútil, y no se quitaba la culpa sino pagando la pena, y la pena era muerte.

De manera que, por una parte, nos convenía morir, y por otra, siendo nuestra, era inútil la muerte. Y así fue necesario no sólo que otro muriese, sino también que muriésemos nosotros en otro que fuese tal y tan justo que, por ser en él, tuviese tanto valor nuestra muerte, que nos acarrease la vida. Y como esto era necesario, así fue lo primero que hizo el Cordero en sí, para ser propiamente nuestro sacrificio. Que, como en la ley vieja, sobre la cabeza de aquel animal con que limpiaba sus pecados el pueblo, en nombre de él ponía las manos el sacerdote y decía que cargaba en ella todo lo que su gente pecaba, así Él, porque era también sacerdote, puso sobre sí mismo las culpas y las personas culpadas, y las ayuntó con su alma, como en lo pasado se dijo por una manera de unión espiritual e inefable con que suele Dios juntar muchos en uno, de que los hombres espirituales tienen mucha noticia. Con la cual unión encerró Dios en la humanidad de su Hijo a los que, según su ser natural, estaban de ella muy fuera, y los hizo tan unos con Él, que se comunicaron entre sí y a veces, sus males y sus bienes y sus condiciones; y, muriendo Él, morimos de fuerza nosotros; y, padeciendo el Cordero, padecimos en Él y pagamos la pena que debíamos por nuestros pecados. Los cuales pecados, juntándonos Cristo consigo por la manera que he dicho, los hizo como suyos propios, según que en el Salmo dice: «Cuán lejos de mi salud las voces de mis delitos.» Que llama delitos suyos los nuestros, porque, de hecho, así a ellos como a los autores de ello, tenía sobre los hombros puestos, y tan allegados a sí mismo y tan juntos, que se le pegaron las culpas de ellos, y le sujetaron al azote y al castigo y a la sentencia contra ellos dada por la justicia divina. Y pudo tener en Él asiento lo que no podía ser hecho ni obrado por Él. En que se consideran con nueva maravilla dos cosas: la fuerza del amor y la grandeza de la pena y dolor. El amor, que pudo en un sujeto juntar los extremos de justicia y de culpa; la pena, que nacería en un alma tan limpia cuando se vio, no solamente vecina, sino tan por suya tanta culpa y torpeza. Que sin duda, si bien se considera, veremos ser ésta una de las mayores penas de Cristo, y, si no me engaño, de dos causas que le pusieron en agonía y en sudor de sangre en el huerto, fue ésta la una.

Porque, dejando aparte el ejército de dolores que se le puso delante, y la fuerza que en vencerlos puso, de que dijimos arriba, ¿qué sentimiento sería -¡qué digo, sentimiento!-, qué congoja, qué ansia, qué basca cuando el que es en sí la misma santidad y limpieza, y el que conoce la fealdad del pecado cuanto conocida ser puede, y el que la aborrece y desama cuanto ama su justicia y cuanto a Dios mismo, a quien ama con amor infinito, vio que tanta muchedumbre de culpas (cuantas son todas las que desde el principio hasta el fin cometen los hombres), tan graves, tan enormes, tan feas, y con tantos modos y figuras torpes y horribles, se le entraban por su casa y se le avecinaban al alma, y la cercaban y rodeaban y cargaban sobre ella, y verdaderamente se le apegaban y hacían como suyas, sin serlo ni haberlo podido ser?

¡Qué agonía y qué tormento tan grande, quien aborreció tanto este mal, y quien veía a los ojos cuánto de Dios aborrecido era y huido, verse de él tan cargado; y verse leproso el que en ese mismo tiempo era la salud de la lepra; y como vestido de injusticia y maldad el que en ese mismo tiempo es justicia; y herido y azotado y como desechado de Dios, el que en esa misma hora sanaba las heridas nuestras, y era el descanso del Padre! Así que fue caso de terrible congoja el unir consigo Cristo, purísimo, inocentísimo y justísimo, tantos pecadores y culpas, y el vestirse tal rey, de tanta dignidad, de nuestra vejez y vileza.

Y eso mismo que fue hacerse Cordero de sacrificio, y poner en sí las condiciones y cualidades debidas al Cordero que, sacrificado, limpiaba, fue en cierta manera un gran sacrificio. Y disponiéndose para ser sacrificado, se sacrificaba de hecho con el fuego de la congoja que de tan contrarios extremos en su alma nacía; y, antes de subir a la cruz, le era cruz esa misma carga que para subir a ella sobre sus hombros ponía. Y subido y enclavado en ella, no le rasgaban tanto ni lastimaban sus tiernas carnes los clavos, cuanto le traspasaban con pena el corazón la muchedumbre de malvados y de maldades que ayuntados consigo y sobre sus hombros tenía; y le era menos tormento el desatarse su cuerpo que el ayuntarse en el mismo templo de la santidad tanta y tan grande torpeza. A la cual, por una parte, su santa ánima la abrazaba y recogía en sí para deshacerse por el infinito amor que nos tiene; y, por otra, esquivaba y rehuía su vecindad y su vista, movido de su infinita limpieza, y así peleaba y agonizaba y ardía, como sacrificio aceptísimo; y en el fuego de su pena consumía eso mismo que con su vecindad le penaba, así como lavaba con la sangre que por tantos vertía esas mismas mancillas que la vertían, a que, como si fueran propias, dio entrada y asiento en su casa. De suerte que, ardiendo Él, ardieron en Él nuestras culpas, y bañándose su cuerpo de sangre, se bañaron en sangre los pecadores, y muriendo el Cordero, todos los que estaban en Él, por la misma razón, pagaron lo que el rigor de la ley requería. Que como fue justo que la comida de Adán, porque en sí nos tenía, fuese comida nuestra, y que su pecado fuese nuestro pecado, y que, emponzoñándose él, nos emponzoñásemos todos, así fue justísimo que, ardiendo en la ara de la cruz y sacrificándose este dulce Cordero, en quien estaban encerrados y como hechos uno todos los suyos, cuanto es de su parte quedasen abrasados todos y limpios.

De lo cual, Juliano, veréis con cuánta razón se llama Cristo Cordero, que fue lo que al principio declarar propuse. Y según lo mucho que hay que decir, he declarado algún tanto. Pasemos, si os parece, al nombre de Amado, que, pues tan agradable le fue a Dios el sacrificio de nuestro santo Cordero, sin duda fue amado y lo es por extraordinaria manera.

Viendo Marcelo que daban muestras los dos de gustar que pasase adelante, cobrando un poco de aliento, prosiguió diciendo:

AMADO

Trátase del nombre el Amado, que se te da a Cristo en la Sagrada
Escritura, y explícanse las finezas de amor con que los suyos le aman

Y porque, Sabino, veáis que no me pesa de obedeceros, y porque no
digáis, como soléis, que siempre os cuesta lo que me oís muchos
ruegos, primero que diga del nombre que señalasteis, quiero decir de un
otro nombre de Cristo, que las últimas palabras de Juliano, en que dijo ser
Él lo que Dios en todas las cosas ama, me le trajeron a la memoria, y es el
Amado, que así le llama la Sagrada Escritura en diferentes lugares.

-Maravilla es veros tan liberal, Marcelo -dijo Sabino entonces-, mas
proseguid en todo caso, que no es de perder una añadidura tan buena.

-Digo, pues -prosiguió luego Marcelo-, que es llamado Cristo el Amado
en la Santa Escritura, como parece por lo que diré. En el libro de los Cantares, la aficionada Esposa le llama con este nombre casi todas las veces;
Isaías, en el capítulo quinto, hablando de Él mismo y con Él mismo, le dice:
«Cantaré al Amado el cantar de mi tío a su viña.» Y acerca del mismo
profeta, en el capítulo veintiséis, donde leemos: «Como la que concibió, al
tiempo del parto vocea herida de sus dolores, así nos acaece delante tu
cara.» La antigua traslación de los griegos lee de esta manera: «Así nos
aconteció con el Amado.» Que, como Orígenes declara, es decir que el
Amado, que es Cristo concebido en el alma, la hace sacar a luz y parir, lo
que causa grave dolor en la carne, y lo que cuesta, cuando se pone por
obra, agonía y gemidos, como es la negación de sí mismo. Y David, al
Salmo cuarenta y cuatro, en que celebra los loores y los desposorios de
Cristo, le intitula Cantar del Amado. Y San Pablo le llama el hijo del amor,

por esta misma razón. Y el mismo Padre celestial, acerca de San Mateo, le nombra su Amado y su Hijo. De manera que es nombre de Cristo éste, y nombre muy digno de Él, y que descubre una su propiedad muy rara y muy poco advertida.

Porque no queremos decir ahora que Cristo es amable o que es merecedor del amor, ni queremos engrandecer su muchedumbre de bienes con que puede aficionar a las almas, que eso es un abismo sin suelo y no es lo propio que en este nombre se dice. Así que no queremos decir que se le debe a Cristo amor infinito, sino decir que es Cristo el Amado, esto es, el que antes ha sido y ahora es y será para siempre la cosa más amada de todas. Y, dejando aparte el derecho, queremos decir del hecho y de lo que pasa en realidad de verdad, que es lo que propiamente importa este nombre, no menos digno de consideración que los demás nombres de Cristo. Porque así como es sobre todo lo que comprende el juicio la grandeza de razones por las cuales Cristo es amable, así es cosa que admira la muchedumbre de los que siempre le amaron, y las veras y las finezas nunca oídas de amor con que los suyos le aman. Muchos merecen ser amados y no lo son, o lo son mucho menos de lo que merecen, mas a Cristo, aunque no se le puede dar el amor que se debe, diosele siempre el que es posible a los hombres. Y si de ellos levantamos los ojos y ponemos en el cielo la vista, es amado de Dios todo cuanto merece, y así es llamado debidamente el Amado, porque ni una criatura sola, ni todas juntas las criaturas, son de Dios tan amadas, y porque Él solo es el que tiene verdaderos amadores de sí. Y aunque la prueba de este negocio es el hecho, digamos primero del dicho, y, antes que vengamos a los ejemplos, descubramos las palabras que nos hacen ciertos de esta verdad, y las profecías que de ella hay en los libros divinos.

Porque lo primero, David, en el Salmo en que trata del reino de este su Hijo y Señor, profetiza como en tres partes esta singularidad de afición con que Cristo había de ser de los suyos querido. Que primero dice: «Adorarle han los reyes todos, todas las gentes le servirán.» Y después añade: «Y vivirá, y daránle del oro de Sabá, y rogarán siempre por Él; bendecirle han todas las gentes.» Y a la postre concluye: «Y será su nombre eterno, perseverará allende del sol su nombre; bendecirse han todos en Él, y daránle bienandanzas.» Que como esta afición que tienen a Cristo los suyos es rarísima por extremo, y David la contemplaba alumbrado con la luz de profeta, admirándose de su grandeza y queriendo decirla, usó de muchas palabras porque no se decía con una. Que dice que la fuerza del amor para con Cristo, que reinaría en los ánimos fieles, les derrocaría por el suelo el corazón adorándole, y los encendería con cuidado vivo para servirle, y les haría que le diesen todo su corazón hecho oro, que es decir hecho amor, y que fuese su deseo continuo rogar que su reino creciese, y que se extendiese más y allende su gloria, y que les daría un corazón tan ayuntado y tan hecho uno con Él, que no rogarían al Padre ninguna cosa que no fuese por medio de Él, y que del hervor del ánimo les saldría el ardor a la boca que les bulliría siempre en loores, a quien ni el tiempo pondría silencio, ni fin el acabarse los siglos, ni pausa el sol cuando él se parare, sino que durarían cuanto el amor que los hace, que sería perpetuamente y sin fin. El cual mismo amor les sería causa a los mismos para que ni tuviesen por bendito lo que Cristo no fuese, ni deseasen bien, ni a otro ni a sí, que no naciese de Cristo, ni pensasen haber alguno que no estuviese en Él, y así juzgasen y confesasen ser suyas todas las buenas suertes y las felices venturas.

También vio estos extremos de amor, con que amarían a Cristo los suyos, el patriarca Jacob, estando vecino a la muerte, cuando profetizando a José, su hijo, sus buenos sucesos, entre otras cosas le dice: «Hasta el deseo de los collados eternos.» Que por cuanto le había bendecido, y juntamente profetizado que en él y en su descendencia florecerían sus bendiciones con grandísimo efecto, y por cuanto conocía que al fin había de perecer toda aquella felicidad en sus hijos, por la infidelidad de ellos, al tiempo que naciese Cristo en el mundo, añadió, y no sin lástima, y dijo: «Hasta el deseo de los eternos collados.» Como diciendo que su bendición en ellos tendría suceso hasta que Cristo naciese.

Que así como cuando bendijo a su hijo Judas le dijo que mandaría entre su gente y tendría el cetro del reino hasta que viniese el Silo, así ahora pone límite y término a la prosperidad de José en la venida del que llama deseo. Y como allí llama a Cristo Silo por encubierta y rodeo, que es decir el enviado o el hijo de ella, o el dador de la abundancia y de la paz, que todas son propiedades de Cristo, así aquí le nombra el deseo de los collados eternos, porque los collados eternos aquí son todos aquellos a quienes la virtud ensalzó, cuyo único deseo fue Cristo. Y es lástima, como decía, que hirió en este punto el corazón de Jacob con sentimiento grandísimo, que viniese a tener fin la prosperidad de sus hijos cuando salía a la luz la felicidad deseada y amada de todos, y que aborreciesen ellos para su daño lo que fue el suspiro y el deseo de sus mayores y padres, y que se forjasen ellos por sus manos su mal en el bien que robaba para sí todos los corazones y amores.

Y lo que decimos deseo aquí, en el original es una palabra que dice una afición que no reposa y que abre de continuo el pecho con ardor y deseo. Por manera que es cosa propia de Cristo, y ordenada para sólo Él, y profetizada de Él antes que naciese en la carne, el ser querido y amado y deseado con excelencia como ninguno jamás ha sido ni querido ni deseado ni amado. Conforme a lo cual fue también lo de Ageo, que hablando de aqueste general objeto de amor y de este señaladamente querido, y diciendo de las ventajas que había de hacer el templo segundo, que se edificaba cuando él escribía, al primer templo que edificó Salomón y fue quemado por los caldeos, dice, por la más señalada de todas, que «vendría a él el deseado de todas las gentes, y que le henchiría de gloria.» Porque así como el bien de todos colgaba de su venida, así le dio por suerte Dios que los deseos e inclinaciones y aficiones de todos se inclinasen a Él. Y esta suerte y condición suya, que el Profeta miraba, la declaró llamándole el deseado de todos.

Mas ¿por ventura no llegó el hecho a lo que la profecía decía, y Él, de quien se dice que sería el deseado y amado, cuando salió a luz no lo fue? Es cosa que admira lo que acerca de esto acontece, si se considera en la manera que es. Porque lo primero puédese considerar la grandeza de una afición en el espacio que dura, que esa es mayor la que comienza primero, y siempre persevera continua, y se acaba o nunca o muy tarde. Pues si queremos confesar la verdad, primero que naciese en la carne Cristo, y luego que los hombres o luego que los ángeles comenzaron a ser, comenzó a prender en sus corazones de ellos su deseo y su amor. Porque, como altísimamente escribe San Pablo, cuando Dios primeramente introdujo a su Hijo en el mundo, se dijo: «Y adórenle todos sus ángeles.» En que quiere significar y decir que, luego y en el principio que el Padre sacó las cosas a luz y dio ser y vida a los ángeles, metió en la posesión de ello a Cristo, su Hijo, como a heredero suyo y para quien se crió, notificándoles algo de lo que tenía en su ánimo acerca de la Humanidad de Jesús, señora que había de ser de todo y reparadora de todo, a la cual se la propuso como delante los ojos, para que fuese su esperanza y su deseo y su amor.

Así que, cuanto son antiguas las cosas, tan antiguo es ser Jesucristo amado de ellas, y, como si dijésemos, en sus amores de Él se comenzaron los amores primeros, y en la afición de su vista se dio principio al deseo, y su caridad se entró en los pechos angélicos, abriendo la puerta ella antes que ningún otro que de fuera viniese. Y en la manera que San Juan le nombra «Cordero sacrificado desde el origen del mundo», así también le debemos llamar bien amado y deseado desde luego que nacieron las cosas; porque así como fue desde el principio del mundo sacrificado en todos los sacrificios que los hombres a Dios ofrecieron desde que comenzaron a ser, porque todos ellos eran imagen del único y grande sacrificio de este nuestro Cordero, así en todos ellos fue este mismo Señor deseado y amado. Porque todas aquellas imágenes, y no solamente aquellas de los sacrificios, sino otras innumerables que se compusieron de las obras y de los sucesos y de las personas de los padres pasados, voces eran que testificaban este nuestro general deseo de Cristo, y eran como un pedírsele a Dios, poniéndole devota y aficionadamente tantas veces su imagen delante. Y como los que aman una cosa mucho, en testimonio de cuánto la aman, gustan de hacer su retrato y de traerlo siempre en las manos, así el hacer los hombres tantas veces y tan desde el principio imágenes y retratos de Cristo, ciertas señales eran del amor y el deseo de Él que les ardía en el pecho. Y así las presentaban a Dios para aplacarle con ellas, que las hacían también para manifestar en ellas su fe para con Cristo y su deseo secreto.

Y este deseo y amor de Cristo, que digo que comenzó tan temprano en hombres y en ángeles, no feneció brevemente; antes se continuó con el tiempo y persevera hasta ahora, y llegará hasta el fin y durará cuando la edad se acabare, y florecerá fenecidos los siglos, tan grande y tan extendido cuanto la eternidad es grande y se extiende, porque siempre hubo y siempre hay y siempre ha de haber almas enamoradas de Cristo. Jamás faltarán vivas demostraciones de este bienaventurado deseo; siempre sed de Él, siempre vivo el apetito de verle, siempre suspiros dulces, testigos fieles del abrasamiento del alma. Y como las demás cosas, para ser amadas, quieran primero ser vistas y conocidas, a Cristo le comenzaron a amar los ángeles y los hombres sin verle y con solas sus nuevas. Las imágenes y las figuras suyas, o, diremos mejor aún, las sombras oscuras que Dios les puso delante y el rumor sólo suyo y su fama, les encendió los espíritus con increíbles ardores. Y por eso dice divinamente la Esposa: «En el olor de tus olores corremos, las doncellicas te aman.» Porque sólo el olor de este gran bien, que tocó en los sentidos recién nacidos y como donceles del mundo, les robó por tal manera las almas, que las llevó en su seguimiento encendidas. Y conforme a esto es también lo que dice el Profeta: «Esperamos en Ti; tu nombre y tu recuerdo, deseo del alma; mi alma te deseó en la noche.» Porque en la noche, que es, según Teodoreto declara, todo el tiempo desde el principio del mundo hasta que amaneció Cristo en él como luz, cuando a malas penas se divisaba, llevaba a sí los deseos; y su nombre, apenas oído, y unos como rastros suyos impresos en la memoria, encendían las almas.

Mas ¿cuántas almas?, pregunto. ¿Una o dos, o a lo menos no muchas? Admirable cosa es los ejércitos sinnúmero de los verdaderos amadores que Cristo tiene y tendrá para siempre. Un amigo fiel es negocio raro y muy dificultoso de hallar. Que, como el Sabio dice: «El amigo fiel es fuerte defensa; el que le hallare, habrá hallado un tesoro.» Mas Cristo halló y halla infinitos amigos, que le aman con tanta fe, que son llamados los fieles entre todas las gentes, como con nombre propio y que a ellos solos conviene. Porque en todas las edades del Siglo y en todos los años de él, y podemos decir que en todas sus horas, han nacido y vivido almas que entrañablemente le amen. Y es más hacedero y posible que le falte la luz al sol, que faltar en el mundo hombres que le amen y adoren. Porque este amor es el sustento del mundo, y el que le tiene como de la mano para que no desfallezca. Porque no es el mundo más de cuanto se hallare en él que quien por Cristo se abrase.

Que en la manera como todo lo que vemos se hizo para fin y servicio y gloria de Cristo, según que dijimos ayer, así en el punto que faltase en el suelo quien le reconociese y amase y sirviese, se acabarían los siglos, como ya inútiles para aquello a que son. Pues si el sol, después que comenzó su carrera, en cada una vuelta suya produce en la tierra amadores de Cristo, ¿quién podrá contar la muchedumbre de los que amaron y aman a Cristo?

Y aunque Aristóteles pregunta si conviene tener uno muchos amigos, y concluye que no conviene -pero sus razones tienen fuerza en la amistad de la tierra, adonde, como en sujeto no propio, prende siempre y fructifica con imperfección el amor-, mas esa es la excelencia de Cristo, y una de las razones por donde le conviene ser amado con propiedad: que da lugar a que le amen muchos como si le amara uno solo, sin que los muchos se estorben y sin que Él se embarace en responderse con tantos. Porque si los amigos, como dice Aristóteles, no han de ser muchos, porque para el deleite bastan pocos, porque el deleite no es el mantenimiento de la vida, sino como la salsa de ella, que tiene su límite, en Cristo esta razón no vale, porque sus deleites, por grandes que sean, no se pueden condenar por exceso.

Y si teniendo respeto al interés, que es otra razón, no nos convienen porque hemos de acudir a sus necesidades, a que no puede bastar la vida ni la hacienda de uno si los amigos son muchos, tampoco tiene esto lugar, porque su poder de Cristo, haciendo bien, no se cansa, ni su riqueza repartida se disminuye, ni su alma se ocupa aunque acuda a todos y a todas sus cosas. Ni menos impide aquí lo que entre los hombres estorba: que (y es la tercera razón) no se puede tener amistad con muchos si ellos también entre sí no son amigos. Y es dificultoso negocio que muchos entre sí mismos y con un otro tercero, guarden verdadera amistad. Porque Cristo, en los que le aman, Él mismo hace el amor y se pasa a sus pechos de ellos y vive en sus almas, y por la misma razón hace que tengan todos una misma alma y espíritu. Y es fácil y natural que los semejantes y los unos se amen. Y si nosotros no podemos cumplir con muchos amigos, porque acontecería en un mismo tiempo, como el mismo filósofo dice, ser necesario sentir dolor con los unos y placer con los otros, Cristo, que tiene en su mano nuestro dolor y placer, y que nos le reparte cuando y como conviene, cumple a un mismo tiempo dulcísimamente con todos. Y puede Él, porque nació para ser por excelencia el Amado, lo que no podemos los hombres, que es amar a muchos con estrechez y extremo. Que el amor no lo es, si es tibio o mediano, porque la amistad verdadera es muy estrecha, y así nosotros no valemos sino para con pocos. Mas Él puede con muchos, porque tiene fuerza para lanzarse en el alma de cada uno de los que le aman, y para vivir en ella y abrazarse con ella cuan estrechamente quisiere.

De todo lo cual se concluye que Cristo, como a quien conviene el ser amado entre todos, y como aquél que es el sujeto propio del amor verdadero, no solamente puede tener muchos que le amen y con estrecha amistad, mas debe tenerlos, y así de hecho los tiene porque son sus amadores sin cuento. ¿No dice en los Cantares la Esposa: «Sesenta son sus reinas y ochenta sus aficionadas, y de las doncellicas que le aman no hay cuento»? Pues la Iglesia ¿qué le dice cuando le canta que se recrea entre las azucenas, rodeado de danzas y de coros de vírgenes?

Mas San Juan, en su revelación, como testigo de vista, lo pone fuera de toda duda, diciendo que vio «una muchedumbre de gente que no podía ser contada, que delante del trono de Dios asistían ante la faz del Cordero, vestidos de vestiduras blancas y con ramos de palma en las manos.» Y si los aficionados que tiene entre los hombres son tantos, ¿qué será si ayuntamos con ellos a todos los santos ángeles, que son también suyos en amor y en fidelidad y en servicio? Los cuales, sin ninguna comparación, exceden en muchedumbre a las cosas visibles, conforme a lo que Daniel escribía: que asisten a Dios, y le sirven millares de millares, y de cuentos y de millares. Cosa, sin duda, no solamente rara y no vista, sino ni pensada ni imaginada jamás, que sea uno amado de tantos, y que una naturaleza humana de Cristo ábrase en amor a todos los ángeles, y que se extienda tanto la virtud de este bien, que encienda afición de sí casi en todas las cosas.

Y porque dije casi en todas, podemos, Juliano, decir que las que ni juzgan ni sienten, las que carecen de razón y las que no tienen ni razón ni sentido, apetecen también a Cristo y se le inclinan amorosamente, tocadas de este su fuego, en la manera que su natural lo consiente. Porque lo que la Naturaleza hace (que inclina a cada cosa al amor de su propio provecho sin que ella misma lo sienta), eso obró Dios, que es por quien la naturaleza se guía, inclinando al deseo de Cristo aun a lo que no siente ni entiende. Porque todas las cosas guiadas de un movimiento secreto, amando su mismo bien, le aman también a Él y suspiran con su deseo y gimen por su venida, en la manera que el Apóstol escribe: «La esperanza de toda la criatura se endereza a cuándo se descubrirán los hijos de Dios: que ahora está sujeta a corrupción fuera de lo que apetece, por quien a ello le obliga y la mantiene con esta esperanza. Porque cuando los hijos de Dios vinieren a la libertad de su gloria, también esta criatura será libertada de su servidumbre y corrupción. Que cosa sabida es que todas las criaturas gimen y están como de parto hasta aquel día.» Lo cual no es otra cosa sino un apetito y un deseo de Jesucristo, que es el autor de esta libertad que San Pablo dice y por quien todo vocea. Por manera que se inclinan a Él los deseos generales de todo, y el mundo con todas sus partes le mira y abraza.

Conforme a lo cual, y para significación de ello, decía en los Cantares la Esposa que «Salomón hizo para sí una litera de cedro, cuyas columnas eran de plata, y los lados de la silla de oro, y el asiento de púrpura, y, en medio, el amor de las hijas de Jerusalén.» Porque esta litera, en cuyo medio Cristo reside y se asienta, es lo mismo que este templo del universo, que, como digo, Él mismo hizo para sí en la manera como para tal Rey convenía, rico y hermoso, y lleno de variedad admirable, y compuesto, y, como si dijésemos, artizado con artificio grandísimo. En el cual se dice que anda Él como en litera, porque todo lo que hay en él le trae consigo, y le demuestra y le sirve de asiento. En todo está, en todo vive, en todo gobierna, en todo resplandece y reluce. Y dice que está en medio, y llámale por nombre el amor encendido de las hijas de Jerusalén, para decir que es el amor de todas las cosas, así las que usan de entendimiento y razón, como las que carecen de ella y las que no tienen sentido. Que a las primeras llama hijas de Jerusalén, y en orden de ellas le nombra amor encendido, para decir que se abrasan amándole todos los hijos de paz, o sean hombres o ángeles. Y las segundas demuestra por la litera, y por las partes ricas que la componen -la caja, las columnas, el recodadero y el respaldar, y la peana y asiento- respecto de todo lo cual dice que este amor está en medio, para mostrar que todo ello le mira, y que, como al centro de todo, su peso de cada uno le lleva a Él los deseos de todas las partes derecha y fielmente, como van al punto las rayas desde la vuelta del círculo.

Y no se contentó con decir que Cristo tiene el medio y el corazón de esta universalidad de las cosas, para decir que le encierran todas en sí, ni se contentó con llamarle amor de ellas, para demostrar que todas le aman, sino añadió más, y llamóle amor encendido con una palabra de tanta significación como es la original que allí pone, que significa, no encendimiento como quiera, sino encendimiento grande e intenso y como lanzado en los huesos, y encendimiento cual es el de la brasa, en que no se ve sino fuego. Y así diremos bien aquí: el amor abrasado o el amor que convierte en brasa los corazones de sus amigos, para encarecer así mejor la fineza de los que le aman.

Porque no es tan grande el número de los amadores que tiene este Amado, con ser tan fuera de todo número como dicho tenemos, cuanto es ardiente y firme y vivo, y por maravilloso modo entrañable el amor que le tienen. Porque, a la verdad, lo que más aquí admira es la viveza y firmeza y blandura, y fortaleza y grandeza de amor con que es amado Cristo de sus amigos. Que personas ha habido, unas de ellas naturalmente bienquistas, otras que, o por su industria o por sus méritos, han allegado a sí las aficiones de muchos, otras que, enseñando sectas y alcanzando grandes imperios, han ganado acerca de las naciones y pueblos reputación y adoración y servicio. Mas, no digo uno de muchos, pero ni uno de otro particular íntimo amigo suyo, fue jamás amado con tanto encendimiento y firmeza y verdad, como Cristo lo es de todos sus verdaderos amigos, que son, como dicho hemos, sin número.

Que si, como escribe el Sabio, «el amigo leal es medicina de vida, y hállanle los que temen a Dios; que el que teme a Dios hallará amistad verdadera, porque su amigo será otro como él», ¿qué podremos decir de la leal y verdadera amistad de los amigos que Cristo tiene y de quien es amado, si han de responder a lo que Él ama a Dios, y si le han de ser semejantes a otros tales como Él? Claro es que, conforme a esta regla del Sabio, quien es tan verdadero y tan bueno ha de tener muy buenos y muy verdaderos amigos; y que quien ama a Dios y le sirve según que es hombre, con mayor intención y fineza que todas las criaturas juntas, es amado de sus amigos más firme y verdaderamente que lo fue jamás criatura ninguna. Y claro es que el que nos ama y nos recuesta, y nos solicita y nos busca, y nos beneficia y nos allega a sí y nos abraza con tan increíble y no oída afición, al fin no se engaña en lo que hace ni es respondido de sus amigos con amor ordinario.

Y conócese aquesto aún por otra razón: porque Él mismo se forja los amigos y les pone en el corazón el amor en la manera que Él quiere. Y cuanto de hecho quiere ser amado de los suyos, tanto los suyos le aman, pues cierto es que quien ama tanto como Cristo nos ama, quiere y apetece ser amado de nosotros por extremada manera. Porque el amor solamente busca y solamente desea el amor. Y cierto es que, pues nos hace que le seamos amigos, nos hace tales amigos cuales nos quiere y desea, y que, pues enciende este fuego, le enciende conforme a su voluntad, vivo y grandísimo.

Que si los hombres y los ángeles amaran a Cristo de su cosecha, y a la manera de su poder natural, y según su sola condición y sus fuerzas, que es decir al estilo tosco suyo y conforme a su aldea, bien se pudiera tener su amor para con Él por tibio y por flaco. Mas si miramos quién los atiza de dentro, y quién los despierta y favorece para que le puedan amar, y quién principalmente cría el amor en sus almas, luego vemos no solamente que es amor de extraordinario metal, sino también que es incomparablemente ardentísimo, porque el Espíritu Santo mismo, que es de su propiedad el amor, nos enciende de sí para con Cristo, lanzándose por nuestras entrañas, según lo que dice San Pablo: «La caridad de Dios nos ha sido derramada por los corazones por el Espíritu Santo, que nos han dado.»

AMADO (II)

Pues ¿qué no será, o cuáles quilates le faltarán, o a qué fineza no allegará el amor que Dios en el hombre hace, y que enciende con el soplo de su Espíritu propio? ¿Podrá ser menos que amor nacido de Dios y, por la misma razón, digno de Él, y hecho a la manera del cielo, adonde los serafines se abrasan? O ¿será posible que la idea, como si dijésemos, del amor, y el amor con que Dios mismo se ama críe amor en mí que no sea en firmeza fortísimo, y en blandura dulcísimo, y en propósito determinado para todo y osado, y en ardor fuego, y en perseverancia perpetuo y en unidad estrechísimo? Sombra son sin duda, Sabino, y ensayos muy imperfectos de amor, los amores todos con que los hombres se aman, comparados con el fuego que arde en los amadores de Cristo, que por eso se llama por excelencia el Amado, porque hace Dios en nosotros, para que le amemos, un amor diferenciado de los otros amores, y muy aventajado entre todos.

Mas ¿qué no hará por afinar el amor de Cristo en nosotros quien es Padre de Cristo, quien le ama como a único Hijo quien tiene puesta en sólo Él toda su satisfacción y su amor? Que así dice San Pablo de Dios, que Jesucristo es su Hijo de amor, que es decir, según la propiedad de su lengua, que es el Hijo a quien ama Dios con extremo. Pues si nace de este divino Padre que amemos nosotros a Cristo, su Hijo, cierto es que nos encenderá a que le amemos, si no en el grado que Él le ama, a lo menos en la manera que le ama Él. Y cierto es que hará que el amor de los amadores de Cristo sea como el suyo, y de aquel linaje y metal único, verdadero, dulce, cual nunca en la tierra se conoce ni ve: porque siempre mide Dios los medios con el fin que pretende. Y en que los hombres amen a Cristo, su

Hijo, que les hizo Hombre, no sólo para que les fuese Señor, sino para que tuviesen en Él la fuente de todo su bien y tesoro; así que en que los hombres le amen, no solamente pretende que se le dé su debido, sino pretende también que, por medio del amor, se hagan unos con Él y participen sus naturalezas humana y divina, para que de esta manera se les comuniquen sus bienes. Como Orígenes dice: «Derrámase la abundancia de la caridad en los corazones de los santos para que por ella participen de la naturaleza de Dios, y para que, por medio de este don del Espíritu Santo, se cumpla en ellos aquella palabra del Señor: Como Tú, Padre, estás en Mí y Yo en Ti, sean éstos así unos en nosotros: conviene a saber, comunicándoseles nuestra naturaleza por medio del amor abundantísimo que les comunica el Espíritu.»

Pregunto, pues: ¿qué amor convendrá que sea el que hace una obra tan grande? ¿Qué amistad la que llega a tanta unidad? ¿Qué fuego el que nos apura de nuestra tanta vileza, y nos acendra y nos sube de quilates hasta allegarnos a Dios? Es, sin duda, finísimo, y, como Orígenes dice, abundantísimo, el amor que en los pechos enamorados de Cristo cría el Espíritu Santo. Porque lo cría para hacer en ellos la mayor y más milagrosa obra de todas, que es hacer dioses a los hombres, y transformar en oro fino nuestro lodo vil y bajísimo. Y como si en el arte de alquimia, por sólo el medio del fuego, convirtiese uno en oro verdadero un pedazo de tierra, diríamos ser aquel fuego extremadamente vivo y penetrable y eficaz y de incomparable virtud, así el amor con que de los pechos santos es amado este Amado, y que en Él los transforma, es sobre todo amor entrañable y vivísimo, y es, no ya amor, sino como una sed y una hambre insaciable con que el corazón que a Cristo ama se abraza con Él y se entraña y, como Él mismo lo dice, le come y le traspasa a las venas.

Que para declarar la grandeza de él y su ardor, el amar los santos a Cristo llama la Escritura comer a Cristo. «Los que me comieren, dice, aún tendrán hambre de mí.» Y: «Si no comiereis mi carne y bebiereis mi sangre, no tendréis vida en vosotros.» Que es también una de las causas por que dejó en el Sacramento de la Hostia su cuerpo, para que en la manera que con la boca y con los dientes, en aquellas especies y figuras de pan, comen los fieles su carne y la pasan al estómago y se mudan en ella ellos, como ayer se decía, así en la misma manera en sus corazones, con el fuego del amor, le coman y le penetren en sí, como de hecho lo hacen los que son sus verdaderos amigos, los cuales, como decíamos, abrasándose en Él, andan si lo debemos decir así, desalentados y hambrientos por Él.

Porque, como dice el Macario: «Si el amor que nace de la comunicación de la carne divide del padre y de la madre y de los hermanos, y toda su afición pone en el consorte, como es escrito: por tanto, dejará el hombre al padre y a la madre, y se juntará con su mujer y serán un cuerpo los dos, pues si el amor de la carne así desata al hombre de todos los otros amores,

¿cuánto más todos los que fueren dignos de participar con verdad aquel don amable y celestial del espíritu quedarán libres y desatados de todo el amor de la tierra, y les parecerán todas las cosas de ella superfluas e inútiles, por causa de vencer en ellos y ser rey en sus almas el deseo del cielo? Aquello apetecen, en aquello piensan de continuo, allí viven, allí andan con sus discursos, allí su alma tiene todo su trato, venciéndolo todo y levantando bandera en ellos el amor celestial y divino, y la afición del espíritu.»

Mas veremos evidentemente la grandeza no medida de este amor que decimos, si miráremos la muchedumbre y la dificultad de las cosas que son necesarias para conservarle y tenerle. Porque no es mucho amar a uno si, para alcanzar y conservar su amistad, es poco lo que basta. Aquel amor es verdaderamente grande y de subidos quilates, que vence grandes dificultades. Aquél ama de veras que rompe por todo, que ningún estorbo le puede hacer que no ame; que no tiene otro bien sino al que ama; que, con tenerle a él, perder todo lo demás no lo estima; que niega todos sus propios gustos por gustar del amor solamente; que se desnuda todo de sí para no ser más de amor, cuales son los verdaderos amadores de Cristo.

Porque para mantener su amistad es necesario, lo primero, que se cumplan sus mandamientos. «Quien me ama a Mí, dice, guardará lo que Yo le mando», que es, no una cosa sola, o pocas cosas en número, o fáciles para ser hechas, sino una muchedumbre de dificultades sin cuento porque es hacer lo que la razón dice, y lo que la justicia manda y la fortaleza pide, y la templanza y la prudencia y todas las demás virtudes estatuyen y ordenan. Y es seguir en todas las cosas el camino fiel y derecho, sin torcerse por el interés, ni condescender por el miedo, ni vencerse por el deleite, ni dejarse llevar de la honra, y es ir siempre contra nuestro mismo gusto, haciendo guerra al sentido. Y es cumplir su ley en todas las ocasiones, aunque sea posponiendo la vida. Y es negarse a sí mismo, y tomar sobre sus hombros su cruz y seguir a Cristo esto es, caminar por donde Él caminó y poner en sus pisadas las nuestras. Y, finalmente, es despreciar lo que se ve y desechar los bienes que con el sentido se tocan, y aborrecer lo que la experiencia demuestra ser apacible y ser dulce, y aspirar a sólo lo que no se ve ni se siente, y desear sólo aquello que se promete y se cree, fiándolo todo de su sola palabra.

Pues el amor que con tanto puede, sin duda tiene gran fuerza. Y sin duda es grandísimo el fuego a quien no amata tanta muchedumbre de agua. Y sin duda lo puede todo, y sale valerosamente con ello, este amor que tienen con Jesucristo los suyos. ¿Qué dice el Esposo a su Esposa?: «La muchedumbre del agua no puede apagar la caridad, ni anegarla los ríos.» Y San Pablo, ¿qué dice?: «La caridad es sufrida, bienhechora; la caridad carece de envidia, no lisonjea ni tacañea, no se envanece, ni hace de ninguna cosa caso de afrenta; no busca su interés, no se encoleriza; no imagina hacer mal ni se alegra del agravio, antes se alegra con la verdad; todo lo lleva, todo lo cree, todo lo sufre.» Que es decir que el amor que tienen sus amadores con Cristo no es un simple querer ni una sola y ordinaria afición, sino un querer que abraza en sí todo lo que es bien querer, y una virtud que atesora en sí juntas las riquezas de las virtudes, y un encendimiento que se extiende por todo el hombre y le enciende en sus llamas.

Porque decir que es sufrida, es decir que hace un ánimo ancho en el hombre, con que lleva con igualdad todo lo áspero que sucede en la vida, y con que vive entre los trabajos con descanso, y en las turbaciones quieto, y en los casos tristes alegre, y en las contradicciones en paz, y en medio de los temores sin miedo. Y que, como una centella, si cayese en la mar, ella luego se apagaría y no haría daño en el agua, así cualquier acontecimiento duro, en el alma a quien ensancha este amor, se deshace y no empece. Que el daño, si viniere, no conmueve esta roca, y la afrenta, si sucediere, no desquicia esta torre, y las heridas, si golpearen, no doblan a este diamante. Y añadir que es liberal y bienhechora, es afirmar que no es sufrida para ser vengativa, ni calla para guardarse a su tiempo, ni ensancha el corazón con deseo de mejor sazón de venganza, sino que, por imitar a quien ama, se engolosina en el hacer bien a los otros. Y que vuelve buenas obras a aquellos de quienes las recibe muy malas. Y porque este su bien hacer es virtud y no miedo, por eso dice luego el Apóstol que no lisonjea ni es tacaña, esto es, que sirve a la necesidad del prójimo, por más enemigo que le sea, pero que no consiente en su vicio ni le halaga por de fuera y le aborrece en el alma, ni le es tacaña e infiel. Y dice que no se envanece, que es decir que no hace estima de sí, ni se hincha vanamente, para descubrir en ello la raíz del sufrimiento y del ánimo largo que tiene este amor.

Que los soberbios y pundonorosos son siempre mal sufridos, porque todo les hiere. Mas es propiedad de todo lo que es de veras amor, ser humildísimo con aquello a quien ama. Y porque la caridad que se tiene con Cristo, por razón de su incomparable grandeza, ama por Él a todos los hombres, por el mismo caso desnuda de toda altivez al corazón que posee y le hace humilde con todos. Y con esto dice lo que luego se sigue, que no hace de ninguna cosa caso de afrenta. En que no solamente se dice que el amor de Jesucristo en el alma, las afrentas y las injurias que otros nos hacen, por la humildad que nos cría y por la poca estima nuestra que nos enseña, no las tiene por tales, sino dice también que no se desdeña ni tiene por afrentoso o indigno de sí ningún ministerio, por vil y bajo que sea, como sirva en él a su Amado en sus miembros.

Y la razón de todo es lo que añade tras esto: que no busca su interés, ni se enoja de nada. Toda su inclinación es al bien, y por eso el dañar a los otros aun no lo imagina; los agravios ajenos y que otros padecen son los que solamente le duelen, y la alegría y felicidad ajena es la suya. Todo lo que su querido Señor le manda hace, todo lo que le dice lo cree, todo lo que se detuviere le espera, todo lo que le envía lo lleva con regocijo, y no halla ninguno, si no es en sólo Él, a quien ama.

Que como un grande enamorado bien dice: «Así como en las fiebres el que está inflamado con calentura aborrece y abomina cualquier mantenimiento que le ofrecen, por más gustoso que sea, por razón del fuego del mal que le abrasa y se apodera de él y le mueve, por la misma manera, aquellos a quien enciende el deseo sagrado del Espíritu celestial, y a quien llaga en el alma el amor de la caridad de Dios, y en quienes se enviste, y de quien se apodera el fuego divino que Cristo vino a poner en la tierra, y quiso que con presteza prendiese, y lo que se abrasa, como dicho es, en deseos de Jesucristo, todo lo que se precia en este siglo, él lo tiene por desechado y aborrecible, por razón de fuego de amor que le ocupa y enciende. Del cual amor no los puede desquiciar ninguna cosa, ni del suelo, ni del cielo, ni del infierno. Como dice el Apóstol: ¿Quién será poderoso para apartarnos del amor de Jesucristo?, con lo que se sigue. Pero no se permite que ninguno halle al amor celestial del espíritu si no se enajena de todo lo que este siglo contiene, y se da a sí mismo a sola la inquisición del amor de Jesús, libertando su alma de toda solicitud terrenal, para que pueda ocuparse solamente en un fin, por medio del cumplimiento de todo cuanto Dios manda.»

Por manera que es tan grande este amor que desarraiga de nosotros cualquiera otra afición, y queda él señor universal de nuestra alma; y como es fuego ardentísimo, consume todo lo que se opone, y así destierra del corazón los otros amores de las criaturas, y hace él su oficio por ellos, y las ama a todas mucho más y mejor que las amaban sus propios amores. Que es otra particularidad y grandeza de este amor con que es amado Jesús, que no se encierra en sólo Él, sino en Él y por Él abraza a todos los hombres y los mete dentro de sus entrañas con una afición tan pura, que en ninguna cosa mira a sí mismo; tan tierna, que siente sus males más que los propios; tan solícita, que se desvela en su bien; tan firme, que no se mudará de ellos si no se muda de Cristo.

Y como sea cosa rarísima que un amigo, según la amistad de la tierra, quiera por su amigo padecer muerte, es tan grande el amor de los buenos con Cristo que, porque así le place a Él, padecerán ellos daños y muerte, no sólo por los que conocen, sino por los que nunca vieron, y no sólo por los que los aman, sino también por quien los aborrece y persigue. Y llega este Amado a ser tan amado, que por Él lo son todos. Y en la manera como, en las demás gracias y bienes, es Él la fuente del bien que se derrama en nosotros, así en esto lo es. Porque su amor, digo el que los suyos le tienen, nos provee a todos y nos rodea de amigos que, olvidados por nosotros, nos buscan; y, no conocidos, nos conocen; y, ofendidos, nos desean y nos procuran el bien, porque su deseo es satisfacer en todo a su Amado, que es el Padre de todos. Al cual aman con tan subido querer cual es justo que lo sea el que hace Dios con sus manos, y por cuyo medio nos pretende hacer dioses, y en quien consiste el cumplimiento de todas sus leyes, y la victoria de todas las dificultades, y la fuerza contra todo lo adverso, y la dulzura en lo amargo, y la paz y la concordia, y el ayuntamiento y abrazo general y verdadero con que el mundo se enlaza.

Mas ¿para qué son razones en lo que se ve por ejemplos? Oigamos lo que algunos de estos enamorados de Cristo dicen, que en sus palabras veremos su amor y, por las llamas que despiden sus lenguas, conoceremos el infinito fuego que les ardía en los pechos. San Pablo, ¿qué dice?: «¿Quién nos apartará del amor de Cristo? ¿La tribulación, por ventura, o la angustia, o el hambre, o la desnudez, o el peligro, o la persecución, o la espada?» Y luego: «Cierto soy que ni la muerte, ni la vida, ni los ángeles, ni los principados, ni los poderíos, ni lo presente ni lo porvenir, ni lo alto ni lo profundo, ni, finalmente, criatura ninguna nos podrá apartar del amor de Dios en Nuestro Señor Jesucristo.» ¡Qué ardor! ¡Qué llama! ¡Qué fuego!

Pues el del glorioso Ignacio ¿cuál era? «Yo escribo, dice, a todos los fieles, y les certifico que muero por Dios con voluntad y alegría. Por lo cual os ruego que no me seáis estorbo vosotros. Ruéganos mucho que no me seáis malos amigos. Dejadme que sea manjar de las fieras, por cuyo medio conseguiré a Jesucristo. Trigo suyo soy, y tengo de ser molido con los dientes de los leones para quedar hecho pan limpio de Dios. No pongáis estorbo a las fieras; antes las convidad con regalo, para que sean mi sepultura y no dejen fuera de sí parte de mi cuerpo ninguna. Entonces seré discípulo verdadero de Cristo, cuando ni mi cuerpo fuere visto en el mundo. Rogad por mí al Señor que, por medio de estos instrumentos, me haga su sacrificio. No os pongo yo leyes como San Pedro o San Pablo, que aquellos eran apóstoles de Cristo, y yo soy una cosa pequeña; aquéllos eran libres como siervos de Cristo, yo hasta ahora solamente soy siervo. Mas si, como deseo, padezco, seré siervo libertado de Jesucristo y resucitaré en Él del todo libre. Ahora, aprisionado por Él, aprendo a no desear cosa alguna vana y mundana. Desde Siria hasta Roma voy echado a las bestias. Por mar y por tierra, de noche y de día, voy atado a diez leopardos que, bien tratados, se hacen peores. Mas sus excesos son mi doctrina, y no por eso soy justo. Deseo las fieras que me están aguardando, y ruego verme presto con ellas, a las cuales regalaré y convidaré que me traguen de presto, y que no hagan conmigo lo que con otros, que no osaron tocarlos. Y si ellas no quisieren de su voluntad, yo las forzaré que me coman. Perdonadme, hijos, que yo sé bien lo que me conviene. Ahora comienzo a aprender a no apetecer nada de lo que se ve o no se ve, a fin de alcanzar al Señor. Fuego y cruz y bestias fieras, heridas, divisiones, quebrantamientos de huesos, cortamientos de miembros, desatamiento de todo el cuerpo, y cuanto puede herir el demonio venga sobre mí, como solamente gane yo a Cristo. Nada me servirá toda la tierra, nada los reinos de este siglo. Muy mejor me es a mí morir por Cristo, que ser rey de todo el mundo. Al Señor deseo, al Hijo verdadero de Dios, a Cristo Jesús, al que murió y resucitó por nosotros. Perdonadme, hermanos míos, no me impidáis el caminar a la vida, que Jesús es la vida de los fieles. No queráis que muera yo, que muerte es la vida sin Cristo.»

Mas veamos ahora cómo arde San Gregorio el teólogo. «¡Oh luz del Padre! dice, ¡oh palabra de aquel entendimiento grandísimo, aventajado sobre toda palabra! ¡Oh luz infinita de luz infinita! Unigénito, figura del Padre, sello del que no tiene principio, resplandor que juntamente resplandece con Él, fin de los siglos, clarísimo, resplandeciente, dador de riquezas inmensas, asentado en trono alto, celestial, poderoso, de infinito valor, gobernador del mundo, y que das a todas las cosas fuerza que vivan. Todo lo que es y lo que será, Tú lo haces. Sumo artífice, a cuyo cargo está todo. Porque a Ti ¡oh Cristo! se debe que el sol en el cielo con sus resplandores quite a las estrellas su luz, así como en comparación de tu luz son tinieblas los más claros espíritus. Obra tuya es que la luna, luz de la noche, vive a veces y muere, y torna llena después, y concluye su vuelta. Por Ti, el círculo que llamamos Zodiaco, y aquella danza, como si dijésemos, tan ordenada del cielo, pone sazón y debidas leyes al año, mezclando sus partes entre sí, y templándolas, como sin sentir, con dulzura. Las estrellas, así las fijas como las que andan y tornan, son pregoneros de tu saber admirable. Luz tuya son todos aquellos entendimientos del cielo que celebran la Trinidad con sus cantos. También el hombre es tu gloria, que colocaste en la tierra como ángel tuyo pregonero y cantor. ¡Oh lumbre clarísima, que por mí disimulas tu gran resplandor! ¡Oh inmortal, y mortal por mi causa! Engendrado dos veces. Alteza libre de carne, y a la postre, para mi remedio, de carne vestida. A Ti vivo, a Ti hablo, soy víctima tuya; por Ti la lengua encadeno, y ahora por Ti la desato: pídote, Señor, que me des callar y hablar como debo.»

Mas oigamos algo de los regalos de nuestro enamorado Augustino. «¿Quién me dará, dice, Señor, que repose yo en Ti? ¿Quién me dará que vengas, Tú, Señor, a mi pecho y que le embriagues, y que olvide mis males y que abrace a Ti sólo, mi bien? ¿Quién eres, Señor, para mí (dame licencia que hable), o quién soy yo para Ti, que mandas que te ame y, si no lo hago, te enojas conmigo, y me amenazas con grandes miserias, como si fuese pequeña el mismo no amarte? ¡Ay triste de mí! Dime, por tus piedades, Señor y Dios mío quién eres para mí. Di a mi alma: Yo soy tu salud. Dilo como lo oiga. Ves delante de Ti mis oídos del alma; Tú los abre, Señor, y dile a mi espíritu: Yo soy tu salud, Correré en pos de esta voz y asiréte. No quieras, Señor, esconderme tu cara. Moriré para no morir si la viere. Estrecha casa es mi alma para que a ella vengas, más ensánchala Tú. Caediza es, mas Tú la repara. Cosas tiene que ofenderán a tus ojos: sélo y confiésolo. Mas ¿quién la hará limpia, o a quién vocearé sino a Ti? Límpiame, Señor, de mis encubiertas, y perdona a tu siervo sus demasías.»

No tiene este cuento fin, porque se acabará primero la vida que el referir todo lo que los amadores de Cristo le dicen para demostración de lo que le aman y quieren. Baste por todos los que la Esposa dice, que sustenta la persona de todos. Porque si el amor se manifiesta con palabras, o las suyas lo manifiestan, o no lo manifiestan ningunas. Comienza de esta manera: «Béseme de besos de su boca; que mejores son tus amores que el vino.» Y prosigue diciendo: «Llévame en pos de Ti, y correremos.» Y añade: «Dime, oh amado del alma, adónde sesteas y adónde apacientas al medio día.» Y repite después: «Ramillete de flores de mirra el mi Amado para mí, pondréle entre mis pechos.»

Y después, siendo alabada de Él, le responde: «¡Oh, cómo eres hermoso, Amado mío, y gentil y florida nuestra cama, y de cedro los techos de nuestros retretes.» Y compárala al manzano, y dice cuánto deseó estar asentada a su sombra y comer de su fruta. Y desmáyase luego de amor, y, desmayándose, dice que la socorran con flores porque desfallece, y pide que el Amado la abrace, y dice en la manera cómo quiere ser abrazada. Dice que le buscó en su lecho de noche y que, no le hallando, levantada, salió de su casa en su busca, y que rodeó la ciudad acuitada y ansiosa, y que le halló, y que no le dejó hasta tornarle a su casa. Dice que en otra noche salió también a buscarle, que le llamó por las calles a voces, que no oyó su respuesta, que la maltrataron las rondas, que les dijo a todos los que oyeron sus voces: «¡Conjúroos, oh hijas de Jerusalén, si sabréis de mi Amado, que le digáis que desfallezco de amor!» Y, después de otras muchas cosas, le dice: «Ven, Amado mío, y salgamos al campo, hagamos vida en la aldea, madrugaremos por la mañana a las viñas; veremos si da fruto la viña, si está en cierne la uva, si florecen los granados, si las mandrágoras esparcen olor. Allí te daré mis amores; que todos los frutos, así los de guarda como los de no guarda, los guardo yo para Ti.» Y finalmente, abrasándose en vivo amor toda, concluye y le dice: «¿Quién te me dará a Ti como hermano mío mamante los pechos de mi madre? Hallaríate fuera, besaríate, y no me despreciaría ninguno, no haría befa de mí; asiría de Ti, meteríate en casa de mi madre, avezaríasme, y daríate yo del adobado vino y del arrope de las granadas; tu izquierda debajo de mi cabeza, y tu derecha me ceñiría en derredor.»

Pero excusadas son las palabras adonde vocean las obras, que siempre fueron los testigos del amor verdaderos. Porque hombre jamás, no digo muchos hombres, sino un hombre solo, por más amigo suyo que fuese, ¿hizo las pruebas de amor que hacen y harán innumerables gentes por Cristo en cuanto los siglos duraren? Por amor de este Amado y por agradarle, ¿qué prueba no han hecho de sí infinitas personas? Han dejado sus naturales, hanse despojado de sus haciendas, hanse desterrado de todos los hombres, hanse desencarnado de todo lo que se parece y ve; de sí mismos mismos, de todo su querer y entender, hacen cada día renunciación perfectísima. Y, si es posible enajenarse un hombre de sí, y dividirse de sí misma nuestra alma, y en la manera que el espíritu de Dios lo puede hacer y nuestro saber no lo entiende, se enajenan y se dividen amándole. Por Él les ha sido la pobreza riqueza, y paraíso el desierto, y los tormentos deleite, y las persecuciones descanso; y para que viva en ellos su amor, escogen el morir ellos a todas las cosas, y llegan a desfigurarse de sí, hechos como un sujeto puro sin figura ni forma, para que el amor de Cristo sea en ellos la forma, la vida, el ser, el parecer, el obrar y, finalmente, para que no se parezca en ellos más de su amado. Que es sin duda el que sólo es amado por excelencia entre todo.

¡Oh grandeza de amor! ¡Oh el deseo único de todos los buenos! ¡Oh el fuego dulce por quien se abrasan las almas! Por Ti, Señor, las tiernas niñas abrazaron la muerte, por Ti la flaqueza femenil holló sobre el fuego. Tus dulcísimos amores fueron los que poblaron los yermos. Amándote a Ti, oh dulcísimo bien, se enciende, se apura, se esclarece, se levanta, se arroba, se anega el alma, el sentido, la carne.

Y paró Marcelo aquí, quedando como suspenso; y, poco después, bajando la vista al suelo y encogiéndose todo:

-Gran osadía -dice- mía es querer alcanzar con palabras lo que Dios hace en el alma que ama a su Hijo, y la manera cómo es amado y cuánto es amado. Basta para que se entienda este amor, saber que es don suyo amarle; y basta para conocer que en el amarle consiste nuestro bien todo, para conocer que el amor suyo, que vive en nosotros, no es una grandeza sola, sino un amontonamiento de bienes y de dulzuras y de grandezas innumerables, y que es un sol vestido de resplandores que, por mil maneras, hermosean el alma.

Y para ver que se nombra debidamente Cristo el Amado, basta saber que le ama Dios únicamente. Quiero decir, que no solamente le ama mucho más que a otra cosa ninguna, sino que a ninguna ama sino por su respeto; o, para decirlo como es, porque no ama sino a Cristo en las cosas que ama. Porque su semejanza de Cristo, en la cual, por medio de la gracia, que es imagen de Cristo, se transforma nuestra alma, y el mismo espíritu de Cristo que en ella vive, y así la hace una cosa con Cristo, es lo que satisface a Dios en nosotros. Por donde sólo Cristo es el Amado, por cuanto todos los amados de Dios son Jesucristo, por la imagen suya que tienen impresa en el alma, y porque Jesucristo es la hermosura con que Dios hermosea, conforme a su gusto, a todas las cosas, y la salud con que les da la vida, y por eso se llama Jesús, que es el nombre de que diremos ahora.

Y calló Marcelo, y habiendo tomado algún reposo, tornó a hablar de esta manera, puestos en Sabino los ojos:

JESÚS

Qué significa y cómo le conviene sólo a Cristo el nombre de Jesús, y de cómo es su nombre propio en cuanto hombre

El nombre de Jesús, Sabino, es el propio nombre de Cristo; porque los demás que se han dicho hasta ahora, y otros muchos que se pueden decir, son nombres comunes suyos, que se dicen de Él por alguna semejanza que tiene con otras cosas, de las cuales también se dicen los mismos nombres. Los cuales y los propios difieren: lo uno, en que los propios, como la palabra lo dice, son particulares de uno, y los comunes competen a muchos; y lo otro, que los propios, si están puestos con arte y con saber, hacen significación de todo lo que hay en su dueño, y son como imagen suya, como al principio dijimos; mas los comunes dicen algo de lo que hay, pero no todo.

Así que, pues Jesús es nombre propio de Cristo, y nombre que se le puso Dios por la boca del ángel, por la misma razón no es como los demás nombres que le significan por partes, sino como ninguno de los demás, que dice todo lo de Él y que es como figura suya que nos pone en los ojos su naturaleza y sus obras, que es todo lo que hay y se puede considerar en las cosas.

Mas conviene advertir que Cristo, así como tiene dos naturalezas, así también tiene dos nombres propios: uno según la naturaleza divina en que nace del Padre eternamente, que solemos en nuestra lengua llamar Verbo o Palabra; otro según la humana naturaleza, que es el que pronunciamos Jesús. Los cuales ambos son, cada uno conforme a su cualidad, retratos de

Cristo perfectos y enteros. Retratos, digo, enteros, que cada uno en su parte dice todo lo que hay en ella cuanto a un nombre es posible. Y digamos de ambos y de cada uno por sí.

Y presupongamos primero que, en estos dos nombres, unos son los originales y otros son los traslados. Los originales son aquellos mismos que reveló Dios a los Profetas, que los escribieron en la lengua que ellos sabían, que era sira o hebrea. Y así, en el primer nombre que decimos Palabra, el original es Dabar; y en el segundo nombre, Jesús, el original es Jehosuah; pero los traslados son estos mismos nombres en la manera como en otras lenguas se pronuncian y escriben.

Y porque sea más cierta la doctrina, diremos de los originales nombres. De los cuales, en el primero, Dabar, digo que es propio nombre de Cristo, según la naturaleza divina, no solamente porque es así de Cristo que no conviene ni al Padre ni al Espíritu Santo, sino también porque todo lo que por otros nombres se dice de Él, lo significa sólo éste. Porque Dabar no dice una cosa sola, sino una muchedumbre de cosas; y dícelas comoquiera y por doquiera que le miremos, o junto a todo él, o a sus partes cada una por sí, a sus sílabas y a sus letras. Que lo primero, la primera letra, que es D, tiene fuerza de artículo, como el en nuestro español; y el oficio del artículo es reducir a ser lo común, y como demostrar y señalar lo confuso, y ser guía del nombre, y darle su cualidad y su linaje, y levantarle de quilates y añadirle excelencia. Que todas ellas son obras de Cristo, según que es la palabra de Dios; porque Él puso ser a las cosas todas, y nos las sacó a luz y a los ojos, y les dio su razón y su linaje, porque Él en sí es la razón, y la proporción y la compostura y la consonancia de todas, y las guía Él mismo, y las repara si se empeoran, y las levanta y las sube siempre y por sus pasos a grandísimos bienes.

Y la segunda letra, que es B, como San Jerónimo enseña, tiene significación de edificio, que es también propiedad de Cristo, así por ser el edificio original y como la traza de todas las cosas (las que Dios tiene edificadas y las que puede edificar, que son infinitas), como porque fue el obrero de ellas. Por donde también es llamado Tabernáculo en la Sagrada Escritura, como Gregorio Niseno dice: «Tabernáculo es el Hijo de Dios unigénito, porque contiene en sí todas las cosas, el cual también fabricó tabernáculo de nosotros.»

Porque, como decíamos, todas las cosas moraron en Él eternamente antes que fuesen, y, cuando fueron, Él las sacó a luz y las compuso para morar Él en ellas. Por manera que, así como Él es casa, así ordenó que también fuese casa lo que nacía de Él, y que de un tabernáculo naciese otro tabernáculo, de un edificio otro, y que lo fuese uno para el otro, y a veces. Él es tabernáculo porque nosotros vivimos en Él; nosotros lo somos porque Él mora en nosotros. «Y la rueda está en medio la rueda, y los animales en las ruedas y las ruedas en los animales», como Ezequiel escribía. Y están en Cristo ambas las ruedas, porque en Él está la divinidad del Verbo y la humanidad de su carne, que contiene en sí la universidad de todas las criaturas ayuntadas y hechas una, en la forma que otras veces he dicho.

La tercera letra de Dabar es la R, que, conforme al mismo doctor San Jerónimo, tiene significación de cabeza o principio; y Cristo es principio por propiedad. Y Él mismo se llama principio en el Evangelio, porque en Él se dio principio a todo, porque, como muchas veces decimos, es el original de ellas, que no solamente demuestra su razón, y figura su ser, sino que les da el ser y la sustancia haciéndolas. Y es principio también, porque en todos los linajes de preeminencias y de bienes tiene Él la preeminencia y el lugar más aventajado, o, por decir la verdad, en todos los bienes es Él la cabeza de aquel bien, y como la fuente de donde mana y se deriva y se comunica a los demás que lo tienen. Como escribe San Pablo, «que es el principio y que en todo tiene las primerías.» Porque en la orden del ser, Él es el principio de quien les viene el ser a los otros; y en el orden del buen ser, Él mismo es la cabeza que todo lo gobierna y reforma. Pues en el vivir, Él es el Manantial de la vida; en el resucitar, el primero que resucita su carne, y el que es virtud para que las demás resuciten; en la gloria, el Padre y el océano de ella; en los reyes, el Rey de todos, y en los sacerdotes, el Sacerdote sumo que jamás desfallece; entre los fieles, su Pastor; en los ángeles, su Príncipe; en los rebeldes o ángeles o hombres, su Señor poderoso; y finalmente, Él es el principio por donde quiera que le miremos.

Y aun también la R significa (según el mismo doctor) el espíritu. Que aunque es nombre que conviene a todas las tres Personas, y que se apropia al Espíritu Santo por señalar la manera como se espira y procede, pero dícese Cristo espíritu, demás de lo común, por cierta particularidad y razón: lo uno, porque el ser esposo del alma es cosa que se atribuye al Verbo, y el alma es espíritu, y así conviene que Él lo sea y se lo llame, para que sea alma del alma y espíritu del espíritu; lo otro, porque, en el ayuntamiento que con ella tiene, guarda bien las leyes y la condición del espíritu: que se va y se viene, y se entra y se sale, sin que sepáis cómo ni por dónde, como San Bernardo, hablando de sí mismo, lo dice con maravilloso regalo. Y quiero referir sus palabras para que gustéis su dulzura. «Confieso, dice, que el Verbo ha venido a mí muchas veces, aunque no es cordura el decirlo. Mas con haber entrado veces en mí, nunca sentí cuándo entraba. Sentíle estar en mi alma, acuérdome que le tuve conmigo, y alguna vez pude sospechar que entraría, mas nunca le sentí ni entrar ni salir. Porque, ni aun ahora puedo alcanzar de dónde vino cuando me vino, ni adónde se fue cuando me dejó, ni por dónde entró o salió de mi alma, conforme a aquello que dice: No sabréis de dónde viene ni adónde se va. Y no es cosa nueva, porque Él es a quien dicen: Y la huella de tus pisadas no será conocida. Verdaderamente Él no entró por los ojos, porque no es sujeto a color; ni tampoco por los oídos, porque no hizo sonido; ni menos por las narices, porque no se mezcló con el aire; ni por la boca, porque ni se bebe ni se come; ni con el tacto le sentí, porque no es tal que se toca. ¿Por dónde, pues, entró? O, por ventura, no entró, porque no vino de fuera, que no es cosa alguna de las que están por de fuera. Mas ni tampoco vino de dentro de mí, porque es bueno, y yo sé que en mí no hay cosa que buena sea. Subí, pues, sobre mí, y hallé que este Verbo aún estaba más alto. Descendí debajo de mí, inquisidor curioso, y también hallé que aún estaba más abajo. Si miré a lo de afuera, vile aún más fuera que todo ello. Si me volvía para dentro, halléle dentro también. Y conocí ser verdad lo que había leído: Que vivimos en Él, y nos movemos en Él, y somos en Él. Y dichoso aquel que a Él vive y se mueve. Mas preguntará alguno: Si es tan imposible alcanzarle y entenderle sus pasos, ¿de dónde sé yo que estuvo presente en mi alma? Porque es eficaz y vivo este Verbo, y así, luego que entró, despertó mi alma que se dormía. Movió y ablandó y llagó mi corazón, que estaba duro y de piedra y mal sano. Comenzó luego a arrancar y a deshacer, y a edificar y a plantar, a regar lo seco y a resplandecer en lo oscuro, a traer lo torcido a derechez y a convertir las asperezas en caminos muy llanos, de arte que bendicen al Señor mi alma y todas mis entrañas a su santísimo Nombre. Así que, entrando el Verbo esposo algunas veces a mí, nunca me dio a conocer que entraba con ningunas señas; no con voz, no con figura, no con sus pasos.

»Finalmente, no me fue notorio por ningunos movimientos suyos, ni por ningunos sentidos míos el habérseme lanzado en lo secreto del pecho. Solamente, como he dicho, de lo que el corazón me bullía entendí su presencia. De que huían los vicios, y los afectos carnales se detenían, conocía la fuerza de su poder. De que traía a luz mis secretos, y los discutía y redargüía, me admiré de la alteza de su sabiduría. De la enmienda de mis costumbres, cualquiera que ella sea, experimenté la bondad de su mansedumbre. De la renovación y reformación del espíritu de mi alma, esto es, del hombre interior, percibí como pude la hermosura de su belleza. Y de la vista de todo esto juntamente, quedé asombrado de la muchedumbre de sus grandezas sin cuento. Mas porque todas estas cosas, luego que el Verbo se aparta, como cuando quitan el fuego a la olla que hierve, comienzan con una cierta flaqueza a caerse torpes y frías, y por aquí, como por señal, conocía yo su partida, fuerza es que mi alma quede triste, y lo esté hasta que otra vez vuelva y torne, como solía, a calentarse mi corazón en mí mismo, y conozca yo así su tornada.» Esto es de Bernardo.

Por manera que el nombre Dabar en cada una de sus letras significa alguna propiedad de las que Cristo tiene. Y si juntamos las letras en sílabas, con las sílabas lo significa mejor; porque las que tiene son dos, da y bar, que juntamente quieren decir el Hijo, o éste es el hijo, que, como

Juliano ahora decía, es lo propio de Cristo, y a lo que el Padre aludió cuando, desde la nube y en el monte de la gloria, de Cristo dijo a los tres escogidos discípulos: «Este es mi Hijo», que fue como decir: Es Dabar, es el que nació eterna e invisiblemente de Mí, nacido ahora rodeado de carne y visible.

Y como haya muchos nombres que significan el hijo en la lengua de esta palabra, a ella con misterio le cupo este sólo, que es bar que tiene origen de otra palabra que significa el sacar a luz y el criar, porque se entienda que el hijo que dice y que significa este nombre es hijo que saca a luz y que cría; o, si lo podemos decir así, es hijo que ahija a los hijos y que tiene la filiación en sí de todos. Y aun si leemos al revés este nombre, nos dirá también alguna maravilla de Cristo. Porque bar, vuelto y leído al contrario es rab; y rab es muchedumbre y ayuntamiento, o amontonamiento de muchas cosas excelentes en una, que es puntualmente lo que vemos en Cristo, según que es Dios y según que es Hombre. Porque en su divinidad están las ideas y las razones de todo, y en su humanidad las de todos los hombres, como ayer en sus lugares se dijo.

Mas vengamos a todo el nombre junto por sí, y veamos lo que significa, ya que hemos dicho lo que nos dicen sus partes; que no son menos maravillosas las significaciones de todo él que las de sus letras y sílabas. Porque Dabar en la Sagrada Escritura dice muchas y diferentes grandezas. Que lo primero, Dabar significa el Verbo que concibe el entendimiento en sí mismo, que es una como imagen entera e igual de la cosa que entiende. Y Cristo, en esta manera, es Dabar, porque es la imagen que de sí concibe y produce, cuando se entiende, su Padre. Y Dabar significa también la palabra que se forma en la boca, que es imagen de lo que el ánimo esconde. Y Cristo también es Dabar así, porque no solamente es imagen del Padre escondida en el Padre y para solos sus ojos, sino es imagen suya para todos, e imagen que nos le representa a nosotros, e imagen que le saca a luz y que le imprime en todas las cosas que cría. Por donde San Pablo convenientemente le llama «sello del Padre», así por que el Padre se sella en Él y se dibuja del todo, como porque imprime Él como sello, en todo lo que cría y repara, la imagen de Él que en sí tiene. Y Dabar también significa la ley y la razón, y lo que pide la costumbre y el estilo, y, finalmente, el deber en lo que se hace, que son todas cualidades de Cristo, que es, según la divinidad, la razón de las criaturas, y el orden de su compostura y su fábrica, y la ley por quien deben ser medidas, así en las cosas naturales como en las que exceden lo natural, y es el estilo de la vida y de las obras de Dios, y el deber a que tienen de mirar todas las cosas que no quieren perderse, porque lo que todas hacer deben es el allegarse a Cristo y el figurarse de Él y el ajustarse siempre con Él.

Y Dabar también significa el hecho señalado que de otro procede, y Cristo es la más alta cosa que procede de Dios, y en lo que el Padre enteramente puso sus fuerzas, y en quien se traspasó y comunicó cabalmente. Y, si lo debemos decir así, es la grandísima hazaña y la única hazaña del Padre, preñada de todas las demás grandezas que el Padre hace, porque todas las hace por Él. Y así es luz nacida de luz, y fuente de todas las luces, y sabiduría de sabiduría nacida, y manantial de todo el saber, y poderío y grandeza y excelencia, y vida e inmortalidad, y bienes sin medida ni cuenta, y abismo de noblezas inmensas, nacidas de iguales noblezas y engendradoras de todo lo poderoso y grande y noble que hay. Y Dabar dice todo esto que he dicho, porque significa todo lo grande y excelente y digno de maravilla que de otro procede. Y significa también (y con esto concluyo) cualquiera otra cosa de ser, y por la misma razón el ser mismo y la realidad de las cosas; y así, Cristo debidamente es llamado por nombre propio Dabar, porque es la cosa que más es de todas las cosas, y el ser primero y original de donde les mana a las criaturas su ser, su sustancia, su vida, su obra.

Y esto cuanto a Dabar. Que justo es que digamos ya de Jesús, que, como decimos, también es nombre de Cristo propio, y que le conviene según la parte que es Hombre. Porque así como Dabar es nombre propio suyo según que nace de Dios, por razón de que este nombre solo, con sus muchas significaciones, dice de Cristo lo que otros muchos nombres juntos no dicen, así Jesús es su propio nombre según la naturaleza humana que tiene, porque, con una significación y figura que tiene sola, dice la manera del ser de Cristo Hombre, y toda su obra y oficio, y le representa y significa más que otro ninguno. A lo cual mirará todo lo que desde ahora dijere.

Y no diré del número de las letras que tiene este nombre, ni de la propiedad de cada una de ellas por sí, ni de la significación singular de cada una, ni de lo que vale en razón de aritmética, ni del número que resulta de todas, ni del poder ni de la fuerza que tiene este número, que son cosas que las consideran algunos y sacan misterios de ellas, que yo no condeno; mas déjolas, porque muchos las dicen, y porque son cosas menudas y que se pintan mejor que se dicen. Sola una cosa de estas diré, y es que el original de este nombre Jesús, que es Jehosuah, como arriba dijimos, tiene todas las letras de que se compone el nombre de Dios, que llaman de cuatro letras, y demás de ellas tiene otras dos.

Pues, como sabéis, el nombre de Dios, de cuatro letras, que se encierra en este nombre, es nombre que no se pronuncia, o porque son vocales todas, o porque no se sabe la manera de su sonido, o por la religión y respeto que debemos a Dios, o porque, como yo algunas veces sospecho, aquel nombre y aquellas letras hacen la señal con que el mudo que hablar no puede, o cualquiera que no osa hablar, significa su afecto mudez con un sonido rudo y desatado y que no hace figura, que llamamos interjección en latín, que es una voz tosca, y, como si dijésemos, sin rostro y sin facciones ni miembros. Que quiso Dios dar por su nombre a los hombres la señal y el sonido de nuestra mudez, para que entendiésemos que no cabe Dios ni en el entendimiento ni en la lengua, y que el verdadero nombrarle es confesarse la criatura por muda todas las veces que le quisiere nombrar, y que el embarazo de nuestra lengua y el silencio nuestro, cuando nos levantamos a Él, es su nombre y loor, como David lo decía. Así que es nombre inefable y que no se pronuncia este nombre.

Mas, aunque no se pronuncia en sí, ya veis que en el nombre de Jesús, por razón de dos letras que se le añaden, tiene pronunciación clara y sonido formado y significación entendida, para que acontezca en el nombre lo mismo que pasó en Cristo, y para que sea, como dicho tengo, retrato el nombre del ser. Porque, por la misma manera, en la persona de Cristo se junta la divinidad con el alma y con la carne del hombre; y la palabra divina, que no se leía, junta con estas dos letras, se lee, y sale a luz lo escondido, hecho conversable y visible, y es Cristo un Jesús, esto es, un ayuntamiento de lo divino y humano, de lo que no se pronuncia y de lo que pronunciarse puede, y es causa que se pronuncie lo que se junta con ello. Mas en esto no pasemos de aquí, sino digamos ya de la significación del nombre de Jesús, cómo él conviene a Cristo, y cómo es sólo de Cristo, y cómo abraza todo lo que de Él se dice, y las muchas maneras como esta significación le conviene.

Jesús, pues, significa salvación o salud; que el ángel así lo dijo. Pues si se llama salud Cristo, cierto será que lo es; y, si lo es, que lo es para nosotros, porque para sí no tiene necesidad de salud el que en sí no padece falta, ni tiene miedo de padecerla. Y si para nosotros Cristo es Jesús y salud, bien se entiende que tenemos enfermedad nosotros, para cuyo remedio se ordena la salud de Jesús. Veamos, pues, la cualidad de nuestro estado miserable, y el número de nuestras flaquezas, y los daños y males nuestros, que de ellos conoceremos la grandeza de esta salud y su condición, y la razón que tiene Cristo para que el nombre Jesús, entre tantos nombres suyos, sea su propio nombre.

El hombre, de su natural, es movedizo y liviano y sin constancia en su ser, y, por lo que heredó de sus padres, es enfermo en todas las partes de que se compone su alma y su cuerpo. Porque en el entendimiento tiene oscuridad, y en la voluntad flaqueza, y en el apetito perversa inclinación, y en la memoria olvido, y en los sentidos, en unos engaño y en otros fuego, y en el cuerpo muerte, y desorden entre todas estas cosas que he dicho, y disensiones y guerra, que le hacen ocasionado a cualquier género de enfermedad y de mal. Y lo que peor es, heredó la culpa de sus padres, que es enfermedad en muchas maneras, por la fealdad suya que pone, y por la luz y la fuerza de la gracia que quita, y porque nos enemista con Dios, que es fiero enemigo, y porque nos sujeta al demonio y nos obliga a penas sin fin. A esta culpa común añade cada uno las suyas, y, para ser del todo miserables, como malos enfermos, ayudamos el mal, y nos llamamos la muerte con los excesos que hacemos. Por manera que nuestro estado, de nuestro nacimiento, y por la mala elección de nuestro albedrío, y por las leyes que Dios contra el pecado puso, y por las muchas cosas que nos convidan siempre a pecar, y por la tiranía cruel y el cetro durísimo que el demonio sobre los pecadores tiene, es infelicísimo y miserable estado sobre toda manera, por dondequiera que le miremos. Y nuestra enfermedad no es una enfermedad, sino una suma sin número de todo lo que es doloroso y enfermo.

El remedio de todos estos males es Cristo, que nos libra de ellos en las formas que ayer y hoy se ha dicho en diferentes lugares; y porque es el remedio de todo ello, por eso es y se llama Jesús, esto es, salvación y salud. Y es grandísima salud, porque la enfermedad es grandísima; y nómbrase propiamente de ella, porque, como la enfermedad es de tantos senos y enramada con tantos ramos, todos los demás oficios de Cristo, y los nombres que por ellos tiene, son como partes que se ordenan a esta salud, y el nombre de Jesús es el todo, según que todo lo que significan los otros nombres, o es parte de esta salud que es Cristo, y que Cristo hace en nosotros, o se ordena a ella, o se sigue de ella por razón necesaria.

Que si es llamado Pimpollo Cristo, y si es, como decíamos, el parto común de las cosas, ellas sin duda le parieron para que fuese su Jesús y salud. Y así Isaías, cuando les pide que lo paran y que lo saquen a luz, y les dice: «Rociad, cielos, desde lo alto, y vosotras, nubes, lloved al justo», luego dice el fin para que le han de parir, porque añade: «Y tú, tierra, fructificarás la salud.» Y si es Faces de Dios, eslo porque es nuestra salud, la cual consiste en que nos asemejemos a Dios y le veamos, como Cristo lo dice: «Esta es la vida eterna, conocerte a Ti y a tu Hijo.» Y también si le llamamos Camino y si le nombramos Monte, es camino porque es guía, y es monte porque es defensa; y cierto es que no nos fuera Jesús si no nos fuera guía y defensa, porque la salud ni se viene a ella sin guía ni se conserva sin defensa.

Y de la misma manera es llamado Padre del siglo futuro, porque la salud que el hombre pretende no se puede alcanzar si no es engendrado otra vez. Y así, Cristo no fuera nuestro Jesús si primero no fuera nuestro engendrador y nuestro padre. También es Brazo y Rey de Dios y Príncipe de paz: brazo para nuestra libertad, rey y príncipe para nuestro gobierno; y lo uno y lo otro, como se ve, tienen orden a la salud: lo uno que se le presupone, y lo otro que la sustenta. Y así, porque Cristo es Jesús, por el mismo caso es brazo y es rey. Y lo mismo podemos decir del nombre de Esposo; porque no es perfecta la salud sola y desnuda si no la acompaña el gusto y deleite. Y esta es la causa por que Cristo, que es perfecto Jesús nuestro, es también nuestro esposo, conviene a saber, es el deleite del alma y su compañía dulce, y será también su marido, que engendrará de ella y en ella generación casta y noble y eterna, que es cosa que nace de la salud entera, y que de ella se sigue. De arte que, diciendo que se llama Cristo Jesús, decimos que es esposo y rey, y príncipe de paz y brazo, y monte y padre, y camino y pimpollo; y es llamarle, como también la Escritura le llama, pastor y oveja, hostia y sacerdote, león y cordero, vid, puerta, médico, luz, verdad y sol de justicia, y otros nombres así.

Porque si es verdaderamente Jesús nuestro, como lo es, tiene todos estos oficios y títulos, y, si le faltaran, no fuera Jesús entero ni salud cabal, así como nos es necesaria. Porque nuestra salud, presupuesta la condición de nuestro ingenio, y la cualidad y muchedumbre de nuestras enfermedades y daños, y la corrupción que había en nuestro cuerpo, y el poder que por ella tenía en nuestra alma el demonio, y las penas a que la condenaban sus culpas, y el enojo y la enemistad contra nosotros de Dios, no podía hacerse ni venir a colmo si Cristo no fuera pastor que nos apacentara y guiara, y oveja que nos alimentara y vistiera, y hostia que se ofreciera por nuestras culpas, y sacerdote que interviniera por nosotros y nos desenojara a su Padre, y león que despedazara al león enemigo, y cordero que llevara sobre sí los pecados del mundo, y vid que nos comunicara su jugo, y puerta que nos metiera en el cielo, y médico que curara mil llagas, y verdad que nos sacara de error, y luz que nos alumbrara los pies en la noche de esta vida oscurísima, y, finalmente, sol de justicia que en nuestras almas, ya libres por Él, naciendo en el centro de ellas, derramara por todas las partes de ellas sus lucidos rayos para hacerlas claras y hermosas. Y así el nombre de Jesús está en todos los nombres que Cristo tiene, porque todo lo que en ellos hay se endereza y encamina a que Cristo sea perfectamente Jesús. Como escribe bien San Bernardo, diciendo:

«Dice Isaías: Será llamado admirable, consejero, Dios, fuerte, padre del siglo futuro, príncipe de paz. Ciertamente, grandes nombres son éstos; mas ¿qué se ha hecho del nombre que es sobre todo nombre, el nombre de Jesús, a quien se doblan todas las rodillas? Sin duda hallarás este nombre en todos estos nombres que he dicho, pero derramado por cierta manera, porque de él es lo que la Esposa amorosa dice: Ungüento derramado tu nombre. Porque de todos estos nombres resulta un nombre, Jesús, de manera que no lo fuera ni se lo llamara si alguno de ellos le faltara por caso. ¿Por ventura cada uno de nosotros no ve en sí, y en la mudanza de sus voluntades, que se llama Cristo admirable? Pues eso es ser Jesús. Porque el principio de nuestra salud es, cuando comenzamos a aborrecer lo que antes amábamos, dolernos de lo que nos daba alegría, abrazarnos con lo que nos ponía temor, seguir lo que huíamos, y desear con ansia lo que desechábamos con enfado. Sin duda, admirable es quien hace tan grandes maravillas. Mas conviene que se muestre también consejero en el escoger de la penitencia y en el ordenar de la vida, porque acaso no nos lleve el celo demasiado, ni le falte prudencia al buen deseo. Pues también es menester que experimentemos que es Dios, conviene a saber, en el perdonar lo pasado, porque no hay sin este perdón salud, ni puede nadie perdonar pecados sino es sólo Dios. Mas ni aun esto basta para salvarnos, si no se nos mostrare ser fuerte, defendiéndonos de quien nos guerrea, para que no venzan los antiguos deseos, y sea peor que lo primero lo postrero. ¿Paréceos que falta algo para quien es, por nombre y por oficio, Jesús? Sin duda faltara una cosa muy grande, si no se llamara y si no fuera padre del siglo futuro, para que engendre y resucite a la vida sin fin a los que somos engendrados para la muerte de los padres de este presente siglo. Ni aun esto bastara si, como príncipe de paz, no nos pacificara a su Padre, a quien hará entrega del reino.»

De lo cual todo, San Bernardo concluye que los nombres que Cristo tiene son todos necesarios para que se llame enteramente Jesús, porque, para ser lo que este nombre dice, es menester que tenga Cristo y que haga lo que significan todos los otros nombres. Y así, el nombre de Jesús es propio nombre suyo entre todos. Y es suyo propio también porque, como el mismo Bernardo dice, no le es nombre postizo, sino nacido nombre, y nombre que le trae embebido en el ser; porque, como diremos en su lugar, su ser de Cristo es Jesús, porque todo cuanto en Cristo hay es salvación y salud. La cual, demás de lo dicho, quiso Cristo que fuese su nombre propio para declararnos su amor. Porque no escogió para nombrarse ningún otro título suyo de los que no miran a nosotros, teniendo tantas grandezas en sí, cuanto es justo que tenga en quien, como San Pablo dice, reside de asiento y como corporalmente toda la riqueza divina, sino escogió para su nombre propio lo que dice los bienes que en nosotros hace y la salud que nos da, mostrando clarísimamente lo mucho que nos ama y estima, pues de ninguna de sus grandezas se precia ni hace nombre sino de nuestra salud.

Que es lo mismo que a Moisés dijo en el Éxodo cuando le preguntaba su nombre, para poder decir a los hijos de Israel que Dios le enviaba; porque dice allí así: «De esta manera dirás a los hijos de Israel: El Señor Dios de vuestros padres, Dios de Abraham y Dios de Isaac y Dios de Jacob, me envía a vosotros; que éste es mi nombre para siempre, y mi apellido en la generación de las generaciones.» Dice que es su nombre Dios de Abraham, por razón de lo que hasta ahora ha hecho y hará siempre por sus hijos de Abraham, que son todos los que tienen su fe. Dios que nace de Abraham, que gobierna a Abraham, que lo defiende, que lo multiplica, que lo repara y redime y bendice, esto es, Dios que es Jesús de Abraham.

Y dice que este nombre es el nombre propio suyo, y el apellido que Él más ama, y el título por donde quiere ser conocido y de que usa y usará siempre, y señaladamente en la generación de las generaciones, esto es, en el renacer de los hombres nacidos y en el salir a la luz de la justicia los que habían ya salido a esta visible luz llenos de miseria y de culpa, porque en ellos propiamente, y en aquel nacimiento, y en lo que le pertenece y se le sigue, se muestra Cristo a la clara Jesús. Y como en el monte (cuando Moisés subió a ver la gloria de Dios, porque Dios le había prometido mostrársela, cuando le puso en el hueco de la peña, y le cubrió con la mano y le pasó por delante), cuanto mostró a Moisés de sí lo encerró en estas palabras que le dijo: «Yo soy amoroso entrañablemente, compasivo, ancho de narices, sufrido y de mucha espera, grande en perdón, fiel y leal en la palabra, que extiendo mis bienes por mil generaciones de hombres.» Como diciendo que su ser es misericordia, y de lo que se precia es piedad, y que sus grandezas y perfecciones se resumen en hacer bien, y que todo cuanto es y cuanto quiere ser es blandura y amor. Así, cuando se mostró visible a los ojos, no subiendo nosotros al monte, sino descendiendo Él a nuestra bajeza, todo lo que de sí nos descubre es Jesús. Jesús es su ser, Jesús son sus obras, y Jesús es su nombre, esto es, piedad y salud.

Más. Quiso Cristo tomar por nombre propio a la salud, que es Jesús, porque salud no es un solo bien, sino una universalidad de bienes innumerables. Porque en la salud están las fuerzas, y la ligereza del movimiento, y el buen parecer, y la habla agradable, y el discurso entero de la razón, y el buen ejercicio de todas las partes y de todas las obras del hombre. El bien oír, el buen ver y la buena dicha y la industria, la salud la contiene en sí misma. Por manera que salud es una preñez de todos los bienes. Y así, porque Cristo es esta preñez verdaderamente, por eso este nombre es el que más le conviene, porque Cristo, así como en la divinidad es la idea y el tesoro y la fuente de todos los bienes, conforme a lo que poco ha se decía, así, según la humanidad, tiene todos los reparos y todas las medicinas y todas las saludes que son menester para todos.

Y así, es bien y salud universal, no sólo porque a todos hace bien, ni solamente porque tiene en sí la salud que es menester para todos los males, sino también porque en cada uno de los suyos hace todas las saludes y bienes. Porque, aunque entre los justos hay grados, así en la gracia que Dios les da como en el premio que les dará de la gloria, pero ninguno de ellos hay que no tenga por Cristo no sólo todos los reparos que son necesarios para librarse del mal, sino también todos los bienes que son menester para ser ricos perfectamente. Esto es, que no hay de ellos ninguno a quien al fin Jesús no les dé salud perfecta en todas sus potencias y partes, así en el alma y sus fuerzas, como en el cuerpo y sus sentidos.

Por manera que en cada uno hace todas las saludes que en todos, limpiando la culpa, dando libertad del tirano, rescatando del infierno, vistiendo con la gracia, comunicando su mismo espíritu, enviando sobre ellos su amparo, y, últimamente, resucitando y glorificando los sentidos y el cuerpo. Y lo uno y lo otro (las muchas saludes que Cristo hace en cada uno de los suyos, y la copia universal que en sí tiene de salud Jesús), dice David maravillosamente en el verso cuarto del Salmo ciento nueve, que yo declaré ayer por una manera, y vos, Juliano, poco ha lo declarasteis en otra; y consintiéndolas la letra todas, admite también la tercera, porque le podemos muy bien leer así: «Tu pueblo, noblezas en aquel día; tu ejército, noblezas en los resplandores santos; que más que el vientre y más que la mañana hay en Ti rocío de tu nacimiento.»

Porque dice que en el día que amanecerá cuando se acabare la noche de este Siglo oscurísimo -que es verdaderamente día porque no camina a la noche, y día porque resplandecerá en Él la verdad, y así será día de resplandores santísimos, porque el resplandor de los justos, que ahora se esconde en su pecho de ellos, saldrá a luz entonces y se descubrirá en público, y les resplandecerá por los ojos y por la cara y por todos los sentidos del cuerpo-, pues en aquel día, que es día, todo el pueblo de Cristo será noblezas. Que llama pueblo de Cristo a los justos solos, porque en la Escritura ellos son los que se llaman pueblo de Dios, dado que Cristo es universal Señor de todas las cosas.

Y a los mismos que llama pueblo, llama después ejército o escuadrón, o, puntualmente, como suena la letra original, poderío de Cristo, según que en el español antiguo llamaban poderes al ayuntamiento de gentes de guerra. Y llama a los justos así, no porque ellos hacen a Cristo poderoso, como en la tierra los muchos soldados hacen poderosos los reyes, sino porque son prueba del grandísimo poder de Cristo todos juntos y cada uno por sí: del poder, digo, de su virtud, y de la eficacia de su espíritu, y de la fuerza de sus manos no vencidas, con que los sacó de la postrera miseria a la felicidad de la vida.

Pues este pueblo y escuadrón de Cristo lucido, dice que todo es noblezas; porque cada uno de ellos es no una nobleza, sino muchas noblezas; no una salud, sino muchas saludes, por razón de las no numerables saludes que Cristo en ellos pone por su nobleza infinita, cercándolos de salud y levantando por todas sus almenas de ellos señal de victoria. Lo cual puede bien hacer Jesucristo por lo que se sigue, y es: que tiene en sí rocío de su nacimiento, más que vientre y más que aurora. Porque rocío llama la eficacia de Cristo y la fuerza del espíritu que da, que en las divinas Letras suele tener nombre de agua; y llámale rocío de nacimiento, porque hace con él que nazcan los suyos a la buena vida y a, la dichosa vida; y nómbrale su nacimiento, porque lo hace Él, y porque, naciendo ellos en Él, Él también nace en ellos. Y dice: «Más que vientre y más que aurora», para significar la eficacia, y la copia de este rocío. La eficacia, como diciendo que con el rocío de Jesús, que en sí tiene, saca los suyos a luz de vida bienaventurada, muy más presto y muy más cierto que sale el sol al aurora, o que nace el parto maduro del vientre lleno. Y la copia, de esta manera: que tiene Cristo en sí más rocío de Jesús, para serlo, que cuanto llueve por las mañanas el cielo, y cuanto envían las fuentes y sus manantiales, que son como el vientre donde se conciben y de donde salen las aguas. Y así son, como suena la palabra original, la madre de ellas. Y, en castellano, la canal por donde el río corre, decimos que es la madre del río.

Pero vamos más adelante. La salud es un bien que consiste en proporción y en armonía de cosas diferentes, y es una como música concertada que hacen entre sí los humores del cuerpo. Y lo mismo es el oficio que Cristo hace, que es otra causa por que se llama Jesús. Porque no solamente, según la divinidad, es la armonía y la proporción de todas las cosas, mas también según la humanidad es la música y la buena correspondencia de todas las partes del mundo.

Que dice así el Apóstol que «pacifica con su sangre, así lo que está en el cielo como lo que reside en la tierra.» Y en otra parte dice también que quitó de por medio la división que había entre los hombres y Dios, y en los hombres entre sí mismos, unos con otros, los gentiles con los judíos, y que hizo de ambos uno. Y por lo mismo es llamado «piedra (en el Salmo) puesta en la cabeza del ángulo.» Porque es la paz de todo lo diferente, y el nudo que ata en sí lo visible con lo que no se ve, y lo que concierta en nosotros la razón y el sentido, y es la melodía acordada y dulce sobre toda manera, a cuyo santo sonido todo lo turbado se aquieta y compone. Y así es Jesús con verdad.

Demás de esto, llámase Cristo Jesús y Salud, para que por este su nombre entendamos cuál es su obra propia y lo que hace señaladamente en nosotros; esto es, para que entendamos en que consiste nuestro bien y nuestra santidad y justicia, y lo que hemos de pedirle que nos dé, y esperar de Él que nos lo dará. Porque así como la salud en el enfermo no está en los refrigerantes que le aplican por defuera, ni en las epítimas que en el corazón le ponen, ni en los regalos que para su salud ordenan los que le aman y curan, sino consiste en que, dentro de él, sus cualidades y humores, que excedían el orden, se compongan y se reduzcan a templanza debida, y, hecho esto en lo secreto del cuerpo, luego, lo que parece de fuera, sin que se le aplique cosa alguna, se templa y cobra su buen parecer y su color conveniente, así es salud Cristo, porque el bien que en nosotros hace es como esta salud: bien propiamente, no de sola apariencia ni que toca solamente en la sobrehaz y en el cuero, sino bien secreto y lanzado en las venas, y metido y embebido en el alma, y bien, no que solamente pinta las hojas, sino que propia y principalmente mundifica la raíz y la fortifica. Por donde decía bien el Profeta: «Regocíjate, hija de Sión, derrama loores, porque el Santo de Israel está en medio de ti.» Esto es, no alderredor de ti, sino dentro de tus entrañas, en tus tuétanos mismos, en el meollo de tu corazón, y verdaderamente de tu alma en el centro.

Porque su obra propia de Cristo es ser salud y Jesús, conviene a saber, componer entre sí y con Dios las partes secretas del alma, concertar sus humores e inclinaciones, apagar en ella el secreto y arraigado fuego de sus pasiones y malos deseos; que el componer por de fuera el cuerpo y la cara, y el ejercicio exterior de las ceremonias -el ayunar, el disciplinar, el velar, con todo lo demás que a esto pertenece-, aunque son cosas santas si se ordenan a Dios, así por el buen ejemplo que reciben de ellas los que las miran, como porque disponen y encaminan el alma para que Cristo ponga mejor en ella esta secreta salud y justicia que digo; mas la santidad formal y pura, y la que propiamente Cristo hace en nosotros, no consiste en aquello.

Porque su obra es salud, que consiste en el concierto de los humores de dentro, y esas cosas son posturas y refrigerantes o fomentaciones de fuera, que tienen apariencia de aquella salud y se enderezan a ella, mas no son ella misma como parece. Y, como ayer largamente decíamos, todas esas son cosas que otros muchos, antes de Cristo y sin Él, las supieron enseñar a los hombres y los indujeron a ellas, y les tasaron lo que habían de comer, y les ordenaron la dieta, y les mandaron que se lavasen y ungiesen, y les compusieron los ojos, los semblantes, los pasos, los movimientos; mas ninguno de ellos puso en nosotros salud pura y verdadera que sanase lo secreto del hombre y lo compusiese y templase, sino sólo Cristo que por esta causa es Jesús.

¡Qué bien dice acerca de esto el glorioso Macario! «Lo propio, dice, de los cristianos no consiste en la apariencia y en el traje y en las figuras de fuera, así como piensan muchos, imaginándose que para diferenciarse de los demás les bastan estas demostraciones y señales que digo, y, cuanto a lo secreto del alma y a sus juicios, pasa en ellos lo que en los del mundo acontece, que padecen todo lo que los demás hombres padecen, las mismas turbaciones de pensamientos, la misma inconstancia, las desconfianzas, las angustias, los alborotos. Y difiérencianse del mundo en el parecer y en la figura del hábito y en unas obras exteriores bien hechas; mas en el corazón y en el alma están presos con las cadenas del suelo, y no gozan en lo secreto, ni de la quietud que da Dios ni de la paz celestial del espíritu, porque ni ponen cuidado en pedírsela, ni confían que le placerá dársela. Y ciertamente la nueva criatura, que es el cristiano perfecto y verdadero, en lo que se diferencia de los hombres del siglo es en la renovación del espíritu y en la paz de los pensamientos y afectos, en el amar a Dios y en el deseo encendido de los bienes del cielo, que esto fue lo que Cristo pidió para los que en Él creyesen: que recibiesen estos bienes espirituales. Porque la gloria del cristiano, y su hermosura y su riqueza, la del cielo es, que vence lo que se puede decir, y que no se alcanza sino con trabajo y con sudor y con muchos trances y pruebas, y principalmente con la gracia divina.» Esto es de San Macario.

Que es también aviso nuestro, que, por una parte, nos enseña a conocer en las doctrinas y caminos de vivir que se ofrecen, si son caminos y enseñanzas de Cristo; y, por otra, nos dice, y como pone delante de los ojos, el blanco del ejercicio santo y aquello a que hemos de aspirar en él, sin reposar hasta que lo consigamos. Que cuanto a lo primero, de las enseñanzas y caminos de vida, hemos de tener por cosa certísima que la que no mirare a este fin de salud, la que no tratare de desarraigar del alma las pasiones malas que tiene, la que no procurare criar en el secreto de ella orden, templanza, justicia, por más que de fuera parezca santa, no es santa, y por más que se pregone de Cristo, no es de Cristo; porque el nombre de Cristo es Jesús y Salud, y el oficio de ésta es sobresanar por de fuera. La obra de Cristo propia es renovación del alma y justicia secreta; la de ésta son apariencias de salud y justicia. La definición de Cristo es ungir, quiero decir que Cristo es lo mismo que unción, y de la unción es ungir, y la unción y el ungir es cosa que penetra a los huesos, y este otro negocio que digo es embarnizar, y no ungir. De sólo Cristo es el deshacer las pasiones; esto no las deshace, antes las sobredora con colores y demostraciones de bien. ¿Qué digo no deshace? Antes vela con atención sobre ellas, para, en conociendo a do tiran, seguirlas y cebarlas y encaminarlas a su provecho. Así que la doctrina o enseñamiento que no hiciere, cuanto en sí es, esta salud en los hombres, si es cierto que Cristo se llama Jesús, porque la hace siempre, cierto será que no es enseñamiento de Cristo.

Dijo Sabino aquí:

-También será cierto, Marcelo, que no hay en esta edad en la Iglesia enseñamientos de la cualidad que decís.

-Por cierto lo tengo, Sabino -respondió Marcelo-, mas halos habido y puédelos haber cada día, y, por esta causa, es el aviso conveniente.

-Sin duda conveniente -dijo Juliano- y necesario. Porque si no lo fuera, no nos apercibiera Cristo en el Evangelio, como nos apercibe, acerca de los falsos profetas; porque falsos profetas son los maestros de estos caminos, o, por decir lo que es, esos mismos enseñamientos vacíos de verdad son los profetas falsos, por de fuera como ovejas en las apariencias buenas que tienen, y, dentro, robadores lobos por las pasiones fieras que dejan en el alma como en su cueva.

-Y ya que no haya ahora -tomó Marcelo a decir- mal tan desvergonzado como ese, pero sin duda hay algunas cosas que tiran a él y le parecen. Porque, decidme, Sabino, ¿no habréis visto alguna vez, u oído decir, que, para inducir al pueblo a limosna, algunos les han ordenado que hagan alarde y se vistan de fiesta y, con pífano y tambor, y disparando los arcabuces en competencia los unos de los otros, vayan a hacerla? Pues esto ¿qué es sino seguir el humor vicioso del hombre, y no desarraigarle la mala pasión de vanidad, sino aprovecharse de ella y dejársela más asentada, dorándosela con el bien de la limosna de fuera? ¿Qué es sino atender agudamente a que los hombres son vanos, y amigos de presunción, e inclinados a ser loados y aparecer más que los otros, porque son así, no irles a la mano en estos sus malos siniestros, ni procurar librarlos de ellos, ni apurarles las almas reduciéndolas a la salud de Jesús, sino sacar provecho de ellos para interés nuestro o ajeno, y dejárselos más fijos y firmes? Que no porque mira a la limosna, que es buena, es justo y bueno poner en obra, y traer a ejecución, y arraigar más con el hecho la pasión y vanidad de la estima misma que vivía en el hombre. Ni es tanto el bien de la limosna que se hace como es el daño que se recibe en la vanidad de nuestro pecho, y en el fruto que se pierde, y en la pasión que se pone por obra. Y, por el mismo caso, se afirma más, y queda no solamente más arraigada, sino, lo que es mucho peor, aprobada y como santificada con el nombre de piedad, y con la autoridad de los que inducen a ello, que a trueque de hacer por de fuera limosneros los hombres, los hacen más enfermos en el alma de dentro, y más ajenos de la verdadera salud de Cristo: que es contrario derechamente de lo que pretende Jesús, que es salud.

Y, aunque pudiéramos señalar otros ejemplos, bástenos por todos los semejantes el dicho, y vengamos a lo segundo que dije, que Cristo, llamándose Jesús y Salud, nos demuestra a nosotros el único y verdadero blanco de nuestra vida y deseo. Que es más claramente decir que, pues el fin del cristiano es hacerse uno con Cristo, esto es, tener a Cristo en sí, transformándose en Él, y pues Cristo es Jesús, que es salud, y pues la salud no es el estar vendado o fomentado o refrescado por de fuera el enfermo, sino el estar reducidos a templada armonía los humores secretos, entienda el que camina a su bien que no ha de parar antes que alcance esta santa concordia del alma, porque, hasta tenerla, no conviene que él se tenga por sano, esto es, por Jesús. Que no ha de parar, aunque haya aprovechado en el ayuno, y sepa bien guardar el silencio, y nunca falte a los cantos del coro, y aunque ciña el cilicio, y pise sobre el hielo desnudos los pies, y mendigue lo que come y lo que viste paupérrimo, si entre esto bullen las pasiones en él, si vive el viejo hombre y enciende sus fuegos, si se atufa en el alma la ira, si se hincha la vanagloria, si se ufana el propio contento de sí, si arde la mala codicia; finalmente, si hay respetos de odios, de envidias, de pundonores, de emulación y de ambición. Que si esto hay en él, por mucho que le parezca que ha hecho y que ha aprovechado en los ejercicios que referí, téngase por dicho que aún no ha llegado a la salud, que es Jesús.

Y sepa y entienda que ninguno, mientras que no sanó de esta salud, entra en el cielo ni ve la clara vista de Dios. Como dice San Pablo: «Amad la paz y la santidad, sin la cual no puede ninguno ver a Dios.» Por tanto, despierte el que así es, y conciba ánimo fuerte, y puestos los ojos en este blanco que digo y esperando en Jesús, alargue el paso a Jesús. Y pídale a la Salud que le sea salud, y en cuanto no lo alcanzare, no cese ni pare, sino, como dice de sí San Pablo, «Olvidando lo pasado y extendiendo con el deseo las manos a lo porvenir, corra y vuele a la corona que les está puesta delante.»

Pues qué, ¿es malo el ayuno, el cilicio, la mortificación exterior? No es sino bueno; mas es bueno como medicinas que ayudan, pero no como la misma salud; bueno como emplastos, pero como emplastos que ellos mismos son testigos que estamos enfermos; bueno como medio y camino para alcanzar la justicia, pero no como la misma justicia; bueno unas veces como causas, y otras como señales de ánimo concertado o que ama el concierto, pero no como la misma santidad y concierto del ánimo. Y como no es ella misma, acontece algunas veces que se halla sin ella, y es entonces hipocresía y embuste, a lo menos es inútil y sin fruto sin ella.

JESÚS (II)

Y como debemos condenar a los herejes que condenan contra toda la razón esta muestra de santidad exterior, la cual ella en sí es hermosa y dispone el alma para su verdadera hermosura, y es agradable a Dios y merecedora del cielo cuando nace la hermosura de dentro; así, ni más ni menos, debemos avisar a los fieles que no está en ella el paradero de su camino, ni menos es su verdadero caudal, ni su justicia, ni su salud; la que de veras sana y ajusta su alma, y la que es necesaria para la vida que siempre dura, y la que, finalmente, es propia obra de Cristo Jesús. Que sería negocio de lástima que, caminando a Dios, por haber parado antes de tiempo, o por haber hecho hincapié en lo que sólo era paso, se hallasen sin Dios a la postre; y, proponiéndose llegar a Jesús, por no entender qué es Jesús, se hallasen miserablemente abrazados con Solón o con Pitágoras, o, cuando más, con Moisés; porque Jesús es salud, y la salud es la justicia secreta y la compostura del alma que, luego que reina en ella, echa de sí rayos que resplandecen de fuera, y serenan y componen y hermosean todos los movimientos y ejercicios del cuerpo.

Y como es mentira y error tener por malas, o por no dignas de premio, estas observancias de fuera, así también es perjuicio y engaño pensar que son ellas mismas la pura salud de nuestra alma, y la justicia que formalmente nos hace amables en los ojos de Dios, que esa propiamente es Jesús, esto es, la salud que derechamente hace dentro de nosotros, y no sin nosotros, Jesús. Que es lo que hemos dicho, y por quien San Pablo, hablando de Cristo, dice que «fue determinado ser hijo de Dios en fortaleza, según el espíritu de la santificación en la resurrección de los muertos de Jesucristo.» Que es como si más extendidamente dijera que el argumento cierto y la razón y señal propia por donde se conoce que Jesús es el verdadero Mesías, Hijo de Dios prometido en la ley, como se conoce por su propia definición una cosa, es porque es Jesús; esto es, por la obra de Jesús que hizo, que era obra reservada por Dios, y por su ley y profetas, para sólo el Mesías. Y ésta ¿qué fue? Su poderío, dice, y fortaleza grande. Mas ¿en que la ejercitó y declaró? En el espíritu, dice, de la santificación; conviene a saber: en que santifica a los suyos, no en la sobrehaz y corteza de fuera, sino con vida y espíritu. Lo cual se celebra en la resurrección de los muertos de Jesucristo, esto es, se celebra resucitando Cristo sus muertos, que es decir, los que murieron en Él cuando Él murió en la cruz, a los cuales Él después, resucitado, comunica su vida. Que como la muerte que en Él padecimos es causa que muera nuestra culpa cuando, según Dios, nacemos, así su resurrección, que también fue nuestra, es causa que, cuando muere en nosotros la culpa, nazca la vida de la justicia, como ayer mañana dijimos.

Así que, según que decía, el condenar la ceremonia es error, y el poner en ella la proa y la popa de la justicia es engaño. El medio de estos extremos es lo derecho, que la ceremonia es buena cuando sirve y ayuda a la verdadera santificación del alma, porque es provechosa, y cuando nace de ella es mejor porque es merecedora del cielo, mas que no es la pura y la viva salud que Cristo en nosotros hace, y porque se llama Jesús.

Digo más. No se llama Jesús así porque solamente hace la salud que decimos, sino porque es Él mismo esa salud. Porque aunque sea verdad, como de hecho lo es, que Cristo en los que santifica hace salud y justicia por medio de la gracia que en ellos pone asentada y como apegada en su alma, mas sin eso, como decíamos ayer, Él mismo, por medio de su espíritu, se junta con ella y, juntándose, la sana y agracia; y esa misma gracia que digo que hace en el alma, no es otra cosa sino como un resplandor que resulta en ella de su amable presencia. Así que Él mismo por sí, y no solamente por su obra y efecto, es la salud.

Dice bien San Macario. Y dice de esta manera: «Como Cristo ve que tú le buscas y que tienes en Él toda tu esperanza siempre puesta, acude luego Él y te da caridad verdadera, esto es, dásete a sí; que, puesto en ti, se te hace todas las cosas paraíso, árbol de vida, preciosa perla, corona, edificador, agricultor, compasivo, libre de toda pasión, hombre, Dios, vino, agua vital, oveja, esposo, guerrero y armas de guerra, y, finalmente, Cristo, que es todas las cosas en todos.» Así que el mismo Cristo abraza con nuestro espíritu el suyo y, abrazándose, le viste de sí, según San Pablo dice: «Vestíos de nuestro Señor Jesucristo.» Y, vistiéndole, le reduce y sujeta a sí mismo, y se cala por él totalmente.

Porque se debe advertir que, así como toda la masa es desalada y desazonada de suyo, por donde se ordenó la levadura que le diese sabor, a la cual con verdad podremos llamar, no sólo la sazonadora, sino la misma sazón de la masa, por razón de que la sazona no apartada de ella, sino junta con ella, adonde ella por sí cunde por la masa y la transforma y sazona, así, porque la masa de los hombres estaba toda dañada y enferma, hizo Dios un Jesús, digo una humana salud que, no solamente estando apartada, sino juntándose, fuese salud de todo aquello con quien se juntase y mezclase, y así Él se compara a levadura a sí mismo. De arte que, como el hierro que se enciende del fuego, aunque en el ser es hierro y no fuego en el parecer es fuego y no hierro, así Cristo, ayuntado conmigo y hecho totalmente señor de mí, me apura de tal manera de mis daños y males, y me incorpora de tal manera en sus saludes y bienes, que yo ya no parezco yo, el enfermo que era, ni de hecho soy ya el enfermo, sino tan sano, que parezco la misma salud que es Jesús.

¡Oh bienaventurada salud! ¡Oh Jesús dulce, dignísimo de todo deseo! ¡Si ya me viese yo, Señor, vencido enteramente de Ti! ¡Si ya cundieses, oh salud, por mi alma y mi cuerpo! ¡Si me apurases ya de mi escoria, de toda esta vejez! ¡Si no viniese, ni pareciese, ni luciese en mí sino Tú! ¡Oh, si ya no fuese quien soy! Que, Señor, no veo cosa en mí que no sea digna de aborrecimiento y desprecio. Casi todo cuanto nace de mí, son increíbles miserias; casi todo es dolor, imperfección, malatía y poca salud.

Y como en el libro de Job se escribe: «cada día siento en mí nuevas lástimas; y, esperando ver el fin de ellas, he contado muchos meses vacíos, y muchas noches dolorosas han pasado por mí. Cuando viene el sueño me digo: ¿si amanecerá mi mañana? Y cuando me levanto, y veo que no me amanece, alargo a la tarde el deseo. Y vienen las tinieblas, y vienen también mis ages y mis flaquezas, y mis dolores más acrecentados con ellas. Vestida está y cubierta mi carne de mi corrupción miserable; y de las torpezas del polvo que me compone, están ya secos y arrugados mis cueros. Veo, Señor, que se pasan mis días, y que me han volado mucho más que vuela la lanzadera en la tela; acabados casi los veo, y aún no veo, Señor, mi salud. Y si se acaban, acábase mi esperanza con ellos. Miémbrate, Señor, que es ligero viento mi vida, y que si paso sin alcanzar este bien, no volverán jamás mis ojos a verle. Si muero sin Ti, no me verán para siempre en descanso los buenos. Y tus mismos ojos, si los enderezares a mí, no verán cosa que merezca ser vista.» Yo, Señor, me desecho, me despojo de mí, me huyo y desamo, para que no habiendo en mí cosa mía, seas Tú sólo en mí todas las cosas: mi ser, mi vivir, mi salud, mi Jesús.

Y dicho esto, calló Marcelo, todo encendido en el rostro; y, suspirando muy sentidamente, tornó luego a decir:

-No es posible que hable el enfermo de la salud, y que no haga significación de lo mucho que le duele el verse sin ella. Así que me perdonaréis, Juliano y Sabino, si el dolor, que vive de continuo en mí, de conocer mi miseria, me salió a la boca ahora y se derramó por la lengua.

Y tornó a callar, y dijo luego:

—Cristo, pues, se llama Jesús porque Él mismo es salud; y no por esto solamente, sino también porque toda la salud es sólo Él. Porque siempre que el nombre que parece común se da a uno por su nombre propio y natural, se ha de entender que aquel a quien se da tiene en sí toda la fuerza del nombre; como, si llamásemos a uno por su nombre Virtud, no queremos decir que tiene virtud como quiera, sino que se resume en él la virtud. Y por la misma manera, ser Salud el propio nombre de Cristo, es decir que es por excelencia salud, o que todo lo que es salud y vale para salud está en Él. Y como haya en la salud, según los sujetos, diferentes saludes (que una es la salud del alma y otra es la del cuerpo, y en el cuerpo tiene por sí salud la cabeza y el estómago y el corazón y las demás partes del hombre), ser Cristo por excelencia salud y nuestra salud, es decir que es toda la salud, y que Él todo es salud, y salud para todas enfermedades y tiempos. Es toda la salud porque, como la razón de la salud, según dicen los médicos, tiene dos partes (una que la conserva y otra que la restituye; una que provee lo que la puede tener en pie, otra que receta lo que la levanta si cae); y como así la una como la otra tienen dos intenciones solas a que enderezan como a blanco sus leyes: aplicar lo bueno y apartar lo dañoso; y como en las cosas que se comen para salud, unas son para que críen sustancia en el cuerpo, y otras para que le purguen de sus malos humores; unas que son mantenimiento, otras que son medicina; así esta salud, que llamamos Jesús, porque es cabal y perfecta salud, puso en sí estas dos partes juntas: lo que conserva la salud, y lo que la restituye cuando se pierde; lo que la tiene en pie, y lo que la levanta caída; lo que cría buena sustancia, y lo que purga nuestra ponzoña.

Y como es pan de vida, como Él mismo se llama, se quiso amasar con todo lo que conviene para estos dos fines: con lo santo, que hace vida, y con lo trabajoso y amargo, que purga lo vicioso. Y templóse y mezclóse, como si dijésemos, por una parte, de la pobreza, de la humildad, del trabajarse, del ser trabajado, de las afrentas, de los azotes, de las espinas, de la cruz, de la muerte (que cada cosa para el suyo, y todas son tósigo para todos los vicios), y, por otra parte, de la gracia de Dios, y de la sabiduría del cielo, y de la justicia santa, y de la rectitud, y de todos los demás dones del Espíritu Santo, y de su unción abundante sobre toda manera, para que, amasado y mezclado así, y compuesto de todos aquestos simples, resultase de todos un Jesús de veras y una salud perfectísima que allegase lo bueno y apartase lo malo, que alimentase y purgase. Un Pan verdaderamente de vida, que, comido por nosotros con obediencia y con viva fe, y pasado a las venas, con lo amargo desarraigase los vicios y con lo santo arraigase la vida. De arte que, comidas en Él sus espinas, purgasen nuestra altivez; y sus azotes, tragados en Él por nosotros, nos limpiasen de lo que es muelle y regalo; y su cruz, en Él comida de mí, me apurase del amor de mí mismo; y su muerte, por la misma manera, diese fin a mis vicios. Y al revés, comiendo en Él su justicia, se criase justicia en mi alma, y, traspasando a mi estómago su santidad y gracia, se hiciese en mí gracia y santidad verdadera, y naciese en mí sustancia del cielo, que me hiciese hijo de Dios, comiendo en Él a Dios hecho hombre, que, estando en nosotros, nos hiciese a la manera que es Él, muertos al pecado y vivos a la justicia, y nos fuese verdadero Jesús.

Así que es Jesús porque es toda la salud. Es también Jesús porque es salud todo Él. Son salud sus palabras; digo, son Jesús sus palabras, son Jesús sus obras, su vida es Jesús y su muerte es Jesús. Lo que hizo, lo que pensó, lo que padeció, lo que anduvo, vivo, muerto, resucitado, subido y asentado en el cielo, siempre y en todo es Jesús. Que con la vida nos sana y con la muerte nos da salud, con sus dolores quita los nuestros, y, como Isaías dice, «Somos hechos sanos con sus cardenales.» Sus llagas son medicina del alma, con su sangre vertida se repara la flaqueza de nuestra virtud. Y no sólo es Jesús y Salud con su doctrina, enseñándonos el camino sano y declarándonos el malo y peligroso, sino también con el ejemplo de su vida y de sus obras hace lo mismo. Y no sólo con el ejemplo de ellas nos mueve al bien y nos incita y nos guía, sino con la virtud saludable que sale de ellas, que la comunica a nosotros, nos aviva y nos despierta y nos purga y nos sana.

Llámase, pues, con justicia Jesús, quien, todo Él, por dondequiera que se mire, es Jesús. Que como del árbol de quien San Juan en el Apocalipsis escribe se dice que estaba plantado por ambas partes de la ribera del río de agua viva que salía de la silla de Dios y de su cordero, y que sus hojas eran para salud de las gentes, así esta santa humanidad, arraigada a la corriente del río de las aguas vivas, que son toda la gracia del Espíritu Santo, y regada y cultivada con ellas, y que rodea sus riberas por ambas partes, porque las abraza y contiene en sí todas, no tiene hoja que no sea Jesús, que no sea vida, que no sea remedio de males, que no sea medicina y salud.

Y llevaba también este árbol, como San Juan allí dice, doce frutas, en cada mes del año la suya, porque, como decíamos, es Jesús y Salud, no para una enfermedad sola, o para una parte de nosotros enferma, o para una sazón o tiempo tan solamente, sino para todo accidente malo, para toda llaga mortal, para toda apostema dolorosa, para todo vicio, para todo sujeto vicioso, ahora y en todo tiempo es Jesús. Que no solamente nos sana el alma perdida, mas también da salud al cuerpo enfermo y dañado. Y no los sana solamente de un vicio, sino de cualquiera vicio que haya habido en ellos, o que haya, los sana. Que a nuestra soberbia es Jesús, con su caña por cetro; y con su púrpura, por escarnio vestida, para nuestra ambición es Jesús. Su cabeza, coronada con fiera y desapiadada corona, es Jesús en nuestra mala inclinación al deleite; y sus azotes y todo su cuerpo dolorido, en lo que en nosotros es carnal y torpe, es Jesús. Eslo, para nuestra codicia, su desnudez; para nuestro coraje, su sufrimiento admirable; para nuestro amor propio, el desprecio que siempre hizo de sí.

Y así la Iglesia, enseñada del Espíritu Santo y movida por Él, en el día en que cada año representa la hora cuando esta Salud se sazonó para nosotros en el lugar de la cruz, como presentándola delante de Dios y mostrándosela enclavada en el leño, y conociendo lo mucho que esta ofrenda vale y lo mucho que puede delante de Él, ¿qué bien o qué merced no le pide? Pídele, como por derecho, salud para el alma y para el cuerpo. Pídele los bienes temporales y los bienes eternos. Pídele para los papas, los obispos, los sacerdotes, los clérigos, para los reyes y príncipes, para cada uno de los fieles según sus estados. Para los pecadores penitencia, para los justos perseverancia, para los pobres amparo, para los presos libertad, para los enfermos salud, para los peregrinos viaje feliz y vuelta con prosperidad a sus casas.

Y porque todo es menos de lo que puede y merece esta Salud, aun para los herejes, aun para los paganos, aun para los judíos ciegos que la desecharon, pone la Iglesia delante de los ojos de Dios a Jesús muerto, y hecho vida en la cruz para que les sea Jesús. Por lo cual la esposa, en los Cantares, le llama racimo de copher, diciendo de esta manera: «Racimo de copher mi Amado a mí en las viñas de Engadí.» Y ordenó, a lo que sospecho, la providencia de Dios que no supiésemos de copher qué árbol era o qué planta, para que, dejándonos de la cosa, acudiésemos al origen de la palabra, y así conociésemos que copher, según aquello de donde nace, significa aplacamiento y perdón y satisfacción de pecados. Y, por consiguiente, entendiésemos con cuánta razón le llama racimo de copher a Cristo la Esposa, diciéndonos en ello por encubierta manera que no es una salud Cristo sola, ni un remedio de males particular, ni una limpieza o un perdón de pecados de un solo linaje, sino que es un racimo que se compone, como de granos, de innumerables perdones, de innumerables remedios de males, de saludes sin número, y que es un Jesús en quien cada una cosa de las que tiene es Jesús. ¡Oh salud, oh Jesús, oh medicina infinita! Pues es Jesús el nombre propio de Cristo, porque sana Cristo y porque sana consigo mismo, y porque es toda la salud, y porque sana todas las enfermedades del hombre, y en todos los tiempos y con todo lo que en sí tiene, porque todo es medicinal y saludable, y porque todo cuanto hace es salud.

Y por llegar a su punto toda esta razón, decidme, Sabino: ¿vos no entendéis que todas las criaturas tienen su principio de nada?

-Entiendo -dijo Sabino- que las crió Dios con la fuerza de su infinito poder, sin tener sujeto ni materia de qué hacerlas.

-¿Luego -dice Marcelo- ninguna de ellas tiene de su cosecha y en sí alguna cosa que sea firme y maciza, quiero decir, que tenga de sí, y no recibido de otro, el ser que tiene?

-Ninguna -respondió Sabino-, sin duda.

-Pues decidme -replicó luego Marcelo-: ¿puede durar en un ser el edificio que o no tiene cimientos o tiene flacos cimientos?

-No es posible -dijo Sabino- que dure.

-Y no tiene cimiento de ser, macizo y suyo, ninguna de las cosas criadas -añadió luego Marcelo-; luego todas ellas, cuanto de sí es, amenazan caída y, por decir lo que es, caminan cuanto es de suyo al menoscabo y al empeoramiento, y, como tuvieron principio de nada, vuélvense, cuanto es de su parte, a su principio y descubren la mala lista de su linaje, unas deshaciéndose del todo, y otras empeorándose siempre. ¿Qué se dice en el libro de Job? De los ángeles dice: «Los que le sirven no tuvieron firmeza, y en sus ángeles halló torcimiento.» De los hombres añade: «Los que moran en casas de lodo, y cuyo apoyo es de tierra, se consumirán de polilla.» Pues de los elementos y cielos, David: «Tú, Señor, en el principio fundaste la tierra, y son obras de tus manos los cielos; ellos perecerán y Tú permanecerás, y se envejecerán todos, como se envejece una capa.» En que, como vemos, el Espíritu Santo condena a caída y a menoscabo de su ser a todas las criaturas. Y no solamente da la sentencia, sino también demuestra que la causa de ello es, como decimos, el mal cimiento que todas tienen. Porque si dice de los ángeles que se torcieron y que caminaron al mal, también dice que les vino de que su ser no era del todo firme. Y si dice de los hombres que se consumen, primero dijo que eran sus cimientos de tierra. Y los cielos y tierra, si dice que envejecen, dice también cómo se envejecen, que es como el paño, de la polilla que en ellos vive, esto es, de la flaqueza de su nacimiento y de la mala raza que tienen.

-Todo es como decís, Marcelo -dijo Sabino-; mas decidnos lo que queréis decir por todo ello.

-Dirélo -respondió-, si primero os preguntare: ¿No asentamos ayer que Dios crió todas las criaturas, a fin de que viviese en ellas y de que luciese algo de su bondad?

-Así se asentó -dijo Sabino.

-Pues -añadió Marcelo- si las criaturas, por la enfermedad de su origen, forcejan siempre por volverse a su nada y, cuanto es de suyo, se van empeorando y cayendo para que dure en ellas la bondad de Dios, para cuya demostración las crió, necesario fue que ordenase Dios alguna cosa que fuese como el reparo de todas y su salud general, en cuya virtud durase todo el bien, y lo que enfermase, sanase. Y así lo ordenó, que, como engendró desde la eternidad al Verbo, su Hijo, que como ahora se decía, es la traza viva y la razón y el artificio de todas las criaturas, así de cada una por sí como de todas juntas, y como por Él las trajo a la luz y las hizo así cuando le pareció, y en el tiempo que Él consigo ordenado tenía, le engendró otra vez hecho hombre Jesús, o hizo hombre Jesús en el tiempo, aquel a quien por toda la eternidad comunica el ser Dios, para que Él mismo, que era la traza y el artífice de todo según que es Verbo de Dios, fuese, según que es hombre, hecho una persona con Dios, el reparo y la medicina, y la restitución y la salud de todas las cosas; y para que Él mismo, que por ser, según su naturaleza divina, el artificio general de las criaturas, se llama, según aquella parte, en hebreo Dabar, y en griego Logos, y en castellano Verbo y Palabra, ese mismo, por ser, según la naturaleza humana que tiene, la medicina y el restaurativo universalmente de todo, sea llamado Jesús en hebreo, y en romance Salud.

De manera que en Jesucristo, como en fuente o como en océano inmenso, está atesorado todo el ser y todo el buen ser: toda la sustancia del mundo; y, porque se daña de suyo, y para cuando se daña, todo el remedio y todo el Jesús de esa misma sustancia; toda la vida y todo lo que puede conservar eternamente la vida sana y en pie. Para que, como decía San Pablo, «en todo tenga las primerías», y sea «el alfa y el omega, el principio y el fin»; el que las hizo primero, y el que, deshaciéndose ellas y corriendo a la muerte, las sana y repara. Y, finalmente, está encerrado en Él el Verbo y Jesús, esto es, la vida general de todos y la salud de la vida. Porque de hecho es así, que no solamente los hombres, mas también los ángeles que en el cielo moran, reconocen que su salud es Jesús; a los unos sanó, que eran muertos, y a los otros dio vigor para que no muriesen.

Esto hace con las criaturas que tienen razón, y a las demás que no la tienen les da los bienes que pueden tener; porque su cruz lo abraza todo, y su sangre limpia lo clarifica, y su humanidad santa lo apura, y por Él tendrán nuevo estado y nuevas cualidades, mejores que las que ahora tienen, los elementos y cielos, y es en todos y para todos Jesús. Y de la manera que ayer, al principio de estas razones, dijimos que todas las cosas, las sensibles y las que no tienen sentido, se criaron para sacar a luz este parto (que dijimos ser parto de todo el mundo común, y que se nombra por esta causa Fruto o Pimpollo), así decimos ahora que el mismo para cuyo parto se hicieron todas, fue hecho, como en retorno, para reparo y remedio de todas ellas, y que por esto le llamamos la Salud y el Jesús.

Y para que, Sabino, admiréis la sabiduría de Dios: para hacer Dios a las criaturas no hizo hombre a su Hijo, mas hízole hombre para sanarlas y rehacerlas. Para que el Verbo fuese el artífice bastó sólo ser Dios, mas para que fuese el Jesús y la salud convino que también fuese hombre. Porque para hacerlas, como no las hacía de alguna materia o de algún sujeto que se le diese -como el escultor hace la estatua del mármol que le dan, y que él no lo hace-, sino que, como decíais, la fuerza sola de su no medido poder las sacaba todas al ser, no se requería que el artífice se midiese y se proporcionase al sujeto, pues no le había. Y, como toda la obra salía solamente de Dios, no hubo para qué el Verbo fuese más que sólo Dios para hacerla; mas para reparar lo ya criado y que se desataba de suyo, porque el reparo y la medicina se hacía en sujeto que era, fue muy conveniente, y conforme a la suave orden de Dios necesario, que el reparador se avecinase a lo que reparaba y que se proporcionase con ello, y que la medicina que se ordenaba fuese tal, que la pudiese actuar el enfermo, y que la Salud y el Jesús, para que lo fuese a las cosas criadas, se pusiese en una naturaleza criada que, con la persona del Verbo junta, hiciese un Jesús. De arte que una misma persona en dos naturalezas distintas, humana y divina, fuese criador en la una y médico y redentor y salud en la otra; y el mundo todo, como tiene un Hacedor general, tuviese también una salud general de sus daños, y concurriesen en una misma persona este formador y reformador, esta vida y esta salud de vida, Jesús.

Y como en el estado del paraíso, en que puso Dios a nuestros primeros padres, tuvo señalados dos árboles, uno que llamó del saber y otro que servía al vivir, de los cuales en el primero había virtud de conocimiento y de ciencia, y en el segundo fruta que, comida, reparaba todo lo que el calor natural gasta continuamente la vida; y como quiso que comiesen los hombres de éste, y del otro del saber no comiesen, así en este segundo estado, en un supuesto mismo, tiene puestas Dios estas dos maravillosísimas plantas: una del saber, que es el Verbo, cuyas profundidades nos es vedado entenderlas, según que se escribe: «Al que escudriñare la majestad, hundirálo la gloria»; y otra del reparar y del sanar, que es Jesús, de la cual comeremos, porque la comida de su fruta y el incorporar en nosotros su santísima carne, se nos manda, no sólo no se nos veda. Que Él mismo lo dice: «Si no comiereis la carne del Hijo del hombre y no bebiereis su sangre, no tendréis vida.» Que como sin la luz del sol no se ve, porque es fuente general de la luz, así sin la comunicación de este grande Jesús, de este que es salud general, ninguno tiene salud.

Él es Jesús nuestro en el alma, Él lo es en el cuerpo, en los ojos, en las palabras, en los sentidos todos, y sin este Jesús no puede haber en ninguna cosa nuestra Jesús; digo, no puede haber salud que sea verdadera salud en nosotros. En los casos prósperos, tenemos Jesús en Jesús, en lo miserable y adverso, tenemos Jesús en Jesús; en el vivir, en el morir, tenemos Jesús en Jesús. Que, como diversas veces se ha dicho, cuando nacemos en Dios por Jesús, nacemos sanos de culpas; cuando, después de nacidos, andamos y vivimos en Él, Él mismo nos es Jesús para los rastros que el pecado deja en el alma; cuando perseveramos viviendo, Él también extiende su mano saludable y la pone en nuestro cuerpo malsano, y templa sus infernales ardores, y lo mitiga y desencarna de sí, y casi le transforma en espíritu. Y finalmente, cuando nos deshace la muerte, Él no desampara nuestras cenizas, sino, junto y apegado con ellas, al fin les es tan Jesús, que las levanta y resucita, y, las viste de vida que ya no muere, y de gloria que no fallece jamás.

Y tengo por cierto que el profeta David, cuando compuso el Salmo ciento dos, tenía presente a esta salud universal en su alma; porque, lleno de la grandeza de esta imagen de bien, y no le cabiendo en el pecho el gozo de que contemplarla sentía, y considerando las innumerables saludes que esta salud encerraba, y mirando en una tan sobrada y no merecida merced la piedad infinita de Dios con nosotros, reventándole el alma en loores, habla con ella misma y convídala a lo que es su deseo, a que alabe al Señor y le engrandezca, y le dice: «Bendice, oh alma mía, al Señor.» Di bienes de Él, pues Él es tan bueno. Dale palabras buenas, siquiera en retorno de tantas obras suyas tan buenas. Y no te contentes con mover en mi boca la lengua y con enviarle palabras que diga, sino tómate en lenguas tú y haz que tus entrañas sean lenguas, y no quede en ti parte que no derrame loor: lo público, lo secreto, lo que se descubre y lo íntimo; que, por mucho que hablen, hablarán mucho menos de lo que se debe hablar. Salga de lo hondo de tus entrañas la voz, para que quede asentada allí y como esculpida perpetuamente su causa; hablen los secretos de tu corazón loores de Dios para que quede en él la memoria de las mercedes que debe a Dios, a quien loa, para que jamás se olvide de los retornos de Dios, de las formas diferentes, con que responde a tus hechos. Tú te convertías en nada, y Él hizo nueva orden para darte su ser. Tú eras pestilencia de ti y ponzoña para tu misma salud, y Él ordenó una salud, un Jesús general contra toda tu pestilencia y ponzoña; Jesús, que dio a todos tus pecados perdón; Jesús, que medicinó todos los ages 111 y dolencias que en ti de ellos quedaron; Jesús, que, hecho deudo tuyo, por el tanto de su vida sacó la tuya de la sepultura; Jesús, que tomando en sí carne de tu linaje, en ella libra a la tuya de lo que corrompe la vida; Jesús, que te rodea toda apiadándose de ti toda; Jesús, que en cada parte tuya halla mucho que sanar, y que todo lo sana; Jesús y salud, que no solamente da la salud, sino salud blanda, salud que de tu mal se enternece, salud compasiva, salud que te colma de bien tus deseos, salud que te saca de la corrupción de la huesa, salud que, de lo que es su grande piedad y misericordia, te compone premio y corona; salud, finalmente, que hinche de sus bienes tu arreo, que enjoya con ricos dones de gloria tu vestidura, que glorifica, vuelto a vida, tu cuerpo; que le remoza y le renueva y le resplandece y le despoja de toda su flaqueza y miseria vieja, como el águila se despoja y remoza.

    Porque dice: Dios, a la fin, es deshacedor de agravios y gran hacedor de justicias. Siempre se compadece de los que son saqueados, y les da su derecho; que si tú no merecías merced, el engaño con que tu ponzoñoso enemigo te robó tus riquezas, voceaba delante de él por remedio. Desde que lo vio se determinó remediarlo, y les manifestó a Moisés y a los hijos de su amado Israel su consejo, el ingenio de su condición, su voluntad y su pecho, y les dijo: soy compasivo y clemente, de entrañas amorosas y pías, largo en sufrir, copioso en perdonar; no me acelera el enojo, antes el hacer bienes y misericordias me acucia; paso con ancho corazón mis ofensas, no me doy a manos en el derramar mis perdones; que no es de mí el enojarme continuo, ni el barajar siempre con vosotros no me puede aplacer. Así lo dijiste, Señor, y así se ve por el hecho que no has usado con nosotros conforme a nuestros pecados, ni nos pagas conforme a nuestras maldades. Cuan lejos de la tierra está el cielo, tan alto se encumbra la piedad de que usas con los que por suyo te tienen. Ellos son tierra baja, mas tu misericordia es el cielo. Ellos esperan como tierra seca su bien, y ella llueve sobre ellos sus bienes. Ellos, como tierra, son viles; ella, como cosa del cielo, es divina. Ellos perecen como hechos de polvo; ella como el cielo es eterna. A ellos que están en la tierra los cubren, y los oscurecen las nieblas; ella, que es rayo celestial, luce y resplandece por todo. En nosotros se inclina lo pesado como en el centro; mas su virtud celestial nos libra de mil pesadumbres. Cuanto se extiende la tierra y se aparta el nacimiento del sol de su poniente, tanto alejaste de los hombres sus culpas. Habíamos nacido en el poniente de Adán; traspusístenos, Señor, en tu Oriente, Sol de justicia. Como padre que ha piedad de sus hijos, así, Tú, deseoso de darnos largo perdón, en tu Hijo te vestiste para con nosotros de entrañas de padre. Porque, Señor, como quien nos forjaste, sabes muy bien nuestra hechura cuál sea. Sabes, y no lo puedes olvidar; muy acordado estás que soy polvo. Como yerba de heno son los días del hombre: nace, y sube, y florece, y se marchita corriendo. Como las flores ligeras parece algo, y es nada; promete de sí mucho, y para en un flueco que vuela; tócale a malas penas el aire, y perece sin dejar rastro de sí.

Mas cuanto son más deleznables los hombres, tanto tu misericordia, Señor, persevera más firme. Ellos se pasan, mas tu misericordia sobre ellos dura desde un siglo hasta otro siglo y por siempre. De los padres pasa a los hijos y de los hijos a los hijos de ellos, y de ellos, por continua sucesión, en sus descendientes, los que te temen, los que guardan el concierto que hiciste, los que tienen en sus mientes tus fueros. Porque tienes tu silla en el cielo, de donde lo miras; porque la tienes afirmada en él, para que nunca te mudes; porque tu reino gobierna todos los reinos, para que todo lo puedas. Bendígante, pues, Señor, todas las criaturas, pues eres de todas ellas Jesús. Tus ángeles te bendigan: tus valerosos, tus valientes ejecutores de tus mandamientos, tus alertos a oír lo que mandas; tus ejércitos te bendigan, tus ministros que están prestos y aprestados para tu gusto. Todas las obras tuyas te alaben; todas cuantas hay por cuanto se extiende tu imperio, y con todas ellas, Señor, alábete mi alma también.

Y como dice en otro lugar: Busqué para alabarte nuevas maneras de cantos. No es cosa usada, ni siquiera hecha otra vez la grandeza tuya que canta; no la canté por la forma que suele. Hiciste Salud de tu brazo, hiciste de tu Verbo Jesús; lo que es tu poder, lo que es tu mano derecha y tu fortaleza, hiciste que nos fuese medicina blanda y suave. Sacaste hecho Jesús a tu Hijo en los ojos de todos; pusístelo en público. Justificaste para con todo el mundo tu causa. Nadie te argüirá de que nos permitiste caer, pues nos reparaste tan bien. Nadie se te querellará de la culpa, para quien supiste ordenar tan gran medicina. ¡Dichoso, si se puede decir, el pecar que nos mereció tal Jesús!

Y esto llegue hasta aquí. Vos, Sabino, justo es que rematéis esta plática como soléis.

Y calló, y Sabino dijo:

—El remate que conviene, vos le habéis puesto, Marcelo, con el salmo que habéis referido; lo que suelo haré yo, que es deciros los versos.

Y dijo luego:

> Alaba, ¡oh alma!, a Dios; y todo cuanto
> encierra en sí tu seno
> celebre con loor su nombre santo,
> de mil grandezas lleno.
> Alaba, ¡oh alma!, a Dios, y nunca olvide
> ni borre tu memoria
> sus dones, en retorno a lo que pide
> tu torpe y fea historia.
> Que Él solo por sí solo te perdona
> tus culpas y maldades,
> cura lo herido y desencona
> de tus enfermedades.
> Él mismo de la huesa, a la luz bella
> restituyó tu vida;
> cercóla con su amor, y puso en ella
> riqueza no creída.
> Y en eso que te viste y te rodea
> también pone riqueza;
> así renovarás lo que te afea,
> cual águila en belleza.
> Que al fin hizo justicia y dio derecho
> al pobre saqueado;
> tal es su condición, su estilo y hecho,
> según lo ha revelado.
> Manifestó a Moisés sus condiciones
> en el monte subido;
> lo blando de su amor y sus perdones
> a su pueblo escogido.
> Y dijo: «Soy amigo, y amoroso,
> soportador de males;
> muy ancho de narices, muy piadoso
> con todos los mortales.»
> No riñe, y no se amansa; no se aíra,

y dura siempre airado.
No hace con nosotros ni nos mira
conforme a lo pecado.
Mas cuanto al suelo vence, y cuanto excede
el cielo reluciente,
su amor tanto se encumbra, y tanto puede
sobre la humilde gente.
Cuan lejos de do nace el sol, fenece
el soberano vuelo,
tan lejos de nosotros desparece
por su perdón el duelo.
Y con aquel amor que el padre cura
sus hijos regalados,
la vida tu piedad y el bien procura
de tus amedrentados.
Conoces a la fin que es polvo y tierra
el hombre, y torpe lodo;
contemplas la miseria que en sí encierra,
y le compone todo.
Es heno su vivir, es flor temprana,
que sale y se marchita:
un flaco soplo, una ocasión liviana
la vida y ser le quita.
La gracia del Señor es la que dura,
y firme persevera,
la vida tu piedad, y el bien procura
en quien en Él espera.
En los que su ley guardan y sus fueros
con viva diligencia,
en ellos, en los nietos y herederos
por larga descendencia.
Que así do se rodea el sol lucido
estableció su asiento,
que ni lo que será, ni lo que ha sido,
es de su imperio exento.
Pues lóente, Señor, los moradores
de tu rica morada,
que emplean valerosos sus ardores
en lo que más te agrada.
Y alábete el ejército de estrellas
que en alto resplandecen,
que siempre en sus caminos claras, bellas,
tus leyes obedecen.

Alábente tus obras todas cuantas
la redondez contiene;
los hombres y los brutos y las plantas,
y lo que las sostiene.
Y alábete con ellos noche y día
también el alma mía.

Y calló.

Y con este fin, le tuvieron las pláticas De los nombres de Cristo, cuya es toda la gloria por los siglos de los siglos. Amén.

Copyright © 2024 por SSEL
Scribere Semper Et Legere
Portada : Canva.com
ISBN Ebook : 9791029915840
ISBN Tapa blanda : 9791029915857
ISBN Tapa dura : 9791029915864
Todos los derechos reservados

www.ingramcontent.com/pod-product-compliance
Lightning Source LLC
LaVergne TN
LVHW030338070526
838199LV00067B/6334